크로스오버
하이데거

분석적 해석학을 향하여

크로스오버 하이데거
분석적 해석학을 향하여

2010년 5월 20일 초판 1쇄 발행
2021년 5월 31일 수정증보판 1쇄 발행

지은이 | 이승종
펴낸이 | 김영호
펴낸곳 | 도서출판 동연
편   집 | 김구 김율 박연숙 정인영
디자인 | 황경실 송인숙
등   록 | 제2-1470호(2006년 3월 25일)
주   소 | 서울시 마포구 월드컵로 163-3
전   화 | (02) 335-2630
팩   스 | (02) 335-2640
이메일 | yh4321@gmail.com
블로그 | https://blog.naver.com/dong-yeon-press

ISBN 89-8349-651-2 93100

크로스오버 하이데거

분석적 해석학을 향하여

이승종 지음

| 수정증보판 |

Cross Over
Heidegger

동연

추천의 글

이승종 교수의『크로스오버 하이데거』는 "분석적 해석학을 향하여"라는 부제가 시사하듯 하이데거의 사상과 영미 분석철학의 대화를 매개하고 있는 역작입니다. 오늘날 서양 철학이 직면하고 있는 가장 심각한 문제 중의 하나가 유럽 대륙철학과 영미 분석철학 사이의 대화 단절이라는 사실에 대해서 이의를 제기할 사람은 없을 것입니다. 한국의 철학계에서도 대륙철학을 하는 사람과 분석철학을 하는 사람들 사이에는 거의 아무런 대화가 이루어지지 않고 있습니다. 이러한 대화의 필요성은 서양 철학을 하는 사람이면 누구나 이구동성으로 역설하고 있음에도 불구하고 그것이 수행되지 않고 있는 이유는 그러한 대화를 수행하기 위해서 필수적으로 요청되는 조건을 대부분의 서양 철학 연구자들이 갖추지 못하고 있기 때문이라고 생각합니다. 그러한 조건이란 서양 철학 연구자들이 대륙철학과 분석철학 모두에 상당한 조예를 가져야 한다는 것입니다. 그러나 이러한 조건을 갖춘 연구자는 실질적으로 찾아보기 힘듭니다.

이러한 현실에서 이승종 교수는 참으로 보기 드문 예외가 아닌가 합니다. 이 교수는 분석철학 전반에 정통하면서도 대륙철학을 또한 깊이 있게 연구한 학자입니다. 대륙철학에 대한 이 교수의 연구 수준이 대륙철학 연구자의 수준에 결코 뒤지지 않는다는 사실은 추천작인『크로스오버 하이데거』에서 분명하게 나타나고 있지만, 이 교수가 1994년에 뉴욕주립대 버펄로캠퍼스 철학과 석좌교수인 뉴턴 가버Newton Garver와 함께 저술한 *Derrida and Wittgenstein*에서도 잘 나타나고 있습니다. 이 교수는 여기서 비트겐슈타인뿐 아니라 데리다에 대해서도 해박하면서도 깊이 있는 식견을 유감없이 보여주고 있습니다. 이 책은 세계의 유수한 철학지들이 서평을 게재할 정도로 높은 평가를 받았습니다.

『크로스오버 하이데거』에서 이승종 교수는 하이데거를 후설과 엘륄Jacques Ellul과 같은 대륙철학자들과 비교하는 것을 넘어서 하이데거의 통찰과 비트겐슈타인을 비롯한 분석철학의 통찰을 비교하면서 지향성, 진리와 과학, 기술의 문제 등을 새롭게 조명하고 있습니다. 이 교수는 이러한 비교연구를 통해서 분석철학이 다루는 문제들에 대해서 하이데거의 사상이 어떻게 새로운 빛을 던져줄 수 있는지를 보여주고 있을 뿐 아니라, 하이데거의 사상과 분석철학의 대화를 매개함으로써 난해한 하이데거 사상을 명료하게 해석하는 동시에 여타의 하이데거 연구자들이 간과한 하이데거 사상의 새로운 면모를 드러내고 있습니다. 특히 하이데거와 비트겐슈타인의 비교는 하이데거와 비트겐슈타인 양자에 대한 깊은 이해에 입각하면서 대륙철학과 분석철학이 어떤 면에서 협조할 수 있는지를 보여주는 모범적인 연구라고 여겨집니다.

이승종 교수의『크로스오버 하이데거』는 대륙철학과 분석철학의 비교연구가 앞으로 어떤 방식으로 이루어져야 하는지를 보여주는 선구

적인 업적이자 우리 학계의 큰 공백을 메워주는 의미 깊은 업적이라고
생각합니다.

박찬국(서울대학교 철학과 교수)

책머리에

학창시절 게르만은 내게 문화의 보물창고였다. 헤르만 헤세, 토마스 만, 프란츠 카프카, 베토벤, 브루크너, 말러 등 내 마음을 뒤흔든 거장들은 대부분 독일어권 작가들과 음악가들이었다. 그들의 작품을 통해 나는 삶의 깊이와 무게에 눈떴고 내가 추구하는 것이 철학임을 알게 되었다. 게르만 문화에 대한 이러한 경도는 철학과에 진학하면서 자연스럽게 독일의 사상가들에게 관심을 갖는 계기가 되었다. 영미철학의 정갈함에도 매료되었지만 독일철학의 우직한 진지함에서 더 신뢰감을 느꼈다. 괴테 인스티투트에서 독일어를 익히며 독일유학을 준비하였고, 대학교 졸업시험 과목도 칸트, 후설, 하이데거 이렇게 세 사람의 독일 철학자를 택하였다. 칸트가 가장 자신 있었고 후설을 가장 좋아했으며 하이데거에 흥미를 느꼈다. 칸트에게서 체계로서의 철학이 어떠한 것인지를 배웠고, 후설의 지칠 줄 모르는 탐구정신을 내가 본받아야 할 모델로 존경했다. 반면 하이데거는 그들에 비해 격이 낮아 보였다. 그가 사용하는 불안, 존재, 실존 등의 용어가 통속적으로 여겨졌다.

대학원에 진학할 당시만 해도 나는 해석학을 전공할 생각이었다. 그런데 자연과학을 신봉하는 또 다른 성향 때문에 자연과학에 가장 가까워 보였던 분석철학이 나의 전공이 되었다. 분석철학의 엄밀성과 객관성이 큰 매력으로 다가왔다. 그러나 내가 택한 분석철학자는 역시 독일어권 철학자인 비트겐슈타인이었다. 당시의 내게는 비트겐슈타인과 독일철학이 양립 가능한 하나의 구도로 자리매김되어 있었다. 그래서 그에 대한 석사논문을 준비하면서도 연세대학교 철학과에서 독일철학을 담당하시던 박순영 교수님의 대학원 세미나들, 그리고 서강대학교에 교환교수로 오신 필립 로시Philip Rossi 교수님(마켓대학교)의 칸트 세미나에 빠짐없이 참여하였다.

독일이 아닌 미국으로 유학을 가서도 독일철학과의 인연은 지속되었다. 모교인 뉴욕주립대학교 버펄로캠퍼스에서 1988년 봄 학기에 수강한 조가경 교수님의 하이데거 세미나는 하이데거에 대한 나의 편견을 일소하는 전기가 되었다. 하이데거의 사유가 서양의 철학전통에 깊게 뿌리내려 있는 아주 본래적인 것임을 절실하게 깨닫게 되었다. 여전히 하이데거에 비판적인 글을 그 세미나의 리포트로 작성하였지만 그의 중요성만큼은 이미 마음속에 깊이 각인되어 있었다. 비트겐슈타인에 대한 박사학위 논문을 제출하기 전후에 탐독한 하이데거의 「형이상학이란 무엇인가?」는 내게 독일문학이 준 것 이상의 감동을 주었고, 논리, 언어, 과학 등의 주제에 대해 하이데거가 들려준 그 자신만의 대서사들은 이들 주제에 대해 수리논리학, 분석철학, 자연과학이 내게 가르쳐준 것이 전부가 아님을 크게 일깨워주었다. 전자는 철학의 공시적 연원이 인간의 실존임을, 후자는 그 통시적 뿌리가 역운歷運; Geschick임을 웅변하였다. 다시 발견한 하이데거의 사유로부터 학창시절 내가 추구하던 철학의 참모습을 이제야 비로소 만난 것 같은 환희와 전율을 느꼈다.

한국에 귀국해 나는 분석철학자로서 논문을 쓰고 학술활동을 하면서도 하이데거에 대한 사랑을 은밀히 키워갔다. 전공 지상주의의 연장선상에서 영미철학과 대륙철학의 골이 서양보다도 더 큰 우리 학계에서 이러한 행보는 위험한 일이어서 주의를 요하는 것이었다. 주어진 현실과 내가 지향하는 바 사이의 괴리를 느꼈지만 하이데거에 대한 공부를 묵묵히 지속하였다. 내가 가는 길이 아니라 현실의 칸막이가 잘못된 것이라는 확신이 있었다.

분석철학에서 배운 과학정신과 논리적 기법을 독일의 지적 전통과 크로스오버시켜 하이데거에 대한 나만의 성찰을 연구서에 담아보려는 계획을 세우고 한 편 한 편씩 글들을 써 나갔다. 이왕 용기를 내어 나선 길이라면 기존의 연구와는 차별적인, 무언가 의미 있는 작업이 되어야 한다는 생각에 내 전공분야의 글을 쓸 때보다 더 심혈을 기울였다.

초고가 완성될 즈음인 2004년, 풀브라이트 재단의 지원을 받아 캘리포니아 어바인대학교로 연구년을 떠나 철학과의 마틴 슈왑Martin Schwab 교수님을 만나게 되었다. 앞서의 조가경 교수님처럼 하이데거의 학문을 계승한 가다머에게 수학한 독일인이신 슈왑 교수님은 나의 하이데거 연구에 관심을 갖고 자문과 토론에 응해주셨다. 나는 세 학기에 걸쳐 후설과 하이데거 등을 주제로 한 그분의 세미나에 참여하며 책의 원고를 다듬어갔다.

그러나 연구년을 마치고 한국으로 돌아와 원고를 재검토한 끝에 출간하기에는 아직 부족한 점이 많다는 판단에 이르렀다. 회의와 슬럼프가 찾아왔다. 하지만 돌파구는 연구서의 수준을 한층 더 높이는 것밖에는 없다고 생각하고 스스로를 독려했다. 오랜 기간을 준비하다 보니 그

대가로 내 원고를 객관적으로 보는 여유가 생겨났다. 마음에 들지 않는 장들은 과감히 솎아내고 미진한 여러 부분을 대폭 수정하고 보완했다. 그렇게 하기를 4년, 이제 도합 16년에 걸친 노력 끝에 이 책을 세상에 선보인다.

이 책은 총 5부 16장과 부록으로 구성되어 있다. I부에서 IV부까지는 일관된 연구로서 각 장들이 주어진 순서로 연관되어 있고 전체적으로 일정한 완결성을 지니고 있다. V부는 앞선 일부의 장들에 대한 토론들로, 부록은 책에 대한 서신과 서평, 답론들로 구성되어 있다. 따라서 책을 순서대로 읽을 수도 있지만 각 장에 대한 말미의 토론을 함께 읽어나가는 방식도 가능할 것이다. 내용이 연관되는 장들을 괄호로 묶어 논의의 흐름을 알고리듬화하면 다음과 같은 순서가 된다.

1장→2장→(3장→10장)→(4장→11장)→5장→(6장→12장)→(7장→8장→9장→13장→14장)→15장→16장→부록

그동안 하이데거 공부 길에 도움을 주신 분들이 한 분 한 분 생각난다. 독일철학에 대한 체계적인 가르침을 통해 이 연구서의 초석을 놓아주신 박순영 교수님, 하이데거에 대한 전설의 명강의를 베풀어주신 조가경 교수님과 마틴 슈왑 교수님, 나의 하이데거 연구를 인정하고 성원해주신 박이문 교수님(보스턴 시몬스대학교)과 이기상 교수님(한국외국어대학교)께 머리 숙여 감사드린다. 원고에 대한 귀중한 논평의 수록을 허락해주신 김희봉 교수님(KC대학교), 임일환 교수님(한국외국어대학교), 노양진 교수님(전남대학교), 여건종 교수님(숙명여자대학교)께도 깊은 감사

의 마음을 전한다. 원고 전체를 읽고 함께 유익한 대화를 나눈 홍진기 씨와 김동규 박사님, 원고의 일부를 읽고 값진 조언을 주신 박정순 교수님(연세대학교), 이병덕 교수님(성균관대학교), 한정선 교수님(감리교신학대학교), 이봉재 교수님(서울산업대학교), 이유선 박사님, 이선일 박사님도 잊을 수 없다. 책의 출간을 주선해주신 생각의나무 박광성 사장님과 강신주 박사님, 그리고 연구를 지원해준 연세대학교에도 고마운 마음을 전한다.

이 책의 수익금을 난치병으로 고통 받는 어린이들에게 바치고 싶다.

2010년 5월

『크로스오버 하이데거』는 연세대 학술상 수상작으로 선정되기도 했지만, 생각의나무 출판사가 책을 낸지 1년 만에 없어지는 바람에 책도 함께 절판되어 아쉬움이 컸다. 이번에 수정증보판을 내면서 잘못된 곳을 바로잡고 내용을 보강하였다. 14장이 특히 보강되었으며 15, 16장, 부록, 추천의 글이 새로 추가되었다.

책에 대한 귀중한 논평과 서평의 수록을 허락해주신 이유선 교수님(서울대학교), 정대현 교수님(이화여자대학교), 윤동민 선생님(서강대학교), 김재철 교수님(경북대학교), 정은해 교수님(성균관대학교), 값진 추천의 글을 써주신 박찬국 교수님(서울대학교), 수정증보판의 출간을 주선해주신 김영호 사장님(동연)께 깊은 감사의 마음을 전한다.

2021년 5월
이승종

차례

들어가는 말

사전에 따르자면 사유思惟란 사태를 두루 생각함을 뜻한다. 즉 그것은 네이버의 '지식iN'처럼 어느 특정한 세부사항에 대한 전문지식과는 구별된다. 낯선 표현이지만 우리는 사유하는 사람을 사유가라 부를 수 있다. 그에게 주어진 과제와 운명은 두 가지로 요약된다. 첫째는 그의 앞에서 펼쳐지는 사태의 근원을 소급하여 그 시원에서부터 사유하는 것이다. 둘째는 이를 바탕으로 앞으로 펼쳐질 사태를 맞이할 채비를 그 사유로부터 길어내는 것이다. 전자가 현재를 과거로 소급해낸다는 점에서 역사적 사유라면, 후자는 현재로부터 미래를 투사한다는 점에서 계시적 사유일 것이다. 두 사유는 과거, 현재, 미래를 인과가 아닌 반복에 의해 이어나간다. 인과는 반복의 한 측면이자 미시적 계기일 뿐이다. 그리고 반복은 기계적이고 수동적인 되풀이가 아니라 창의적이고 능동적인 개입을 요하는 현상으로 재해석되어야 한다.

이러한 관점에서 보았을 때 하이데거는 20세기가 낳은 몇 안 되는 진정한 사유가 중의 한 사람이다. 이 책에서 우리는 하이데거의 사유라는 바로 그 사태에 대해 사유하고자 한다. 하이데거가 우리에게 남긴 것은 텍스트라는 또 하나의 자료가 아니라 사유이다. 우리는 자료가 넘쳐나는 'e편한 세상'에 살고 있다. 그러나 정작 사유에 대해서는 철학하는 사람들조차 외면하고 있다. 철학은 자료나 정보가 아니라 사유이다. 사유가는 지식인이나 '지식iN'과도 구별된다. 사유는 자료로부터 올 수도 있다. 그러나 그 경우에도 그것은 자료를 사유로서 살려내는 작업을 수반한다.

사유는 잘 닦여진 채로 우리 앞에 놓여 있는 고속도로나 국도보다는 걸음으로써 생겨나고[1] 발길 따라 이리저리 바뀌기도 하다가 오랫동안 인적이 끊기면 없어지고 마는 숲길에 더 가깝다. 고속도로나 국도는 사유보다는 능률과 편의를 목적으로 짜인 알고리듬에 견주어야 할 것이다. 떠오른 악상을 기록하면 그것이 더 이상의 수정을 요하지 않는 완벽한 불멸의 음악이 되어버린 모차르트의 천재성은 그 위대성에도 불구하고 숲길을 닮은 사유와는 잘 어울리지 않아 보인다. 사유는 오히려 자신의 작품에 수정과 개작을 거듭해 무수한 판본의 문제를 야기한 브루크너의 음악에 더 가까울 것 같다. 세목에서는 자칫 지루한 되풀이일 수 있지만 전체적으로는 웅장한 서사적 구조를 형성하는 그의 음악은 그 점에서도 우리가 밟아가려는 하이데거의 사유 길을 닮았다.

사유는 기도와도 같은 것이어서 경건한 인내심을 요한다. 물론 사유는 신의 존재를 입증하는 물리적 기적을 일으키지도, 당장 돈이 되는 실용적 효험을 발휘하지도 않는다. 사유로부터 비롯되는 깨우침의 힘, 깨달음의 힘은 보이거나 들리지도 않는다. 그러나 사유가에게는 그것

---

1 『莊子』, 「齊物論」, 道行之而成.

만큼 심금을 울리는 절실한 것도 없다. 사유가는 그 힘의 경천동지驚天動地할 대진동을 온 마음과 온몸으로 느낀다. 파르메니데스는 일찍이 존재와 사유를 같은 것으로 보았다. 하이데거의 사유가 존재로 방향이 잡혀 있다는 사실은 이러한 맥락에서 이해될 수 있다. 그에게 사유는 존재사건Ereignis과 동근원적同根源的이다. 존재는 사유를 통해서 사유가에게 말을 건넨다.

이 책에서 우리는 앞에서 언급한 사유가의 두 가지 과제를 짊어지려 한다. 즉 하이데거의 사유를 근원에서부터 사유하고, 이를 바탕으로 앞으로 펼쳐질 사태를 맞이할 채비를 우리 자신의 사유로부터 길어내려는 것이다. 그리고 우리는 이 책에서 전개하려는 사유의 작업에 적합한 이름을 찾았다. 바로 '크로스오버crossover'이다. '크로스오버cross over'는 '건너가다'라는 의미의 동사이지만 붙여 쓸 때는(crossover) 크로스오버 음악의 경우처럼 이질적인 것들의 교차, 융합을 의미하기도 한다. 하이데거의 사유에 대한 우리의 사유는 이 모든 의미에서 크로스오버를 지향한다. 크로스오버는 무책임한 장난질이 아니라 사유의 불가피한 운명이다. 이는 비단 우리가 하이데거와는 다른 시간과 공간에서 사유한다는 사실 때문만은 아니다. 이 사실도 중요한 것이기는 하지만 사유가 앞서 언급한 의미에서의 반복이기 위해서는 크로스오버적일 수밖에 없다는 점이 더 본질적인 이유이다. 이는 다른 사람의 사유를 사유할 때뿐 아니라 자기 자신의 사유에 대해서도 마찬가지이다. 우리는 저마다의 사유를 크로스오버라는 창의적 반복을 통해 새로이 거듭나게 해야 한다.[2]

---

2 『大學』, 苟日新日日新又日新.

이질적 장르를 융합하는 크로스오버 음악은 융합되는 각 장르의 고유성을 훼손할 수 있다. 그 점에서 우리가 시도하는 크로스오버가 하이데거의 사유를, 그 고유성을 훼손할 수 있다는 염려는 정당하다. 여기서 잠시 사유를 담은 텍스트를 악보에, 그리고 그 텍스트를 읽고 사유하는 행위를 악보에 대한 연주에 견주어보자. 악보를 무시한 연주는 악보에 쓰인 음악을 훼손한다. 그러나 악보대로 연주해야 한다는 악보중심주의가 지나치면 악보에 대한 모든 연주를 악보에 담긴 음악의 고유성에 대한 훼손행위로 폄하하게 될 우려가 있다. 연주되지 않은 채로 악보 속에 영원히 박제된 음악은 그 고유성을 유지할는지 모르지만 그 대가로 더 이상 음악으로 세상에 울려 퍼지지 못하게 된다.

악보를 읽는 행위 자체가 마음속에서 전개되는 일종의 연주이듯이 텍스트를 읽는 행위도 일종의 해석적 사유이다. 하이데거의 텍스트를 우리말로 뜻새김해야 하는 운명의 우리들뿐 아니라 하이데거의 모국어로 뜻새김할 수 있는 독일인이나 오스트리아인조차 해석적 사유에서 면제되지 않는다. 앞서 살펴본 사유의 성격을 감안할 때 이는 하이데거 자신에 대해서도 마찬가지이다. 사유는 쓰인 텍스트와 그것을 읽는 사람의 맥락 사이에서 크로스오버로 일어나기 때문이다.

사유가의 사유는 역사성의 지평에서 사유되어야 한다. 그런데 이 점을 역설한 하이데거의 사유가 하이데거라는 한 사람에서 시작해 그 사람으로 끝나는 완결태로 사유되어서는 안 될 것이다. 그의 사유는 그에게 영향을 미친 과거의 전통에 연결되어 있고 그가 사유하는 현재의 사태를 지향하고 있으며 그가 예견한 미래의 비전에 맞닿아 있다. 이처럼 과거의 전통, 현재의 사태, 미래의 비전이 녹아 있는 것이 하이데거의 사유이기 때문에 그의 사유를 사유하기 위해 우리는 과거, 현재, 미래의 세 시제와 전통, 사태, 비전의 세 국면을 크로스오버시켜야 한다. 따라서 우리의 연구는 하이데거라는 한 사유가에 국한한 종래의 사유방식을 지양한다.

우리는 하이데거의 텍스트들을 새로운 관점에서 독해하고 거기에 촘촘히 박혀 있는 사유의 알맹이들을 하나하나 해명할 것이다. 우리는 한편으로는 분석의 방법에 의거해 하이데거의 개념들과 논제들을 정의하고 각 개념들이나 논제들 상호간의 논리적 관계를 보다 명료한 방식으로 재구성할 것이다. 그리고 다른 한편으로는 텍스트에게 물음을 던지고 텍스트로 하여금 그 물음에 답하게 하는 해석학적 대화의 방식으로 이야기를 풀어나갈 것이다. 영미英美의 분석철학과 유럽의 해석학을 크로스오버시킨다는 점에서 분석적 해석학이라 이를 만한 새로운 독법으로 하이데거의 텍스트들에 대한 보다 선명하고 일관된 해석을 도출하는 것이 이 책의 목표이자 전체 줄거리이다. 우리가 던지는 어떤 물음들은 대답 되지 않은 채로 남겨지기도 할 것이다.

하이데거의 사유를 건너가기 위해 우리가 이 작품에서 앞으로 밟아야 할 길의 이정표들을 미리 살펴보면 다음과 같다. 우리의 길은 크게 네 단계로 가를 수 있다. I부에서는 하이데거의 사유를 통시적으로 자리매김하기 위해 지향성이라는 주제에 대한 현대철학의 사유들을 짚어나간다. 이 과정에서 우리는 자연히 후설의 현상학과 만나게 되고 이어서 그의 계승자이자 비판자인 하이데거의 사유에 이르게 된다. 지향성과 현상학의 본성에 대한 후설과 하이데거의 차이(혹은 차연差延; *différance*)를 바탕으로 하이데거 자신의 고유한 사유를 더듬어간다.

II부에서는 하이데거를 그와 동시대의 사유가인 비트겐슈타인과 만나게 한다. 현대 학문의 과학주의적 경향을 대변하는 영미철학의 중심

담론인 수리논리학과 언어철학에 대해, 그들이 어떠한 공동의 전선을 형성하였는지를 조망하고 그러면서도 그들이 어떻게 이들 담론들에 대해 자신들의 사유를 다듬어내었고 어떻게 서로 다른 길을 걸었는지를 더듬어본다.

Ⅲ부에서는 하이데거 사유의 근본 얼개를 이루는 『존재와 시간』과 후기작품들을 중심으로 도구의 사용에 대한 그의 현상학적 성찰과 진리에 대한 존재론적 해석을 각각 살펴본다. 이 과정에서 하이데거가 열어 밝힌 존재양식의 다차원성이 구체화되고 그의 진리론이 여타의 진리론들과 층위를 달리하고 있음이 부각된다.

Ⅳ부에서는 현대 서구 기술문명의 역사적 뿌리와 문제점에 대한 하이데거의 사유를 그의 「기술에 대한 물음」을 독해하면서 차근차근 따라가볼 것이다. 이로써 그의 존재론적 사유가 서구의 지성사적 전통에 대한 해석을 바탕으로 현재의 기술문명에 초점 잡혀 있으며 이로부터 미래에 대한 비전을 예비했음을 논할 것이다. 하이데거에 대한 우리의 사유는 기술문명에 와서 정점에 이른 존재망각과 허무주의의 위기로부터 전향을 지향하는 것으로 대단원에 이르게 된다.

끝으로 Ⅴ부에는 이 책의 몇몇 장에 대한 학술토론을 수록하였다. 그 내용은 형식언어주의 비판으로부터 기술개념의 철학적 분석에 이르기까지 이 책의 중심 주제들을 망라하고 있으며 인문학의 위기에 대한 논의로 마무리된다. 독자들은 논평과 답론, 토론을 통해 동시대 학자들과의 학술 교류 현황을 직접 느낄 수 있을 것이다.

유럽도 미국도 아닌 이곳에서 하이데거의 사유를 텍스트로 크로스오버를 논한다는 것은 어떤 의미를 가질 수 있는가? 그것은 서양 현대철학을 양분해온 유럽철학이나 영미철학의 어느 한편에 서야 한다는 양자택일의 외적 강요로부터 벗어나 창조적인 것을 생산할 수 있는 지평 융합 그 이상의 의미로 다가온다. 요컨대 우리에게 크로스오버는 이질적인 사유들의 가로지르기나 섞음을 넘어 해체, 초월, 그리고 이행을 통해 서구 사유에 대한 무반성적 추종과 모방을 극복하고 이를 바탕으로 우리 자신의 본래적 귀속성을 재발견하거나 미래 지향적으로 재정초再定礎함을 의미해야 한다. 사유에서 역사성은 그 토대이자 뿌리이기 때문이다. 우리가 하이데거에 주목하는 이유도 그가 자신의 전통에서 이러한 과제를 훌륭히 수행한 사유가이기 때문이다. 이 책에서의 크로스오버는 이러한 궁극적 후속 작업을 위한 방법론적 준비로 제안된 것이다.

Ⅰ부

후설에서 하이데거로

하이데거의 사유를 논의하기 위한 바람직한 방법의 하나는 그가 사유를 논의한 방법에 준해서 그의 사유를 논의하는 것이다. 하이데거는 사유를 어떻게 논의했는가? 그에 의하면 사유는 무엇보다도 그것이 놓여 있는 역사적 지평에서 논의되어야 한다. 이는 다시 말해 사유가 역사적 전승과 그것에 대한 비판적 재창조의 과정에서 전개되어야 함을 의미한다. 하이데거 자신의 사유도 예외는 아니다. 그의 사유는 멀리는 고대 그리스의 자연철학자들에게까지 소급된다. 그러나 우리는 하이데거의 사유가 지니는 이러한 장구한 역사성에 대한 논의를 잠시 뒤로 미루고, 대신 그의 사유를 출발시킨 비교적 가깝고도 직접적인 역사적 문맥을 먼저 살펴보려 한다. 널리 알려진 바와 같이 하이데거는 후설에게서 철학을 배웠고 그의 조교로 활동했으며, 그의 학문적 후계자로 주목받았다. 우리는 후설에 대한 하이데거의 관계를 사유의 관점에서 전승과 비판적 재창조의 과정으로 구성해볼 것이다.

후설과 하이데거는 사유의 성격과 의미에 대해서 의견을 달리한다. 하이데거는 사유를 의식활동으로 고착시켜 이해하는 후설의 견해를 수용하지 않는다. 그럼에도 그는 사유와 의식의 중요한 하나의 본성이 지향성이라는 후설의 통찰에* 영향을 받았고, 이를 나름의 방식으로 재해석하여 자신의 사유로 흡수하였다. 철학의 모든 개념이 그러하듯이 지향성의 개념도 역사를 지니고 있다. 하이데거의 관점에서 보자면 개념의 역사와 계보에 대한 이해는 그 개념을 파악하고 사유하는 데 필수조건이다. 그의 이러한 방법을 좇아 우리는 지향성 개념의 역사와 계보를 추적하는 데서부터 우리의 논의를 출발하려 한다.

---

* 정확히 말하자면 이는 후설의 스승인 브렌타노Franz Brentano의 통찰이다.

1. 지향성의 역사

1. 잃어버린 고리

1900년 서구 철학계에는 주목할 만한 두 사건이 있었다. 니체의 죽음과 후설의 『논리연구』의 발간이 바로 그것이었다. 이 두 사건은 1900년이라는 연도가 상징하듯이 근대철학의 종말과 현대철학의 시작을 함축하는 분기점이라고 볼 수 있다. 돌이켜보면 20세기의 철학사는 어떤 의미에서는 1900년의 연장선상에서 전개되어왔는지도 모른다. 하이데거는 이 두 사건의 주인공인 니체와 후설로부터 각기 다른 방식으로 큰 영향을 받았다. 하지만 이 장에서 우리는 위의 두 사건 중 두 번째 사건에 국한해 논의의 실마리를 풀어가려 한다.

현대의 철학은 언어적 전회linguistic turn에 의해 그 담론의 지형이 형성되었다. 의식이 중심화두였던 근대철학과는 달리 현대철학에서는 언어가 중심문제로 부각된 것이다. 철학사에서 근대로부터 현대로의 이행, 의식에서 언어로의 주제변환은 어떠한 경로를 통해 일어났는가?

역사가 단절과 불연속만으로 점철되어 있지는 않을진대 두 시대를 연결하는, 혹은 두 주제를 연결하는 고리가 있지 않을까? 우리는 후설이 『논리연구』에서 천착한 지향성 개념이 그러한 역할을 한다고 본다. 지향성은 그 라틴 어원intendere이나 번역어指向가 함축하듯이 가리킴의 뜻에서 비롯된 개념이다. 후설에 의하면 의식의 본질은 지향성을 그 골자로 한다. 의식은 무엇에 관한 의식이기 때문이다. 한편 의식은 언어에 의해 표현된다. 따라서 언어도 무엇에 관한 언어이다. 의식과 언어가 공유하는 "…에 관함"이 바로 지향성의 구조이다. 의식의 내용과 언어의 의미는 모두 지향성에서 비롯된다는 점에서 같다. 그렇다면 지향성의 분석을 탐구의 주제로 삼는 후설의 현상학은 근대의 의식철학과 현대의 언어철학을 잇는 교량역할을 한다고 볼 수 있다.

2. 관점 의존성

지금까지 살펴본 바와 같이 지향성은 관계 개념이다. 그런데 지향적 관계는 여타의 관계와 어떻게 구별되는 것일까? 지향적 관계는 의식에 의해 맺어지는 관계이다. 지향적 관계는 의식주체가 일정한 관점에서 대상을 지향함으로써 형성된다.(Husserl 1901, 1부 415~416쪽) 우리는 이를 '지향성의 관점 의존성'이라 부를 것이다. 지향성의 관점 의존성을 형식화하면 다음과 같다.

   ① 대상에 대한 **지향적 관계**: 의식주체 s가 p의 관점에서 대상 o를 지향한다.

지향성의 관점 의존성은 지향하는 대상에도 적용된다. 관점은 의식 주체가 대상을 지향하는 준거틀이기 때문이다. 지향성의 관점 의존성은 지향하는 대상의 관점 의존성을 함축한다. 이를 다음의 예를 통해 분석해보자.

    ⓐ 후설은 『논리연구』의 저자이다.
    ⓑ 후설은 철학자이다.

우리는 위의 두 명제에서 다음이 추론됨을 안다.

    ⓒ 『논리연구』의 저자는 철학자이다.

그 까닭은 위의 추론이 삼단논법의 형식을 띠고 있기도 하지만 무엇보다도 동일성 대치율the principle of substitutivity of identity[1]이 적용된 좋은 예이기 때문이다. 즉,

    ⓐ 후설 = 『논리연구』의 저자

를 ⓑ에 적용하면 ⓒ가 도출되는 것이다. 그러나

    ⓓ 철수는 후설이 철학자라고 믿는다.

---

1 a와 b가 단칭용어이고 'a'를 'b'로 대치함으로써 명제 "…a…"로부터 명제 "…b…"가 비롯될 경우, 동일성 "a = b"를 표현하는 명제와 명제 "…a…"로부터 명제 "…b…"를 추론할 수 있다는 원리.

로부터

ⓔ 철수는『논리연구』의 저자가 철학자라고 믿는다

는 도출되지 않는다. 철수가 후설이 철학자임은 알고 있으면서도 그가『논리연구』의 저자라는 사실은 모르는 경우에 ⓓ는 참이지만 ⓔ는 거짓이기 때문이다. 이처럼 동일성 대치율은 믿음과 같은 명제 태도 propositional attitude를 포함하는 지향적 문맥에서는 지켜지지 않는다. 그 까닭은 무엇인가? 후설이『논리연구』의 저자이긴 하지만 철수의 지향적 관점은 후설을 철학자로만 인식하고 있지,『논리연구』의 저자로는 인식하고 있지 않기 때문이다. 철수가 지닌 지향성의 관점 의존성이 철수가 지향한 대상의 관점 의존성을 야기한 것이다.

우리는 위의 예를 통해 지향적 관계를 설명하기 위해서는 주체(철수)와 그의 지향성의 종류(믿음), 그리고 지향된 대상(후설)을 기술하는 것만으로는 충분하지 않음을 알게 되었다. 왜냐하면 지향된 대상을 기술하는 모든 방식이 주체의 지향적 관점에 적합한 것은 아니기 때문이다. 지향성을 표현하는 명제가 그 주체에 올바른 지향성을 부여하기 위해서는, 지향하는 대상을 표현하는 낱말은 올바른 대상을 지시해야 할 뿐 아니라 그 대상을 올바른 방식으로 기술해야 한다. 여기서의 올바른 방식이란 주체가 채택한 관점 내지는 해석에 연관되어 있다. 따라서 지향적 대상을 지칭하는 낱말이 상이한 기술 내용을 갖는 다른 낱말로 대치될 때, 설령 두 낱말이 동일한 대상을 지시한다 해도 그 결과는 같은 주체에 전혀 다른 지향성을 부여하는 명제일 수가 있다. 심지어는 앞서의 예에서처럼 두 명제의 진리치마저 다를 수가 있는 것이다.

3. 데 딕토 데 레

위의 예에서 살펴본 것처럼 각각의 지향적 관점은 지향된 대상을 각각 어느 한 측면만 부각시킴과 동시에 다른 측면들을 간과하고 있다. 규정은 곧 부정이라는 스피노자의 지적이 여기에도 적용된다. 지향되는 대상은 한편으로는 의식 의존적이면서도 다른 한편으로는 의식 초월적이다. 유한한 우리의 의식이 주어진 대상의 모든 측면을 총체적으로 지향할 수 없기 때문이다. 이처럼 우리의 지향성은 언제나 불완전한 것이며, 그로 말미암아 지향된 대상은 종종 미흡한 수준에서 결정된다는 점에서 미결정적이다. 이를 정식화하면 다음과 같다.

> ② **대상의 초월성**: 지향된 대상에는 그 지향성을 초월하는 측면
> 이 있다.
> ③ **지향성의 불완전성**: 지향성은 종종 지향된 대상의 모든 측면을 다 드
> 러내지 못한다.
> ④ **대상의 미결정성**: 지향된 대상은 지향성에 의해 종종 미흡한 수준에
> 서 결정된다.

②가 존재론적 명제라면 ③은 인식론적 명제이고, ④는 존재론과 인식론이 융합된 형태의 명제이다. 아울러 ②는 앞서의 ①에서 추론되며, ③은 ②에서, ④는 ②와 ③에서 추론된다. 이 중에서 ④를 다음의 예를 통해 좀 더 분석해보기로 하자.

> ⓕ 철수는 범인이 철학자라고 믿는다.

우리는 존재 일반화의 원리the principle of existential generalization[2]를 어떤 방식으로 적용하느냐에 따라 ⓕ에 대한 다음과 같은 두 해석을 얻을 수 있다.(Quine 1953b, 148쪽)

ⓖ 언어적*de dicto* 해석: 철수는 범인이 누구이건 간에 그는 철학자라고 믿는다.
철수는 ($\exists$ x)(x는 범인이다 & x는 철학자이다)라고 믿는다.

ⓗ 존재적*de re* 해석: 철수는 그 범인이 철학자라고 믿는다.
($\exists$ x)(x는 범인이다 & 철수는 x가 철학자라고 믿는다)

지향적 관계를 표현하는 명제 ⓕ는 언어적 해석 ⓖ와 존재적 해석 ⓗ 중 어느 것이 올바른 해석인지를 결정하지 못한다. 결국 우리는 ⓕ의 주어인 철수에게 이를 물어야 한다. 그런데 철수가 ⓖ를 택한다면 그가 지향하는 대상은 고정되지 않았다. 따라서 철수가 지향하는 대상이 고정되지 않은 경우 그의 지향성은 언어적*de dicto*이어야 한다. 철수의 지향성은 그가 지향하는 대상이 고정된 경우에만 존재적*de re*이다.
우리는 위의 분석을 통해 다음과 같은 사실을 알게 된다.

⑤ 지향성의 언어적*de dicto* 해석은 지향된 대상이 고정되지 않은 경우를 기술한다.
⑥ 지향성의 존재적*de re* 해석은 지향된 대상이 고정된 경우를 기술한다.

---

2 단칭용어 'a'가 등장하는 명제 "…a…"로부터 명제"($\exists$ x)(…x…)"를 추론할 수 있다는 원리.

4. 지향적 대상

　지향성이 지향하는 대상인 지향적 대상이란 무엇인가? 그것은 일반적 대상과 어떻게 구별되는가? 지향성 개념을 최초로 철학적 주제로 정립시킨 브렌타노는 이 문제에 대해 여러 종류의 해법을 모색하였다. 한때 그는 지향적 대상을 의식 안에 존재하며, 의식에 의존하는 대상이라고 보았다.(Brentano 1874, 88쪽) 그러나 의식이 갖는 지향성의 대상이 의식 안에 있다면 우리의 의식은 의식 바깥의 세계를 지향할 수 없게 된다. 예컨대 나는 지금 컴퓨터 모니터를 보는 것이 아니라 모니터의 지각perception이라는 의식 내적 대상을 보고 있는 것이다. 이러한 주장이 설득력을 가질 수 있을까? 치좀에 의하면 이러한 견해는 다음과 같은 역설에 봉착한다.(Chisholm 1967, 11쪽) 정직한 사람을 찾아 나선 디오게네스는 이미 그러한 사람을 자신의 의식 내에 갖고 있다. 그러므로 디오게네스는 정직한 사람을 찾아나설 수 없거나, 아니면 그가 찾는 사람은 자신의 의식 내에 있는 정직한 사람이 아니다.

　이러한 난점을 깨달은 브렌타노는 지향적 대상을 실제 존재하는 세계의 대상과 다르지 않은 것으로 보았다.(Brentano 1930, 77~78쪽) 그러나 이러한 해법은 앞서와는 또 다른 문제를 야기한다. 환각이나 착시, 혹은 상상 속에서의 대상은 실제 존재하는 대상이 아니지만 우리의 의식은 그러한 대상을 지향할 수 있기 때문이다. 두 번째 해법만으로는 그것이 어떻게 가능한지를 설명하기 어렵다. 지향적 대상은 실제 존재하는 대상과 동일시될 수 없다. 추억 속의 고향이 실제 고향과 같을 수 없고, 예상한 미래가 언제나 실제와 같을 수 없다.

　그렇다면 지향적 대상과 실제 존재하는 대상을 이분화하되, 지향적 대상을 실제 존재하는 대상의 이미지나 복제품으로 간주하는 방안을 생각해볼 수 있다. 그러나 이러한 해법은 후설이 지적했듯이 지향적 관계가 지향적 대상에 대한 의식주체의 이해를 전제로 한다는 사실을 간과한다.(Husserl 1901, 1부 421~424쪽) 실제 대상은 그것을 복사한다고 해서 이해되는 것이 아니다. 아울러 이미지나 복제품이 실제 대상에 대한 이미지, 복제품이기 위해서는 실제 대상과 이미지/복제품 사이에 어떤 유사성이 있어야 한다. 그 유사성은 대상의 속성에 의해서만 결정되는 것이 아니라 실제 대상과 이미지/복제품을 일정한 관점하에서 비교함으로써 결정된다. 두 대상은 일정한 비교의 관점하에서만 같거나 다를 수 있기 때문이다.

이러한 여러 모색 끝에 브렌타노는 결국 지향적 대상을 하나의 허구로 간주하기에 이른다.(Brentano 1933, 8쪽) 우리가 어떤 대상을 지향할 때 그 지향적 대상은 우리의 의식으로부터 따로 독립해서 논의될 수 있는 성질의 것이 아니라 지향하는 주체에 귀속되는 서술적 속성으로 보아야 한다는 것이다. 예컨대

ⓘ 철수는 범인을 생각하고 있다.
ⓙ 철수는 봉황의 존재를 부정한다.

와 같은 명제의 올바른 해석은 다음과 같다는 것이다.

(ⓘ) 철수는 범인을 생각하는 사람이다.
(ⓙ) 철수는 봉황의 존재를 부정하는 사람이다.

이러한 해석에 의하면 ⓘ와 ⓙ는 철수와 범인 사이의 지향적 관계, 철수와 봉황 사이의 지향적 관계를 서술하는 명제가 아니다. ⓘ와 ⓙ의 심층구조를 드러내는 ⓘ'와 ⓙ'에서 밑줄 친 부분은 철수라는 주체에 귀속되는 서술적 속성을 나타내고 있으며 ⓘ와 ⓙ는 결국 이 속성을 철수에 귀속시키는 명제로 귀착된다. 이러한 과정에서 범인이나 봉황 같은 지향적 대상은 서술상에 상정된 논리적 허구로서 서술의 심층구조상에서는 술어에 통합되어 버리는 허사적인syncategorematic 것이다. 요컨대 브렌타노에 의하면 지향적 대상에 대한 지향적 관계는 문법적 표층구조에서 파생되는 외형일 뿐 그 심층구조는 주어-술어의 논리를 골자로 한다는 것이다.

관계의 논리를 주어-술어의 논리로 환원함으로써 지향적 대상의 문제를 해소하려는 브렌타노의 시도는 논리학적 관점에서 보았을 때 시대의 흐름에 역행하고 있다. 아울러 이러한 시도는 지향적 대상뿐 아니라 지향적 관계마저 부정하게 되는 결과를 초래한다. 지향적 관계가 부정된다면 우리는 지향적 관계를 서술하는 모든 일상적 어법을 위에서와 같이 비지향적 주어-술어 어법으로 고쳐 이해해야 하는 대가를 치러야 할 것이다. 우리는 그렇게 해서 얻게 되는 이득이 무엇인지 알 수 없다. 지향적 대상이 해소되었다지만 그 대신 생경하게 왜곡된 언어가 우리에게 강요될 뿐이기 때문이다.

5. 가능세계

브렌타노의 제자 마이농은 지향적 대상이 존재 너머의, 어떠한 존재로부터도 독립된 어떤 것이라는 해법을 제시하였다.(Meinong 1904) 그에 의하면 (i) 구체적이고 물리적인 개별자는 존재하며exist, (ii) 추상적인 개별자나 사실, 사태 등은 존립하지만subsist, (iii) 지향적 대상은 존재하지도 존립하지도 않는, 존재와 비존재 너머에 있는 대상이라는 것이다. 마이농은 대상의 초월성 명제 ②, 지향성의 불완전성 명제 ③, 대상의 미결정성 명제 ④에서 이러한 세 구분의 근거를 찾는 것 같다. 명제 ②, ③, ④에 의하면 지향적 대상은 물리적 대상의 어느 한 측면만을 지향함으로 정립된 대상이라는 점에서 물리적 대상과는 달리 불완전한 대상이다. 우리의 의식이 지향된 대상의 모든 측면을 다 드러내지 못한다는 사실로 말미암아 지향적 대상은 불완전한 대상이 되고 만다. 그리고 이러한 불완전한 지향적 대상은 완전한 물리적 대상과는 달리 존재도 비존재도 아닌 그 너머에 있는 대상이라는 것이다. 마이농은 한 걸음 더 나아가 현재 프랑스 왕은 존재하지도 존립하지도 않지만, 가령 우리가 그를 대머리라고 생각할 때 현재 프랑스 왕이라는 지향적 대상은 존재와 비존재 너머의 가능세계에 있다고 보았다.

현재 프랑스의 왕이 대머리라는 믿음은 참인가, 아니면 거짓인가? 그리고 우리는 이를 어떻게 알 수 있는가? 러셀은 바로 이 문제를 자신의 기술이론을 통해 논리적으로 분석하였다.(Russell 1905) 그에 의하면

 ⓚ 현재 프랑스 왕은 대머리이다.

라는 믿음은 다음과 같은 세 명제가 연접된 형태이다.

 ① 현재 프랑스 왕이라는 속성을 지닌 어떤 사람이 존재한다.

ⓜ 그 사람은 오직 하나만 존재한다.

ⓝ 그 사람은 대머리이다.

이를 하나로 묶어 기호로 표현하면 다음과 같다.

ⓞ $(\exists x)[Kx \,\&\, (y)(Ky \supset y = x) \,\&\, Bx]$

   K: 현재 프랑스 왕이다.

   B: 대머리이다.

위의 논리식 ⓞ는 ⓚ가 거짓임을 보여준다. ⓚ를 구성하는 요소의 하나인 ①, 즉 $(\exists x)(Kx)$가 거짓이기 때문이다. 따라서 존재와 비존재 너머의 지향적 대상에 대한 마이농 식의 믿음은 거짓이라는 것이다.

그러나 러셀의 이러한 결론은 성급하다. 마이농의 관점에서 볼 때 ⓚ를 구성한다는 세 믿음에 등장하는 '존재'라는 표현은 러셀이 자신을 오해했다는 증거이다. 마이농은 존재하는 대상이 아니라 가능한 대상에 관한 믿음을 말하려는 것이기 때문이다. 따라서 마이농의 입장에서 보자면 ⓚ의 올바른 논리적 번역을 위해서는 가능성을 나타내는 다음과 같은 양상기호가 부가되어야 한다.

ⓟ $\Diamond (\exists x)[Kx \,\&\, (y)(Ky \supset y = x) \,\&\, Bx]$

앞서 살펴본 동일성 대치율의 경우가 그러했듯이 이 경우에도 어차피 양화논리만으로는 지향성을 제대로 설명할 수 없다. 예컨대

ⓠ 철수는 유령을 두려워한다.

로부터 우리는 다음을 추론할 수 없다.

ⓡ (ㅋx)(x는 유령이다 & 철수는 x를 두려워한다)

x에 해당하는 유령이 존재하지 않기 때문이다. 양화논리의 존재 일반화의 원리는 여기서 지켜지지 않는 것이다.

러셀은 마이농의 입장이 존재 일반화의 원리를 어겼기 때문에 거짓이라고 단정할 것이다. 그러나 우리는 여기서 정작 문제되는 것이 존재 일반화의 원리 자체라고 본다. 즉 존재 일반화의 원리는 지향적 문맥에서는 지켜지지 않는다는 것이 우리의 입장이다. 마이농의 입장을 살린다면 ⓠ의 경우로부터 ⓡ이 도출되는 것이 아니라 아래의 ⓢ가 추론된다고 보아야 할 것이다.

ⓢ ◇(ㅋx)(x는 유령이다 & 철수는 x를 두려워한다)

존재 일반화의 원리를 둘러싼 러셀과 마이농의 의견 차이는 이제 분명해졌다. 러셀은 지향적 대상이 존재로부터 독립해 있다고 주장할 것이다. 즉 우리가 어떤 대상을 지향한다고 해서 그 대상이 존재하는 것은 아니다. 마이농은 이를 인정하지만 그럼에도 불구하고 지향적 대상은 가능세계로부터 독립해 있지 않다고 주장할 것이다. 즉 우리가 어떤 대상을 지향하면 그 대상은 가능세계에 있게 된다. 이를 정리하면 다음과 같다.

⑦ 지향적 대상의 존재 독립성(러셀): 지향성은 지향적 대상의 존재를 보
장하지 않는다.

⑧ 지향적 대상의 가능세계 내재성(마이농): 지향성은 지향적 대상이 가능
세계에 있음을 보장한다.

가능세계를 바탕으로 한 마이농의 지향적 대상이론은 브렌타노의
문제에 대한 하나의 흥미로운 해법이다. 그러나 브렌타노를 위시한 많
은 이론가들은 마이농의 해법에 대해 회의적이다. 존재하는 물리적 대
상이 지향적 대상으로 화하는 순간부터 존재하지 않게 되고 아울러 가
능세계로 전이된다는 주장은 아무래도 자연스러워 보이지 않는다. 또
한 마이농의 명제 ⑧은 둥근 사각형이나 최대 소수prime number와 같
은 불가능한 대상에 대한 우리의 지향성에는 적용되지 않는다. 그러나
마이농의 비판자들의 진정한 우려는 불필요한 가정을 늘이지 말라는
오캄의 면도날이 바로 마이농의 가능세계를 겨냥한다는 데 있다. 이러
한 우려는 그 이후에 발전된 가능세계 논리학에도 마찬가지로 적용될
수 있다.

6. 지향적 문맥

프레게는 지향적 대상에 대한 논의에서 야기된 문제를 의미와 지시체
의 구분에 의해 풀어보려 했다.(Frege 1892) 프레게에 의하면 언어적 표
현은 의미를 표현하며 지시체를 지시한다. 예컨대 '새벽별'과 '저녁별'
은 상이한 의미를 표현하지만 금성이란 동일한 별을 지시한다. 그리고

문장의 의미는 그 문장이 표현하는 사고나 명제이고, 문장의 지시체는 그 진리치이다. 의미는 물리적 존재도 심리적 존재도 아닌 플라톤의 이데아와 같은 객관적 존재이다.(Frege 1918) 의미는 물리적 존재와는 달리 시공간에 존재하지 않으며 감관에 의해 지각되지 않는다. 또한 의미는 심리적 존재와는 달리 심리적 과정에 의해 생성되지 않으며, 따라서 의식에 의존되어 있지 않다. 그러나 의미는 최소한 일정한 관점에서 각 표현이 그 지시체를 지시하는 방식을 결정하고, 또 그 지시체를 매개한다는 점에서 의식에 연관되어 있다.

프레게는 이를 바탕으로 명제 태도를 포함하는 지향적 문맥에서 과연 동일성 대치율이 적용되지 않는지의 문제에 대한 새로운 해법을 제시한다. 앞서 우리는 ⓐ "후설 =『논리연구』의 저자"를 ⓓ "철수는 후설이 철학자라고 믿는다"에 적용한다 해도 ⓔ "철수는『논리연구』의 저자가 철학자라고 믿는다"가 도출되지 않음을 보았다. 즉 지향적 문맥에서는 동일성 대치율이 지켜지지 않는 것이었다. 그런데 프레게에 의하면 "철수는 p를 믿는다"에서 p는 그 의미를 지시한다. 지향적 문맥에 속한 p의 지시체는 곧 그 의미이다. 요컨대 지향적 문맥에서 지향적 대상은 언제나 의미라는 것이다. 이를 위의 예에 적용해 보자. ⓐ에서 후설과 『논리연구』의 저자는 동일한 지시체를 지시하지만 그 의미는 서로 다르다. 마찬가지로 ⓓ와 ⓔ에서 철수의 믿음은 그 의미가 서로 다르다. 그런데 ⓓ나 ⓔ와 같은 지향적 문맥 안에서 믿음의 지시체는 그 의미이므로 결국 ⓓ와 ⓔ는 상이한 지시체에 관한 명제가 된다. 따라서 ⓐ를 ⓓ에 적용한다 해서 ⓔ가 도출될 수 없음은 놀라운 일이 못된다. 이는 동일성 대치율에 해당하는 경우가 아니기 때문이다. 따라서 프레게에 의하면 동일성 대치율이 지향적 문맥에서 지켜지지 않는다는 앞서의 주장은 거짓이다.

같은 맥락에서 프레게는 지향적 문맥에서 과연 존재 일반화의 원리가 지켜지지 않는지의 문제에 대해서도 새로운 해법을 제시한다. 앞서 우리는 ⑨ "철수는 유령을 두려워한다"로부터 ⑰ "(ョx)(x는 유령이다 & 철수는 x를 두려워한다)"를 추론할 수 없음을 보았다. 그 이유는 x에 해당하는 유령이 존재하지 않기 때문이었다. 즉 존재 일반화의 원리는 지향적 문맥에서는 지켜지지 않는다는 것이었다. 그러나 프레게에 의하면 지향적 문맥에서 지향적 대상은 언제나 의미이므로 ⑰의 속박변항bounded variables의 값도 지시체가 아니라 의미이다. 지향적 문맥의 양화는 결국 의미에 대한 양화로 보아야 한다는 것이다. 그랬을 때 우리는 지향적 문맥의 경우에도 존재 일반화의 원리가 지켜짐을 알 수 있다.

그러나 지향적 문맥에서는 지향적 대상이 의미라는 프레게의 주장은 설득력이 없다. 철수가 두려워하는 것은 유령이지 유령의 의미가 아니다. "철수는 유령의 의미를 두려워한다"와 "철수는 유령을 두려워한다"는 분명 서로 다른 명제이기 때문이다.(Church 1956, 8쪽)

스미스와 맥킨타이어는 프레게의 주장이 적어도 지향적 문맥의 언어적 해석에는 적용될 수 있다고 본다.(Smith and McIntyre 1982, 78쪽) 그들에 의하면 예컨대 앞서의 ⑤ "철수는 범인이 철학자라고 믿는다"에 대한 언어적 해석인 ⑧ "철수는 범인이 누구이건 간에 그는 철학자라고 믿는다", 즉 "철수는 (ョx)(x는 범인이다 & x는 철학자이다)라고 믿는다"의 경우에 철수의 믿음이 왜 특정한 철학자에 관한 것이 아닌지를 프레게의 주장은 잘 설명해준다. 철수의 믿음은 실제 인간에 지향되어 있는 것이 아니라 의미에 지향되어 있다는 것이다. 그러나 ⑧ "철수는 범인

이 누구이건 간에 그는 철학자라고 믿는다"에서 철수는 "범인이 누구이
건 간에 그는 철학자이다"라는 문장의 의미를 믿는다기 보다는 그 문장
의 지시체, 즉 그 문장이 참임을 믿는다고 보는 것이 더 자연스럽다. 마
찬가지로 ④ "철수는 유령을 두려워한다"에 대한 언어적 해석, "철수는
어떠한 유령이건 유령을 두려워한다", 즉 "철수는 (ョx)(x는 유령이다)를
두려워한다"의 경우에 철수가 두려워하는 것은 역시 유령이지 유령의
의미가 아니다. 따라서 지향적 문맥에서는 지향적 대상이 의미라는 프
레게의 주장은 지향적 문맥의 언어적 해석과 존재적 해석 모두에 부적
절하다고 볼 수 있다.

　프레게는 지향적 문맥이 동일성 대치율과 존재 일반화의 원리를 위
협하지 않음을 논증하기 위해 지향적 문맥에서의 지향성을 왜곡시키
는 대가를 지불한 셈이다. 브렌타노의 마지막 해법이 그러했듯이 이 역
시 얻은 수확보다는 지불한 대가가 더 크지 않았나 싶다.

7. 환원

지금까지의 지향성에 관한 논의는 모두 지향적 대상에 초점이 맞춰져
있었다. 그리고 지향적 대상은 종종 특별한 종류의 어떤 존재자로 묘사
되었다. 후설은 이러한 종래의 견해를 정면으로 거부하고 나선다. 그에
의하면 우리가 지향하는 대상은 어떤 특별한 것이 아니라 아주 평범하
고 다양한 종류의 대상이다. 후설은 다음과 같이 말한다.

　　표상의 지향적 대상은 실제의 대상과 같다. 그리고 〔…〕 양자를 구별하는 것

은 불합리하다.(Husserl 1901, 1부 425쪽)

　얼핏 보아 이는 지향적 대상에 대한 브렌타노의 두 번째 해석과 유
사하다. 그러나 지향성에 관한 후설의 초점은 지향적 대상이 아니라 지
향적 관계에 놓여 있다. 그가 볼 때 지향성에 관한 종래의 논의는 지향
성 개념 자체가 관계 개념임을 망각하고 있다. 지향성은 지향적 대상이
아니라 지향적 관계에서 비롯된다. 후설은 앞서 논의한 지향성의 관점
의존성 명제 ①, 그리고 존재 독립성 명제 ⑦을 수용한다. 지향성이 지
향하는 주체와 지향되는 대상을 관계 맺어주는 관점에 의존되어 있다
는 관점 의존성 명제 ①을 수용하면서 그는 그 관점을 의식행위의 내용
에 의거해서 서술할 것을 제안한다. 그리고 우리의 관심을 이처럼 지향
적 대상에서 의식 내용으로 전환하기 위해 후설은 환원, 판단중지, 괄
호침의 방법을 개발한다. 한편 지향성이 지향적 대상의 존재를 보장하
지 않는다는 존재 독립성 명제 ⑦을 수용하면서 그는 지향성이 지향적
대상의 존재/비존재에 의존하지 않는 이유로 지향성이 의식의 내재적
인, 고유한 성격임을 지적한다. 그리고 이러한 지향성의 의식 내재성이
의식을 표현하는 언어와 그 의미의 지향성에도 그대로 전이된다는 것
이다. 그렇다면 결국 후설에게서 의식 내용의 탐구와 의미의 탐구는 서
로 중첩된다. 그리고 후설에게 이 두 탐구는 바로 그가 정립한 '현상학'
을 의미한다.

　의식 내용의 현상학적 탐구는 환원에서 시작한다. 그리고 이 환원은
세 단계에 걸쳐 이루어진다. 첫 번째 단계는 심리학적 환원이다. 심리
학적 환원은 외적 대상을 괄호침으로써 우리의 관심을 외적 대상으로
부터 의식과 그 체험 자체로 전환시키는 과정을 지칭한다. 두 번째 단

계는 선험적 환원이다. 선험적 환원은 심리학적 환원을 통해 얻어진 경험적, 심리적 자아를 괄호침으로써 우리의 의식에서 모든 경험적, 자연적 요소를 배제하고 대신 순수한 의식과 체험만을 걸러내는 과정을 지칭한다. 선험적 환원을 통해 우리는 경험적, 심리적 자아로부터 선험적 자아에 이르게 된다. 선험적 자아는 제2의 자아가 아니라 자아의 체험, 그리고 타자나 세계와의 관계로부터 독립된 자아 서술의 가능성을 강조하기 위해 도입된 개념이다. 선험적 자아에 관한 선험적-현상학적 서술은 그 자아가 정신과 신체 중 어느 것을 가리키는지, 컴퓨터에 실현되어 있는지, 사회적 인간을 지칭하는지, 혹은 뇌에서 창발되는 것인지의 문제에 관여하지 않는다는 점에서 선험적이다. 환원의 세 번째 단계는 형상적 환원이다. 형상적 환원은 선험적 환원을 통해 얻어진 순수한 의식과 체험에서 모든 개별적 요소를 제거하는 일반화 과정을 지칭한다. 이 형상적 환원을 통해 비로소 우리는 의식과 자아의 보편적 본질, 지향성의 보편적 구조에 도달하게 된다.

이제 환원의 세 단계를 지각perception의 예를 들어 보다 구체적으로 분석해보기로 하자. 심리학적 환원을 통해 우리는 지각의 대상으로부터 그 대상에 대한 지각 자체로 관심을 돌리게 된다. 이로 말미암아 부각되는 지각의 감각적 국면을 후설은 질료hyle라고 부른다. 질료는 감각자료sense-data와 달리 세계의 존재론적 원자가 아니며, 감각인상과 달리 그 자체 어떠한 지각도 아니다. 질료는 의식 안에 막 들어온, 지각을 위한 1차적 자료일 뿐 그 자체로는 어떠한 대상을 가리키는 지향적 성격을 지니고 있지 않다. 이 자료는 일정한 의미가 부여되는 해석의 과정을 거친 연후에야 비로소 지각이 되며 지향적 의식의 온전한 내용으로 정립된다. 선험적 환원은 이 의미부여 과정에 초점을 두기 위해 질료를 괄호침으로써 의식의 내실적reel[3] 내용을 부각시키는 작업이다. 후설은 이렇게 해서 드러난 내실적 내용을 노에시스*noesis*라 부른다.[4] 노에시스는 내실적 성질Qualität과 내실적 재료Materie[5]로 구성되어 있다. 성질은 명제 태도나 발화 수반적 힘illocutionary force을 지칭하며, 재료는 그 성질이 이끄는 명제를 지칭한다. 예컨대

ⓣ 철수는 후설이『논리연구』의 저자라고 믿는다.

와

ⓤ 철수는 후설이『논리연구』의 저자라고 예상한다.

는 재료에서는 같지만 성질에서는 다른 노에시스이다. 한편

ⓥ 철수는 후설이『논리연구』의 저자라고 믿는다.

와

---

3 여기서의 '내실적'이라는 개념은 물리적 대상에 적용되는 시공간적 실재성이 아니라 의식의 구성요소에 적용되는 시간적 실재성을 함축한다.

4 이 문제에 관해서는 후설의『논리연구』와『이념들 I』사이에 차이가 있다. 노에시스는 노에마와 더불어『이념들 I』에 와서야 등장하는 개념이다. 그리고『논리연구』1판에서는 내실적 내용이 심리학적 환원을 통해 얻어지는 것으로 묘사되었으나,『이념들 I』(Husserl 1913, §§86~88) 및『논리연구』2판에서는 선험적 환원 후에야 얻어지는 것으로 정정되었다.(Husserl 1901, 1부 397쪽의 각주 참조)

5 질료*hyle*와 재료Materie는 어감은 비슷하지만 전혀 다른 개념임에 유의할 필요가 있다. 이 두 개념의 번역은 신귀현·배의용 교수의 번역서를 따랐다. 파울 얀센,『에드문트 훗설의 현상학』, 신귀현·배의용 옮김(대구: 이문출판사, 1986).

ⓦ 철수는 후설이『산술철학』의 저자라고 믿는다.

는 성질에서는 같지만 재료에서는 다른 노에시스이다.

8. 노에마

노에시스가 주체의 주관적이고 개별적인 의식의 토큰token 수준에 머
물러 있다면 형상적 환원은 이를 추상화하고 일반화하여 의식의 타입
type에 이르게 한다. 후설은 형상적 환원을 통해 드러나는 이념적ideal
내용을 노에마noema라 부른다. 노에마는 이념적 성질과 이념적 재료로
이루어져 있다. 이들은 각각 내실적 성질과 내실적 재료의 타입에 해당
한다. 후설은 이 중 이념적 재료가 바로 프레게적 '의미'라고 본다. 즉 이
념적 재료는 초시간적이고 초공간적인 플라톤의 이데아와 유사한 어
떤 것이다. 그러나 후설의 이념적 재료, 혹은 의미는 이데아계와 같은
독자적 존재 지평을 확보하는 것이 아니라 언제나 의식의 내실적 내용
에 적용되고 구현된다는 점에서 사실 플라톤의 이데아보다는 아리스
토텔레스의 형상에 더 가깝다. 질료와 결합되는 아리스토텔레스의 형
상이 구문론적인 것인지 아니면 의미론적인 것인지는 분명하지 않다.
그러나 후설의 의미가 의미론적 존재라는 점은 너무도 분명하다. 명제
가 다양한 문장에 의해 표현되는 것처럼 후설의 의미는 다양한 내실적
의식 내용에서 실현된다. 이러한 의미의 다수 실현multiple realization은
노에마와 한 짝을 이루는 노에시스의 의미부여 기능에 의해 수행된다.
　지금까지 살펴본 질료, 노에시스, 노에마의 성격을 지향성과 시간성

의 유무에 의해 도표로 정리해보면 다음과 같다.

	지향성	시간성
질료	×	○
노에시스	○	○
노에마	○	×

아울러 의식 내용에 관한 지금까지의 논의를 도표로 정리해보면 다음과 같다.(Smith and McIntyre 1982, 136쪽)

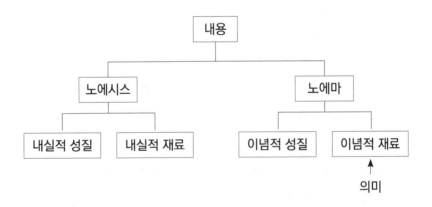

우리는 여기서 노에마의 핵인 의미의 기능과 노에시스의 기능에 각각 주목할 필요가 있다. 노에마의 핵인 의미는 지향된 대상을 규정하는 기능을 가지고 있다. 한편 노에시스는 첫째, 대상을 직관하는 기능, 둘째, 우리의 의식을 대상의 어느 측면에 초점을 맞추는 기능, 셋째, 노에마를 질료에 적용시키는 종합의 기능을 가지고 있다. 이 중 종합의 기능을 바탕으로 노에마, 노에시스, 질료의 상관관계를 살펴보자. 노에시스는 의식을 일정한 노에마에 연관시킨다. 이 과정에서 노에시스가 노에마의 핵인 의미를 의식에 부여한다. 그리고 지각의 경우에 의미는 다시 질료에 부여된다. 노에시스의 의미부여 기능과 의미의 대상 규정 기능이 한데 묶여 의식은 대상을 지향하게 된다. 이처럼 의식은 언제나 의미를 매개로 대상을 지향한다.

이를 바탕으로 후설의 의미론은 브렌타노가 고민했던 문제, 즉 우리의 의식이 환각이나 착시, 혹은 상상에서처럼 실제 존재하지 않는 대상을 어떻게 지향할 수 있는가 하는 문제를 해결한다. 한 대상의 의미는 그 대상의 존재 여부와 상관이 없다.(Husserl 1901, 1부 425쪽) 존재하지 않는 대상에 대해서도 확정적 기술은 얼마든지 가능하다. 의식을 매개하는 의미가 갖고 있는 고유한 대상 규정 기능이 존재하지 않는 대상에 대한 의식의 지향을 가능하게 하는 것이다.

지향적 문맥에 관한 프레게의 주장이 초래했던 문제도 의미의 지시체 규정 기능을 도입하면 해소된다. 지향적 문맥에서나 여타의 문맥에서나 지시체는 항상 의미를 매개로, 의미에 의해 규정되기 때문이다. 프레게와 달리 후설에게 의미는 현상학적 반성의 경우를 제외하고는 지향적 문맥에서조차 지향적 대상이 될 수 없다. 앞서 브렌타노에 대한 후설의 비판에서 보았듯이 후설에게 의미는 외적 대상을 표상하는 어떤 이미지나 그림과 같은 것이 아니다.

9. 인지주의

후설의 현상학은 인지과학과 심리철학의 중심사조인 인지주의cognitivism 에도 상당히 근접해 있다. 인지주의는 방법론적 유아론methodological solipsism, 표상주의representationalism, 계산주의computationalism 이렇게 세 하위이론으로 구성되어 있다.(Fodor 1980 참조) 방법론적 유아론은 마음 그 자체에 관한 이론의 정립이 세계의 존재에 대한 가정을 필요로 하지 않는다는 입장이다. 현상학의 환원과 인지주의의 방법론적 유아론은 세계의 존재 자체를 부정하는 형이상학이 아니라 마음에 관한 중립적 서술을 위해 잠시 존재의 문제를 괄호치는 방법론이라는 점에서 일치한다. 현상학과 인지주의는 모두 의식행위와 외적 대상 사이의 인과적 관계, 신체적 행위나 사회적 상호작용, 뇌의 신경생리학적 상태 등에 대한 자연주의적 이론과는 영역을 달리하는 접근법이다.

인지주의는 세계의 존재를 괄호친 뒤에 남게 되는 심적 상태가 세계를 표상하는 심적 표상에 연관되어 있다는 표상주의를 표방한다. 표상주의에 의하면 마음과 세계 사이의 표상적 관계는 심적 표상에 의해 매개되는 매개적 관계이다. 드라이퍼스와 맥킨타이어는 후설의 의미가 인지주의의 심적 표상과 같은 역할을 한다고 주장한다.(Dreyfus 1982a, 2쪽; McIntyre 1986, 64쪽) 지향성의 골자는 표상이고 대상에 대한 의식의 지향적 표상은 의미에 의해 매개되는 매개적 관계라는 점에서 심적 표상과 같다는 것이다.

인지주의의 세 번째 하위이론은 심적 표상의 본질이 추론적 계산을 골자로 하는 구문론적 소프트웨어 프로그램이라는 계산주의이다. 드라이퍼스는 후설의 노에마가 바로 이러한 구문론적 프로그램이라고 주장한다.(Dreyfus 1982a, 10쪽) 컴퓨터의 구문론적 소프트웨어 프로그램이 다양한 종류의 하드웨어에서 실현되고 운용되는 것처럼 노에마도 다양한 내실적 의식 내용에서 실현된다는 다수 실현 명제는 이러한 해석을 뒷받침하는 것처럼 보인다.

그러나 현상학과 인지주의의 유사성을 옹호하는 이러한 해석은 현상학에 대한 오해에 기인하고 있다. 현상학의 환원과 인지주의의 방법론적 유아론의 비교는 그 자체가 그릇된 것은 아니지만 환원에서 비롯되는 선험적 자아, 의식의 본질 등이 인지주의에는 생소한 사변적 개념이라는 사실을 간과한다. 현상학의 노에마를 표상주의의 심적 표상과 같은 것으로 보는 해석은 브렌타노에 대한 후설의 비판에서 이미 드러났듯이 후설이 비판하고자 하는 바로 그 표적이기도 하다. 의미가 지시체를 규정한다는 기능은 의미가 지시체를 표상(혹은 재현)한다는 주장과 구별되어야 한다. 노에마를 계산주의의 구문론적 소프트웨어 프로그램과 같은 것으로 보는 해석은 노에마가 의미론적 개념임을 간과하고 있거나 아니면 의미론이 구문론으로 환원된다는 증명되지 않은 사실을 전제한다.(이승종 1994 참조)

맥킨타이어가 지적하듯이 사실 인지주의가 표방하는 표상주의와 계산주의는 서로 양립할 수 없는 명제이다.(McIntyre 1986, 70쪽) 계산에 동원되는 구문론적 기호가 세계를 표상하는 의미론적 기능을 수행할 수 없기 때문이다. 최근의 인지주의는 의미론에 근거한 표상주의보다는 구문론에 근거한 계산주의를 강조하는 쪽으로 흐르고 있다. 후설의 현상학은 의식의 본질을 의미론적 지향성 개념에서 찾는다는 점에서 인지주의의 이러한 흐름과 합류하기 어렵다. 그러나 인지주의의 문제와는 별개로, 인지과학과 심리철학계가 의미론적 지향성이 의식 내재적인 고유한 속성인지의 문제를 둘러싸고 양분되어 있다는 사실은 여전히 현상학과 인지과학/심리철학의 학제적 연관성을 시사한다고 할 수 있다.[6]

---

6 썰Searle, 크립키Kripke, 포더Fodor, 치좀, 네이글Nagel 등이 내재적 지향성의 옹호자들

10. 초월성

우리는 지금까지 브렌타노에서 현대 인지과학에 이르기까지 지향성에 관한 담론의 역사를 후설을 중심으로 살펴보았다. 우리는 이를 통해 후설을 전후로 달라진 지향성에 관한 논의의 방향과 수준을 가늠할 수 있었다. 후설이 20세기의 벽두에 이 세기를 향해 던진 화두인 지향성의 문제는 그에 의해 해결되었는가? 그는 정말 근대철학의 종말과 현대철학의 시작을 알리는 분기점에 서 있는가? 하이데거는 후설에게서 지향성과 환원이 서로 화합할 수 있는지를 문제 삼는다. 후설에 의하면 지향성은 의식주체가 일정한 관점에서 대상을 지향함으로써 형성되는 관계 개념이다. 그러나 대상의 의미를 드러내기 위해 대상세계를 괄호치는 환원은 결국 지향적 관계를 의식 내적 사실로 귀속시키고 의미를 적용하는 대상과 쓰임의 문맥을 제거한 상태에서 이해하려 한다. 지향성이 만남과 관계를 함축한다면 환원은 단절과 분리를 함축한다. 환원은 의식을 인간으로부터, 절대의식을 세계로부터 각각 단절시키며, 지향함intentio을 지향되는 것intentum으로부터 분리시킨다. 의식의 지향성은 의식 바깥으로 향할 수 없다. 의식의 바깥에 해당하는 세계가 폐쇄되었기 때문이다.(Heidegger 1975, 90쪽) 후설의 담론은 지향성을 객관화하는 함정은 피했지만 지향성을 주관화하는 함정에 빠져들고 있는 것이다. 근대 의식철학의 한계 안에 갇혀 있는 후설은 따라서 현대철학의 창시자이기보다는 근대철학의 계승자이다.

이고, 콰인Quine, 데이빗슨Davidson, 퍼트남Putnam, 데닛Dennett, 처치랜드Churchland 등이 그 반대자들이다. (이승종 1999 참조)

세 단계에 걸친 환원을 통해 원래 안에서 바깥으로 향해 있던 지향성의 흐름은 안으로 역류된다. 이렇게 해서 도달하게 되는, 이른바 순수의식의 내적 본질과 보편의 세계는 진정한 세계가 거세된 추상과 인공의 세계이다. 그것은 살아 숨 쉬는 인간마저 배제된, 세계 아닌 세계, 이론만을 위한 이론의 세계이다. 이러한 구도하에서 지향성의 초월성, 불완전성, 미결정성은 지향성의 주관화 방법이 미처 다 포섭하지 못한 주변적 잉여 현상으로 전락한다. 하이데거의 해체주의적 시각은 의식철학이 남긴 바로 이러한 잉여의 흔적에 주목한다.

지향성에 관한 후설의 분석이 초월성을 잉여로 남긴다는 것은 후설의 분석이 크게 잘못되었음을 함축한다. 하이데거에 의하면 지향성은 초월성을 근거로 해서만 가능하기 때문이다.(Heidegger 1929a, 31쪽) 밖으로 뻗어 나가려 한다는 점에서 양자는 다른 개념이 아니다. 그러나 후설은 의식을 그것을 초월해 있는 대상의 존재에 대한 참조 없이 서술될 수 있는 내적 요소로 환원하는 과정에서, 의식에 의해 완전히 파악되지 않는 대상의 초월성의 문제를 환원에 의해 부각된 선험적 자아가 갖는 성격인 "**내재 속의 초월성**"(Husserl 1913, 110쪽)의 문제로 바꿔 놓고 있다. 이에 의해 초월적인 것에 대한 존재론적 문제는 선험적인 것에 대한 개념적, 인식론적 문제로 탈바꿈한다.[7] 하이데거가 볼 때 이는 넘어섬으로서의 초월의 본래적 의미에 대한 왜곡이자 근대 의식철학으로의 후퇴이다. 초월은 의식을 매개로 일어나는 의식 내적 현상이 아니

---

7 여기서 '선험적'이라는 표현과 '초월적'이라는 표현은 모두 'transzendental'의 번역어이다. 요컨대 두 개념은 원문에서는 구별되지 않는다. 이에 관해서는 다음 장에서 상세히 논의할 것이다.

라 현존재現存在; Dasein를 매개로 일어나는 사건이다. 초월성은 인간과 타자 사이의 행동관계Verhalten이며, 이 행동관계는 의식주체와 의식 바깥의 대상 사이의 인식론적 관계를 넘어선 존재론적 관계이다. 하이데거는 지향성이 초월성의 인식근거ratio cognoscendi이고 초월성은 지향성의 존재근거ratio essendi라고 말한다.(Heidegger 1975, 91쪽) 초월성은 의식의 본질임을 넘어서 인간의 본질이다. 인간은 언제나 그 자신을 넘어서려 하는 탈자적脫者的; ekstatisch 존재이기 때문이다.

초월성으로 이해된 하이데거의 지향성은 인간을 세계로부터 차단시키기보다는 인간이 세계 내에, 세계의 대상들과 함께 머무르는 존재임을 부각시킨다.(Heidegger 1975, 90쪽) 따라서 인간은 탈자적 존재이자 세계-내-존재In-der-Welt-sein이다. 이는 세계가 없는 후설의 순수의식과 분명하게 대비되는 새로운 인간상이다. 지향성과 초월성은 이 세계-내-존재에 근거해 있다. 세계-내-존재로서의 인간은 의식철학에 의해 이루어진 주관과 객관, 의식과 세계의 분리를 극복하고 양자를 매개한다. 초월성으로 이해된 지향성이 바로 이 매개의 고리이다. 세계는 인간의 지향적 관계를 포섭하며 이 관계에 수반되는 의미의 문맥으로 작용한다. 의미는 노에마에 담겨 있는 초시간적인 추상물이 아니라 행위하는 인간의 구체적 역사와 살아 숨 쉬는 시간을 통해서 드러난다.[8]

---

8 후설의 의미론에 대한 이러한 비판은 비트겐슈타인의 입장과 유사하다. 어떠한 내용도 명제 태도(성질)와 명제(재료)라는 두 논리적 범주로 짜여 있다는 후설의 의미론, 그리고 그와 유사한 입장에 서 있는 프레게의 의미론(Frege 1891)은 모두 비트겐슈타인이 보기에 매우 인위적인 이론들이다. 명제, 명제 태도, 내용, 사고 등의 범주가 언제 어디서나 일반적으로 적용될 수 있다는 주장에 대한 비판은 비트겐슈타인이 수행하는 언어 비판의 핵심이다.(Wittgenstein 1953, §22) 하이데거와 비트겐슈타인 철학의 연관성에 관해서는 II부에서 상세히 논의할 것이다.

하이데거는 지향성에 관한 담론을, 인식하는 인간을 모델로 하는 인식론에서 행위하는 인간, 세계와 더불어 존재하는 인간을 모델로 하는 존재론으로 바꾸어 놓았다는 점에서 지향성의 새로운 지평을 열어 젖혔다고 평가된다. 하이데거에 이르러 의식과 그 지향성은 탈자적 세계-내-존재로서의 인간에서 비롯되는 파생적 개념으로 새로이 자리매김된다. 의식의 지향성보다 초월성과 세계-내-존재가 인간을 규정하는 더 원초적인 개념으로 부각된다. 그리고 이로 말미암아 환원에 의해 닫혀졌던 의식의 지평이 인간을 통해 세계를 향해 다시 열리게 되고, 보류되었던 세계가 복권되는 것이다. 다음 장에서 자세히 보겠지만 하이데거는 한 걸음 더 나아가 후설의 환원을 자기 식으로 재해석해 전혀 다른 의미와 방식으로 사용하게 된다.

2. 후설과 하이데거: 차연

1. 부친살해

러셀에게 비트겐슈타인이 있었다면 후설에게는 하이데거가 있었다. 러셀과 비트겐슈타인이 사제관계에서 동료로, 종국에는 개인적, 철학적 이유로 파경에 이르게 된 것처럼, 후설과 하이데거도 같은 경로를 밟았다. 러셀이 비트겐슈타인의 철학에 동조하지 않았음에도 불구하고 그를 계속 후원했던 것처럼, 후설도 하이데거가 자신과 다른 길을 걷고 있음을 알면서도 그를 자신의 후임으로 지명했다. 그러나 러셀과 후설의 이러한 배려와 후원은 그들에게 각각 깊은 상처와 배신감만을 안겼다. 러셀은 비트겐슈타인의 혹독한 비판으로 말미암아 야심작『지식론』(Russell 1983)의 집필을 중단하게 되었고, 비트겐슈타인에 대한 두려움에 은퇴를 고려하기에 이르렀다. 이 사건은 러셀에게 회복 불가능한 치명적 상처를 남겼다.(Lackey 1981 참조) 한편 후설의 후임교수로 취임한 하이데거는 스승에게 헌정했던『존재와 시간』에서 헌정사를 삭제했고, 후설이 나치의 치하에서 유태인으로서 겪은 박해와 죽음, 그리고 그가 남긴 유고에 대해 철저히 냉담했다. 하이데거의 이러한 배신은 후설에게 큰 실망이자 비극이었다.(Spiegelberg 1982, 136, 340, 413~414쪽; Schuhmann 1978 참조)

우리는 이 장에서 후설과 하이데거 사이의 사상적 갈등을 후설의 현상학에 대한 하이데거의 해체 작업을 중심으로 추적해보려 한다. 우리의 작업의 전거는 『존재와 시간』이 출간된 1927년에 이르기까지의 하이데거의 강의록과 단편들이 중심을 이룬다. 이들 텍스트에서 하이데거는 후설의 현상학에 대해 다음의 세 가지 작업을 펴고 있다. 첫째, 후설의 현상학에 대한 중립적인 서술과 요약. 둘째, 후설의 현상학에 대한 대담하고 독창적인 재해석과 변형. 셋째, 이를 바탕으로 한 후설 현상학에 대한 비판. 첫째 작업은 그 당시까지만 해도 하이데거가 후설의 영향하에 철학을 했음을 감안할 때 자연스러운 것으로 여겨진다. 둘째 작업에서 하이데거는 이미 자신의 고유한 언어를 개발해 사용했지만 후설의 언어와 방법을 자기 나름대로 수정하고 심화하여 이해하고 있기도 하다. 유의해야 할 사실은 하이데거가 후설 현상학의 방법을 전면적으로 거부하지는 않았다는 점이다. 셋째 작업에서 하이데거는 후설 현상학의 각론에 대해서가 아니라 그 이념과 대의를 중점적으로 비판한다. 일견 서로 양립하기 어려워 보이는 이 세 작업이 동시에 수행되었다는 점에서 후설의 현상학에 대한 하이데거의 작업은 수용과 변형, 비판과 극복을 한데 묶은 '탈구성de-construction'으로서의 해체에 가깝다. 우리는 후설과 하이데거 양자 사이에 유사성과 차이성이 씨줄과 날줄로 얽혀 있는 차연差延; différance, 즉 차이와 연기의 관계가 놓여 있음

을 보게 될 것이다.[9]

2. 만남

후설과 하이데거의 철학적 만남은 하이데거가 후설의 조교로서 스승의 『논리연구』를 읽고 강의하면서 시작된다. 하이데거는 『논리연구』 중에서 특히 여섯 번째 연구에 주목하였다. 만년에 그는 다음과 같이 회고하였다.

> 여기서 체득한 감성적 직관과 범주적 직관의 구별은 나로 하여금 '존재자의 다양한 의미'를 규정하게 하는 역량이 되었다.(Heidegger 1963a, 86쪽/국역본, 186쪽)

하이데거에 의하면 "후설에게 존재의 문제는 결여되어 있건만" (Heidegger 1977, 373쪽) 그럼에도 불구하고

> 후설은 여섯 번째 『논리연구』의 6장에서 존재의 문제를 '범주적 직관'의 개념으로 건드리거나 살짝 스쳐 지나가고 있다.(Heidegger 1977, 373쪽)

후설의 여섯 번째 『논리연구』의 6장에서 하이데거가 발견한 존재 문

---

9 차연에 대해서는 다음을 참조.(Derrida 1968)

제의 실마리는 무엇인가?

후설은 문제의 장에서 다음과 같은 질문을 던지고 있다. **"지각의 부분과 형식은 의미의 모든 부분과 형식에 대응하는가?"**(Husserl 1901, 2부 129쪽) 이에 대한 일반적인 답변은 긍정적인 것이다. "나는 흰 종이를 보고는 흰 종이라고 말한다. 따라서 내가 본 것만을 정확히 표현한다."(Husserl 1901, 2부 130쪽) 이러한 긍정적인 답변은 의미와 지각의 대응을 함축한다. 그러나 이러한 대응은 다음과 같은 여러 가지 이유에서 성취될 수 없다. 첫째, 흰 종이에 대한 나의 지각에는 여러 종류의 의미지향 행위가 연관되어 있다. 종이의 흰색을 지시하는 지향성, 종이를 존재자로 지시하는 지향성 등등. 이들 지향성들은 지각에 의해 제공되는 내용을 초월해 있다. 둘째, 색깔을 나타내는 낱말 '흰'의 지향성은 문제되는 대상의 한 측면, 즉 그 색깔과만 부분적으로 대응될 뿐이다. 언어의 의미는 보편자이다. 색깔을 표현하는 낱말의 의미도 예외가 아니다. 그러나 우리가 지각하는 것은 개별자일 뿐이다. 위의 예에서도 문제의 낱말에 대응되는 지시체는 개별자의 개별적 속성이다. 따라서 대응은 부분적일 뿐이다. 즉 우리는 종이가 희다는 것은 지각하지만 보편적 흰색은 지각하지 못한다. 의미의 보편성은 개별자와의 대응에서 언제나 대응의 부분을 넘어서는 잉여를 남긴다. 셋째, "이 종이가 희다"에서 우리는 주어와 보어를 연결하는 계사 '이다'의 지시체를 지각하지 못한다. '이다'와 그 원형인 '…임', 즉 존재의 의미는 개별적 존재자를 초월해 있다.(Husserl 1901, 2부 137쪽)

그러나 이들 잉여와 초월은 감성적 지각에 대한 잉여와 초월일 뿐이다. 요컨대 이들 잉여와 초월은 위의 사태, 즉 종이가 희다는 사태와 이에 대한 언어적 표현의 의미, 즉 "이 종이가 희다"는 문장의 의미에 주어져 있다. 후설에 의하면 개별자가 주어질 때 보편자도 함께 주어진다. 다만 보편자는 감성적으로 지각되지 않을 뿐이다. 위의 예에서도 보편자 흰색과 그 의미는 개별적 흰색과 함께 주어지고, '이다'와 그 원형인 '…임', 즉 존재의 의미는 개별적 존재자와 함께 주어진다. 앞서 언급되었던 감성적 직관과 범주적 직관의 구분은 이즈음에서 도입된다. 개별자와 함께 주어진 보편자가 바로 의미와 지각의 대응에서 남겨지는 잉여를 채운다. 이 잉여에 대한 직관이 개별자에 대한 감성적 직관에 대비되는 범주적 직관이다. 개별자의 주어짐은 감성적으로 직관되지만 보편자의 주어짐은 범주적으로 직관된다. 그리고 보편자는 개별자와 함께, 개별자를 통해서 주어지고 직관된다. 따라서 감성적 직관과 범주적 직관은 동시에 수행된다.(Husserl 1901, 2부 142~143쪽)

하이데거는 여기서 자신의 화두인 존재의 문제에 관한 결정적 단서를 발견한다. 그 발견은 다음과 같이 요약된다. 첫째, 존재는 존재자를 초월해 있다. 둘째, 그러나 그러한 존재도 범주적 직관에 주어진다. 하이데거는 이를 오직 감성적인 것만이 주어진다는 칸트적 전통에 대한 위대한 승리로 본다.[10] 이를 바탕으로 하이데거는 존재야말로 현상학이 해명하고자 하는 현상 중의 현상이라고 단정하게 된다. 따라서 그는 현상학의 방법인 환원이 바로 이 존재로 정위되어야 한다는 생각을 갖게 된다. 아울러 하이데거는 위의 두 발견으로부터 각각 두 가지 근본 과제를 발굴하게 된다. ① 그는 존재가 존재자를 초월해 있다고 할 때

---

10 그러나 이는 존재가 곧 유적類的 보편자임을 함축하는 것으로 해석되어서는 안 된다. 그리고 존재가 주어진다는 말은 존재가 존재자를 드러나게 한다는 의미로 새겨야 한다. 이에 대해서는 다음 절에서 보다 상세히 해명될 것이다.

의 초월의 의미가 존재 해명의 중요한 과제임을 깨닫게 된다. ② 존재자와 아울러 존재도 우리에게 주어져 있다는 사실은 우리의 지향적 지각과 봄이 감성적인 것의 테두리를 넘어섬(초월)을 함축한다. 이로부터 하이데거는 현상학의 근본주제인 지향성이 초월성으로 재해석되어야 함을 깨닫게 된다.

3. 전복

하이데거는 후설의 『논리연구』에서 발굴한 과제를 보다 구체적으로 드러내는 작업에 착수한다. 이 작업은 위의 예에서 논의된 개별자와 보편자를 존재자와 존재로 그 의미를 고쳐 재해석하고, 또한 개별적 존재자가 보편자인 언어를 통해 드러난다는 사실의 해명으로 시작된다. 그는 다음과 같이 말한다.

> 우리의 가장 단순한 지각과 구성적 상태가 이미 표현되며 더 나아가서 일정한 방식으로 해석됨은 또한 사실이다. 여기서 무엇이 중요하고 원초적인 것일까? 그것은 우리가 대상과 사물을 본다는 것보다 우리가 그것에 관해 먼저 말을 한다는 것이다. 보다 정확히 말하자면 우리는 자신이 본 것을 말하는 것이 아니라 그 역, 즉 우리가 말한 바를 본다.(Heidegger 1979, 75쪽)

일견 역설적으로 들리는 이 구절은 의미와 지각의 비대칭적 관계에 대한 하이데거 나름의 해석을 보여준다. 앞서 우리는 지각이 언어에 미치지 못함을 보았다. 언어는 지각된 것뿐 아니라 거기서 남겨진 잉여를 표현했다. 그러나 이제 하이데거는 지각의 의미를 확장하려 한다. 그에 의하면 가장 단순한 지각에도 이미 범주적 직관이 수반되어 있다. 범주적 직관에 의해 감성적 지각은 비로소 해석되고 드러난다. 지각의 해석이란 지각된 개별자를 의미라는 보편자에 귀속시키는 작업이다. 예컨대 위의 예에서 눈앞의 이 개별자는 해석에 의해 보편자 '종이'로 간주된다. 즉 개별자는 보편자를 통해 드러난다. 하이데거는 다음과 같이 말한다.

예컨대 집을 볼 때 나는 먼저 분명히 개별적 존재로서의 집을 보는 것이 아니다. 오히려 나는 이것을 집으로서 보편적으로 본다. 이 '…으로서'라는 집의 보편적 특징은 그 자체로 분명히 파악되는 것이 아니라 주어진 것을 어느 정도 여기서 밝혀주는 것으로 이미 단순한 직관에서 함께 파악된다.(Heidegger 1979, 91쪽)

후설이 설정했던 개별자와 보편자 사이의 관계는 역전되고 그 의미는 재해석된다. 후설에게서 보편자가 개별자를 통해 드러났다면 하이데거는 역으로 보편자가 어떻게 개별자를 드러나게 하는지를 서술한다. 여기서의 보편자는 후설이 말하는 본질, 즉 '에이도스 $\varepsilon \tilde{\imath} \delta o \varsigma$'이다. 하이데거에 의하면 에이도스는 '밖으로 드러남'(Heidegger 1979, 90쪽)을 뜻한다. 이렇게 밖으로 드러나는 본질은 그러나 유類의 성질을 갖고 있지 않다.(Heidegger 1927, 3쪽) 존재는 일상적 범주들을 초월하고 있어 어떠한 종류의 일반화도 존재를 붙잡을 수 없다. 그런 점에서 사실 후설이 사용한 범주적 직관이라는 용어는 하이데거가 말하는 존재와 어울리기 어렵다. 또한 존재는 특히 현존재의 경우에서 근본적으로 특수화되어 있다는 점에서 전통적인(플라톤적인) 의미의 본질과도 구별된다.

후설의 현상학은 본질을 구성konstitutieren되는 것으로 본다. 하이데거는 구성을 **"존재자를 구체적으로 드러나게 함"**(Heidegger 1979, 97쪽)으로 해석한다. 그에게 현상학적 구성이란 존재자를 드러나게 함을 뜻한다. 따라서 본질은 주체의 의식행위에 의해서 구성되는 것이 아니다. 본질은 존재자를 통해 스스로 드러날 뿐이다. 이 드러남의 학문이 바로 현상학이다. 하이데거에 의하면 현상학의 어원적 바탕을 이루는 '파이노메논φαινόμενον'은 **"자신을 내보여줌"**(Heidegger 1979, 111쪽; 1927, 28쪽/국역본, 48~49쪽)을 뜻한다. 그에게 현상학은 "존재론의 방법"(Heidegger 1975, 27쪽/국역본, 44쪽)"이다. "현상학과 나란히 존재론이 있는 것이 아니다. 오히려 **학적 존재론이 곧 현상학이다."**(Heidegger 1979, 98쪽)

하이데거가 전개하는 이러한 현상학의 재해석 작업은 후설의 현상학과 양립할 수 없는 것처럼 보인다. 후설에게 현상학은 방법에 그치는 것이 아니라 "엄밀한 학문"(Husserl 1911)이며 또한 "그 자체만으로는 〔…〕 **존재론은 현상학이 아니기"**(Husserl 1952, 129쪽) 때문이다. 본질과 구성에 대한 하이데거식의 어원 분석도 후설에게는 낯선 것이다. 그러나 이러한 갈등은 해소될 수 없을 만큼 심각한 것은 아닐는지 모른다. 아직 양자 사이에는 최소한의 공감대가 남아 있기 때문이다. 그것은 후설이 현상학의 핵심으로 간주했던, 그러나 그의 추종자로부터 외면받았던 환원의 방법을 하이데거가 수용하고 있다는 사실에서 찾을 수 있다. 후설 스스로도 자신과 하이데거의 현상학만이 진정한 현상학이라고 믿고 있었다.(Sheehan 1993, 80쪽)

4. 이중 회기

"하이데거에게는 환원이 완전히 결여되어 있다"(Biemel 1950, 276쪽)는 비멜의 견해는 그릇된 것이다. 오히려 하이데거는 1927년의 강의에서 환원을 수용할 뿐 아니라 실제로 실행에 옮기고 있다. 그러나 이러한 수용과 실행은 역시 하이데거적인 독특한 방식으로 이루어지고 있다. 하이데거는 다음과 같이 말한다.

> 탐구의 시야를 소박하게 파악된 존재자에서부터 존재로 환원한다는 의미의 현상학적 방법의 요소를 우리는 **현상학적 환원**이라고 지칭하기로 한다. 그로써 우리는 본질적 취지에서가 아니라 문자적으로 후설 현상학의 핵심용어를 차용하는 것이다. 후설에게 현상학적 환원은〔…〕현상학적 시야를 사물들과 인격들의 세계에서 살아가는 인간의 자연적 태도에서부터 의식의 선험적 삶과 그것의 노에시스-노에마적 체험들로 환원하는 방법이다.〔…〕우리에게 현상학적 환원은 현상학적 시야를 어떤 방식으로건 규정된 존재자에 대한 파악에서부터 이 존재자에 대한 존재이해로 환원하는 것이다.(Heidegger 1975, 29쪽/국역본, 45쪽)

위의 인용문에서 보듯이 하이데거는 자신의 현상학적 환원을 후설의 그것과 뚜렷하게 대비시켰다. 후설에게 현상학적 환원은 사물의 일반정립을 무비판적으로 수용하고 자연적 태도에 함몰되어버린 자아를 비판적이고 근본적인 반성을 통해 구출해 순수한 선험적 의식과 선험적 주관에 이르게 함을 의미한다. 반면 하이데거에게 현상학적 환원은 존재자에 대한 일방적 관심으로 말미암아 은폐되고 망각된 존재의 본질을 일깨워 이해함을 의미한다. 요컨대 후설의 환원은 경험적 세계를 괄호침으로써 자연적 대상세계와 선험적 의식 사이의 인식론적 차이를 부각시키는 인식론적 환원인 데 반해, 하이데거의 환원은 존재자적인ontisch 것을 괄호침으로써 존재와 존재자 사이의 존재론적 ontologisch 차이를 부각시키는 존재론적 환원인 것이다.[11] 이처럼 양자에게 환원의 의미는 하이데거의 표현대로 근본취지에서가 아니라 오로지 용어에서만 같다고 할 수 있을 정도로 평행선을 달린다.

이러한 관점에서 볼 때 하이데거의 철학이 후설의 현상학과 환원을 통해 가능하다는 레비나스와 메를로-퐁티의 견해는 위의 인용문에서 개진된 하이데거 사유의 독창성을 간과하는 소박한 것이다. (Levinas 1984, 15쪽; Merleau-Ponty 1945, xiv쪽) 비슷한 맥락에서 "후설과 하이데거의 결별이 후설의 현상학적 프로그램에 대한 하이데거의 **내재적** 비판에 의해 이루어졌다"(Crowell 1990, 517쪽)는 크로웰의 견해도 양자 간의 갈등의 성격에 대한 진단으로는 부적절하다.[12] 사회학자가 사회과학의 시각에서 자연과학을 비판할 때 우리가 그것을 자연과학에 대한 내재적 비판이라 부르지 않는 것처럼, 인식론을 존재론적 관점에서 비판하거나 존재론화하는 작업도 내재적 비판일 수 없다. 하이데거의 사유는 후설에 대한 내재적 비판이기에는 너무 개성 있고 다른 목소리이다. 그의 사유가 자아내는 이 다름이 후설에 대한 내재적 비판을 영원

---

11 '존재자적'이라는 표현과 '존재적'이라는 표현은 각각 존재자와 존재의 층위를 지칭하고 있으며, '존재론적 차이'는 이 두 층위 사이의 차이를 의미한다. 이에 대해서는 이 장의 후반부에서 상세히 논의할 것이다.

12 이 구절은 후에 크로웰 자신에 의해 삭제되었다.(Crowell 2001, 9장 참조)

히 연기시킨다는 점에서 양자 사이에는 차이와 연기를 의미하는 차연이 놓여 있다.

이 장의 머리에서 언급했듯이 차연이라는 직물은 차이성이라는 날줄뿐 아니라 유사성이라는 씨줄로 이루어져 있다. 후설과 하이데거 사이에 놓여 있는 차연도 예외는 아니다. 환원의 이념에서의 차이에도 불구하고 양자는 무비판적이고 무반성적인 자연주의적, 물질주의적 세계이해(자연적 태도)에 경종을 울려 망각되었던 철학의 사명, 즉 '경이'를 회복하려는 데 뜻을 같이한다. 그러나 후설에게 "모든 경이 중의 경이는 순수자아와 순수의식"(Husserl 1952, 75쪽)인 데 반해, 하이데거에게 "모든 경이 중의 경이는 존재자가 **있다는 것**"(Heidegger 1929b, 103쪽/국역본, 1권 180쪽)이다. 요컨대 후설이 체험한 경이의 골자가 의식인 데 반해 하이데거의 그것은 존재사건이다. 후설의 인간상이 생각하는 자아*Ego Cogito*로 요약된다면 하이데거의 인간상은 세계-내-존재로 요약된다. 전자가 추구하는 학적 이념이 인식론적 명증성이라면, 후자가 추구하는 학적 이념은 존재론적 사태 적합성이다. 양자 간의 이러한 차연은 1927년에 와서야 비로소 서로에게 (특히 후설에게) 분명해진다.

5. 세계대전

하이데거를 가장 유망한 제자이자 현상학의 적자로 오랫동안 점찍어 왔던 후설은 하이데거가 '정통'노선에서 탈선한다는 낌새를 눈치 챘다. 은퇴를 1년 앞둔 1927년, 후설은 하이데거에게 『브리태니커 백과사전』에 실릴 현상학의 소개문을 함께 집필하자고 제의했다. 후설의 평소 스타일을 감안할 때 파격적이기까지 한 이 제의는 자신과 하이데거의 사이의 거리를 헤아려 보고 가능하다면 화합을 도모하려는 의도에서 이루어졌다.(Crowell 1990, 501쪽) 백과사전에 수록할 짧은 글을 집필하는 조그만 일에 두 거장이 초고를 네 벌씩이나 만들었다는 사실에서 우리는 양자가 (특히 후설이) 이 작업에 얼마나 많은 정성과 심혈을 기울였는지 엿볼 수 있다.[13]

우리의 관심을 끄는 것은 이 과정에서 하이데거가 후설에게 보낸 1927년 10월 22일자 편지이다. 편지는 다음과 같이 시작한다.

> 우리는 선생님께서 '세계'라고 부른 존재자가 존재양식에서 꼭 같은 존재자로 환원됨으로써 그 선험적 구성에서 해명될 수 없다는 데 동의합니다.(Heidegger 1962c, 601쪽)

세계를 선험적으로 구성하는 것이 자연적 태도에 근거한 "눈앞에 있는vorhanden" 어떤 것이 아니라는 양자 간의 동의에서조차 서로간의 불일치는 이미 암시되어 있다. 이는 "선생님께서 '세계'라고 부른 존재자"라는 표현에 나타나 있다. 후설에게 세계란 경험을 통해 알려질 수 있는, 실제적 경험에 근거한 정확한 이론적 사유에 의해서 알려질 수 있는 대상들의 총체이다.(Husserl 1913, 8쪽) 반면 하이데거에게 세계는 대상들의 총체가 아니라 그것을 통해 현존재가 그 대상의 이해를 도모할 수 있는, 현존재 'Dasein'의 'da', 즉 현존재의 장소에 해당한다.(Heidegger 1929a, 36~37쪽 참조) 현존재는 대상들에 실천적으로 관여하고 그것들

---

13 이 네 벌의 원고와 그에 연관된 자료들은 다음에 실려 있다.(Husserl 1997)

을 사용함으로써 대상들과 "손안에 있는zuhanden" 의미관계로 얽히는 데 이 관계의 그물망이 바로 세계이다.[14]

논의의 편의를 위해 후설의 세계를 '세계hs'로, 하이데거의 세계를 '세계hd'로 기호화하여 구분하기로 하자. 하이데거가 보기에 세계hs는 눈앞에 있는 세계로서 이러한 세계hs는 원초적 세계가 아니라 정초된 세계이다. 따라서 사태 자체를 지향하는 현상학은 이 세계hs를 후설의 주장처럼 환원을 위해 괄호쳐야 한다. 이를 통해 드러나는 것은 세계hs의 눈앞에 있음Vorhandenheit을 구성하는 세계hd의 존재이다.(Heidegger 1979, 136쪽) 그러나 순수자아에 대한 후설의 이론적 경향성은 세계hd에 펼쳐지는 구체적 인간의 풍부한 체험과 실천을 걸러내어 인간을 세계hd 없는 선험적 주관으로 추상화한다.

세계의 의미를 둘러싼 이러한 불화는 이어지는 다음 문장에서 더욱 심화된다.

> 그러나 이는 선험적인 것의 소재를 형성하는 것이 존재자가 아니라는
> 뜻은 아닙니다.(Heidegger 1962c, 601쪽)

후설에게 선험적인 것의 소재를 형성하는 선험적 주관은 세계hs를 괄호치고 경험적, 실제적 자아를 선험적 자아로 환원함으로써 얻어진 비존재자이다. 그러나 하이데거에게 환원은 세계hd의 존재를 괄호치는 것이 아니고, 선험적 주관은 결코 세계hd가 없는 관념적 자아가 아니다. 환원은 바로 존재로의 열림이고 이를 통해 얻어진 존재이해의 주

---

14 눈앞에 있음과 손안에 있음에 대해서는 3, 5장에서 다시 상세히 논의할 것이다.

체는 세계hd 안에 존재하는 존재자, 즉 현존재이다. 현존재인 인간이 언제나 세계hd 안에 있다면 어떠한 환원도 인간과 세계hd의 관계를 괄호쳐서 세계hd 없는 주관성에 이르게 할 수 없다. 세계hs로부터의 물러섬, 혹은 세계hs와의 관계로부터의 물러섬은 세계hd를 넘어서는 것이 아니라 세계hs와의 눈앞에 있는 관계(예컨대 심적 표상)를 보다 원초적인 실존적 관계(예컨대 염려와 실천)로 되돌리는 것이다.

6. 브리태니커

문제의 편지는 다음과 같이 계속된다.

> 오히려 바로 다음과 같은 문제가 제기됩니다. '세계'를 구성하는 존재자의 존재양식은 무엇인가? 이는 『존재와 시간』 즉 현존재의 기초 존재론의 중심 문제입니다. 인간의 현존재의 존재양식이 다른 모든 존재자와 전혀 다르며, 그것이 존재의 양식으로서 선험적 구성의 가능성을 바로 그 자신 안에 내포하고 있음이 보여져야 합니다.
>   선험적 구성은 현사실적faktisch 자아의 실존의 중심 가능성입니다. 이 현사실적 자아, 구체적 인간은 그 자체로, 존재자로서 "현세의 실제적 사실"이 아닙니다. 인간은 결코 단순히 눈앞에 있는 것이 아니라 실존하기 때문입니다. 그리고 '경이로운' 점은 현존재의 실존구조가 모든 실증적 사물의 선험적 구성을 가능하게 한다는 사실입니다.(Heidegger 1962c, 601~602쪽)

여기서도 하이데거는 현상이 그것을 드러내고 구성하는 선험적 주관성으로 환원되어야 한다는 후설의 선험적 구성 이론을 수용하면서도 그 선험적 구성이 현사실적 자아, 즉 현존재에서 일어난다고 본다. 후설에게 선험적 주관성이 환원을 통해 사실적인 모든 것으로부터 분리되어 있다는 점을 감안할 때(Husserl 1913, §49) 하이데거의 이러한 주장은 역설에 가깝다.(Caputo 1977, 336쪽)

이제 선험적 구성에 관한 하이데거의 견해를 환원에 관한 자신의 입장과 한데 묶어 정리해보면 앞서 언급된 존재이해로의 환원이 결국 그 자신 안에 선험적 구성의 가능성을 존재의 양식으로서 내포하는 주체인 현존재로의 환원임을 알게 된다. 실존하는 이 현존재가 존재이해를 통해 세계hd를 선험적으로 구성하는 것이다. 그런데 이러한 입장은 환원이 선험적 주관을 지향하고 있고 이 선험적 주관에 의해 세계hs가 선험적으로 구성된다는 후설의 견해와 여전히 유사해 보인다. 그러나 다시 한번 그것은 근본취지에서가 아니라 오로지 용어에서만 그러하다.

여기서 '선험'으로 번역된 후설의 용어 'Transzendenz'는 하이데거에게 '초월'을 의미한다. 사실 후설의 선험과 하이데거의 초월은 모두 'Transzendenz'의 번역어이다. *différance*가 발음에서 *différence*와 구별되지 않는다면 선험과 초월은 원문에서 구별되지 않는다. 하이데거는 'Transzendenz'나 'Apriori'를 인식론적으로 이해하는 칸트적 전통에 반대해 그것의 원래 의미인 넘어섬, 앞섬에 함축된 시간적 계기를 발굴해낸다. 존재자에 대한 존재의 'Apriorität', 현존재의 'Transzendenz'는 모두 존재가 시간성을 통해 현존재에게 존재자를 드러나게 함konstitutieren을 뜻한다. 위의 편지에서 선험을 초월로, 구성을 드러냄으로 고쳐 읽어보면 하이데거가 후설의 용어를 빌어 얼마나 이질적인 사유를 펴고 있는지를 알게 된다.

하이데거가 보기에 존재에 대한 현상학적 해명은 선험적/초월적 주체 자신의 존재에도 적용되어야 한다. 그러나 존재를 구성된 것으로 보는 후설에게 구성행위의 주체인 선험적 주체의 존재란 성립될 수 없는 개념이다. 이에 대해 하이데거는 위의 편지에서 다음과 같이 문제를 제기한다.

> 구성하는 것은 아무것도 아닌 것이 아닙니다. 따라서 그것은 어떤 것이며 존재합니다—비록 실증적 의미에서는 아니지만 말입니다.
> 구성하는 것의 존재양식에 관한 문제를 회피해서는 안 됩니다.
> 그러므로 존재양식의 문제는 구성하는 것과 구성되는 것에—일괄적으로—적용되어야 합니다.(Heidegger 1962c, 602쪽)

후설이 말하는 선험적 주체도 비록 그것이 심리학적, 인간학적 주체는 아닐지라도 어떤 의식행위를 하려면 의식되는 행위의 존재를 예상하고 투사하고 이해할 줄 아는 어떤 존재자여야만 한다. 이처럼 의식행위의 존재를 이해하는 자아는 결국 자신의 존재를 이해하는 현존재일 수밖에 없다. 이러한 맥락에서 하이데거는 "관념론 논제의 귀결 속에는 의식 자체에 대한 존재론적 분석이 회피될 수 없는 선행과제로서 앞서 윤곽 잡혀 놓여 있다"(Heidegger 1927, 207쪽/국역본, 281쪽)고 본다. 이러한 사실을 간과했다는 점에서 후설의 선험적 분석은 존재론적 지평에 육박하지 못하는 존재자적인 작업에 머물고 만다. 요컨대 후설의 데카르트적 성찰은 데카르트의 "Cogito ergo Sum"에서 'Cogito'와 'Sum'을 선험적 주체성의 개념을 통해 연결시키는 데 그침으로써 'Sum'의 존재이해를 여전히 망각한 미완의 성찰에 그치고 만다.

7. 황제의 반격

자신의 현상학에 대한 하이데거의 이러한 '해체'작업에 대해 현상학의 황제인 후설은 어떻게 생각했을까? 같은 해인 1927년 12월 26일, 로만 잉가르덴Roman Ingarden에 보낸 편지가 후설의 판단을 대변해준다.

> 나는 『브리태니커 백과사전』에 실릴 새로운 글에 엄청난 노력을 쏟아 부었습니다. 그 주된 이유는 나의 기본노선을 근원에서부터 다시 철저히 생각했고, 이제 인정하지 않을 수 없는 바 하이데거가 이 노선을 이해 못했으며 따라서 현상학적 환원의 방법의 온전한 의미를 이해 못했음을 고려했기 때문입니다.(Husserl 1968, 43쪽)

후설이 볼 때 이른바 하이데거 식의 환원과 구성은 진정한 환원과 구성이 아니다. 가짜 환원은 철학을 현상학이 이루고자 하는 근본적인 학문의 이념으로부터 차단시키고, 기껏해야 후설이 현세적 주관이라 부른 현세적 인간의 실제 체험을 다루는 경험적-심리학적 차원, 철학적 인간학의 차원에 묶어 둘 뿐이다. 물론 하이데거에 대한 후설의 이러한 판단은 지나치게 소박하다. 후설은 "인간이 결코 단순히 눈앞에 있는 것이 아니라 실존한다"(Heidegger 1962c, 602쪽)는 하이데거의 주장의 의미를 심각히 고려하지 않고 있다. 현상학을 경험적, 현세적 주관으로 후퇴시키는 것이 아니라 오히려 경험적이고 현세적인 모든 것을 있게 하는 존재를 해명하는 작업으로 규정하는 것이 하이데거의 의도인데 후설은 이를 전적으로 무시하고 있는 것이다.

결국 공동집필은 무산되었고『브리태니커 백과사전』에 실린 글은 후설 단독으로 집필되었다. 후설은 그럼에도 불구하고 여전히 하이데거를 '교육'시킬 수 있다고 믿고 1년 뒤인 1928년 그를 자신의 후임으로 지명했다.(Spiegelberg 1982, 344쪽) 그러나 1929년 후설은 하이데거의『존재와 시간』을 읽고 나서야 이러한 교육이 더 이상 불가능함을 분명히 깨닫게 되었다.[15] 그 작품에서 후설은 자기 생각이 도용되거나 왜곡되고 있다고 판단했다. 후설은 자신이 읽은『존재와 시간』의 여백에 다음과 같이 적고 있다.

하이데거는 존재자들과 보편자들의 전 영역, 세계의 전 영역에 대한 구성적이고 현상학적인 명료화를 인간학으로 바꾸어 놓거나 변화시킨다. 모든 문제가 변경된다. 예컨대 그는 자아를 현존재로 옮겨 쓰고 있다. 그로 말미암아 모든 것은 아주 모호해지고 그 철학적 가치는 상실된다.(Husserl 1997, 284쪽)

여기[Heidegger 1927, 62쪽]에서 말해진 것은 내 자신의 가르침이다. 단지 그 깊은 근거가 빠져 있을 뿐이다. (Husserl 1997, 310쪽)

---

15 후설은 잉가르덴에 보낸 1929년 12월 2일자 편지에서 다음과 같이 말하고 있다. "하이데거에 관한' 철저한 '연구'? 나는 그 작품(『존재와 시간』)을 내 현상학의 틀 안에 포함시킬 수 없으며 유감스럽게도 그 방법, 본질, 주제에서 그것을 완전히 거부해야 한다는 결론에 도달했습니다."(Husserl 1968, 43쪽)

내가 보기에 이것[Heidegger 1927, 16쪽]은 아주 넓은 의미에서 세계 속의 개인적 삶, 기본적 성격 유형에서 출발하는 지향적 성격 심리학에 이르는 길이다.(Husserl 1997, 287쪽)

그러나 이는 감정에 치우친 부주의한 독법이다. 하이데거는 바로 『존재와 시간』에서 현존재의 실존론적 분석이 모든 심리학과 인간학으로부터 명확히 구분되어야 한다고 주장하기 때문이다. 그는 이러한 모든 학문들이 자신의 존재론적 근거에 대해 몽매한 존재자적 학문이며 따라서 "현존재의 존재론에 근거"(Heidegger 1927, 49~50쪽/국역본, 76쪽)해야 한다고 역설한다.

경영권이 하이데거에게로 인수된 후 종간을 맞은 현상학 기관지《현상학 연보》의 마지막 호에서 이 학술지의 창간인 후설은 하이데거를 염두에 둔 듯 자신의 현상학에 가해진 왜곡과 비판에 대해 다음과 같이 통렬히 반박하였다.

[이러한 반대의 견해들은] 모두 오해에 기초한 것이며 근본적으로는 현상학이 극복하려던 바로 그 수준에서 거꾸로 이루어진, 나의 현상학에 대한 그릇된 해석에서 비롯된 것이다. 다시 말하자면 현상학적 환원의 근본적인 참신함을, 그리하여 일상적 주관성(즉 인간)에서 선험적 주관성으로 나아감을 이해 못하고는 결과적으로 경험적인 것이건 선험적인 것이건 인간학에 빠져버린 것이다. 나의 이론에 따르면 그러한 인간학은 아직 진정한 철학적 수준에 도달하지 못했으며 철학을 '선험적 인간학주의', 혹은 '심리주의'로 해석하고 있다.(Husserl 1930, 142쪽)

'선험적 인간학주의'는 어떻게 '심리주의'와 '혹은'이라는 선접 disjunction으로 한데 엮일 수 있는가? 후설이『논리연구』의 서문에서 논파했듯이 논리학의 법칙을 심리적 차원으로 환원하여 정당화하려는 심리주의의 시도가 논리와 심리의 차이를 무시한 범주오류category mistake를 범하고 있다면, '선험적 인간학주의'는 후설이 보기에 선험적 지평에 이르지 못한 현존재에 대한 인간학을 하이데거가 현상학이라는 선험철학의 방법에 접합시키는 범주오류의 과정을 통해 생겨난 일종의 형용모순이라는 것이다.

8. 다이하드

후설의 이러한 비판에 하이데거도 쉽게 물러서지 않았다. 하이데거는 후설의 70세 생일을 기념하는 논문집에 기고한 글에서 다음과 같이 응수하였다.

> 이러한 곡해와 연관해서『존재와 시간』이 **인간중심적 입각점**을 지니고 있다는 질책에 관해 말해보자면, 지금은 너무도 열렬히 손에서 손으로 이어지는 이러한 반박은, 사람들이『존재와 시간』에서의 문제전개의 단초와 **전체적 특징** 및 **목표**를 철저히 사고하는 가운데, "어떻게 실로 현존재의 초월을 부각함으로써 **인간**이 **중심** 안으로 들어서며 이로써 인간의 비성非性: Nichtigkeit이 존재자 전체 안에서 비로소 **문제**가 될 수 있고 또 되어야 하는가"를 개념 파악할 것을 단념하는 한, 아무런 의미도 없을 뿐이다.(Heidegger 1929a, 58쪽/국역본, 2권 76쪽)

하이데거에게 철학은 존재의 학문이다. 그리고 인간의 존재, 즉 현존재의 철학적 탐구는 실존적existenziell이라기보다는 실존론적 existenzial 분석의 성격을 갖는다.[16] 그러므로 존재론적인 것과 존재자적인 것의 구분은 참다운 철학적 수준과 그렇지 못한 수준을 구분하는 근거가 된다. 후설에게 이 구분에 해당하는 것은 선험적 태도와 자연적 태도 사이의 구분이다. 후설의 관점에서 볼 때 하이데거가 말하는 존재론적 지평과 존재자적 지평은 모두 자연적 태도에 속하는 것이다. 따라서 하이데거의 존재론적 분석은 여전히 환원의 대상일 뿐이다. 반면 앞서 후설에게 보낸 편지에서 보았듯이 하이데거는 선험적/초월적 구성을 수행하는 존재자에 대한 실존론적 분석만이 현상학의 올바른 근거를 확보할 수 있다고 주장한다.

후설은 이에 대해 하이데거의 실존론적 분석이 여전히 현세적이고

---

16 '실존적'이라는 표현과 '실존론적'이라는 표현은 각각 현존재의 존재자적 층위와 존재론적 층위를 지칭한다. 따라서 이 표현들 사이에는 다음의 관계가 성립한다.
① 존재자적 지평은 실존적 지평을 포함한다.
② 존재론적 지평은 실존론적 지평을 포함한다.
③ 존재론적 차이는 ①과 ② 사이의 차이를 의미한다.
④ 현존재는 실존적 지평과 실존론적 지평에 걸쳐 있다.
위의 관계들을 그림으로 나타내보면 다음과 같다.

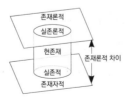

원통은 현존재를, 원통의 위아래에 놓여 있는 사각형은 각각 존재론적 지평과 존재자적 지평을 상징한다.

소박한 것이어서 엄밀학으로서의 철학의 근거가 되지 못한다고 공박한다. 엄밀한 철학의 근거는 선험적이어야 하기 때문이다. 현세적 인간에게 이러한 선험적 지위와 기능을 부여하는 것은 주체를 현세적 대상으로 잘못 옮겨 놓은 인간학주의이다. 그리고 이러한 인간학주의에 대한 후설의 비판은 자연주의, 심리주의, 객관주의에 대한 후설의 일관된 비판과 궤를 같이 한다.

반면 하이데거의 관점에서 보자면 후설의 선험적 분석이야말로 "학문'과 '연구'를 향한 부적절한 의도"(Heidegger 1946a, 187쪽/국역본, 2권 174쪽)에서 존재의 문제를 존재자의 문제로 잘못 옮겨 놓고 있다. 하이데거는 다음과 같이 말한다.

> 후설의 주된 문제는 〔···〕 의식의 **존재**(인용자의 강조)에 관한 성격에 관한 것이 아니다. 오히려 그는 다음과 같은 관심에 인도되고 있다. 어떻게 의식은 완전한 학문의 가능한 대상이 될 수 있는가? 그를 인도하는 주된 관심은 완전한 학문의 이념이다. 의식이 완전한 학문의 영역이어야 한다는 이러한 이념은 그저 고안된 것만은 아니다. 그것은 데카르트 이래 근대철학을 지배해온 이념이다.(Heidegger 1979, 147쪽)

하이데거가 보기에 의식의 문제에서조차 후설의 철학은 존재를 망각하는 전통철학의 과오를 답습하고 있다. 또한 "진정한 문제를 엉망으로 만드는 것은 어떤 사람(Husserl 1911 참조)의 생각처럼 단순히 자연주의가 아니라 **이론적인 것**의 전체적 우위와 지배이다."(Heidegger 1987a, 87쪽)

후설이 다시 하이데거를 보다 적극적으로 비판하고 나서면서[17] 하이데거의 강의와 저술에서 현상학과 그에 연관된 전통적 개념들은—완전히는 아니지만—점차 자취를 감추게 된다. 후설의 관념론적 언어로 자신의 사유를 담아내는 작업이 하이데거에게 더 이상 걸맞지 않아 보였고 더구나 그러한 번거로운 일이 불필요해졌기 때문이다. 하이데거는 이미 자신만의 목소리와 언어를 구축하게 된 것이다. 이러한 관점에서 후설과의 결별은 자신이 차용했던 후설의 사유와 언어에 녹아 있는 선험주의적, 관념론적 잔재(예컨대 현존재의 선험적 구성과 같은)의 청산과 이를 바탕으로 한 (후설로부터의) 독립선언으로 이해될 수 있다. 결별을 전후해서 하이데거는 이론에 앞서는, 우리의 실천적 관심과 맞물린 역사적 의미의 문맥에 더욱 관심을 갖게 된다.

9. 산종

후설과 하이데거 양자는 후설의 용어를 빌면 모두 '위기'의 인식에서 자신의 철학적 주제를 찾는다. 그런데 이 위기는 후설에게서는 선험적 주관성의 명증성을 망각하는 유럽학문의 위기이고, 하이데거에게서는 존재를 망각하는 서양 형이상학사의 위기이다. 후설은 전제 없는 자

---

[17] 1931년 후설은 「현상학과 인간학」이라는 강연에서 현상학을 인간의 실존에 정초하려는 시도에 대한 비판의 강도를 높였다. 비판의 대상이 누구인지는 같은 해 4월 19일, 후설이 잉가르덴에 보낸 편지에 잘 나타나 있다. "나는 베를린(6월 6일), 할레, 프랑크푸르트에서 현상학과 인간학에 관한 강연을 하게 됩니다. 그리고 나는 나와 정반대에 있는 쉘러 Scheler와 하이데거를 자세히 읽어야 합니다."(Husserl 1968, 67쪽)

기 명증적 엄밀학으로서의 철학을 정립함으로써 이 위기를 극복하려 하지만, 하이데거가 보기에 이는 테오리아 $\theta\varepsilon\omega\rho\iota\alpha$라는 전통적 텔로스 *telos*로의 복귀일 뿐이다. 하이데거에 의하면 현상학은 무전제의 철학일 수 없다. 왜냐하면 모든 철학은 세계-내-존재인 인간이 세계hd와의 관계를 형성하는 방법이라는 점에서 세계hd를 전제하기 때문이다.

이에 대해 후설의 후기 저작에서 '지평'의 개념이 바로 이러한 세계 hd의 역할을 한다는 답변이 제기될 수 있다.(Stapleton 1983, 4장) 지평은 인식의 현실태에 인식의 가능태를 부가함으로써 실제 인식 내용의 전제가 되는 문맥으로 기능한다. 예컨대 한 대상을 인식할 때 그 인식은 같은 대상에 대한 상이한 관점에서의 가능한 인식의 문맥에 놓이게 되며, 이를 통해서만 그 인식은 비로소 그 대상에 대한 인식일 수 있다. 그러나 후설의 지평과 하이데거의 세계hd 사이에는 후설의 세계hs와 하이데거의 세계hd가 그러하듯이 여전히 차연이 놓여 있다. 후설의 지평이 대상의 온전한 인식을 마련해주는 인식론적 개념이고 이와 연관된 문맥 역시 인식의 가능성이 펼치는 가공의 문맥인 데 반해, 하이데거의 세계hd는 구체적 인간의 자연사自然史의 문맥으로 기능하는 존재론적 개념이다. 하이데거의 관점에서 볼 때 "후설은 역사적인 것의 본질성을 존재 안에서 인식하지 못하고 있다."(Heidegger 1946a, 170쪽/국역본, 2권 154쪽)[18] 후설의 선험적 자아는 비록 일정한 지평 안에서 행위하지만 사실은 주어진 지평이 부가하는 모든 가능성을 이미 자신 안에 갖고 있다고 할 수 있다. 순수의식의 선험적 지평에서는 진리도 실재와의 일치

---

18 다른 곳에서 하이데거는 사유의 역사성이 후설에게는 "완전히 낯선"(Heidegger 1963b, xiv쪽) 것이라고 말하였다.

가 아니라 사유 자체의 포괄성과 일관성으로 정립된다. 사유주체로서의 선험적 자아는 이처럼 스스로를 정당화하는 자아이며 결국 인식론적 관점에서 볼 때 선험적 자아의 능력으로부터 완전히 벗어나 있는 것은 아무것도 없다. 후설 현상학의 주제인 현상의 영역도 선험적 의식의 가능한 대상영역으로 한정되어 있다. 하이데거는 여기서 전통적이고 관념론적인 형이상학의 이념을 목격한다. 그는 다음과 같이 말한다.

> 순수의식을 현상학의 주제영역으로 해명하는 것은 **현상학적으로 사태 자체로 되돌아감에 의해서가 아니라 철학의 전통적 이념으로 되돌아감에 의** 해서 이끌어진다.(Heidegger 1979, 147쪽)

반면 하이데거에게서 세계-내-존재인 인간은 자신이 알지 못하는 타자성의 영역에 직면해 있을 뿐 아니라 스스로가 던져진 존재이다. 이 것이 그가 처한 상황의 본질이다. 이러한 타자성의 영역에 대해 그가 할 수 있는 것은 그것을 받아들이는 것뿐이다. 그는 그 영역을 자신의 인식능력을 동원해 이해할 수 없다. 그 영역은 그의 능력을 근원적으로 초월해 있기 때문이다. 그러한 영역을 지칭하기 위해 하이데거는 인간이 형성하고 이해하는 영역을 지칭하는 '사실성Tatsächlichkeit'과 구분되는 '현사실성Faktizität'이라는 용어를 창안한다.

후설의 지평이 우리의 인식능력의 범위와 중첩되는, 우리에게 친숙한 영역이라면 하이데거의 현사실성은 우리를 불안하게 하는 낯선 영역이다. 지평이 의미에 의해 설명되는 문맥이라면 현사실성은 청년 비트겐슈타인의 표현을 빌면 말할 수 없는 무의미한 영역이며 세계의 한계이다. 하이데거는 다음과 같이 말한다.

내던져져 있음 속에서 현사실성을 현상적으로 볼 수 있는데, 이 내던져져 있음은 자신의 존재에서 바로 이 존재 자체가 문제가 되는 그러한 현존재에게 속한다. 현존재는 현사실적으로 실존한다.(Heidegger 1927, 179쪽/국역본, 245쪽)

물론 우리는 투사하고 결단하는 존재이다. 그러나 우리의 투사와 결단은 궁극적으로는 던져진 투사요 현사실성이 드러내는 타자성으로 열린 결단이다. 그 던져짐과 열림의 구조로 말미암아 우리의 실존은 우연성을 극복할 수 없다. 반면 후설의 선험적 관념론은 타자성에의 이러한 열림이 마련되어 있지 않은 닫힌 철학이다.(Pietersma 1979 참조) 하이데거가 보기에 이것이 후설의 인식론의 한계이고 또한 후설에 의해 완결된 이성중심적인 서양 형이상학의 역사가 노정하는 한계이다. 하이데거는 바로 이 한계를 해체하려 한다. 그러나 한계의 해체는 한계의 철폐가 아니라 한계의 탈구성, 즉 새로운 한계 그리기로 이해되어야 한다. 새로 그려진 한계는 현사실성으로서의 타자성으로의 열림을 수용한다는 점에서 여지를 남기는 한계이다. 이러한 의미에서 새로 그려진 한계는 닫혀 있는 한계가 아니라 여지와 잉여의 산종散種; dissemination으로 이루어진, 열려 있는 한계이다. 후설과 하이데거 사이에 놓여 있는 그 외의 모든 유사성과 차이성은 양자 사이의 이 근원적 차연에서 비롯된 것으로 보아야 할 것이다.

Ⅱ부
하이데거와 비트겐슈타인

브렌타노의 두 제자 후설과 마이농에 대한 프레게와 러셀의 비판으로 시작한 20세기 서구철학계의 흐름은 그 후 두 갈래로 나뉘어 서로 다른 길을 걸어왔다. 영미에서는 로티(Rorty 1979)와 드라이퍼스(Dreyfus 1982b)가, 대륙에서는 투겐트하트(Tugendhat 1976)와 아펠(Apel 1965)이 갈림길 사이를 오갔지만 두 전통의 진정한 만남은 이들의 노력에도 불구하고 이루어지지 않았다. 우리가 1장에서 살펴본 지향성에 관한 논의는 예나 지금이나 두 진영의 공통된 중심 주제이지만 이 역사와 현재를 기억하고 있는 철학자는 많지 않다. 칸트의 후예들은 더 이상 흄을 읽지 않고, 프레게의 후예들은 더 이상 후설을 읽지 않는다. 이러한 편중된 독서습관을 교정해줄 교사를 찾아보기 힘든 마당에 양 진영 사이의 거의 완벽에 가까운 단절은 앞으로도 계속될 전망이다(박병철 1998 참조).*

우리는 하이데거를 비트겐슈타인과 접속시킴으로써 그동안 단절되었던 만남과 대화를 재개해보려 한다. 그러나 이들 두 거장이 양 진영을 각각 대표하는 것으로 오해되어서는 안 된다. 오히려 우리는 그들이 언어의 본성에 대한 영미의 분석적 견해에 대해서 공통된 비판적 자세를 취하고 있음을 밝힐 것이다. 우리의 이러한 해석은 비트겐슈타인을 영미 분석철학의 중심인물로 간주하는 통상적 견해와 구별된다.(이승종 2002 참조) 영미철학의 전유물처럼 간주되어온 언어철학과 수리논리학을 하이데거의 사유를 규명하는 준거의 틀로 동원하는 우리의 방법 역시 그를 이러한 담론들과 무관한 인물로 간주하는 통상적 견해와 구별된다. 우리가 통상적 견해를 벗어나고자 하는 까닭은 하이데거와 비트겐슈타인을 대륙과 영미라는 지정학적 편 가름이 아니라, 친시대적 사유와 반시대적 사유라는 철학적으로 보다 유의미한 대립구도하에서 새로이 조명하고자 함이다. 반시대적 사유가로서의 하이데거와 비트겐슈타인이 우리가 부각시키려 하는 그들의 모습이다.

---

* 영어권 철학계에서는 브랜덤(Brandom 2002)이, 유럽철학계에는 하버마스(Habermas 1999)가 단절의 벽을 허물려는 드문 노력을 지속하고 있다.

3. 고고학적 언어철학

철학은 고향에 대한 그리움이다. —노발리스

1. 형식과학과 고고학

언어가 무엇인지에 대해 다음과 같은 두 가지 입장이 있다고 하자. 첫째 입장은 언어를 적형식well-formed formula의 집합으로 본다. 언어는 (1) 알파벳에 해당하는 기호, (2) 그 기호의 어떠한 묶음이 적형식인가를 결정하는 형성규칙으로 구성된다. 언어는 여타의 기호와 규칙이 그러하듯이 입안자에 의해 구성된 것이다. 따라서 그것은 필요에 따라 얼마든지 변경될 수 있다. 둘째 입장은 언어를 인간의 삶의 한 현상으로 본다. 언어는 (1) 언어가 사용되는 문맥, (2) 언어에 짜여 들어가는 인간행위의 관련하에 파악된다. 언어는 인간의 삶과 역사가 그러하듯이 전승되는 것이다. 따라서 우리는 일차적으로 그것을 받아들이고 그것에 적응해야 한다.

언어의 의미가 무엇인지에 대해 다음과 같은 두 가지 입장이 있다고 하자. 첫째 입장은 언어가 그 구성요소인 기호나 적형식에 대상을 할당

받음으로써 의미를 부여받게 된다고 본다. 언어에 대한 이러한 의미부여 과정이 해석이다. 해석은 해석자의 의도와 목적에 따라 이루어지지만 이 의도와 목적은 다양할 수 있고 더구나 의도되지 않은 해석의 가능성도 열려 있다.[1] 의미의 주체는 의도라기보다는 해석이기 때문에 언제나 잉여 해석이 가능하다. 둘째 입장은 언어의 의미가 인간의 언어사용에 의해 드러난다고 본다. 언어의 의미와 인간의 언어사용은 서로 분리될 수 없다. 의미의 주체는 행위하는 인간이므로 의미는 인간에서 시작해서 인간에서 끝난다. 인간을 넘어서는 잉여의미는 존재하지 않는다.

언어에 대한 탐구가 어떠해야 하는지에 대해 다음과 같은 두 가지 입장이 있다고 하자. 첫째 입장은 언어에 대한 탐구가 자연언어를 형식화, 더 나아가 형식체계화함으로써 시작된다고 본다. 그리고 필요에 따라 자연언어는 이 과정에서 형식체계에 적합한 형식언어로 대체된다. 형식체계는 형식화된 언어의 연역장치를 구체화함으로써 구성된다. 형식체계는 (1) 형식언어의 일정한 적형식을 형식체계의 공리로 설정하고, (2) 형식언어의 적형식들 사이의 어떠한 관계가 형식체계 내에서의 직접적 귀결에 해당하는지를 결정하는 변형규칙(추론의 규칙)을 설정함으로써 구성된다. 이 형식체계에 관한 이론이 증명이론이다. 증명이론은 형식언어의 구문론에 해당한다. 반면 형식언어의 해석에 관한 이론이 모델이론이다. 모델이론은 형식언어의 의미론에 해당한다. 타당성이나 논리적 귀결과 같은 의미론적 개념은 모델 내에서의 진리

---

1 뢰벤하임Löwenheim-스콜렘Skolem 정리와 이에 대한 퍼트남의 해석을 참조. (Putnam 1980)

에 의해 정의된다. 모델이론에 준거한 형식언어의 의미론은 가능세계 의미론으로 정립된다. 필연성과 가능성을 각각 나타내는 □, ◇와 같은 양상기호가 보강된 형식언어의 모델은 가능세계라 불리는 대상들의 집합을 포함한다. 이제 진리는 모델뿐 아니라 모델의 가능세계에 준거해 상대화된다.

둘째 입장은 언어에 대한 탐구가 언어의 역사성과 문맥 연관성을 문제 삼아야 한다고 본다. 언어는 우리에게 전승된 역사의 총체이다. 언어에는 인간 삶의 모든 것이 녹아 있다. 그 총체성 안에서 우리는 태어나고 그 안에서 언어를 배우고 사용하게 된다. 따라서 역설적으로 표현하자면 우리가 언어를 사용하고 말한다기보다는 언어가 우리를 사용하고 우리를 통해 말한다고 할 수 있다. 언어는 역사적 존재가 자신을 인간에게 알리는 방식이다. 혹은 인간이 자신에게 주어지는 역사적 존재를 이해하고 서술하는 방식이다. 언어를 통해 인간에게 존재자의 의미지평이 열린다. 이러한 관점에서 보자면 언어를 형식체계로 이해하는 관점은 언어의 본질에 대한 왜곡이다. 언어를 사용의 문맥에서 분리시키는 형식화 작업은 언어에서 역사성과 시간성을 동결시킨다. 의미를 언어에서 분리시켜 이해하는 해석작업은 언어에 의한 존재자의 불러냄을 어렵게 한다. 의미를 가능세계와 연관지어 이해하는 가능세계 의미론은 인간이 오직 이 세계에 존재하고 있는, 세계-내-존재라는 사실을 망각하고 있다. 가능세계는 진정한 의미의 독립된 세계가 아니라 이 세계에 대한 인간이해에 바탕을 둔 투사적 그림자에 불과하다.

이러한 상반된 입장들의 대비는 단지 형식언어에 관한 과학과 자연언어에 관한 철학을 구별하기 위해 시도된 것만은 아니다. 우리의 목적은 20세기를 주도한 형식언어주의에 대한 소수의 비판 중에서도 가장 특이하고 깊이 있는 목소리, 하이데거를 주목하려는 것이다. 위에 살펴본 각각의 대비되는 입장들에서 후자의 편에 서는 것이 하이데거이다.

물론 그의 철학적 입장에 가까운 것처럼 보이는 동시대의 사상가들이 있고 그의 철학적 방법의 선구가 되는 것처럼 보이는 선대의 사상가들이 있다. 자연언어의 입장에서 형식언어를 비판한다는 점에서 비트겐슈타인과 스트로슨Strawson은 하이데거의 동반자일 수 있고, 언어의 조건과 전제를 찾아간다는 점에서 파푸스Pappus의 분석과 종합, 칸트의 선험적 연역, 후설의 현상학은 하이데거의 방법을 닮았다고 볼 수 있다. 그러나 하이데거가 언어의 역사성과 그 철학사적 뿌리를 추적할 때 비트겐슈타인과 스트로슨은 더 이상 그의 대화 상대자가 되지 못한다. 하이데거가 언어의 조건과 전제를 논리적 추론이나 인식론적 요청이 아닌 인간의 구체적 삶의 상황과 역사적 존재 일반으로 소급할 때 분석/종합, 선험적 연역, 현상학적 환원은 모두 오히려 그의 철학이 지양하려는 걸림돌임이 분명해진다.

하이데거에 의하면 언어는 고고학적 유물이다. 철학의 언어는 고대 그리스인들의 사유와 삶을 반영하는 고고학적 유물이다. 철학은 고대 그리스에서 시작되었고 철학의 언어는 그 시대에 형성되었기 때문이다. 지상의 모든 것이 그러하듯이 언어도 과거로부터 전승된 것이다. 물론 원형 그대로의 모습으로 전승된 것이 아니라 시간과 역사의 흐름을 통해 변형되고 재해석된 채로 우리 시대에까지 이르게 된 것이다. 서양의 언어에는 이 역사와 전통이 흔적으로나마 담겨 있다. 그리고 역사와 전통에 대한 이해는 오직 이 유물에 대한 올바른 해석을 통해서만 가능하다. 우리는 과거로의 시간여행을 떠날 수 없기 때문이다. 하이데거는 서구언어의 어원적 뿌리, 보다 좁혀 말하면 그리스적 뿌리를 추적하여 복원함으로써 현재의 사유가 과거의 전통과 단절되어 있지 않음을 밝혀준다.

그는 고고학자가 유물을 탐사하고 해석하는 자세로 철학에서 사용되는 개념 하나하나를 다시 발견해 거기에 담긴 역사적 의미와 사연에 귀 기울인다. 그 개념들은 고대 그리스에서 형성된 이래로 2,000여 년간의 긴 역사 동안 각 시대마다의 인간에게 존재자가 그 시대의 방식으로 드러나는 데 공헌했던 도구들이다. 아울러 그는 소크라테스 이전 철학자들의 중심개념들, 예컨대 '알레테이아 $\alpha\lambda\eta\theta\varepsilon\iota\alpha$', '로고스 $\lambda o\gamma os$', '모이라 $\mu o\iota\rho\alpha$' 등에 대해 성찰한다. 이들은 이후에 소피스트-소크라테스-플라톤으로 이어지는 이론적 분석의 전통에 물들지 않은 소박하고 건강한 출발점에 놓여 있는 개념들이기 때문이다. 이 개념들을 성찰함으로써 하이데거는 존재가 인간의 문제의식의 지평에서 망각되기 이전, 언어의 드러냄이 존재를 왜곡하지 않던 시절의 사유가 무엇인지를 헤아려 본다.

2. 인과, 논리, 의미 이해

우리는 주어진 현상을 설명하고 이해한다. 독일 해석학의 전통에서 설명과 이해는 자연과학과 인문과학의 방법론으로 대비되기도 했다. 자연과학에서의 설명은 곧 원인설명을 의미한다. 자연계의 현상들은 인과관계로 얽혀 있다. 그 관계가 결정론적인 것인지의 여부는 논의의 여지가 있지만, 우리는 자연계에서 인과관계의 지배를 벗어나는 현상을 알지 못한다. 한 현상에 대한 설명은 그 현상의 원인이 되는 현상을 제시함으로써 이루어진다. 그러나 데이빗슨의 지적처럼 원인 제시가 곧 정당화를 함축하는 것은 아니다.(Davidson 1982, 331쪽) 인과관계 및 원인 제시와는 달리 정당화는 무엇보다도 논리적이고 언어적인 작업이다. 오직 한 명제가 다른 명제에 의해 정당화될 뿐이다. 그 정당화가 논리적으로 불완전하거나 확률적인 것일 때 우리는 그것을 귀납이라 부르고 그 정당화가 논리적으로 완전한 것일 때 우리는 그것을 연역, 혹은 증명이라고 부른다. 자연세계에서 현상과 현상 사이의 관계가 인과적 잇따름의 관계라면 언어에서 명제와 명제 사이의 논리적 관계는 정당화의 관계이다.

그렇다면 세계와 언어 사이의 관계는 무엇인가? 세계의 구조가 논리적이라는 청년 비트겐슈타인/카르납Carnap의 주장이나, 언어의 의미가 언어와 세계 사이의 인과적 관계에 의해 주어진다는 퍼트남/크립키의 주장은 언어의 구성적 관계를 세계에, 혹은 세계의 구성적 관계를 언어에 확대 적용한 경우이다. 이들의 주장이 갖는 난점은 이미 잘 알려져 있다.(Garver and Lee 1994, 2장 참조) 무엇보다도 이들 주장은 언어와 세계가 서로 다른 범주에 속함을 간과했다는 점에서, 혹은 언어와 세계의 동질성과 동형성을 전제했다는 점에서, 범주 오류나 전제 밀수의 오류를 범하는 것처럼 보인다.

언어와 세계의 논리적 동형론이나 인과적 의미론보다 더 큰 영향력을 행사해온 이론으로 언어가 세계를 지시함으로써 의미를 얻는다는 것을 골자로 하는 지시적 의미론이 있다. 이 역시 언어와 세계의 대응을 전제로 한 것이다. 그러나 언어와 세계의 대응은 언어의 구성요소가 세계의 구성요소에 대응하는 일대일 대응의 관계일 수 없다. 언어와 세계의 구성요소는 각 요소가 속해 있는 언어와 세계라는 집합체에 유기적으로 얽혀 있기 때문이다. 예컨대 '빨강'이라는 낱말은 색채 개념을 구성요소로 하는 언어와 문법을, 빨강이라는 색은 그 색을 띤 대상과 아울러 색의 스펙트럼을 전제로 한다. 낱말이 대상을 지시하도록 설정할 경우에도 사정은 마찬가지이다. 우리가 어린이에게 빨간색 연필을 가리키면서 "이것이 토우브야"라고 말했을 때 우리의 말은 토우브가 무엇을 의미하는지 확정하지 못한다. 토우브는 빨간색, 목재, 연필, 딱딱함 등등 다양한 것에 대응될 수 있기 때문이다.(Wittgenstein 1958, 2쪽) 어린이는 우리의 발언이 사물의 어떤 점을 어떤 관점에서 말하는지 알 수 없다. 이는 지시가 의미의 원천일 수 없음을 시사한다. 지시가 그보다 더 원천적인 많은 것을 전제로 하기 때문이다. 그리고 의미가 지시보다 오히려 그 전제들에서 비롯되는 것처럼 보이기 때문이다.

지금까지의 논의로 말미암아 지시적 의미론이 반증되는 것은 아니다. 다만 그것이 미완의 이론임이 드러났을 뿐이다. 우리가 언어로 세계를 지시할 때 우리는 세계의 일정한 측면이나 양상을 일정한 관점에서 드러내고자 한다. 우리가 '이것은…'이라고 운을 뗄 때 우리는 그 표현이 지시하는, 우리의 시야에 있는 어떤 것을 전경前景으로 불러낸다. 이로 말미암아 시야의 다른 부분은 배경으로 물러난다. 이어서 우리가 '…빨간색이야'라고 말할 때 우리는 이렇게 불린 것을 색채의 관점에서 보게 된다. 그 외의 다른 측면, 예컨대 그것이 목재라거나 연필이라거나 하는 따위는 배경으로 물러난다. 모든 문장은—그것이 서술문이건, 의문문이건, 부정문이건—본질적으로 호격이다. 문장을 구성하는 낱말 하나하나가 세계의 어떤 측면과 관점을 불러내어 펼치는 호격코드이기 때문이다.

하이데거는 언어로 불린 것을 존재자로, 언어로 불린 것의 배경에 해당하는 것을 존재로 구분한다. 존재자가 개체라면 존재는 총체이다. 존재가 망망대해의 파도라면 존재자는 파도가 칠 때 생성되었다 소멸하는 물거품이다. 존재자가 위치를 점유한다면 존재는 좌표계이다. 불린 전경이 그 배경을 전제로 하듯이 존재자는 존재를 전제로 한다. 언어에 의한 세계의 불러냄은 존재자와 존재의 상호작용적 총화에 의해 이루어진다. 그 총화에 의해 언어는 존재자를 불러낸다. 언어의 의미는 언어사용에 의한 이러한 존재자의 불러냄에서 찾아진다. 하이데거는 다음과 같이 말한다.

> 존재는 존재자가 아니며 존재자에 속하지 않는다. [⋯] 직접적 표상과 사유로 접근할 수 없는 것, 그것이 진정한 배경이다.(Heidegger and Fink 1970, 123쪽)

> '사용한다'는 것은 현존하는 어떤 것을 현존하는 것으로서 현존하게 한다는 의미이다.(Heidegger 1946b, 367쪽/국역본, 539쪽)

기존의 의미론들의 한계는 그것이 언어에 의한 불러냄 과정보다는 불러냄이 수행되고 난 뒤의 존재자의 지평에서 세계를 언어와 연관지으려 한다는 데 있다. 그럼으로써 그 이론들은 드러난 전경에만 관심을 쏟을 뿐 그것이 배경과의 총화에 의해 의미를 지님을 간과하였다.

언어와 세계 사이의 지시적 관계에 근거한 전통적 진리대응론의 경우에도 사정은 마찬가지이다. 하나의 명제가 사실에 부합하여 참일 수 있으려면 우선 사실 자체가 먼저 드러나야만 한다. 그러나 전통적 진리대응론은 드러남을 당연한 것으로 간주하여 전혀 문제시하지 않는다.

이에 대해 하이데거는 다음과 같이 비판한다.

> 그러나 인식행위와 그 인식을 형성하고 진술하는 명제가 사태에 적합
> 할 수 있기 위해서는, 또 그에 앞서 우선 사태 자체가 명제에 대하여 구
> 속적인 역할을 할 수 있기 위해서는, 사태 자체가 그 자체로서 스스로
> 를 내보이고 있어야만 한다. 만일 사태 자체가 은폐성으로부터 벗어나,
> 비은폐된 것 가운데 서지 않는다면, 과연 어떻게 그것은 스스로를 내보
> 일 수 있단 말인가?(Heidegger 1935~1936, 38쪽/국역본, 70쪽)

의미의 소재는 인간의 언어사용이다. 인간의 의미지평은 그의 존재
이해의 양상을 상호 규정한다. 범신론자의 언어는 존재자를 신성한 것
으로 드러내고 그 신성함이 그의 언어에 의미를 불어넣는다. 탐욕스런
개발업자의 언어는 존재자를 전기와 가구, 공산품의 재료로 드러내고
그 유용성이 그의 언어에 의미지평을 형성한다. 그에게 존재의 신성함
은 관심 밖의 무의미한 것이거나, 혹은 자신의 직업관 밖에서나 이해될
수 있는 어떤 것이다. 무엇이 의미 있고 무엇이 의미 없는지의 문제는
곧 그의 세계이해와 실천의 방향성에 연관되어 있다. 예컨대 시인과 과
학자의 언어와 그 의미영역의 차이는 양자의 세계이해와 서술양식의
차이와 상관관계를 이루고 있다.

이제 우리는 세계와 언어의 관계가 대응이나 지시, 인과관계가 아니
라 불러냄을 통한 의미형성임을 알 수 있다. 그 불러냄의 양상의 다양
성이 세계의 존재의 다의성을 함축한다. 인간만이 언어를 사용하기에
인간만이 언어사용을 통해 존재에 관여한다. 인간은 존재의 목자이고
존재가 우리에게 던지는 암호의 해독자이다. 이러한 맥락에서 하이데

거는 이론과학에서처럼 언어를 정의해서 사용하는 것을 못마땅해 한다. 정의는 언어가 존재자를 불러낼 수 있는 다양한 가능성을 제한하고 규제하기 때문이다. 그가 보았을 때 언어의 운신의 폭은 넓을수록 좋다. 그 폭이 바로 존재자가 자신을 드러낼 수 있는 폭에 해당하기 때문이다.(Heidegger 1953~1954, 113쪽) 하이데거가 은유로 가득 찬 시의 언어에 경도된 까닭도 여기에서 찾을 수 있다. 마찬가지 이유에서 우리의 사유의 노정과 폭도 어떠한 기성의 방법론에 의해서 제약되어서는 안 될 것이다.(Heidegger 1953~1954, 105쪽)

전통적으로 지시와 대응은 의미와 진리의 기준으로 여겨져왔다. 지시와 대응의 개념이 미완의 불충분한 것임을 지적한 후 하이데거는 진리가 곧 비은폐Unverborgenheit라고 단언한다. 진리는 발언된 언어와 그에 연관되는 세계와의 대조에 의해서 밝혀지는 것이 아니라, 발언된 언어에 의한 존재자의 탈은폐Entborgenheit에 의해서 밝혀진다.[2] 하이데거는 고대 그리스의 진리개념에 해당하는 알레테이아 $\dot{\alpha}\lambda\dot{\eta}\Theta\varepsilon\iota\alpha$가 바로 이러한 비은폐의 뜻을 지니고 있었다고 역설한다. 전통적 의미의 진리가 주어진 세계의 사실을 옳게 서술하는 명제의 속성이라면, 하이데거에게 진리는 언어에 의해 존재자가 탈은폐되는 사건이다.[3]

진리가 곧 비은폐라는 하이데거의 진리관에 대해 모든 비은폐가 다 옳은 비은폐일 수는 없으며 따라서 비은폐의 옳음 여부를 평가할 어떤 다른 기준이 있어야 한다는 반론이 제기될 수 있다.[4] 모든 비은폐를 저

---

2 비은폐는 그 자체로 환하게 드러나 있는 존재의 본질적 개방성을 뜻하는 일반적 개념이고, 탈은폐는 드러남의 과정을 뜻하는 구체적 개념이다.

3 이에 대해서는 6장에서 보다 상세히 논의할 것이다.

4 다음의 글에서 이와 유사한 반론을 찾을 수 있었다.(Guignon 1993a, 38~39쪽)

마다 옳은 비은폐로 인정할 경우 우리는 상대주의에 빠지게 된다는 것이다. 그러나 이는 하이데거의 진리가 명제나 인식의 옳고 그름 차원이 아니라 존재와 존재자의 존재론적 차원에 놓여 있음을 알지 못하는 데서 오는 오해이다. 하이데거에 의하면 모든 비은폐는 그 자체로 다 진리이다. 그렇다고 비진리가 없다는 뜻도 아니다. 비은폐가 진리라면 은폐가 곧 비진리이기 때문이다. 진리는 좋고 비진리가 나쁜 것도 아니다. 비진리와 진리는 각각 은폐와 비은폐라는 존재사건의 다른 이름일 뿐이기 때문이다.(Heidegger 1943)

비은폐가 은폐와 한 짝을 이룬다는 사실은 진리가 비진리와 한 짝을 이룬다는 사실과 더불어 비은폐 및 진리의 양면성을 보여준다. 즉 비은폐는 은폐와, 진리는 비진리와 함께 한다는 것이 하이데거의 통찰이다. 비은폐, 탈은폐, 은폐 사이의 관계는 다음과 같이 정리될 수 있다.

비은폐	탈은폐
	은폐

탈은폐와 은폐는 각각 존재의 드러냄과 은닉의 과정을 지칭한다. 그 자체로 비은폐된 존재가 이러한 탈은폐와 은폐의 이중운동으로 펼치고 감추는 이유는 존재가 오로지 시간을 통해 현상하기 때문이다. 이 현상의 구체적 과정이 존재의 역사성, 즉 역운이다. 탈은폐와 은폐라는 이중운동으로 존재는 고갈됨 없이 자신의 진리성을 늘 드러냄과 동시에 보존할 수 있게 된다.[5]

---

5 비은폐, 은폐, 탈은폐, 역운에 대해서는 6장과 7장에서 상세히 논의할 것이다.

3. 억압의 철학사

하이데거는 언어에 의한 존재자의 다양한 탈은폐가 어느 한 방식의 일방적 전횡에 의해 왜곡되어왔음을 지적한다. 그것은 다름 아니라 이론이라는 언어적 가공물에 의한 세계이해를 지칭한다. 앞으로 보겠지만 이론적 관점은 존재의 풍성함에 가해진 프로이트적 억압의 산물이다. 우리 시대에 진행되는 형식언어에 의한 자연언어의 식민화와 대체는 이론중심적 철학의 마지막 마무리 작업에 해당한다.(Heidegger 1953~1954, 110쪽) 그러나 하이데거에 의하면 이론의 등장과 발전은 인간의 역사에서 불가피한 숙명이기도 하다. 그 숙명은 이미 2,000여 년 전 고대 그리스에서 결정된 것이었다.

하이데거에 의하면 고대 그리스인들은 언어에 해당하는 낱말을 갖고 있지 않았다.(Heidegger 1953~1954, 165쪽) 그들에게 언어는 곧 로고스였다. 로고스란 무엇인가? 그것은 질서를 뜻한다. 즉 언어는 질서의 구현물이다.[6] 그런데 그리스에서 로고스는 언어의 질서이자 곧 세계의 질서이기도 하다.[7] 또한 그리스인들에게 세계 $\kappa \acute{o}\sigma \mu o\varsigma$ 와 질서 $\kappa \acute{o}\sigma \mu o\varsigma$ 는 같은 개념이다. 서양철학사의 시작이 되는 밀레토스 학파의 화두, 즉 만물의 원질 $a\rho \chi n$ 에 대한 물음은 이미 삼라만상을 어떤 근원적인

---

6   질서로서의 로고스와 언어를 동일시하는 전통은 우리 시대의 비트겐슈타인에 이르기까지 관철된다. "우리의 일상언어의 모든 명제들은 사실상, 있는 그대로, 논리적으로 완벽하게 정돈되어 있다."(Wittgenstein 1921, 5.5563) "우리 언어의 모든 문장이 "제 질서하에 있다"는 것은 분명하다."(Wittgenstein 1953, §98)

7   이러한 생각 역시 우리 시대의 청년 비트겐슈타인에 이르기까지 관철된다. (이승종 1998 참조)

것으로 환원해서 설명하려는 태도를 전제한다. 일견 무상無常한 삶에서 항상恒常적인 질서를 찾으려는 노력은 종종 적대적인 자연세계 속에서 자신의 생존을 유지하려는 의지의 발현이자 자신의 삶과 우주에 영속적인 의미를 부여하고 이해하려는 몸짓이기도 하다. 이러한 의지와 몸부림은 플라톤에 이르러 인간과 세계에 대한 이분법적 구도를 초래한다. 인간의 육체를 포함하는 현상적 세계와 그에 대한 인간의 억견 $\delta o \xi a$ 은 시공의 제약을 받는 우연적인 속성을 지니는 반면, 세계의 실재와 그에 대한 인간의 이성적 인식 $\varepsilon \pi \iota \sigma \tau \eta \mu \eta$ 은 시공을 넘어서는 필연적 속성을 지니는 것으로 대별된다. 인간은 자신에게 주어진 시공의 제약을 넘어 세계의 실재를 이성적으로 직관함으로써 자신을 완성한다. 삶의 무상성이 삶의 시간성과 그에 수반되는 생성, 소멸의 변화에 기인하는 것이라면 이러한 인간의 삶은 시간성과 그 수반적 속성들을 초월함으로써 얻어지는 항상성에 의해 완성된다.

무상한 현상계로부터의 탈출은 우리가 사는 이 현상계에서 체험되는 시간성과 역사성을 동결함으로써 그 계기가 마련된다. 하이데거가 볼 때 이것이 서양철학사에 등장한 첫 번째 억압이다. 이러한 억압을 바탕으로 해서 우리가 실재계를 이론적 관점에서 바라보는 작업이 가능해진다('이론'의 그리스 어원에 해당하는 '테오레인 $\theta \varepsilon \omega \rho \varepsilon \iota \nu$'은 원래 '본다'를 뜻한다). 그러나 실재계를 바라보는 우리는 더 이상 육체를 지닌 구체적 자아가 아니다. 현상계에도 실재계에도 우리는 존재하지 않는다. 요컨대 우리는 어떠한 의미에서도 세계-내-존재가 아니다. 우리는 이미 현상계를 초월하였고 또한 우리는 실재계와 맞서 실재계 밖에서 그 세계를 바라보기 때문이다. 실재계와 우리 사이엔 바라봄 이외의 어떠한 관계도 존재하지 않는다. 우리에겐 바라봄 이외의 어떠한 구체적 행위도 허용되어 있지 않다. 또한 우리는 그 어느 곳에도 속하지 않기에 어떤 현실적 관심이나 목적을 갖지 않는다. 아니 현상계를 탈출하는 순간 이 모든 관심과 목적은 제거되었다. 하이데거가 볼 때 인간행위의 규제, 인간의 관심과 목적의 제거가 두 번째 억압에 해당된다. 그런데 그에 의하면 세계로부터 시간성과 역사성을 동결하고, 아울러 그 안에서 존재하는 인간의 행위, 관심과 목적을 제거하는 것은 인간에게서 그가 살고 있는 세계 자체를 빼앗아가는 것이다. 세계가 세계화할 시간과 장소, 그리고 인간이 더 이상 존재하지 않기 때문이다. 하이데거가 볼 때 세 번째 억압은 바로 이 세계 자체에 대한 억압이다.

근대철학은 흔히 인식론과 동일시된다. 그러나 하이데거가 볼 때 근대철학의 공헌에는 존재론적 측면도 있다. "나는 생각한다. 고로 나는 존재한다"라는 데카르트의 명제는 존재에 대한 이성적 사유의 우선성을 강조하지만 동시에 고대 이래로 제자리를 찾지 못하고 방랑하던 이성적 인식(생각)에 비록 애매하기는 하나마 모종의 존재론적 지위를 부여하는 것으로 해석될 수 있다.(Heidegger 1927, 24쪽) 근대 인식론자들은 인간의 마음을 구성하는 관념적 표상이 저마다 상호 독립적인 위상을 갖고 있는 것이어서 그 어떠한 문맥적 배경의 뒷받침 없이도 개별적으로 이해되고 통용될 수 있는 것으로 보았다. 흄에 의하면 마음이란 결국 이러한 파편적 표상의 집합에 불과하다. 그의 회의주의는 이러한 집합이 어떻게 사유주체로서의 '나'라는 존재론적 지위를 얻을 수 있느냐 하는 문제의식에서 싹텄다.

그러나 흄의 회의주의에도 불구하고 마음에 관한 존재자적 구성 작업은 현대에도 계속된다. 우리 시대의 인지과학과 언어철학에 의하면 마음은 이성이 세계를 직관하고 사유하는 소프트웨어이다. 그 소프트웨어가 육체라는 불완전한 하드웨어에서 실현되는 것이 다름 아닌 인간이다. 혹은 법칙은 세계를 운용하는 소프트웨어이다. 그것이 물질이라는 가변적인 하드웨어에서 실현된 것이 현상적 세계이다. 마찬가지로 언어는 세계를 재현再現; re-present하는 심적 표상mental representation에 대한 표현이다. 언어의 의미가 언어의 소프트웨어라면 언어의 구체적 형태, 예컨대 음성언어나 문자언어는 그것을 담지하는 하드웨어이다. 고대 그리스철학의 계승인 데카르트의 심신이원론, 컴퓨터의 은유를 토대로 한 기능주의류의 심리철학, 언어의 심적 표상이론 등은 이처럼 행위하는 구체적 인간, 생활세계, 일상적 언어사용을 억압한 채 추상적이고 이론적인 인간관과 세계관, 그리고 언어관을 구축한다.

4. 하이데거의 사전

전통적 의미에서 철학은 구체적 현상세계의 괄호침에서 시작한다. 우리가 현상계로부터의 탈출을 사명으로 삼으면서부터 세계는 더 이상 우리에게 '현상'하지 않게 된다. 현상되어야 할 세계가 억압되고 그것의 존재가 망각된 역사가 곧 철학사이다. 그러나 하이데거가 볼 때 이것은 한편으로는 자연스러운 것이고 다른 한편으로는 엄청난 본말의 전도이다. 그를 좇아 존재망각이 지닌 이 두 가지 측면을 각각 살펴보자.

호흡은 인간행위의 생리적 원천이다. 그런데 일반적으로 우리는 그것을 의식하지 않는다. 우리는 호흡장애를 겪을 때에야 비로소 호흡의 중요성을 깨닫게 된다. 또한 우리는 빛 때문에 세계의 사물들을 볼 수 있다. 그러나 정작 빛은 보이지 않는다. 빛의 중요성은 빛이 제거되었을 때에야 비로소 우리에게 알려진다. 물 속에 사는 물고기나 흙 속에 사는 지렁이의 경우 물과 흙이 그러할 것이다.

존재자는 우리에게 다양한 방식으로 드러난다. 우리는 살아가면서 수많은 현상을 체험한다. 현상現象이란 상象과 현재現在라는 시간적 계기의 합성어이다. 즉 현상은 상象이 시간성을 통해 드러난 상태를 의미한다. 우리가 체험하는 사건이 바로 드러남의 사건이다. 그러나 일상적인 경우 우리는 그 드러남, 혹은 드러남을 가능케 하는 존재사건을 인식하지 못한다. 우리는 드러난 존재자만을, 혹은 그것과 우리 사이에 마련된 의미연관성만을 인식할 뿐이다. 우리는 존재Being가 진행형 Be+ing의 사건임을 망각할뿐더러 존재를 존재자로 대상화해서 생각한다. 그러나 존재는 대상이 아니다. 하이데거는 존재가 곧 무無임을 주장함으로써 존재를 대상화하는 인식을 부정한다.(Heidegger 1929b) 존재가 무Nothing라 함은 곧 존재가 대상이 아님No+Thing을 함축한다.

마찬가지로 우리는 언어에서 존재와 드러남의 사건에 해당하는 'be'를 별도로 주목하지 않는다. 그것은 너무 흔할뿐더러 또한 다양하게 사용된다. 'be'의 그리스 어원인 '에이나이εἶναι'는 (i) 계사로서의 '이다be', (ii) 양화사로서의 '있다exist', (iii) 동치로서의 '⋯와 같다is the same as', (iv) 진리서술로서의 '⋯는 참이다is true' 등의 방식으로 다양하게 사용될 수 있는 다의어이다. 요컨대 (i) 서술, (ii) 존재, (iii) 동일성, (iv) 진리의 이념은 하나의 언어, 하나의 뿌리에서 연원한다.(Kahn 1973; 1976; 1986) 다만 우리가 이러한 다양한 드러남과 그 원천을 의식하지 않을 뿐이다.

이러한 관점에서 볼 때 하이데거가 지적하는 존재망각은 우리의 일상적 삶에서도 자연스럽게 발생한다. 그의 용어를 빌면 존재는 자신을 드러나게 하는 동시에 은폐한다.(Heidegger 1977, 337쪽) 그리고 그것은 존재의 숙명이기도 하다. 따라서 철학사를 통해서 관철된 존재망각은 당연한 것인지도 모른다. 그러나 존재망각은 이처럼 순진하고 무해한 것만은 아니다. 거기엔 어떤 의도적 왜곡이 부가되어 있는데 그것은 앞서 살펴본 제반 억압들을 조장하는 위험스러운 것이다.

우리에게 드러난 이 현상세계의 특징은 그것이 인간과의 복잡한 의미 연관을 이루었다는 것이다. 이 세계에 던져진 인간은 이 세계에 자신을 적응시키고, 또 자신의 목적과 관심을 세계에 적극적으로 투사한다. 인간은 자신에게 의미 있는 목적과 관심을 성취하기 위해 세계를 도구적으로 사용하는 실천적 존재이다. 하이데거는 실천적 배려와 도구로서 만나게 되는 세계의 양상을 "손안에 있음Zuhandenheit"이라 부른다. 인간과 그의 세계는 이 손안에 있음의 관점에서 공속共屬해 있다.[8] 그리고 이러한 공속의 주체는 현존재이다. 하이데거는 다음과 같이 말한다.

자기와 세계는 하나의 존재자, 즉 현존재에 공속해 있다. 자기와 세계는 주체와 객체, 나와 너 같은 두 존재자가 아니다. 오히려 자기와 세계는 세계-내-존재의 구조의 단일성 속에 있는 현존재 자체의 근본규정이다.(Heidegger 1975, 422쪽/국역본, 422쪽)

---

8 a와 b가 공속해 있다 함은 다음의 두 명제의 연접conjunction으로 정의될 수 있다.
　①a가 b에 속해 있다.
　②b가 a에 속해 있다.
　①은 b가 a의 근거가 됨을 의미하고, ②는 a가 b의 근거가 됨을 의미한다. 그리고 이는 a와 b가 어떤 한 사태의 두 양상(혹은 국면)임을 전제한다.

일상적 생활세계에서 세계와 우리 사이의 도구적 공속, 즉 손안에 있음은 빛과 공기가 그러한 것처럼 좀처럼 인식되지 않는다. 우리는 우리에게 의미 있는 목적과 관심을 성취하기 위한 실천에 충실할 뿐이다. 당연한 것으로 간주되었던 손안에 있음이 작동되지 않을 때에야 우리는 그것을 의식하게 된다. 그때 비로소 우리와 세계의 손안에 있는 공속의 구조가 총체적으로 드러난다. 그러나 손안에 있음의 파괴가 철저한 방식으로 오래 지속될 경우, 우리는 세계를 우리의 의미와 관심의 지평에서 분리시켜 파편적으로 대상화하기에 이른다. 하이데거는 이렇게 관찰과 대상으로서 만나게 되는 세계의 파편적 양상을 "눈앞에 있음Vorhandenheit"이라 부른다.

손안에 있음의 관점에서 본 세계가 창 있는 단자들의 집합이라면 눈앞에 있음의 관점에서 본 세계는 창 없는 단자들의 집합이다. 손안에 있음이 세계의 구성요소들 사이의 도구적 총체성을 인간의 실천적 관심에 연관 지어 테크네τέχνη로서 부각시키는 데 비해, 눈앞에 있음은 세계의 구성요소들을 그들이 위치한 문맥적 배경에서 유리시켜 테오리아θεωρία로서 부각시키기 때문이다. 창 있는 단자들이 시간적 계기로서 시간의 상相 하下에서 본 세계 안에서 서로 얽히는 반면, 창 없는 단자들은 시간을 초월한 추상적 대상으로서 영원의 상 하에서 본 이론이 부과하는 사후적 논리에 의해서만 외연적外延的으로 연관된다. 전통철학은 우리의 의미와 관심의 지평에서 이탈된 눈앞에 있음의 관점에서 본 세계를 가치중립적이고 객관적인 세계로 간주하였다. 의미와 관심의 지평은 세계의 객관성을 훼손하는, 인간이 형성한 주관적인 것이므로 마땅히 제거되어야 한다는 것이다. 그러나 그것은 사실의 본말을 전도한 경우이다. 하이데거는 이를 다음과 같은 예를 통해 논증한

다.(Heidegger 1953a, 111쪽)

우리가 전망대에서 도시의 정경을 본다고 하자. 우리 앞에 펼쳐진 전망은 도시의 면모와 우리의 원근법적 관점이 함께 이루어 낸 것이다. 우리가 보는 것은 도시에 대한 표상representation이 아니라 우리의 관점에서 드러난 도시의 모습presentation이다. 우리의 원근법과 관점은 도시의 제 모습을 훼손하는 주관적 틀이 아니라 도시가 우리에게 제 모습을 드러내기 위해서는 필요 불가결한 창구이다. 따라서 우리의 원근법과 관점으로부터 독립해 있는 객관적 도시 그 자체란 성립할 수 없다. 그 도시에 관한 사진이나 지도 역시 또 하나의 원근법, 또 하나의 관점일 뿐이지 우리의 원근법이나 관점에 비해 그 어떤 특권적 위치에 있지 못하다.[9]

전통철학은 세계의 손안에 있음을 결핍과 주관으로, 세계의 눈앞에 있음을 충만과 객관으로 묘사해왔다. 손안에 있음을 초월한 눈앞에 있음에 이를 때 우리는 비로소 세계를 올바로 보게 된다는 것이다. 그러나 하이데거는 그러한 묘사를 거부한다. 그가 보기에 눈앞에 있음은 인간과 공속적 관계에 있는 세계를 억압하고 괄호치는 데서 비롯된다. 손안에 있는 관계로 공속되는 인간과 세계의 의미연관의 그물망에서 이탈해 나온 존재자의 파편은 제 의미와 위치를 상실한 관조의 대상으로 떨어진다. 마찬가지로 언어에 짜여진 손안에 있는 의미연관의 그물망에서 이탈해 나온 언어의 파편은 제 의미와 위치를 상실한 기호로 화한

---

9 물론 이것이 하이데거 사유의 전부는 아니다. 여기서의 하이데거의 주장은 전통철학이 견지해온 눈앞에 있음의 관점에 대한 치료의 의미에서 새겨야 한다. 이 문제는 6장에서 다시 한번 논의할 것이다.

다. 이들 기호와 대상이 외연적 대응의 관계를 맺는다는 가정하에 조립된 것이 이론이다. 형식체계의 관점에서 언어와 이론의 의미와 위상은 해석이라는 인위적 관점과 시각에서 자의적으로 부가된다. 그러나 기호와 대상 사이의 외연적 대응관계는 언어가 세계를 드러나게 하는 사건에 대한, 그리고 그 과정에서 인간이 세계와 손안에 있음으로 공속되는 사건에 대한 왜곡이다. 따라서 눈앞에 있음이 생산하는 이론은 이차적인 것일 뿐 결코 세계의 실재를 완전히, 그리고 있는 그대로 묘사하지 못한다. 삶의 구체적 문맥에서 벗어난 이른바 초월적 실재 자체란 추상의 상승작용을 통해 만든 환상에 불과하다.[10] 세계는 오직 역사와 시간을 통해서 인간에게 현상하기 때문이다.

5. 고고학적 의미지평에 서서

철학에 대한 하이데거의 공헌은 전통철학의 경계선상에서 전통철학의 한계를 노정해주고 비판한 데서 찾을 수 있다. 하이데거와는 전혀 다른 방식으로 그 경지에 도달한 또 하나의 철학자로 비트겐슈타인이 있다. 하이데거가 비은폐와 은폐를 각각 진리와 거짓으로 보았다면, 비트겐슈타인은 존재와 비존재를 각각 진리와 거짓의 기준으로 보았다. 비트겐슈타인에 의하면 존재하는 사태의 총체로 이루어진 세계에 대응하는 모든 명제는 진리이고, 존재하지 않는 사태의 총체로 이루어진 세계의 실체에 대응하는 모든 명제는 거짓이다.(Wittgenstein, 1921,

---

10 이에 대해서는 5장에서 보다 상세히 논의할 것이다.

2.04) 거짓인 명제에 대응하는 세계의 실체는 세계의 존재 가능성을 말하며, 그 가능성 중의 일부가 실현된 것이 세계이다. 이 실현이 곧 하이데거가 말하는 탈은폐이다. 결국 비트겐슈타인이 말하는 세계의 실체는 하이데거의 표현을 빌자면 은폐되고, 존재하는 이 세계는 탈은폐된다. 하이데거의 사유에서 탈은폐와 은폐가 한 짝을 이루듯이, 비트겐슈타인의 사유에서 진리인 명제에 대응하는 세계와 거짓인 명제에 대응하는 세계의 실체는 한 짝을 이룬다.[11] 그리고 하이데거의 사유에서와 마찬가지로 비트겐슈타인의 사유에서도 진리는 좋고 거짓이 나쁜 것도 아니다. "동일한 목적을 위하여, 우리가 〔언제나 참인〕 동어반복 대신에 〔언제나 거짓인〕 모순을 사용할 수도 있었다는 것은 분명하다."(Wittgenstein 1921, 6.1202)[12]

비트겐슈타인은『논리철학논고』를 완성한 후 10년의 공백 끝에 1929년에 철학계에 되돌아왔다. 그해에 그는 비엔나서클의 철학자들에게 하이데거의 존재탐구에 대한 공감을 표명한 바 있다.[13] 비트겐슈타인 철학의 전·후기가 1929년을 기점으로 갈라진다고 할 때 이는 시

---

11 『논리철학논고』의 다음 구절은 우리의 이러한 해석을 뒷받침한다. "〔언제나 참인〕 동어반복은 실재에 전全—무한한—논리적 공간을 허용한다. 〔언제나 거짓인〕 모순은 전 논리적 공간을 가득 채워 실재에 어떤 점點도 허용하지 않는다."(Wittgenstein 1922, 4.463)

12 지금까지 살펴본 하이데거와 비트겐슈타인의 용어법을 대조해 정리하면 다음과 같다.

하이데거   비트겐슈타인

비은폐	탈은폐	존재하는 사태(세계)에 대응하는 명제	진리
	은폐	존재하지 않는 사태(세계의 실체)에 대응하는 명제	거짓

존재하는 사태로서의 세계는 탈은폐되고, 존재하지 않는 사태로서의 세계의 실체는 은폐되는 방식으로 비트겐슈타인과 하이데거의 용어들은 서로 교차 적용될 수 있다.

13 이에 대해서는 다음 장에서 상세히 논의할 것이다.

사하는 바가 자못 크다. 잘 알려진 것처럼 비트겐슈타인의 후기 언어 관은 의미를 언어의 쓰임에서 드러나는 것으로 간주한다. 그는 우리가 언어를 이러저러하게 사용한다는 것을 의미의 최종지평으로 보았다. 그 지평은 어떤 인식적 근거가 아니라 기술의 습득과 적용을 포함하는 인간의 삶의 형식from of life에 해당한다. 삶의 형식에 대응되는 삶의 내용에 해당하는 것이 비트겐슈타인이 말하는 언어게임이다. 언어게임은 언어와 그 언어에 짜여져 들어가는 인간행위의 총체를 말한다.(Wittgenstein 1953, §7) 의미가 생성되는 토대가 이 구체적 언어게임이고 이 언어게임의 총화가 바로 인간이 영위하는 문화와 삶의 양식 mode of life이다.

비트겐슈타인은 언어의 사용과 삶의 양식 사이의 연관관계를 종교의 경우를 예를 들어 설명한다. 그에 의하면 종교의 언어는 그 문자적 의미를 넘어서 종교인의 전체적 삶과 실천을 통해 그 의의가 드러난다. 종교의 언어는 종교인의 삶과 행위를 틀 지우며 또한 그 자신의 삶과 행위에 대한 평가적 반성의 지침으로 기능한다. 이것이 종교인이 종교의 언어를 사용하는 방식, 즉 종교적 언어의 문법이며 또한 자신의 신앙에 대한 확실성의 본질이라는 것이다.(이승종 2007b 참조)

그러나 비트겐슈타인에게는 하이데거와는 달리 전통철학적 사유에 경도되었던 과거가 있다. 청년시절의 비트겐슈타인이 전통철학적 사유방식에 사로잡혀 있었다는 사실은 다음의 구절에서 찾아진다.

사물들을 통상적으로 바라보는 방식은 말하자면 대상들 가운데서 대상들을 바라보는 것이며, 영원의 상相 하下에서 보는 것은 바깥에서 보는 것이다.

그러한 방식으로 그것들은 전 세계를 그 배경으로 갖는다.

이는 아마도 이 견해에서 대상이 시간과 공간 안에서가 아니라 시간 공간과 함께 보여짐이 아닐까?(Wittgenstein 1961, 83쪽)

전통철학은 초시간적 영원의 상 하에서 본 세계를 총체적 세계로 간주한다. 그러나 그 세계는 인간이 살지 않는 세계이다. 나에게서 세계는 박탈되어 있다. 나는 세계 밖에서 세계를 바라볼 뿐이기 때문이다. 이로 말미암아 나 또한 박탈된다.

생각하고 표상하는 주체란 존재하지 않는다.(Wittgenstein 1921, 5.631)

이것이 내가 걸어온 길이었다. 관념론은 세계로부터 인간을 고유한 것으로 끄집어내고, 유아론唯我論은 오직 나만을 끄집어낸다. 〔…〕 그래서 한편으로는 **아무것도** 남지 않게 되고 다른 한편으로는 세계가 고유한 것으로 남게 된다.(Wittgenstein 1961, 85쪽)[14]

하이데거나 후기 비트겐슈타인의 입장에서 볼 때 고유한 것으로 남겨진 세계는 추상물일 뿐 살아 숨 쉬는 참다운 세계가 아니다. 그것은

---

14 이 구절과 관련하여 다른 곳에서 비트겐슈타인은 이렇게 말하였다. "여기에서 우리는, 엄격히 관철된 유아론은 순수한 실재론과 합치됨을 본다."(Wittgenstein 1921, 5.64) 비트겐슈타인이 말하는 유아론과 실재론의 일치를 사유와 존재의 일치를 논한 파르메니데스의 사유의 관점에서 독해해볼 수도 있다. 그렇다면 이 구절은 파르메니데스에 경도된 하이데거의 사유에 닿아 있다고도 볼 수 있다.

세계의 관념적 그림자에 불과하다.

하이데거는 비트겐슈타인과는 달리 종교보다 예술, 특히 시에서 언어의 본질적 쓰임을 보았다. 하이데거에 의하면 호메로스의 서사시, 휠덜린과 릴케의 서정시들은 각각 당대의 세계를 새로운 방식으로 생생하게 드러내준 대표적 언어이다. 이처럼 언어에 대한 하이데거의 관심은 존재자의 드러남에 대한 철학적 관심에서 비롯된다. 아울러 그의 언어철학은 이 장의 서두에서 강조하였듯이 고고학적이다. 언어는 존재자를 불러내어 해석할 수 있는 코드를 내장한 고색창연한 역사적 유물이다. 하이데거는 그 언어를 갈고 닦아내어 잊혀졌던 존재의 고고학적 이야기를 그 언어에서, 그 언어를 통해 재발굴해 들려준다. 비트겐슈타인도 언어와 철학에 대한 역사적 관심이 전혀 없었던 것은 아니지만 그의 역사는 그가 읽은 프레게와 러셀, 무어와 같은 몇몇의 동시대 철학자들의 작품에 서려 있는 영향사影響史에 국한되어 있다. 따라서 그의 철학사는 언제나 익명의 철학사이다. 비트겐슈타인은 인간의 사유에 내재해 있는 경향성을 바탕으로 스스로 만들어본 가공의 철학사를 비판했을 뿐이다.[15]

그러나 하이데거는 철학사 자체를 꿰뚫는 생생한 역사발굴 작업에 나선다. 그의 고고학적 발굴작업은 역사의 한계를 규명한다는 점에서 비판적이고 해체적이다. 더구나 그는 비트겐슈타인이 미처 도달하지 못했던, 아니 철학사에 대한 비트겐슈타인의 무지와 무관심으로 말미암아 도달할 수 없었던 소크라테스 이전 철학으로 자신의 해체적, 고고학적 관심을 소급시킨다. 그곳에서 로고스는 더 이상 이성이 아니고, 진리는 더 이상 대조가 아니다. 그곳에서 로고스는 존재자의 존재

---

15 이에 대해서는 5장에서 다시 논의할 것이다.

를 이해하고 결집하는 사건이고, 진리는 이 존재자가 비은폐되는 사건
이다.(Heidegger 1953a, 180쪽) 요컨대 하이데거가 복원하고자 하는 철학
적 언어의 올바른 원초적 의미는 플라톤으로 상징되는 철학사의 빅뱅
Big Bang 이전에 감추어져 있던 것이다. 그러나 플라톤의 빅뱅 이후의
역사가 반드시 무가치했던 것만은 아니다. 존재는 우리 인간이 체험한
2,000여 년간의 긴 역사 속에서 자신의 모습을 다양한 방식으로 꾸준히
드러내고 또 감추어왔던 것이다. (Heidegger 1964) 다만 초월적 진리의
빛에 눈이 멀어 역사적 뿌리를 망각한 우리가 그것을 제대로 인식하지
못하고 폄하했을 뿐이다.

하이데거는 이제 우리에게 전인미답의 지평을 열어 펼친다. 그것은
바로 그의 고고학적 언어철학이 발굴해낸 역사적 의미지평이다. 우리
에게 남겨진 과제는 이 의미지평을 어떻게 값있게 전개하느냐 하는 것
이다. 그러나 그 전개는 사실 우리만의 과제는 아니다. 현재와 미래의
몫은 우리의 것이라기보다 우리 역사의 것이다. 우리 자신이 역사의 침
전물이기 때문이다. 그 역사가 바로 우리의 언어에 녹아 있기에 다시
한번 하이데거의 고고학적 언어철학이 필요한 것이다. 우리는 더 이상
언어를 말하거나 언어에 관해 말하지 않는다. 우리는 언어로부터 말하
고 우리의 말은 언어로 되돌아간다. 이는 곧 역사로부터 말하고 그 말
을 역사로 되돌림을 뜻한다. 그리고 하이데거에 의하면 말함의 이러한
방식은 대화이다.(Heidegger 1953~1954, 141쪽) 이론이 아니라 대화가,
방법론에 의거한 계산된 사유가 아니라 역사와의 대화를 통한 과거와
현재, 그리고 미래 간의 관여가 역사를 현재와 미래로 투사하는 우리의
대안적 사유양식이다. 하이데거는 자신의 고고학적 언어철학을 도구
로 발굴해낸 철학사와의 대화를 통해 이를 실천하는 것이다.

4. 수리논리학 비판

철학의 모든 근본적인 물음은 반시대적일 수밖에 없다. —하이데거

1. 자연언어와 형식언어

현대 수리논리학의 한 고전에서 처치는 수리논리학을 "문장, 혹은 명제, 그리고 증명을 그 내용으로부터 추상된 형식에 초점을 맞추어 분석하는"(Church 1956, 1쪽) 학문이라고 정의한다. 그 구체적 방법으로서 그는 형식언어의 구성을 들고 있다.

자연언어는 오랜 역사동안 원활한 의사소통이라는 현실적 목적에 이바지하도록 전개되어왔다. 그리고 이는 논리적 분석의 타당성 및 정확성과 언제나 양립 가능한 것만은 아니다. [⋯] 이 때문에 논리학의 목적을 위해 특별히 고안된 언어, 우리가 앞으로 **형식화된 언어**라고 부를 언어를 사용하는 것이 바람직하거나 혹은 현실적으로 필요하다. 그러한 언어는 자연언어의 경향을 역전시키고 논리적 형식을 따르거나 재생산할 것이다—그 대가로 필요한 경우에는 의사소통의 간결함과 원활

함이 희생될 것이다. 그러므로 형식화된 특정한 언어의 채택은 논리적 분석에 관한 특정한 이론이나 체계의 채택을 포함한다.(Church 1956, 2~3쪽)

이 구절에서 우리는 자연언어와 형식언어 사이의 관계와 갈등에 주목하게 된다. 자연언어는 원활한 의사소통이라는 목적에 이바지하는 언어이다. 형식언어는 논리적 분석이라는 논리학의 목적을 위해 특별히 고안된 언어다. 그러나 형식언어가 추구하는 분석의 타당성 및 정확성이 자연언어의 목적, 즉 의사소통의 간결함, 원활함과 언제나 양립 가능한 것만은 아니다. 이 경우 수리논리학은 자연언어의 목적을 희생시키고 형식언어의 목적을 살리는 방향으로 두 언어 사이의 갈등을 해결한다.

우리는 형식언어가 문장이나 명제의 내용과 형식을 분리하여 형식에 초점을 맞춤으로써 얻어짐을 보았다. 그런데 수리논리학에서 형식언어와 자연언어의 구분은 해석의 개념과 맞물려 있다. 해석의 개념을 이해하기 위해서 우리는 먼저 형식언어의 구성과정을 단계적으로 살펴보아야 한다. 비록 형식언어가 문장이나 명제를 형식화함으로써 만들어진 것이지만, 수리논리학에서 출발점은 자연언어가 아니라 형식언어이다. 형식언어는 먼저 문자, 즉 형식언어에 등장하는 기호(예컨대 ~, V, ·, P_1, P_2, …)에서 시작한다. 그리고 그 기호들 자체간의 관계에 관한 적형식well-formed formula이 구성된다.(Church 1956, 49쪽) 다음으로 이들 적형식들 간의 관계가 체계화된다. 그리고 그 체계가 충분히 개발되면 수학에서의 계산과 마찬가지로 적형식들 사이의 논증적 관계의 타당성 여부를 계산하는 일이 가능해지며 따라서 계산체계calculus의 수준에 이른다.(Wang 1974, 84쪽 참조) 그 다음 우리는 이 체계가 문장, 명제, 증명의 형식을 분석하는 데 적합하도록 적형식들에 포함된 기호들에 적합한 의미를 부여한다. 이 의미부여 과정이 해석이다.(Church 1956, 54쪽) 이로 말미암아 해석되지 않았던 체계는 해석된 체계로 변모한다. 이 과정에서 우리의 심중에 있는 해석은 의도된 해석이라 불린다. 그러나 의도된 해석을 가능한 유일한 해석이라고 볼 필요는 없다. 예컨대 명제계산 체계를 전기 회로장치에 대한 이론체계로 재해석해 볼 수도 있다.(Guttenplan and Tamny 1971, 143~147쪽 참조) 공리체계가 그것이 의도하였던 바와는 본질적으로 다른 많은 해석을 허용한다는 정리는 뢰벤하임과 스콜렘에 의해 제안되고 증명된 바 있다.

이러한 관점에서 보았을 때 애초에 문장, 명제, 증명형식의 분석을 위해 마련된 해석되지 않은 체계로서의 논리학은 더 이상 문장, 명제, 증명형식에 관한 것일 필요가 없다. 사실 그것은 그 어느 것에 관한 것일 필요가 없다. 그것은 해석의 문제일 따름이고 해석은 고정되지 않기 때문이다. 이는 논리학이 어떠한 고유한 존재론도 필연적으로 함축하지 않는 것으로 여겨질 수 있다. 논리학과 존재론의 전통적 관계의 종언을 역설하는 글에서 네이글은 다음과 같이 말한다.

> 그러므로 논리적 원리들을 존재론적 상수로 보는 해석은 좀 더 자세히 살펴보면 그 원리들의 실제적 기능에 대한 외적 장식인 것처럼 보인다.(Nagel 1944, 308쪽)

20세기에 수리논리학의 영향력은 가히 압도적인 것이어서 이에 대한 그 어떠한 도전도 그 위세를 꺾을 수 없는 것처럼 보인다. 비트겐슈타인과 하이데거는 이러한 상황을 염려했고 또 그에 역행하려 했던 소수의 철학자에 속한다. 그들은 모두 이 시대를 암흑기로 규정하였고 (Wittgenstein 1953, 4쪽; Heidegger 1946c, 269쪽) 그 어둠의 한 징후로 논리학의 이러한 '타락'을 꼽았다.(Wittgenstein 1978, 300쪽; Heidegger 1967, 255쪽) 그들에게 이 어둠은 자신들의 노력으로도 어찌할 수 없는 뿌리 깊은 것이라 여겨졌기에 더욱 뼈저린 것이었다. 수리논리학에서 그들이 목격한 어둠과 타락의 본질은 무엇인가? 그리고 그 타락에 대한 그들의 진단은 어떠했는가?

2. 논리학에 앞서는 존재

서양철학사에서 논리학은 전통적으로 형이상학, 혹은 존재론과 밀접한 관계를 이루어왔다. 이러한 관계는 논리학의 학적 토대를 처음으로 마련한 아리스토텔레스에서부터 시작되어 중세의 논리학과 존재론을 거쳐 근세의 라이프니츠, 칸트에게로 이어진다. 그 관계의 본질은 무엇일까? 20세기에 이 전통의 계승자로 여겨지는 비트겐슈타인은 이를 다음과 같이 요약하였다.

철학은 논리학과 형이상학으로 이루어져 있으며 논리학이 그 기초이다.(Wittgenstein 1961, 93쪽)

비트겐슈타인의 『논리철학논고』(이하 『논고』로 약칭)는 이러한 전통적 관계를 완벽하게 구현한 하나의 대표적 예로 간주되어왔다. 그는 논리학을 철학과 형이상학, 존재론을 포함하는 모든 것에 앞서는 궁극적 기초로 보았다고 여겨졌다.(Hanna 1986, 264쪽 참조) 그러나 이러한 통상적 해석은『논고』의 다음의 구절을 간과하였다.

> 우리가 논리학을 이해하기 위해 필요로 하는 '경험'은, 사례가 이러저러하다는 것이 아니라, 어떤 것이 있다는 것이다. 그러나 이것은 아무런 경험도 아니다.
>
> 논리학은 모든 경험—어떤 것이 **어떠하다는**—에 **앞선다.**
>
> 논리학은 **어떻게**에 앞서지, **무엇**에 앞서지는 않는다.(Wittgenstein 1921, 5.552)

이 구절은『논고』의 대부분의 구절이 그러하듯 논증을 결여하고 있다. 따라서 우리는 이 구절의 내용이 어떻게 논증적으로 뒷받침될 수 있는지를 물어야 할 것이다. 그런데 위의 구절에서 비트겐슈타인은 논리학을 이해하기 위해 필요로 하는 '경험'으로 어떤 것의 **있음**을 들고 나서는 곧 이것이 **아무런** 경험도 **아니**라고 말한다. 이는 자가당착이 아닐까? 비트겐슈타인의 명제를 자기모순에 빠뜨리지 않고 그 의미를 살릴 수 있는 길은 위의 구절에서 '경험'과 경험을 구분하는 것이다. 가령 페이는 우리가 논리학을 이해하기 위해 필요로 하는 '경험'에 비트겐슈타인이 따옴표를 친 이유가 이를 일상적 경험과 구분하려 했기 때문이라고 본다.(Fay 1991, 323쪽)

비트겐슈타인의 입장에서 보았을 때 우리가 논리학을 이해하기 위해 필요로 하는 '경험'과 일상적 경험은 어떻게 다른가? 위의 구절에서 비트겐슈타인은 이에 대해 "논리학이 모든 경험—어떤 것이 **어떠하다는**

—에 **앞서**"며 "논리학이 **어떻게**에 앞서지, **무엇**에 앞서지는 않는다"는 힌트를 제공하고 있다. 이로부터 유추해보면 일상적 경험은 어떤 것이 **(어떻게) 어떠함**에 관한 경험인 반면 논리학을 이해하기 위해 필요로 하는 '경험'은 **무엇** 그 자체에 관한 '경험'이다. **무엇** 그 자체에 관한 '경험'을 말로 표현할 수 있을까? 비트겐슈타인은 이에 대해 부정적이다.

> 명제는 사물들이 어떠한가만을 말할 수 있을 뿐, 그것이 무엇인가는 말할 수 없다.(Wittgenstein 1921, 3.221)

비트겐슈타인에게 **무엇** 그 자체에 관한 '경험', 즉 논리학을 이해하기 위해 필요한 '경험'은 말로 표현할 수 없는 '경험'이며 따라서 사물들이 어떠한가에 대한 일상적 경험과는 구별된다.

철학과 형이상학의 기초가 된다는 논리학도, 모든 경험에 앞선다는 논리학도 **무엇**에는 앞설 수 없다는 비트겐슈타인의 명제는 논증적으로 정당화될 수 있을까? 무엇에 앞서는 무언가가 있다고 가정해보자. 과연 무엇이 **무엇**에 앞서는가? 여기서 우리는 이 물음이 헛바퀴를 돌고 있음을 알게 된다. 무엇이 **무엇**에 앞서는가라는 물음은 그 자체가 무의미하다. 그것은 올바른 물음이 아니라 언어의 오용誤用에 불과하기 때문이다. 그 물음이 성립될 수 없다는 사실은 우리 언어의 한계이자 동시에 세계와 논리의 한계이다. 비트겐슈타인은 다음과 같이 말한다.

> 나의 언어의 한계는 나의 세계의 한계를 뜻한다.
> 논리는 세계에 충만해 있다; 세계의 한계는 논리의 한계이기도 하다.(Wittgenstein 1921, 5.6~5.61)

비트겐슈타인이 무엇을 언급하는 앞서의 구절에서 보았듯이 무엇은 있음, 즉 존재의 다른 표현이다. 그렇다면 왜 아무것도 아니지 않고 무엇(존재)인가? 라이프니츠(Leibniz 1969a)와 하이데거(Heidegger 1953a)가 물었던 이 물음에 대해 비트겐슈타인은 그것이 신비스러운 것이라 답한다.

신비스러운 것은 세계가 **어떠한가**가 아니라 세계가 존재한다는 것이다.(Wittgenstein 1921, 6.44)

이는 물음에 대한 대답이 아니라 회피가 아닐까? 그러나 이에 대해 과연 더 이상 어떠한 답이 가능할까? 우리는 어떤 것을 다른 어떤 것에 의해 설명한다. 그러나 왜 아무것도 아니지 않고 무엇인가라는 물음은 앞의 논증에서 보았듯이 그 어떤 다른 것의 도입이나 사용을 배제한다. 그것이 이 물음이 가진 독특한 점이요, 이 물음에 답할 수 없는 이유이다. 이 물음은 다시 우리의 언어의 한계를 노정한다.

실로 말해질 수 없는 것이 있다. 그것은 그 자신을 **보여준다.** 그것은 신비스러운 것이다.(Wittgenstein 1921, 6.522)

앞서 보았듯이 세계가 존재한다는 것은 신비스러운 것이므로 왜 세계가 존재하느냐는 물음은 물어질 수도, 말해질 수도 없다. 1929년의 「윤리학 강의」에서 비트겐슈타인은 말해질 수 없는 것에 대한 이 물음을 언어의 오용으로 간주한다.

"나는 이러이러한 사실에 대해 경이를 느낀다"는 말은 그 사실이 그러하지 않을 수 있을 경우에만 의미를 갖는다. 이러한 의미에서 나는 어떤 가옥을 오랫동안 방문해본 적이 없고 그동안에 헐렸으리라고 생각했는데도 아직 버티고 서 있는 것을 볼 때 그 가옥이 아직 존재한다는 사실에 대해 경이를 느낄 수 있게 된다. 그러나 이 세계가 존재한다는 사실에 대해 내가 경이를 느낀다는 말은 무의미하다. 그 까닭은 이세계가 존재하지 않는 경우를 상상할 수 없기 때문이다.(Wittgenstein 1965, 41~42쪽)

세계가 존재하지 않는 경우는 아무것도 없음, 즉 무無의 경우이다. 그리고 무의 경우에 대한 상상은 논리적으로 불가능하다. 상상할 대상이 없기 때문이다. 세계가 존재하지 않는 경우에 대한 상상이 논리적으로 불가능하므로 세계가 존재한다는 사실은 논리적으로 자명한 것이된다. 논리적 불가능성의 반대는 논리적 필연성이고, 논리적 필연성은 논리적 자명성을 의미하기 때문이다.(Wittgenstein 1921, 6.124 참조) 그리고 자명한 사실에 경이를 느낀다는 말은 비트겐슈타인에 의하면 무의미하다. 비트겐슈타인은 다음과 같이 덧붙인다.

물론 나는 나를 둘러싼 세계가 그러그러하다는 사실에 대해 경이를 느낄 수 있다. 예를 들면 푸른 하늘을 들여다본 경험을 가졌을 때 나는 하늘이 구름에 가린 경우에 대해 하늘이 푸르다는 사실에 경이를 가질 수 있다. 그러나 이것은 내가 말하고자 하는 본의가 아니다. 나는 하늘이 어떠한 모습을 가지고 있건 간에 하늘 자체에 경이를 느끼고 있는 것이다. 어떤 사람은 내가 느끼는 경이의 대상이 동어반복tautology, 즉 "하늘은 푸르거나 푸르지 않거나 이다"라고 할는지 모르겠다. 그러나 동어 반복에 경이를 갖는다는 말도 무의미하다.(Wittgenstein 1965, 42쪽)

비트겐슈타인은 이 무의미에 대해 다음과 같이 말한다.

그러나 인간의 심성 속에 들어 있는 그러한 경향을 나는 개인적으로 마음 깊이 존경하지 않을 수 없으며 더욱이나 이를 비웃어버릴 수는 결코 없을 것이다.(Wittgenstein 1965, 44쪽)

말해질 수 없는 무의미를 말하려는 경향이 왜 존경스러운 것일까? 앞서 보았듯이 말해질 수 없는 신비로운 것은 그 자신을 **보여준다**. 존재는 신비로운 것이고 그 자신을 보여준다. 무의미한 존재의 물음을 일생의 화두로 삼았던 하이데거의 철학에 대해서도 비트겐슈타인은 마찬가지 이유에서 공감을 표명한다.

나는 하이데거가 존재와 불안으로 의미한 바를 충분히 사유할 수 있다. 인간은 언어의 한계에 부딪치려는 충동을 지니고 있다. 예컨대 무언가 존재한다는 사실에 대한 놀라움을 생각해보라. 이 놀라움은 질문의 형식으로 표현될 수 없으며 그에 대한 해답도 없다. 우리가 말하고 싶은 모든 것은 선험적으로 무의미할 수 있을 뿐이다. [⋯] 그러나 (한계에) 부딪침으로 묘사되는 경향은 **어떤 것을 가리킨다**.(Wittgenstein 1979b, 68~69쪽)

요컨대 무의미는 말할 수 없는 것을 말하려는 데서 비롯된다. 그러나 그로 말미암아 말할 수 없는 것의 가치가 부정되는 것은 아니다. 그것의 가치는 그것에 의해 스스로 보여진다. 말할 수 없는 것에 대한 말은 무의미하지만 무가치한 것은 아니다. 그것은 여전히 말할 수 없는 그 어떤 것을 가리키는 데 기여하기 때문이다. 비트겐슈타인은『논고』를 끝맺으면서『논고』의 명제들이 바로 이러한 기능을 하는 무의미임을 지적한다.

> 나의 명제들은 다음과 같이 해명으로 기여한다. 나를 이해하는 사람은 그가 그것들을 통하여—그것들을 딛고—그것들을 넘어서서 올라갔을 때, 종국에 가서는 그것들이 무의미함을 인지한다. (말하자면 그는 사다리를 딛고 올라간 후에는 그 사다리를 내던져버려야 한다)
>
> 그는 이 명제들을 극복해야 한다. 그때 그는 세계를 올바로 보게 된다.
>
> 말할 수 없는 것에 대해서는 침묵해야 한다.(Wittgenstein 1921, 6.54~7)

지금까지 우리는 비트겐슈타인을 좇아 논리학을 이해하기 위해 필요로 하는 '경험'으로서의 **존재**가 논리학에 앞섬을 보았다. 그리고 이 존재가 말해질 수 없는 것이며 오직 스스로를 보일 뿐임을 보았다. 비트겐슈타인의 이러한 생각은 하이데거에 의해서 보다 구체적으로—그러나 독자적으로—발전된다. 그에 의하면 비트겐슈타인이 말하는 존재의 '경험'은 존재하는 것들에 대한 우리의 일상적 경험에 이미 전제되어 있다. 비록 그 '경험'에 대한 이해가 애매하고 명확하지 못한 수준에 머물고 있지만 그 이해는 존재하는 것들에 관한 우리의 모든 말과 글에 내재되어 있다.

우리는 '존재'가 무엇을 말하는지 알지 못한다. 그러나 "'존재'가 무엇이냐?"고 묻고 있을 때 이미 우리는 '이다(있다)'에 대한 이해 속에 머물고 있는 것이다. 이 '이다(있다)'가 무엇을 뜻하는지 개념적으로 확정할 수 없으면서도 말이다.(Heidegger 1927, 5쪽/국역본, 20쪽)

존재는 말해질 수 없다는 의미에서 언어에 앞선다. 또한 존재는 존재자에 대한 언어적 표현에 이미 애매하게나마 내재되어 있다. 존재는 언어에 내재한 채 언어를 통해 스스로를 보여준다. 그러나 그 보여줌은 우리가 언어로 존재를 말함과는 구별되어야 한다. 언어로 말함이 아닌 보여줌의 방법으로 하이데거는 동어반복을 택한다. 예컨대 "말은 말이다", 혹은 "말이 말한다"(Heidegger 1950c, 11쪽), **"세계가 세계화한다"**(Heidegger 1935~1936, 30쪽), "시간이 시간화한다"(Heidegger 1957~1958, 201쪽), "공간이 공간화한다"(Heidegger 1957~1958, 201쪽), "사물이 사물화한다"(Heidegger 1950c, 19쪽), "무無가 무화한다"(Heidegger 1929b, 11쪽) 등등.

비트겐슈타인에게 동어반복은 의미를 결여하고 있다. 그것은 아무것도 말하지 않는다. 그러나 동어반복은 말할 수 있는 것의 한계, 언어의 한계, 곧 세계의 한계를 보여준다.(Wittgenstein 1921, 4.461~4.463 참조) 마찬가지로 하이데거에게 위에 열거한 동어반복적 언명들은 존재자들에 관한 말함이 아니라 존재가 자신을 보여주는 방식이다. 비트겐슈타인에게 "한계지어진 전체로서의 세계에 대한 느낌은 신비로운"(Wittgenstein 1921, 6.45) 말할 수 없는 것이었다. 그리고 세계의 한계가 곧 언어의 한계이므로 한계지어진 전체로서의 언어도 말할 수 없는 것이다. 마찬가지로 하이데거에게도 우리는 전체로서의 언어에 대해

말할 수 없다.(Heidegger 1957~1958, 180쪽 참조)

언어에 관한 말은 언어를 거의 불가피하게 대상으로 화하게 한다. 그럼
으로써 그 본질은 사라진다.(Heidegger 1953~1954, 141쪽)

말할 수 없는 것에 관해 말하는 순간 말할 수 없는 것은 대상화된다.
말할 수 없는 존재에 관해 말하는 순간 존재는 존재자로 대상화된다.
그럼으로써 존재의 본질은 사라지고 망각된다. 하이데거에 의하면 존
재와 존재자의 존재론적 차이를 간과한 존재망각의 역사가 서양 형이
상학의 역사였다. 비트겐슈타인이 보았을 때 그 역사는 말할 수 없는
것을 말하려 했던 무의미의 역사였다. 그런데 형이상학의 역사의 그러
한 운명은 형이상학자들의 잘못에 탓이 있다기보다는 존재와 언어 자
체의 본성에 기인한다. 하이데거에 의하면 존재의 본성은 자신을 보이
면서 동시에 감추는 것이며, 비트겐슈타인에 의하면 언어의 본성은
우리로 하여금 원초적 현상을 전체적으로 보여줄übersehen 뿐 아
니라 또한 간과하게übersehen 하는 것이기 때문이다.(Heidegger 1946b,
337쪽; Wittgenstein 1953, §122)

하이데거와 비트겐슈타인은 이러한 의미에서의 형이상학이 극복되
어야 한다는 데 의견을 같이한다. 그러나 그 극복은 단순한 부정이나
파괴가 아니라 잊혀진 토대로의 회귀요, 잘못된 언어사용의 바로잡음
이다.(Heidegger 1936~1946, 67쪽; Wittgenstein 1921, 6.53~6.54) 이로써
그들은 일상경험, 논리학, 제반과학에 선행하는 존재의 의미와 중요성
을 환기시키고 우리를 그것의 '경험'으로 올바로 인도하려 한다.

3. 논리학과 언어

비트겐슈타인과 하이데거의 입장에서 보았을 때 수리논리학의 문제점은 무엇일까? 그들이 지적한 문제점을 우리는 두 측면으로 나누어 살펴보고자 한다. (1) 비트겐슈타인은 자연언어(혹은 일상언어)가 논리적 분석의 장애가 된다거나 그로 말미암아 형식언어가 필요하다고 보지 않는다.

> 인간이 사용하는 명제는 그 자체로 의미를 가질 것이며 의미를 획득하기 위해 미래의 분석을 기다리지 않는다.(Wittgenstein 1961, 62쪽)

> 우리의 일상언어는 모든 명제들이 사실상 있는 그대로, 논리적으로 완벽하게 정돈되어 있다.(Wittgenstein 1921, 5.5563)

이러한 태도는 비트겐슈타인의 중기, 후기 저작에서도 일관되게 견지되고 있다.

> 만일 논리학이 **우리의 언어**가 아니라 '이상'언어에 관여한다면 얼마나 기이한 일일까? 이 이상언어는 무엇을 표현할 것인가? 아마도 우리의 일상언어에서 지금 우리가 표현하는 것이리라. 그 경우에 논리학이 탐구해야 하는 것은 바로 이 일상언어이다. 혹은 다른 어떤 것을 표현하는 것이리라. 그러나 그 경우에 나는 그것이 무엇인지 어떻게 알 수 있을까?—논리적 분석은 우리가 가지고 있는 어떤 것에 관한 분석이지 우리가 가지고 있지 않은 어떤 것에 관한 분석이 아니다. 그러므로 그

것은 명제 그 **자체**의 분석이다.(Wittgenstein 1964, §3)

한편 우리 언어의 모든 문장이 "제 질서하에 있다"는 것은 분명하다. 즉 우리는 일상적인 애매한 문장이 아직 아주 흠잡을 데 없는 의미를 가지고 있지 않으며, 완전한 언어가 우리에 의해 구성되어야 한다는 것과 같은 이상을 **실현**하고자 애쓰지 않는다 ―다른 한편 의미가 있는 곳에 완전한 질서가 있어야 함은 명백한 것처럼 보인다― 따라서 완전한 질서는 가장 애매한 문장에도 숨겨져 있어야 한다.(Wittgenstein 1953, § 98)

비트겐슈타인이 보기에 수리논리학은 논리적으로 완전한 형식언어의 텔로스*telos*에 사로잡혀 있다. 그 텔로스에 대한 갈망은 논리학이 다루는 언어가 "순수하고 선명한 어떤 것"(Wittgenstein 1953, §105)이어야 한다는 환상을 조장한다. 이러한 환상으로 말미암아 우리는 논리적 분석의 원 의도를 망각한 채 언어가 이론과 형식체계에 의해서만 설명된다는 생각에 집착하게 되고, 완전한 형식언어의 질서를 거꾸로 우리의 자연언어에 투사하기에 이른다. 그래서 우리는 "이상이 실재에서 발견**되어야 한다**'는 생각에 빠져"(Wittgenstein 1953, §101)들게 된다. 그러나 우리는 "비공간적, 비시간적 환상이 아니라 공간적, 시간적 언어현상에 관해"(Wittgenstein 1953, §108) 말해야 한다. 논리학에서 분석의 대상은 바로 우리가 사용하는 자연언어 그 자체이기 때문이다. 형식언어는 자연언어의 논리적 형식을 보다 명확히 표현하기 위한 도구일 뿐 그 이상도 이하도 아니다.(Wittgenstein 1958, 28쪽) 그러므로 형식언어에 관한 **환상**은 **탐구의 결과**가 아니라 요구 조건이었다. "우리가 실제의 언어를 정밀하게 검토하면 할수록 언어와 우리의 요구 사이의 갈등은 더욱 첨예화된다."(Wittgenstein 1953, §107) 그 갈등의 책임을 자연언어의 애매성이나 다의성으로 돌리는 것은 문제를 악화시킬 뿐이다.

하이데거가 볼 때에도 문제의 근원은 자연언어의 애매성이나 다의성에 있다기보다 오히려 그 애매성이나 다의성을 형식언어의 정밀성으로 말소하려는 데 있다. 그로 말미암아 존재가 언어를 통해 자신을 보여주는 통로는 봉쇄된다. 그것은 곧 언어의 죽음, 존재의 은폐를 의미한다.

> 실제적인 언어의 생명은 다의성에 존재한다. 살아 있고 약동하는 낱말을 일의적이고 기계적으로 고정된 기호계열로 변환시키는 것은 언어의 죽음이며 현존재를 동결시키고 황폐하게 하는 것이다.(Heidegger 1961, 1권 168~169쪽/국역본, 168~169쪽)

언어에 어떠한 인위적 변형이나 형식화를 부가하지 않고 언어가 제 스스로 말하게 하는 것이 앞서 살펴본 하이데거의 동어반복, "말이 말한다"의 참다운 의미이다. 그것은 또한 언어가 존재를 온전히 보이게 하는 것이며 망각된 존재를 일깨우는 것이다. 그러므로 존재망각의 역사로서의 형이상학의 극복과 언어의 인위적 변형작업으로서의 수리논리학의 극복은 동일한 선상에 놓여 있다.

(2) 비트겐슈타인은 언어의 형식과 내용이 언제나 분명하게 분리될 수 있다거나 언어의 형식이 해석되지 않은 계산체계이고 언어의 내용이 해석에 의존한다는 생각을 거부한다. 만일 해석되지 않은 계산체계를 해석하는 작업이 이루어진다면 그 작업의 성격은 의미론적일 것이

다. 그런데 이 의미론적 작업은 해석된 언어에 의존하지 않을 수 없다.

> 원초적 기호들의 뜻은 명료화에 의해 설명될 수 있다. 명료화는 원초적
> 기호들을 포함하는 명제이다. 그러므로 명료화는 이 기호들의 뜻이 이
> 미 알려져 있을 때에만 이해될 수 있다.(Wittgenstein 1921, 3.263)

따라서 우리는 엄밀한 의미에서 명료화나 해석이 해석되지 않은 기호
들에 뜻을 부여한다고 말할 수 없다. 명료화나 해석의 작업에 대한 이해
가 이미 기호들의 뜻에 대한 선지식을 요구하기 때문이다. 이러한 해석학
적 순환이 함축하는 것은 뜻과 의미에 관한 **언어적 설명**과 이해가 무의미
하다는 것이다. 그것은 『논고』의 표현을 빌자면 말해질 수 있는 것이 아니
라 다만 보여지는 것이다. 그리고 이것이 언어의 한계이다.

> 언어는 오로지 언어에 의해 설명될 수 있다. 그러므로 언어 그 자체는
> 설명될 수 없다.(Wittgenstein MS 108, 27쪽)

> 언어의 한계는 바로 그 문장을 반복하지 않고〔…〕한 문장에 대응하
> 는 사실을 기술하는 것이 불가능하다는 사실에서 보여진다.
> 여기서 우리가 다루는 것은 철학의 문제에 대한 칸트적 해결책이다.
> (Wittgenstein 1980, 10쪽)

요컨대 비트겐슈타인에게 언어의 한계는 언어의 외적 영역의 한계
를 지칭하는 것이 아니라 우리가 언어로 언어에 대해 무엇을 말할 수
있는가에 대한 내적 한계를 지칭한다. 그리고 이것이 바로 그가 말하는

칸트적 해결책의 핵심이다. 칸트에게 철학이 이성비판인 것처럼, 그에게 철학은 곧 "언어비판"(Wittgenstein 1921, 4.0031)이다. 칸트에게 이성의 한계를 넘어서는 물 자체에 대한 인식이 성립할 수 없는 것처럼, 비트겐슈타인에게서 우리는 언어를 넘어선 관점에서 언어를 이론화하고 해석할 수 없다. 즉 언어를 넘어서는 어떠한 형이상학meta-physics, 메타논리학meta-logic, 메타수학meta-mathematics, 2차철학second-order philosophy도 불가능하다.(Wittgenstein MS 110, 189쪽; 1979b, 121쪽; 1953, §121)

힌티카 부부는 비트겐슈타인에게 위에 열거한 것과 같은 일련의 메타언어가 불가능한 이유에 대해 다음과 같이 말한다.

> 이것이 불가능한 까닭은 우리가 주어진 확정적 해석, 언어와 세계 사이에 성립하는 주어진 의미관계망에 의존할 수 있을 때 비로소 어떤 것에 관해 말하기 위해 언어를 사용할 수 있기 때문이다.(Hintikka and Hintikka 1986, 1쪽)

즉 그들에 의하면 비트겐슈타인은 우리가 해석되지 않은 체계에 관한 (주어진) 의도된 해석을 벗어날 수 없다고 본다는 것이다. 그리고 이러한 견해가 모델이론model theory을 불가능하게 한다고 말한다. (Hintikka and Hintikka 1986, 1쪽)

비트겐슈타인이 형이상학, 메타논리학, 메타수학, 2차철학 등의 메타언어의 가능성을 부정한 것은 사실이다. 그러나 그 이유는 우리 언어의 해석작업이 단 하나의 의도된 해석에 의해 고정되기 때문이 아니라, 위의 메타언어들이 결코 주어진 언어를 넘어서지 못하기 때문이다. 그에 의하면 이른바 메타논리학, 메타수학, 2차철학은 각각 그냥 논리학, 수학, 철학이며 그 이상도 이하도 아니다.(Wittgenstein MS 110, 189쪽; 1979b, 121쪽; 1953, §121) 비트겐슈타인이 해석되지 않은 체계에 대해 하나의 의도된 해석만을 인정했다거나, 모델이론이나 뢰벤하임-스콜렘 정리를 부정하는 등의 시대착오를 범했다는 근거는 발견되지 않는다.[16]

힌티카 부부의 비트겐슈타인 해석이 지닌 더 심각한 문제는 그들이 언어의 의미와 그 이해를 여전히 해석의 문제로 보았다는 점이다. 이는 비트겐슈타인의 언어관과 부합하지 않는다. 비트겐슈타인은 해석이 의미를 부여한다는 생각을 부정한다.

> 어떠한 해석도 그것이 해석하는 바와 마찬가지로 여전히 미결정의 상태에 있으며, 어떠한 근거도 제시하지 못한다. 해석 그 자체는 의미를 결정하지 않는다.(Wittgenstein 1953, §198)

해석이 해석되지 않은 언어에 의미를 불어 넣어주지는 못한다. 언어의 해석 역시 한 언어에 또 다른 언어를 덧붙이는 작업에 불과하기 때문이다. 비트겐슈타인에 의하면 언어의 의미는 쓰임과 규칙 따르기를

---

16 비트겐슈타인은 수학이나 논리학의 제반 이론과 증명을 부정하거나 개량하려는 것이 자신의 의도가 아님을 분명히 하였다.(Wittgenstein 1976, 13쪽) 그는 자신의 작업을 수학이나 논리학에서 사용되는 기초개념의 명료화에 국한시켰다. 따라서 비트겐슈타인이 수리논리학을 부정했다는 종래의 해석(Kreisel 1958, 144쪽 참조)은 시정되어야 할 것이다. 메타논리학과 메타수학에 대한 그의 부정은 이들 학문의 이론과 증명에 대한 부정이 아니라, 그것들의 성격에 관한 수리철학자들의 태도와 해석에 대한 비판으로 간주되어야 할 것이다. 그리고 앞으로 보겠지만 이는 하이데거의 경우에도 마찬가지이다.

통해 보여진다. 그리고 언어의 쓰임과 규칙 따르기는 해석이 아니라 실천이다.(이승종 1993b 참조)

> 이를 통해 드러나는 것은 **해석이 아닌 규칙의 파악**이 있다는 점이다. 그 규칙이 드러나는 것은 우리가 "규칙을 따름"이나 "규칙의 위반"이라고 말하는 실제의 경우에서이다. 〔…〕그러므로 "규칙을 따름"은 또한 하나의 실천이다. (Wittgenstein 1953, §§201~202)

> 모든 기호는 **그 자체로는** 죽은 것으로 보인다. 무엇이 그것에 생명을 주는가?─쓰임에서 기호는 **살아난다.**(Wittgenstein 1953, §432)

앞서 우리는 『논고』에서 언어의 의미는 말해질 수 없으며 다만 보여지는 것임을 논의하였다. 힌티카 부부는 이러한 구분이 후기 비트겐슈타인에 와서 무의미한 것으로 부정된다고 본다.(Hintikka and Hintikka 1986, 24쪽) 물론 이 구분은 후기 비트겐슈타인의 작품에서 발견되지 않는다. 그리고 이 구분이 무의미하다는 힌티카 부부의 주장에 일리가 없는 것도 아니다. 『논고』에서 우리는 오직 세계를 그리는 명제, 즉 참된 명제의 총체인 자연과학의 명제에 관해서만 말할 수 있었다.(Wittgenstein 1921, 4.11, 6.53) 그러나 그 이후의 작품에서 비트겐슈타인은 언어의 다양한 쓰임과 다양한 언어게임의 존재를 인정했고, 따라서 그가 말할 수 없는 것으로 간주했던 것들에 관한 언어게임을 허용했다.(Wittgenstein 1953, §373 참조) 따라서 말할 수 있는 것과 보여지는 것 사이의 구분은 와해되는 것처럼 보일 수 있다. 그러나 우리는 의미가 쓰임이고 규칙의 따름이 실천이라는 비트겐슈타인의 주장이 의미가 언어적으로 설명되어져야 할 것이라기보다는 쓰임과 실천을 통해 **보여진다**는 것으로 해석될 수 있다고 생각한다. 다음의 구절은 이러한 해석을 뒷받침한다.

> 우리가 이해하지 못하는 주된 원천은 우리가 우리말의 쓰임을 **전체적으로** 보지 못하는 데 있다.(Wittgenstein 1953, §122)

> 우리의 잘못은 사실을 "원초적 현상"으로 **보아야** 할 곳에서〔…〕설명을 구하는 데 있다.

> 문제는 언어게임을 우리의 경험으로 설명하는데 있는 것이 아니고, 언어게임을 **주목하는** 데 있다.(Wittgenstein 1953, §§654~655. 인용자의 강조)

앞서 보았듯이 비트겐슈타인의『논고』는 말할 수 없는 것, 즉 보여지는 것에 대해서는 침묵해야 한다는 명제로 끝을 맺는다. 그런데 그는 『논고』에 씌어지지 않은 것이 더 중요한 것이라고 말한다.(Wittgenstein 1979a, 94쪽) 여기서 씌어지지 않은 것을 말할 수 없는 것으로, 즉 보여지는 것으로 해석한다면 비트겐슈타인은 보여지는 것을 더 중요한 것으로 강조했다고 추론할 수 있다. 그리고 이는 위의 인용문에서 거듭 강조되는 보는 것의 중요성과도 잘 부합한다.

하이데거 역시 수리논리학에 대해 비트겐슈타인과 마찬가지로 비판적이다. 하이데거는 다음과 같이 말한다.

여기에 명제관계의 체계를 수학적 방법에 의해 계산하려는 시도가 있다. 그러므로 이러한 종류의 논리학은 또한 '수리논리학'이라 불리어진다. 그것은 그 자체로 가능하고 타당한 과제이다. 그러나 기호논리학이 제공하는 것은 결코 논리학이, 즉 로고스에 대한 숙고가 아니다. 수리논리학은 심지어 그것이 수학적 사고와 수학적 진리의 본질을 결정하거나 결정할 수 있다는 의미에서 수학에 관한 논리학도 아니다. 오히려 기호논리학은 그 자체 일종의 수학이 문장과 문장형식에 적용된 것이다. 모든 수리논리학과 기호논리학은 그 자신을 논리학의 영역의 밖에 위치시킨다. 〔…〕기호논리학이 모든 학문에 대한 과학적 논리학을 형성한다는 가정은 그 기본적 전제의 조건적이고 무반성적 성격이 명백해짐과 동시에 무너지고 만다.(Heidegger 1962a, 159쪽)

하이데거에 의하면 수리논리학은 인간의 사유의 퇴화 징후이다. (Heidegger 1961, 2권 487쪽) 그 퇴화는 언어를 해석되지 않은 계산체계와 그에 대한 해석으로 추상하는 과정을 통해 관철된다. 언어를 해석되지 않은 계산체계로 형식화하는 과정에서 언어에 담겨져야 할 존재는 그로부터 완전히 배제된다. 해석되지 않은 계산체계로서의 언어는 그 어떠한 내용도, 의미연관도 결여한 기호의 외적 결합체다. 이렇게 분리 추상된 형식체계에 담론의 영역domain이라는 이름으로 일정한 상황이 할당되고, 그 상황하에서 기호체계와 상황과의 의미연관이 해석이라는 방식으로 주어진다. 그러나 존재론적 관점에서 보았을 때 기호체계와 세계와의 의미론적 연관은 전적으로 자의적이다.(Hanna 1986, 276쪽) 영역과 상황은 사물들의 집합체라는 추상적 의미에서만 유사할 뿐이다. 요컨대 상황의 구성원들은 구체적이고 실용적인 근거에 의해 내적으로 밀접하게 얽혀 있는 데 반해, 영역의 구성원들은 자의적으로 선택되어 외적으로 배열될 뿐이다. 그러나 이러한 작업을 통해 애초에 형식화되기 이전의 언어에 담겨 있던 존재는 자의적이고 통제/계산 가능한 모델로 왜곡된다. 즉 언어는 존재를 담지하는 것이 아니라 통제된 모델로 가공된 상황에 외적으로 부가될 뿐이다.

위의 인용문에서 하이데거는 이러한 계산적, 형식적 언어관을 가진 수리논리학이 모든 학문에 대한 과학적 논리학이라는 생각을 비판한다. 하이데거는 자신의 이러한 입장을 옹호하는 논증을 제시하지 않았지만, 우리는 위에서 살펴본 의미론적 관계의 자의성을 바탕으로 다음과 같은 논증이 가능하리라고 본다. 수리논리학에서 말하는 형식은 질량이나 광합성과 같은 물리적 속성의 이름이 아니다. 과학은 형식체계와 그것에 대한 의미론적 관계설정으로서의 해석으로 구성되어 있지 않다. 개별과학은 각기 탐구의 영역에 따라 분화된 것이기에 이 과정에서 해석의 자의성은 사라진다. 예컨대 물리학은 이미 그 정의상 물리적 현상에 관한 학문이고 생물학은 그 정의상 생명현상에 관한 학문이다. 물리학의 언어와 그것이 지시하는 물리적 현상과의 관계는 해석되지 않은 기호체계에 대한 외적, 자의적 해석의 관계가 아니다. 물리학과 물리학의 영역 사이의 관계가 외적이거나 자의적 관계가 아니기 때문이다. 형식체계는 물리학이나 생물학 내에서 발견되는 것이 아니라 물리학이나 생물학의 체계화 과정(예컨대 공리화 과정)에서 추후에 물리학이나 생물학에 부가될 뿐이다.

4. 반시대적 고찰

앞서 살펴본 바에서 분명히 드러나듯이 수리논리학에 대한 비트겐슈타인과 하이데거의 비판은 수리논리학 내부의 기술적 문제에 관한 것이 아니다. 그들이 우려하는 것은 수리논리학을 인간의 사유와 그것의 표현으로서의 자연언어에 깊이 관여하는 것으로 간주하는 작금의 경향이다. 비트겐슈타인이 볼 때 이 점에서 수리논리학이 끼친 영향은 재앙 그 자체이다.

> '수리논리학'은 [⋯] 우리 일상언어의 형식에 대한 피상적인 해석을 설정함으로써 수학자와 철학자들의 사유를 완전히 불구로 만들어버렸다.(Wittgenstein 1978, 300쪽)

『논고』 이후의 저작에서 비트겐슈타인은 수학과 철학에서 "수리논리학에 의해 초래된 재앙"(Wittgenstein 1978, 299쪽)을 일소하는 작업을 자신의 주된 과제의 하나로 삼았다. 그것은 "언어를 수단으로 우리의 지성에 마법을 거는 것"(Wittgenstein 1953, §109), 그리고 그로 말미암은 잘못된 사고습관에 대한 투쟁의 일환이다.(Wittgenstein 1980, 44쪽 참조) 그리고 그 투쟁의 대상은 비단 수리논리학뿐 아니라 집합론, 논리주의, 형식주의 등의 수학 기초론, 합리주의, 경험주의 철학과 형이상학, 심리학의 행태주의behaviorism와 정신주의mentalism, 정신분석학 등 우리 시대의 사상계를 주도해온 이론과 사조들이다. 그리고 투쟁의 핵심은 우리의 삶의 "원초적 현상"을 전체적으로 보려 하지 않고 이론에 의해 설명하려는(Wittgenstein 1953, §654) 경향을 저지하는 것이다.(이승종

1995 참조) 언어현상을 형식언어체계에 의해 설명하려는 수리논리학이 비트겐슈타인의 비판의 표적이 되는 것도 이러한 연유에서이다.

그러나 비트겐슈타인은 자신의 노력이 시대의 어둠을 밝혀줄 것으로 생각하지 않았다.(Wittgenstein 1980, 61쪽) 그에 의하면 위에 열거한 사상적 질병은 인간의 삶의 양식mode of life에 깊이 드리워져 있다. 질병에 대한 치료는 삶의 양식의 근본적 변화에 의해서만이 가능하며 이는 한 개인의 작업에 의해서는 결코 성취되지 않는다. 비트겐슈타인은 다음과 같이 말한다.

한 시대의 질병은 인간의 삶의 양식의 변화에 의해 치료된다. 그리고 철학적 문제라는 질병에 대한 치료는 한 개인에 의해 발명된 약에 의해서가 아니라 사유와 삶의 양식의 변화를 통해서만 가능했다.

자동차의 사용으로 말미암아 어떤 질병이 생기거나 조장되어 그러한 병으로 인류가 고통을 받는다고 생각해보자. 그 병은 어떤 원인 때문에, 어떤 발전의 결과로 인간이 자동차를 모는 습관을 버릴 때 비로소 치유된다.(Wittgenstein 1978, 132쪽)

비트겐슈타인은 우리 시대의 어둠의 징표로 기술과 과학주의에 근거한 진보에의 믿음을 꼽았다.

예컨대 과학과 기술의 시대가 인류의 종말의 시작이라는 믿음; 위대한 진보의 이념이 진리의 궁극적 인식이라는 이념과 마찬가지로 환상이라는 믿음; 과학적 지식에는 훌륭하거나 바람직한 것이 아무것도 없다는 믿음; 그리고 그것을 얻으려 애쓰는 인류가 함정에 빠져들고 있다는 믿음은 어리석은 믿음이 아니다. 이것이 사실이 아닌지는 결코 분명하지 않다.(Wittgenstein 1980, 56쪽)

여기서 한 가지 근본적인 물음이 떠오른다. 비트겐슈타인에게 수리논리학에 대한 비판적 태도와 "그가 문화의 쇠퇴로 간주하였던 산업사회의 과학-기술문명의 거부"(von Wright 1978, 118쪽)는 어떠한 내적 관계에 있는가? 앞서 보았듯이 비트겐슈타인에게 언어와 삶의 양식은 밀접한 관계를 이루고 있다. 그렇다면 우리 시대의 어둠과 논리학의 형식화, 수학화는 구체적으로 어떠한 연관이 있는 것일까? 그에 대한 대답은 양자가 공유하는 과학주의의 이념, 보편화와 일반화에의 욕구, 그리고 이론적 설명에 대한 맹신에서 찾을 수 있다. 그러나 비트겐슈타인의 작품에서 이러한 문명비평적 사유는 충분히 전개되지는 않고 있다. 그의 통찰 뒤에 남겨진 이 근본적인 "사유되지 않은 것Ungedachte"─혹은 씌어지지 않은 것─에 대한 사유는 하이데거에 의해 이루어진다.

앞서 보았듯이 하이데거에 의하면 수리논리학은 수학적 사고와 수학적 진리의 본질을 결정해주는 수학에 관한 논리학이 아니라 수학이 문장 형식에 적용된 것에 불과하다.(Heidegger 1962a, 159쪽) 요컨대 수리논리학은 응용수학일 뿐이며 수학의 본질을 밝혀주지도 못했다는 것이다. 수리논리학이 수학의 일종이라면 우리는 수리논리학의 본질을 이해하기 위해 수학의 본질을 먼저 알아야 할 것이다. 하이데거에 의하면 수학이라는 낱말은 그리스어 '마테마타 $\mu\alpha\theta\eta\mu\alpha\tau\alpha$'에서 비롯된다. 그 표현의 원래의 의미는 "우리가 사물에 대해서 미리 알고 있는 것, 그래서 우리가 사물로부터 알아내는 것이 아니라 어떠한 방식으로 가져가는 것"(Heidegger 1962a, 74

쪽)이었다.[17] 즉 마테마타는 우리가 사물을 만나기 위해 미리 마련하는 만남의 장이다. 이러한 의미에서 수는 마테마타의 좋은 예이다. 수는 사물들의 속성이 아니며, 우리는 그 사물들에 대한 경험과 관계없이 그 사물들의 개수를 미리 알고 있다. 즉 수는 우리가 사물로부터 알아내는 것이 아니라 사물을 셀 때 우리가 사물에 가져가는 것이다. 하이데거는 그러나 이러한 수가 마치 마테마타의 의미와 동치인 것으로 전이된 것이 우리가 수학으로 알고 있는 학문의 시작이라고 본다.

하이데거에 의하면 마테마타가 수로 축소되면서 그 원래의 의미도 수의 속성인 계산의 의미로 축소된다. 응용수학으로서의 수리논리학이 언어를 계산체계로 보는 것의 뿌리도 여기에서 찾을 수 있다. 수리논리학을 통해 사유는 계산으로 대체된다. 이는 수리논리학의 선구자인 라이프니츠가 꿈꾸던 이상이었고 그 결과는 스탠리 제본스Stanley Jevons가 상상한 추론의 피아노이다. 이에 관해 하이데거는 다음과 같이 말한다.

> 사려를 요구하는 우리들 시대에 가장 깊이 사려를 요구하는 것은 우리가 아직도 사유하지 않고 있다는 것이다.(Heidegger 1954b, 3쪽/국역본, 53쪽)

우리 시대의 무사유無思惟의 본질은 수리논리학, 혹은 그 모태로서의 수학이다. 그리고 계산으로 대체된 무사유는 과학과 기술을 그 정

---

17 이 점에서 비트겐슈타인이 수학을 사실의 형식을 창조하는 학문으로 규정하고 있음은 흥미롭다.(Wittgenstein 1978, 381쪽 참조)

점으로 하는 우리 시대의 세계상에서 그대로 관철되고 있다. 이를 살펴보자.

과학을 관찰→가설설정→확증→법칙정립의 과정으로 이해할 때 하이데거에 의하면 마테마타의 축소된 의미로서의 수학은 출발점인 관찰이 시작되기 전에 이미 과학적 과정에 투사된다.(Heidegger 1962a, 92~93쪽) 투사된 수학은 과학이 사물의 구조를 이론화하는 데 사용되는 청사진이다. 관찰은 이러한 수학적 청사진이 설정한 범주 내에서 이루어진다. 즉 관찰을 통해 얻어지는 경험은 수학적 청사진에 의해 통제된 경험이다. 이러한 통제는 존재와 존재자에 대한 '몰아세움Ge-stell'이다.(Heidegger 1957~1958, 150쪽 참조)

하이데거는 뉴턴과 갈릴레이의 물리학에서 몰아세움의 예를 찾는다.(Heidegger 1962a, 86~91쪽) 그들은 자연을 균일한 시공간의 장으로 이해한다. 시공간의 문맥을 배경으로 해서만 사물들이 경험되고 그들의 운동이 계산된다. 어떠한 사물과 그것의 장소도 단지 수학적 좌표상의 한 점일 뿐이고 어떠한 운동도 단지 좌표계 상에서 이 점의 변화에 불과하다. 자연에 대한 몰아세움은 이처럼 무차별적이고 획일적이다. 그리고 이러한 작업은 존재를 있는 그대로 보여주는 작업이 아니라 과학적 설명이라는 목적에 맞게 가공하는 활동이다.

형이상학을 세계상과 존재관, 그리고 인간과 세계와의 관계로 이해할 때, 우리 시대의 인간과 세계와의 관계는 몰아세움에 의해 형성된다. 그리고 이를 구현하는 형이상학적 틀이 기술技術이다. 인간의 목적과 욕구는 기술의 몰아세움에 종속되어 존재자에 대한 통제, 계산, 지배, 착취에 이르고 사물은 기술의 목적과 요구에 따라 부품Bestand으로 전락한다. 예컨대 "공기는 이제 질소 공급을 강요당하고, 대지는 광석을, 광석은 우라늄을, 우라늄은—파괴를 위해서든 평화적 이용을 위해서든—원자력 공급을 강요당한다."(Heidegger 1953b, 18~19쪽/국역본, 21쪽)[18] 이러한 기술시대의 도래는 인간의 사유를 대체하는 수리논리학의 시대와 중첩된다. 그리고 그 중첩은 필연적인 것이다. 콰인과 같은 수리논리학자에게나 하이데거와 같은 수리논리학의 비판자에게나 양자는 동일한 것이기 때문이다.

> 그러므로 수학적 증명에 관한 철저히 순수한 이론과 기계 계산에 관한 철저한 기술技術이론은 실제로는 동일하다.(Quine 1960a, 39쪽)

> 메타언어와 스푸트닉 인공위성, 메타언어학과 로켓기술은 동일하다.(Heidegger 1957~1958, 150쪽)

하이데거가 볼 때 수리논리학과 기술은 동일한 하나의 형이상학의 다른 표현이다. 그것은 서구사상이 마지막 단계에 돌입하는 하나의 징후이다. 비트겐슈타인이 그랬던 것처럼 하이데거도 이러한 흐름을 자신의 힘으로, 혹은 철학의 힘으로 멈추게 할 수 없다고 보았다. 비트겐슈타인이 그랬던 것처럼 하이데거도 수리논리학 자체를 비판하거나 부정하려 하지 않는다.(Heidegger 1956, 9쪽) 하이데거가 볼 때 왜곡된 존재와 언어와 사유의 회복을 통해 인류의 생존이 달린 전 지구적 문제를 해결하는 작업은 인간의 노력과 함께 신의 구원을 필요로 한다. 그는 다음과 같이 말한다.

---

18 이에 대해서는 7장에서 보다 상세히 논의할 것이다.

철학은 지금 우리가 처해 있는 세계의 상황에 직접적 변화를 초래할 수 없을 것이다. 이는 철학뿐 아니라 인간의 모든 사유와 노력에 대해서도 그러하다. 오직 신만이 우리를 구원할 수 있다.(Heidegger 1976, 209쪽)

하이데거와 비트겐슈타인은 자신들의 위치를 시대정신에 역행하는 반시대적 사유가로 자리매김했다. 그들은 수리논리학에 의한 언어의 왜곡을 비판하면서 그 왜곡의 뿌리가 보다 깊은 곳에 있음을 지적하였다. 그 뿌리는 우리 시대의 시대정신에서, 더 나아가 인간의 삶의 양식, 서구의 형이상학 전체에서 발견된다. 그러나 그들은 자신들의 노력이, 자신들의 철학이 시대의 어둠을 밝히는 결정적 처방의 구실을 할 수 있으리라 믿지 않았다. 그들은 시인 포우프Alexander Pope의 "잘못은 인간이 저지르는 것이요, 용서는 신의 일"이라는 말을 좇아 그 처방의 중요한 몫을 신에게로 돌렸다. 비트겐슈타인의『철학적 단편』의 서문은 우리 시대의 정신과 반시대적 정신의 차이를 잘 집약하였다.

이 책은 이 책의 정신을 공감하는 사람을 위해서 씌어졌다. 이 정신은 우리 모두가 처해 있는 유럽 및 미국문명의 거대한 흐름을 이루는 정신과는 다른 것이다. 후자는 보다 크고 보다 복잡한 구조를 건축하는 계속되는 운동으로 표현된다. 전자는 어떠한 구조에서나 상관없이 명료성과 투명함을 추구하는 데서 표현된다. 후자는 세계를 그 주변—그 다양성에서 파악하려 하고 전자는 세계를 그 중심—그 본질에서 파악하려 한다. 따라서 후자는 하나의 구성에 또 다른 하나를 더하는 방식으로 하나의 단계에서 다른 단계로 나아가는 데 반해 전자는 제자리에 머물러 언제나 같은 것을 파악하려 한다.

　나는 "이 책이 신의 영광을 위해 씌어졌다"고 말하고 싶다. 그러나 오늘날 […] 그 말은 올바로 이해되지 않을 것이다.(Wittgenstein 1964, 서문)

비록 자신들의 노력이 "직접적 변화를 초래할 수 없을 것"이며 심지어 "올바로 이해되지 않을 것"이라고 내다보았지만, 하이데거와 비트겐슈타인은 결코 비관주의자나 염세주의자가 아니었다. 오히려 그들이 말하는 "신의 구원"과 "신의 영광"은 이 두 사람이 하이데거가 말하는 역운의 전향Kehre을 준비하는 미래 지향적 사유가임을 암시한다. 그들이 갈망한 신은 역운이 전환되는 미래의 존재사태를 지칭한다.

　신이 떠난 이 땅에서 역운의 전향을 준비한다 함은 구체적으로 무엇을 뜻하는가? 전향을 요하는 역운의 정체와 연원은 무엇인가? 우리는 하이데거의 텍스트에서 물음에 대한 답변의 실마리를 풀어내어 그와 함께 사유해야 할 차례에 이르렀다.

Ⅲ부
도구, 진리, 과학

우리는 지금까지 하이데거의 사유가 어떻게 후설의 문제의식으로부터 이탈해 나왔는지, 그리고 하이데거와 동시대를 살았던 비트겐슈타인과 어떠한 문제의식을 공유하는지를 살펴보았다. 이를 통해 우리는 서구지성사에서 하이데거의 문제의식이 놓여 있는 자리의 통시적 선후관계와 공시적 지형도의 윤곽을 잡았다. 이제 우리는 이렇게 자리매김한 문제에 대한 하이데거의 사유 자체로 진입하려 한다. 5장에서 우리는 그의 주저인 『존재와 시간』을 중심으로 도구와 그 사용에 대한 현상학적 탐구를 분석할 것이다. 이 과정에서 『존재와 시간』에 대한 종래의 해석들을 비판하고 시정할 것이며, 하이데거 사유의 정합적 내구성을 그 극한으로까지 끌고가 시험해볼 것이다.

도구사용의 현상학은 『존재와 시간』 이후에 과학과 기술에 대한 하이데거의 사유의 발판이 된다. 이 주제들에 대한 그의 사유는 진리에 대한 자신의 해석을 씨줄로, 그리고 서구지성사에 대한 자신의 해석을 날줄로 삼아 이루어져 있다. 6장에서 우리는 기존의 전통적 진리론들에 대한 비판적 논의를 거쳐 하이데거의 진리론에 접근할 것이다. 그리고 다시 그의 진리론을 길잡이 삼아 서구지성사를 계보학적으로 소급해 들어가는 작업을 수행할 것이다. 진리의 역사철학이라 부를 수 있는 이러한 여정을 통해 얻어진 통찰을 바탕으로 진리와 과학에 대한 하이데거의 사유가 놓여 있는 독특한 자리를 가늠해볼 것이다.

진리를 통시적 존재사건의 지평에 설정하고 있는 하이데거의 진리론은 공시적 의미론의 영역을 초월한 상징계에 귀속된다. 반면 공시적 의미론을 그 토대로 삼고 있는 상대주의는 다양한 기호적 차이를 실재적 차이로 보는 기호계에 귀속되는 사유이다.* 그것은 존재자적 지평에 국한되어 있다는 점에서 하이데거의 존재론적 사유와 그 층위를 달리한다.

---

* 상징계와 기호계의 차이에 대해서는 다음을 참조.(뒤랑 1960; 1964)

5. 도구와 사용

1. 바벨 2세

문자적으로는 열어 밝힘을 의미하는 개발開發의 이름하에 대지가 마구
파헤쳐지고 그 자리에 고층빌딩과 아파트들이 하루가 멀다 하고 하늘
을 향해 치솟아 오른다. 그 시작은 바벨탑이었다. 신은 꼭대기가 하늘
에 닿는 탑을 건축하려는 사람들을 괘씸히 여겨 그들의 마음과 언어를
혼동시켜 멀리 흩어지게 함으로써 탑 건축이 중단되게 하였다. 그래서
이 탑은 "그가 (언어를) 혼잡하게 하셨다"(『창세기』, 11:9)는 뜻을 지닌 바
벨탑이라고 불리게 되었다. 그 이후 바벨 2세들의 시도는 더욱 대담해
져만 갔고, 그 와중에 니체는 신의 사망을 선포했다. 그러나 신이라는
이름의 "노병老兵은 죽지 않는다. 그는 사라질 뿐이다." 사라진 신의 노
여움으로 사람들의 마음과 언어는 그 어느 때보다도 혼잡해졌다. 그들
은 자신들이 이제 세상 모든 것을 심지어 신의 자리까지도 빼앗았다고
자부하지만, 정작 빼앗긴 것은 그들의 마음과 언어이다.

빼앗긴 들에도 봄은 오는가? 작가 김훈은 봄이 옴을 이렇게 묘사한다.

풀싹들은 헐거워진 봄 흙 속의 미로를 따라서 땅 위로 올라온다. 흙이
비켜준 자리를 따라서 풀은 올라온다. 생명은 시간의 리듬에 실려서 흔
들리면서 솟아오르는 것이어서, 봄에 땅이 부푸는 사태는 음악에 가깝
다.(김훈 2000, 31쪽)

흙이 비켜준 자리를 따라서 올라오는 풀과 흙을 파헤치고 올라오는
고층빌딩 사이에는 커다란 차이가 있다. 생명의 풀은 시간의 리듬에 실
려서 음악처럼 솟아오르지만, 고층빌딩은 미리 정한 공기工期에 맞추
어 강행되는 파열음 속에서 솟아오른다.
작가는 봄날 흙의 운동에 대한 이야기를 농부에게서 들었다고 전한다.

돌산도 남쪽 해안선을 자전거로 달리다가 밭을 가는 늙은 농부한테서
봄 서리와 봄볕과 흙과 풀싹이 시간의 리듬 속에서 어우러지는 사태
에 대한 설명을 들었다. 늙은 농부는 농부답게 어눌했지만 서울에 돌아
와서 토양학을 전공하는 교수들에게 물어봤더니 농부의 얘기가 다 맞
다고 한다. 밭두렁에 자전거를 세워놓고 자꾸 캐물으니까 늙은 농부는
"이 사람아. 싱거운 소리 그만하고 어서 가. 그게 다 저절로 되는 게야"
라로 말했다.(김훈 2000, 32쪽)

인용문에서는 저절로 됨, 즉 자연自然의 현상에 대한 남녘의 늙은 농
부, 작가, 서울의 토양학자, 이렇게 세 사람의 대화가 전개되고 있다. 흙
과 더불어 사는 농부의 어눌한 얘기, 이를 문학적 언어로 다듬어내는

작가의 묘사, 그리고 작가가 전한 농부의 얘기에 대한 학자의 진위판
단, 이렇게 세 가지 다른 장르의 언어가 점층법으로 펼쳐지고 있다. 여
기서 학자는 농부의 얘기와 이를 전한 작가의 말에 대한 최종심급의 권
한을 행사한다. 그러나 농부는 이러한 위계와 작가의 물음을 싱거운 짓
으로 말소하고 모든 것을 자연(저절로 됨)으로 되돌린다.

2. 은어 낚시

이 장의 주제가 되는 도구와 사용에 대한 하이데거의 성찰은 농부의 이
야기와 이에 대한 학자의 판단이 형성하는 위계의 전복에서 출발한다.
하이데거는 『존재와 시간』에서 스스로 고안한 창의적 언어(혹은 은어隱
語)로 이 전복을 입체적으로 해명한다. 그의 논의는 농부와 학자의 행동
관계Verhalten와 인식의 차이에서 시작한다. 존재자에 대한 농부의 행
동관계와 인식은 실천적인 것이고, 학자의 행동관계와 인식은 이론적
인 것이다. 하이데거는 배려Besorgen하는 왕래 $\pi\rho\acute{\alpha}\xi\iota\varsigma$; Umgang에서 농
부가 만나게 되는 존재자를 도구Zeug라고 부른다. 도구에는 쟁기나 호
미와 같이 우리가 통상적으로 도구라고 부르는 것뿐 아니라, 흙이나 나
무와 같은 자연물까지도 포함된다.

> 숲은 〔목재가 가득한〕 삼림이며, 산은 채석장이며, 강은 수력이고, 바람
> 은 "돛을 펼쳐주는" 바람이다.(Heidegger 1927, 70쪽/국역본, 103쪽)

농부가 쟁기질을 하면 할수록 쟁기와의 관계는 "보다 근원적이 되

고", "보다 더 가려지지 않은 채로 그것을 도구로서 만나게 되며", 농부의 손에 익게 된다. 그래서 쟁기질 자체가 쟁기의 "독특한 편의성〔손에 익음〕을 발견한다entdecken."(Heidegger 1927, 69쪽/국역본, 101쪽)[1] 앞 장에서 보았듯이 하이데거는 "도구가 그 안에서 그것 자체에서부터 스스로를 내보이는 도구의 존재양식"을 "손안에 있음Zuhandenheit"이라고 부른다.(Heidegger 1927, 69쪽/국역본, 101~102쪽)

도구가 이러한 "자체 존재"를 가지고 있다는 하이데거의 주장은 얼른 이해하기 어렵다. 후설도 지적한 바 있듯이 동일한 사물이 경우에 따라 혹은 탐구자에 따라 이러한 도구로 사용될 수도 있고 저러한 도구로 사용될 수도 있기 때문이다.(Husserl 1978, 233쪽) 예컨대 쟁기는 쟁기질에 사용될 수 있지만 문을 잠그는 빗장으로 사용될 수도 있다. 하이데거는 손안의 것의 존재 성격을 지칭하는 '사용사태Bewandtnis'에 주목한다.(Heidegger 1927, 84쪽) 사용사태에는 어떤 것을 가지고 어디에 사용하도록 함이 깔려 있다. 그러나 사용사태의 사용은 문맥 독립적으로 확정된 것이 아니라 사용의 문맥에 의존되어 있다. 그에 따라 손안의 것은 어떤 목적이나 문맥에는 적합하고 다른 목적이나 문맥에는 부적합하게 된다. 하이데거가 말하는 도구의 "자체 존재"는 사용사태를 말하는 것이며, 동일한 사물이 경우에 따라 혹은 사용자에 따라 이러한 도구로 사용될 수도 있고 저러한 도구로 사용될 수도 있다는 것은 사용사태의 성격에 부합하는 것이지 결코 그에 대한 비판일 수 없다.

---

1 『존재와 시간』에서 이루어지는 도구에 대한 분석의 예는 쟁기질이 아니라 망치질이다. 인용한 문장도 사실은 망치질에 대한 서술이다. 그러나 이 서술은 우리의 예인 쟁기질에도 그대로 적용된다고 생각한다.

손안의 것이 어떤 사용사태를 가지는가 하는 것은 그때마다 사용사태 전체성에서부터 앞서 윤곽지어진다. 이는 앞서 가짐Vorhabe, 앞서 봄Vorsicht, 앞서 잡음Vorgriff라는 세 계기로 이루어진 앞선 구조가 사용사태 전체성에 기획투사Entwurf됨으로써 수행된다.(Heidegger 1927, 150쪽) 앞선 구조를 구성하는 세 계기는 하나의 예를 통해 설명될 수 있다. 우리가 프로야구 경기를 보러 야구장을 찾을 때 야구장, 관람석, 관중, 야구팀, 야구선수 등 야구경기와 관전에 동원되는 모든 것이 앞서 가짐에 해당한다. 관람석의 어느 편에 앉느냐에 따라 시야가 달라질 수 있을 뿐 아니라, 1루 측에 앉는다는 것은 통상 홈팀을 응원함을 함축하며 3루 측에 앉는다는 것은 통상 원정팀을 응원함을 함축하는데 이것이 앞서 봄에 해당한다. 그리고 경기를 본다는 것은 경기규칙에 대한 이해를 전제로 하는데 이것이 앞서 잡음에 해당한다. 이 세 계기가 한데 어우러진 가운데 경기의 관전이 이루어진다. 이렇게 이해된 앞선 구조를 농부의 쟁기질에 적용시켜보자. 쟁기질은 농사의 문맥에서 의미를 가지며 농사에 동원되는 모든 것이 앞서 가짐이다. 도구를 사용하며 다루는 왕래에 맞추어진 시야를 하이데거는 '둘러봄Umsicht'이라 부르는데(Heidegger 1927, 69쪽) 이것이 앞서 봄에 해당한다. 그리고 도구를 사용하며 다루는 왕래에 연관되는 고유한 인식을 하이데거는 '테크네τέχνη'라 부르는데(Heidegger 1953b, 16~17쪽) 이것이 앞서 잡음에 해당한다. 이 세 계기의 해석학적 순환 속에서 쟁기질과 그에 대한 이해가 이루어진다.

이제 우리는 하이데거를 좇아 농부의 쟁기질로부터 학자의 이론적 연구를 이끌어낼 차례에 이르렀다. 쟁기질하던 농부는 자신의 작업에서 무언가 이상이 있음을 자각한다. 농부는 쟁기질을 중단하고 사용사태를 점검한다.

〔점검함은〕중단되어버린 작업〔쟁기질〕전체에 대한 검토로서 더 날카로워진 둘러봄의 성격을 취할 수 있다.(Heidegger 1927, 358쪽/국역본, 470~471쪽)

쟁기질의 중단은 이에 연관되는 해석학적 순환이 깨지는 계기를 마련한다. 농부는 쟁기가 너무 무겁다는 것을 알게 된다. 그래서 다루기가 어려웠고 쟁기질이 힘들었던 것이다. 그런데 "쟁기가 무겁다"는 것은 "쟁기가 일정한 무게를 지니고 있다", "쟁기가 저울의 받침대에 일정한 압력을 가하고 있다", "받침대를 제거하면 쟁기는 아래로 떨어진다" 등을 말할 수도 있다. 이런 식의 이해는 더 이상 도구와 그 사용사태 연관을 기대하며 간직하는 지평에서 이루어지고 있지 않다. 쟁기질이라는 사용사태를 윤곽 짓던 앞선 구조는 해체되고 쟁기는 손안의 작업도구에서 물리학의 법칙에 포섭을 받는, 질량을 지닌 존재자로 '새롭게' 변모한다.(Heidegger 1927, 360~361쪽) 농부의 삶의 터전이던 흙도 이와 유사한 과정을 통해 토양학의 연구대상인 '토양'으로 새롭게 모습을 드러낸다. 이 과정에서 드러나는 새로운 존재양식을 하이데거는 "눈앞에 있음Vorhandenheit"이라 부른다. 하이데거는 이 과정을 다음과 같이 정리한다.

새로운 방식으로 손안의 것의 눈앞에 있음이, 여전히 거기 그냥 놓여 있으면서 처리를 요구하는 것의 존재로서 통고된다.(Heidegger 1927, 74쪽/국역본, 108쪽)

손안에 있음을 대체하는 눈앞에 있음의 출현은 새로운 앞선 구조의 형성과 새로운 기획투사에 의해 '처리'되어 새로운 해석학적 순환이 시

작된다. 앞서 가짐은 손안에 있는 것들에서 눈앞에 있는 것들로, 앞서
봄은 둘러봄에서 '바라봄Hinsicht'으로, 앞서 잡음은 테크네에서 '테오리
아 $\theta\varepsilon\omega\rho\iota\alpha$', 즉 이론으로 각각 대체되어 새로운 앞선 구조가 짜여지고,
이 구조가 쟁기로 해석되었던 존재자에 새로이 기획투사된다.[2] 새로이
재편된 존재자의 지평에서는 존재자의 도구성격이 간과될 뿐 아니라
또한 그와 함께 모든 손안의 도구에 속하는 것의 '자리Platz'도 간과된다.
손안의 도구에 속하던 것의 자리는 이제 시공간상의 한 '위치Stelle', 다
른 것에 비해서 아무런 특징도 가지지 않는 "세계의 점"이 된다. 손안의
도구가 속해 있는 주위세계Umwelt로 제한되었던 자리의 다양성이 순
수한 위치의 다양성으로 변모하는 것이다.(Heidegger 1927, 361~362쪽)

주위세계의 존재자에 국한되었던 모든 한계는 철폐되고 대신 눈앞
에 있는 것의 '영역'에 대한 방법론적 제한 규정이 이루어지면서 인식이

---

2 드라이퍼스는 손안에 있음과 눈앞에 있음의 행동관계를 각각 왕래와 인식으로 분류한
다.(Dreyfus 1991, 60쪽) 그의 분류는 마치 왕래에는 어떠한 인식도 결여되어 있는 듯한 그
릇된 인상을 준다는 점에서 부적절하다. 하이데거는 왕래의 고유한 인식에 대해 다음과 같
이 말하였다. "왕래의 가장 가까운 양식은 […] 그저 인지하기만 하는 인식함이 아니라, 오
히려 자기의 고유한 '인식'을 가지고 있는, 다루며 사용하는 배려함이다."(Heidegger 1927,
67쪽/국역본, 98쪽) 그저 인지하기만 하는 인식함은 이론적 인식을, 왕래의 고유한 '인식'은
테크네를 각각 지칭하는 것으로 읽을 수 있다. 지금까지의 논의를 도표로 정리해보면 다음
과 같다.

존재의 양식	행동관계	봄의 방식
눈 앞에 있음	이론적 인식	바라봄
손안에 있음	왕래 / 테크네	둘러봄

그러나 앞으로 보겠지만 이러한 분류는 하이데거의 해체적 사유를 온전히 파악하기에는
지나치게 단순하고 도식적임을 명심해야 한다.

스스로를 눈앞의 것으로의 선행적 진입Vorgehen으로 자리매김하는 연구가 이루어진다. 이는 눈앞에 있는 것의 한 영역에서 그 영역에 대한 특정한 근본 윤곽에 대한 이론적 기획투사를 통해 수행된다. 그로 말미암아 연구의 대상이 되는 눈앞에 있는 것들은 이제 그것들의 존재구성틀에 대한 새로운 선행적 기획투사에 의해서만 발견된다. 예컨대 근대 물리학의 형성에서 이루어진 자연에 대한 수학적 기획투사는 "선행적으로 지속적으로 눈앞에 있는 것(물질)을 발견하고, 양적으로 규정 가능한 그 구성적 계기들(운동, 힘, 장소와 시간)이라는 주도적 관점을 위한 지평을 연 것이다."(Heidegger 1927, 362쪽/국역본, 476쪽)

3. 부메랑

손안에 있음의 해석학적 순환의 고리가 깨지는 과정에 대한 하이데거의 공시적 묘사는 과학사에서 변칙현상의 출현으로 말미암아 기존의 패러다임이 위기를 맞게 되는 과정에 대한 쿤Kuhn의 통시적 묘사를 연상케 한다. 손안에 있음이 눈앞에 있음으로 바뀌는 것은 쿤이 말하는 '개종改宗'을, 앞선 구조의 해체와 재구성은 패러다임의 변화를 각각 연상케 한다. 새로운 패러다임으로의 변화가 옛 패러다임에 무엇을 더하는 식으로 누적적이고 연속적으로 이루어지는 것이 아니라 단절적이고 불연속적으로 이루어지는 혁명인 것처럼, 손안에 있음에서 눈앞에 있음으로의 변화는 손안에 있음에서 단순히 어떤 요소를 뺀다고 해서 이루어지는 것이 아니다. 패러다임의 변화나 존재양식의 변화를 더하기와 빼기만으로 이해하려는 시도는 패러다임 간의 통약 불가능성, 손안에 있음에 비해 눈앞에 있음이 지니는 '새로움'을 설명할 수 없다.

그럼에도 불구하고 손안에 있음에서 눈앞에 있음으로의 변화를 어떤 결여로만 이해하는 해석들이 널리 유포되어 있다.(예컨대 Dreyfus 1983, 174쪽) 그 까닭은 다음과 같은 하이데거의 언명에 대한 오독誤讀에서 기인한다.

> 인식함이 눈앞의 것을 고찰하는 규정함으로 가능하기 위해서는 선행적으로 세계와 배려하는 상관맺음에 결함이 생기는 것이 필요하다.(Heidegger 1927, 61쪽/국역본, 91쪽)

> 그저 '이론적으로' 사물을 바라보는 시각은 손안에 있음의 이해를 결여하고 있다.(Heidegger 1927, 69쪽/국역본, 102쪽)

첫 번째 구절은 손안에 있음에서 무언가 결여될 때 눈앞에 있음이 생겨난다는 것이 아니라, 손안에 있음의 해석학적 순환에 결함이 생겨 순환의 고리가 깨지는 것이 눈앞에 있음의 드러남에 필요조건이라는 뜻으로 읽어야 한다. 두 번째 구절은 결여라는 용어를 사용하지만 이 역시 그저 '이론적으로' 사물을 바라보는 시각은 손안에 있음의 이해를 결여하고 있고, '실천적으로' 둘러보는 시각은 눈앞에 있음의 이해를 결여했다는 상대적인 뜻으로 읽을 수 있다. 손안에 있음과 눈앞에 있음이 각기 상대의 어떤 점을 결여했다는 것은 사실이지만 이 결여로 말미암아 하나에서 다른 하나가 자동적으로 도출되는 것은 아니다.

하이데거는 손안에 있음에서 무언가 결여될 때 눈앞에 있음이 생겨난다는 널리 유포된 해석을 자신의 견해와 뚜렷이 구별하고 있다.

'실천적으로' 둘러보는 다룸, 사용함 등이 '이론적' 탐구로 전환되는 것을 다음과 같이 성격 짓는 것은 흔히 있는 일이다. 존재자를 순수하게 바라봄은 배려가 일체의 조작을 **억제함**으로써 생성된다. 이럴 경우 이론적인 행동관계의 '생성'에서 결정적인 것은 실천의 **소멸**에 있게 될 것이다. 바로 사람들이 현사실적인 현존재의 일차적이고 지배적인 존재양식으로서 '실천적' 배려를 단초로 삼을 때, '이론'은 그 존재론적인 가능성을 실천의 **결핍**에, 다시 말해서 일종의 **결여**에 기인할 것이다. 그러나 배려하는 왕래에서 어떤 특수한 조작을 중지한다고 해서 그 조작을 주도해온 둘러봄이 단순하게 찌꺼기로서 뒤에 남겨지는 것은 아니다. 배려는 오히려 그 경우 독특하게 자신을 "그저 주위를 둘러봄"으로 옮겨놓는다. 그러나 그로써 벌써 학문의 '이론적' 태도에 이른 것은 결코 아니다.(Heidegger 1927, 357쪽/국역본, 470쪽)

실천적으로 둘러보는 다룸, 사용함 등이 어떤 것의 **'억제'**, **'소멸'**, **'결핍'**, **'결여'**로 말미암아 이론적 탐구로 전환되는 것으로 성격 짓는 것을 하이데거는 흔히 있는 일로 치부하고 이를 콜론 이후의 세 문장에서 좀 더 자세히 부연한다. 그의 부연은 '그러나'로 시작하는 문장에서 부정되고 있다. 마지막 문장에서 하이데거는 "그러나 그로써 벌써 학문의 '이론적' 태도에 이른 것은 결코 아니"라고 한 번 더 강하게 부정한다. 학문의 '이론적' 태도에 이르기 위해서는 눈앞의 것으로의 선행적 진입, 그리고 이를 수반하는 새로운 앞선 구조의 형성과 기획투사가 이루어져야 하기 때문이다.

널리 유포된 해석이 강조하는 **'억제'**, **'소멸'**, **'결핍'**, **'결여'**는 손안의 것이 학문적 탐구의 대상이 되기 위한 필요조건도 아니다. 하이데거는 이렇게 말한다.

> 손안의 것도 학문적 탐구와 규정의 주제가 될 수 있다. 예를 들면 주위
> 세계, 역사학적 전기와 연관된 환경의 탐구가 그것이다. 일상적인 손안
> 의 도구 연관, 그 역사적 생성, 이용, 현존재에서의 그것의 현사실적 역
> 할 등은 경제학의 대상이다. 손안의 것이 학문의 '객체'가 될 수 있기 위
> 해서 그것의 도구성격을 상실해야 할 필요는 없다. 존재이해의 변양은
> "사물들에 대한" 이론적 관계의 발생에서 반드시 구성적인 것 같지는
> 않다. 그렇다. 만일 변양이 '이해'에서 이해된, 앞에 놓여 있는 존재자의
> 존재양식의 변화를 의미한다면 말이다.(Heidegger 1927, 361쪽/국역
> 본, 475쪽)

비단 경제학뿐 아니라 문화인류학, 사회학, 종교현상학 등 사회과
학이나 인문학에서는 손안의 것이 존재양식을 변경하지 않은 채 그
대로 연구주제로 채택되는 경우를 얼마든지 찾을 수 있다. 그러나 "그
저 '이론적으로' 사물을 바라보는 시각은 손안에 있음의 이해를 결여
한다"(Heidegger 1927, 69쪽/국역본, 102쪽)는 앞서의 인용문을 상기
한다면, 이 경우에도 손안의 것에 대한 올바른 이해를 위해서는 그저
'이론적으로' 사물을 바라보는 시각에 대한 근본적인 보충이 필요함
을 알 수 있다. 그렇지 않다면 손안의 것을 그저 '이론적으로' 바라본
다는 것은 일종의 범주오류일 수 있다. 손안의 것의 손안에 있음은 이
론적 바라봄이 아니라 실천적 둘러봄에 의해 온전히 드러나는 존재
양식이기 때문이다.

하이데거는 요청되는 보충을 실천에서 찾아낸다. 그에 의하면 눈앞

의 것이 이론적 연구의 독점적 주제가 아닌 것처럼, 실천이 손안의 것에만 국한된 것도 아니다. "세계-내-존재의 방식으로서의 학문적 행동관계는 단지 "순수 정신적인 활동"인 것만은 아니다."(Heidegger 1927, 358쪽/국역본, 471쪽) 손안의 것이 이론적 연구의 주제가 될 수 있는 것처럼, "이론적 탐구에도 나름의 고유한 실천이 없지 않다."(Heidegger 1927, 358쪽/국역본, 471쪽) 미생물학을 연구하려면 현미경을 사용해야 하고 이는 다시 실험용 재료의 제작에 의존해 있다. 고고학에서의 발굴, 사회과학에서의 사회조사와 참여관찰 등도 해당 분야 연구의 근간을 이루는 실천적 방법이다. 아울러 자료검색에서 논문작성에 이르기까지 컴퓨터의 사용은 모든 연구와 불가분리의 관계에 있다. 그래서 하이데거는 심지어 "'이론적' 행동관계와 '비이론적' 행동관계와의 존재론적 경계가 어디에서 그어지는지가 전혀 명백하지 않다"(Heidegger 1927, 358쪽/국역본, 471쪽)고 고백한다. '이론적' 행동관계와 '비이론적' 행동관계와의 존재론적 경계가 불분명하다면, 즉 눈앞에 있는 것에 대한 '이론적' 행동관계와 손안에 있는 것에 대한 '실천적' 행동관계가 불분명하다면, 그것은 각 행동관계의 관계항인 눈앞에 있음과 손안에 있음의 존재론적 경계에 대해서도 적용될 수 있다. 그렇다면 하이데거 자신이 심혈을 기울여온 두 존재양식 간의 경계설정은 그가 던진 부메랑에 의해 해체될 위기에 처하게 되는 것이다.

4. 추스림

손안에 있음에서 눈앞에 있음을 이끌어내는 하이데거의 논의는 손안에 있음에 대한 눈앞에 있음의 우위를 전복시켰다. 전복의 귀결은 두 갈래로 나누어볼 수 있다. 첫째는 눈앞에 있음에 대한 손안에 있음의 우위이고, 둘째는 양자의 경계해체이다. 이 두 귀결이 양립 불가능한 것만은 아니다. 눈앞에 있음이 손안에 있음으로 환원된다면 둘은 모두 성취된다. 이와 관련해 살리스는 하이데거가 모든 것을 손안에 있는 것으로 보았다고 주장한다.(Sallis 1986, 142쪽) 손안에 있는 것과 눈앞에 있는 것은 많은 것을 공유한다. 이 둘은 모두 앞선 구조의 기획투사에 의해 자리매김된다. 그 자리매김의 지평이 다르고 앞선 구조의 세 계기인 앞서 가짐, 앞서 봄, 앞서 잡음의 내용에서 근원적인 차이가 있지만, 결국 세계-내-존재의 방식이라는 큰 틀을 벗어나지는 않는다.

앞선 구조에서의 차이 역시 그렇게 분명한 것만은 아니다. 예컨대 앞서 잡음의 한 양상인 이론에도 도구적 성격을 부여할 수 있다. 실제로 많은 이론들이 구체적인 문제풀이의 도구로 제작되고 사용된다. 예컨대 케플러의 이론은 태양계 내의 행성의 운동 문제를 풀기 위해 만들어졌으며, 자유낙하에 대한 갈릴레이의 이론은 물체의 낙하 거리와 시간, 속도 사이의 관계에 대한 새로운 해명의 도구였다.

존재양식은 손안에 있음과 눈앞에 있음 둘뿐인가?[3] 세계 내에 존재하는 현존재의 존재방식인 실존은 손안에 있는 것도 눈앞에 있는 것도 아니다. 그렇다면 손안에 있음과 눈앞에 있음, 실존, 이렇게 셋뿐인가? 이와 관련하여 우리는 하이데거의 『존재와 시간』에서 다음과 같은 구절을 눈여겨볼 필요가 있다.

---

3 하만(Harman 2002, 6쪽)은 이에 대한 긍정을 바탕으로 하이데거의 도구 존재론을 개성적으로—그러나 바로 이 점에서 잘못—해석하고 있다.

망치, 집게, 못 등은 그것들을 이루는 강철, 쇠, 청동, 돌, 나무 등을 스스로 지시한다. 사용된 도구에서 사용을 통해서 '자연'—자연 생산물의 빛 안에서의 '자연'—이 함께 발견된다.

그러나 여기에서 자연은 단지 그저 눈앞에 있는 것으로서 이해되어서는 안 되며 또한 **자연의 힘**으로 이해되어서도 안 된다.(Heidegger 1927, 70쪽/국역본, 103쪽)

첫 번째 단락에서 언급된 도구의 사용을 통해 발견되는 자연은 눈앞에 있는 것이 아니라 손안에 있는 것으로 이해되어야 한다. 두 번째 단락에서 언급된 "**자연의 힘**"은 고대 그리스인들이 피지스 $\phi\acute{v}\sigma\iota\varsigma$라 불렀던, 자연의 존재자 전체가 스스로 자신을 형성하고 있는 전개 방식을 나타낸다. 위의 구절은 다음과 같이 계속된다.

손안의 것으로서의 자연의 존재양식을 도외시하여, 그것 자체를 단지 그것의 순전한 눈앞에 있음에서 발견하고 규정할 수 있다. 그러나 이러한 자연 발견에는 "살아 움직이는", 우리를 엄습하는, 풍광으로서 우리를 사로잡는 그러한 것으로서의 자연은 은닉된 채 남게 된다. 식물학자의 식물은 밭 둔덕에 핀 꽃이 아니며, 지리학적으로 확정지은 강의 "발원지"는 "근본에서의 샘"이 아니다.(Heidegger 1927, 70쪽/국역본, 103쪽)

여기서 말하는 "살아 움직이는" 자연이 곧 피지스이다. 인용문에서 보듯이 자연과학적 자연관은 피지스와 뚜렷이 구분되며, 손안에 있음과 도구의 분석도 피지스의 해석을 위해서는 "아무것도 달성하는 바가 없다."(Heidegger 1927, 82쪽/국역본, 118쪽) 그렇다면 손안에 있음과 눈앞에 있음은 존재와 그 드러남의 모든 가능성과 방식을 포섭하지 못하며 그 일부일 뿐이라는 사실이 분명해진다. 두 존재양식이 포섭하지 못하는 피지스로서의 자연은 "은닉된 채 남게 된다." 따라서 하이데거가 모든 것을 손안에 있는 것으로 보았다는 살리스의 주장은 잘못된 것이다.

손안에 있음에 대한 눈앞에 있음의 전통적 우위를 전복시키는 하이데거의 논의는 삶에서 우리가 제일 먼저, 그리고 가장 가까이에서 접하는 것이 손안에 있음이라는 존재양식임을 강조하기 위한 것이다. 이러한 구도에서 눈앞에 있음은 손안에 있는 것들을 포섭하는 해석학적 순환의 고리가 파손되고 새로운 순환이 형성되면서 드러나는 2차적인 것으로 묘사되었다. 그러나 이는 하이데거가 설정한 특정한 구도 안에서만 성립하는 위계이지 결코 절대적인 것은 아니라는 점을 유념할 필요가 있다. 다음에서 보듯이 하이데거 자신도 이 점을 분명히 한다.

> 세계개념의 이해 속으로 향한 이러한 **역사학적인** 길과는 구별하여 『존재와 시간』에서 나는, **어떻게 우리가 우리의 세계 안에서 우선 대개 일상적으로 움직이고 있는지** 그 양식을 해석해 보임으로써 **세계현상**에 대한 하나의 첫 번째 특징규정을 시도했었다. 거기에서 나는 우리에게 일상적으로 손안에 있는 바로 그것에서부터 출발했다. […] 세계현상을 이렇게 먼저 특징규정해보는 데로부터 시작해서 이 특징규정 작업을 죽 거쳐 지나서 세계현상을 문제로서 제시하는 데에까지 밀고 나갈 필요가 있다. 그러나 이러한 해석을 통해서 내가 인간의 본질은 인간이 수저를 다루며 시내전차를 타고 다닌다는 데에 존립하고 있는 것이라고 주장하거나 증명하고자 했다면 그것은 결코 당치도 않은 일이다.(Heidegger 1983, 263쪽/국역본, 297~298쪽)

따라서 『존재와 시간』에서의 도구분석을 전거로 손안에 있음이 가장 근원적인 존재양식이라고 주장한다면, 이는 명백히 하이데거의 의도를 곡해하는 것이다.[4]

하이데거가 눈앞에 있음에 대한 손안에 있음의 절대적 우위를 고집하지 않았다는 점은 여러 방식으로 입증된다. 손안에 있음과 눈앞에 있음에 대한 그 자신의 정의를 살펴보자.

지금 여기에서의 연구의 장 내에서는 되풀이해서 명백히 한 존재론적 문제틀의 구조와 차원의 차이들을 원칙적으로 구별해서 견지해야 한다: 1. 우선 만나게 되는 세계내부적인 존재자의 존재(손안에 있음). 2. 우선 만나게 되는 존재자들을 거치는, 독자적으로 발견하는 통과에서 발견되고 규정될 수 있는 그런 존재자의 존재(눈앞에 있음).(Heidegger 1927, 88쪽/국역본, 126쪽)

도구분석의 과정을 통해 손안에 있음에서 눈앞에 있음을 이끌어내는 와중에 내려진 이 정의에서조차, 하이데거는 눈앞에 있음에 대해 한편으로는 그것이 손안에 있는 것들을 거친다고 말하면서도 다른 한편으로는 그것이 "독자적으로 발견하는 통과에서 발견되고 규정"된다고 말한다. 눈앞에 있음이 독자적이라는 말은 곧 과학이 성립하기 위해 반

---

4 도구성의 경험을 근원적인 것으로 묘사하는 프라우스(Prauss 1977, 22쪽), 아(Haar 1987, 16쪽), 이종관 교수(이종관 1993, 134~135쪽)의 해석이 이러한 잘못을 저지르고 있다. 『존재와 시간』에서 개진된 하이데거의 철학을 실용주의로 보는 로티(Rorty 1979, 368쪽), 드라이퍼스(Dreyfus 1983, 177쪽), 오크렌트(Okrent 1988) 등의 작업에도 곡해의 소지가 있다.

드시 도구적 연관이 파손되고 손안에 있음의 존재양식이 변모해야 할 필요가 없음을 의미한다. 요컨대 눈앞에 있음은 손안에 있음에 종속되어 있는 2차적 존재양식이 아니라는 것이다.

"'이론적' 행동관계와 '비이론적' 행동관계와의 존재론적 경계가 어디에서 그어지는지가 전혀 명백하지 않은"(Heidegger 1927, 358쪽/국역본, 471쪽) 이유도 여기에서 찾을 수 있다. 독자적인 이론적 행동관계는 비이론적 행동관계에 종속되어 있기는커녕, 거꾸로 필요 여하에 따라 얼마든지 손안에 있는 도구들을 사용하고 이를 매개로 여러 이론적 실천을 행할 수 있는 것이다. 이로써 우리는 앞서 손안에 있음에 대한 눈앞에 있음의 우위라는 전통적 위계의 전복이 함축하는 바에 대해 제안했던 한 해석, 즉 눈앞에 있음의 손안에 있음으로의 환원이 문맥 독립적 절대성을 지니지 못함을 확인하게 된다.

5. 실향

심지어 우리는 『존재와 시간』에서 하이데거가 손안에 있음에 대한 눈앞에 있음의 1차성을 말하는 대목을 만날 수 있다. 그는 불안을 통해 드러나는 무의미에 대해, 그로 말미암아 뒤로 물러나는 손안에 있음에 대해 이렇게 이야기한다.

특히 불안의 "그것〔대상〕앞에서"는 어떤 특정한 배려 가능한 것으로 만나게 되지 않고, 위협은 손안의 것과 눈앞의 것에서부터 오지 않고, 오히려 바로 모든 손안의 것과 눈앞의 것이 어느 누구에게 단적으로 더 이상 아무것도 '말하는' 것이 없다는 그 사실에서부터 온다. 그것은 더이상 주위세계적인 존재자와 아무런 사용사태도 갖지 않는다. 내가 그 안에서 실존하는 세계가 무의미성으로 가라앉아버리고, 그렇게 열어 밝혀진 세계는 그저 존재자를 비사용사태의 성격에서 자유롭게 내줄 수 있을 뿐이다. 불안이 그 앞에서 불안해하는 세계의 무無는 불안에서는 가령 세계내부적인 눈앞의 것의 부재를 경험하게 된다는 것을 말하는 것이 아니다. 오히려 이 세계내부적인 눈앞의 것을 만나, 그것과 **심지어 아무런** 사용사태를 가지지 않아서 그것이 공허한 냉혹성 속에서 보일 수 있을 정도이다.(Heidegger 1927, 343쪽/국역본, 453쪽)[5]

불안을 통해 드러나는 무는 주어진 의미의 부재를 경험하게 되지만 눈앞의 것의 부재를 경험하는 것은 아니다. 여기서 경험되는 눈앞의 것은 손안에 있는 존재자들을 거쳐 이론적 기획투사를 통해 드러나는 눈앞의 것에 앞서는 존재양식이다. 모든 사용사태가 제거되고 모든 해석학적 순환이 해체된 "공허한 냉혹성 속에서" 발견되는 눈앞에 있음을 이론을 통해 드러나는 눈앞에 있음과 구분하기 위해 "순수한 눈앞에 있음"이라고 부르기로 하자. 순수한 눈앞에 있음은 앞선 구조, 기획투사, 해석학적 순환, 사용사태, 의미, 이 모든 것에 앞서는 근원적인 것으로서, 도구의 사용사태가 지니는 손안에 있음 및 이론적 행동관계가 지니

---

5 이 구절에 대한 이기상 교수의 번역본(『존재와 시간』, 까치, 1998, 453쪽)에는 다음과 같은 오류가 있다. 첫째, 이 구절 내에서 처음 등장하는 'umweltlich(주위세계적인)'가 'innerweltlich'의 번역어로 쓰인 '세계내부적인'으로 잘못 번역되어 있고, 둘째, 이 구절 내에서 마지막으로 두 번 등장하는 'Vorhanden(눈앞의 것)'(원전에서는 한 번은 명사로, 한 번은 대명사로 등장한다)이 '손안의 것'으로 잘못 번역되어 있다.

는 눈앞에 있음의 공통근거가 된다.(Heidegger 1929a, 53쪽) 그렇다면 그 어떠한 것도 단지 눈앞에 있음으로서 발견되지 않는다고 보는 베르세니의 해석이나(Versényi 1965, 12쪽), 지시적 총체성이 존재자의 존재를 전적으로 결정한다고 보는 기년의 해석(Guignon 1983, 99쪽)은 이 근원적 차원의 눈앞에 있음을 고려하지 않은 잘못된 것이다.

하이데거는 눈앞에 있음의 1차성을 논의할 때 빠지기 쉬운 함정에 대해서도 다음과 같이 경고한다.

> 그렇지만 이것이, 마치 가까이 만나게 되는 '존재자'에게 그러한(손안에 있음의) '관점'을 들 씌워서, 처음에 그 자체로 눈앞에 있던 세계재료가 이런 방식으로 "주관적으로 색칠되는" 것처럼, 순전한 파악성격으로 이해되어서는 안 된다. 그런 식으로 향하는 해석이 간과하는 것은 그렇게 되기 위해서는 존재자가 먼저 순수한 눈앞의 것으로 이해되고 발견되고 있어서 그것이 '세계'와 발견하며 자기 것으로 만드는 왕래를 계속 해나가는 데에 우위를 점하고 지도적 역할을 맡아야 했을 것이라는 점이다. 그러나 이것은 벌써 우리가 세계-내-존재의 **기초지어진** 양태라고 제시한 바 있는 인식함의 존재론적인 의미에 배치된다. 이 인식함은 배려 속에 있는 손안의 것을 **넘어서** 비로소 단지 그저 눈앞에 있기만 한 것을 밝게 파헤쳐 보이려고 앞으로 밀고 나간다. 손안에 있음은 존재자가 **"그 자체로"** 존재하는 대로의 존재자에 대한 존재론적-범주적 규정이다. 그러나 손안의 것은 오직 눈앞의 것에 근거해서만 '있다.'(Heidegger 1927, 71쪽/국역본, 104~105쪽)

하이데거가 언급한 주의사항을 정리하면 다음과 같다. 첫째, 손안에 있음은 처음 그 자체로 눈앞에 있던 세계재료에 손안에 있음의 관점을 들씌워서 주관적으로 색칠되는 것처럼 이해되어서는 안 된다. 불안을 통해 순수한 눈앞에 있음이 드러나는 것과 이에 대한 실천적 기획투사를 통해 손안에 있음이 드러나는 과정은 주관적 색칠이 아니라 존재론적 사건이다. 둘째, 존재자가 먼저 순수한 눈앞의 것으로 이해되고 발견되고 있어서 그것이 '세계'와 발견하며 자기 것으로 만드는 왕래를 계속해나가는 데에 우위를 점하고 지도적 역할을 맡는 것은 아니다. 순수한 눈앞에 있음은 "공허한 냉혹성" 속에서 보일 수 있는 낯선 타자성으로서의 '있음'일 뿐이다. 그것은 모든 이해의 순환구조가 파손된 상황에서 드러나는 것이다. 따라서 순수한 눈앞의 것은 그 자체로는 '세계'와 발견하며 자기 것으로 만드는 왕래를 계속해나가는 데에 우위를 점하고 지도적 역할을 맡을 수 없다. 순수한 눈앞의 것이 그러한 역할을 수행하기 위해서는 자신의 드러남을 위해 해체되었던 앞선 구조, 기획투사, 해석학적 순환, 사용사태, 의미 등이 복원되어야 한다. 이러한 점들에 주의한 연후에야 우리는 비로소 "손안의 것은 오직 눈앞의 것에 근거해서만 '있다'"고 말해야 한다는 것이다.

하이데거의 말대로 우리는 "존재론적 문제틀의 구조와 차원의 차이들을 원칙적으로 구별해서 견지해야 한다."(Heidegger 1927, 88쪽/국역본, 126쪽) 그러나 이 차원의 차이는 뚜렷이 구별되는 경계가 아니라 상보적相補的인 것으로 해석되어야 한다. 손안의 것과 눈앞의 것은 독자적인 존재양식으로 존립하면서 동시에 상보적 관계에 놓여 있다. 다만 하나가 부각되면 다른 하나는 뒤로 물러설 뿐이다. 그중 어느 하나가 다른 하나를 환원해서 통합하거나 존재의 모든 양상과 차원을 독점적으로 포섭하지는 못한다. 우리는 이미 이들 두 존재양식이 포섭하지 못하는 현존재의 실존과 피지스라는 잉여에 대해서 살펴본 바 있다.

　아울러 어느 하나가 다른 하나에 대해 절대적 우위를 점하는 것도 아니다. 일상적 실천을 통해 드러나는 순서로 보자면 손안에 있음이 눈앞에 있음보다 우위를 점하여 손안에 있음이 항상 전경으로 드러나고 눈앞에 있음은 배경으로 물러선다. 반면 불안을 통해 드러나는 순서로 보자면 순수한 눈앞에 있음이 손안에 있음보다 앞서 모든 실천적 사물들의 근거에 독립해서 존재한다. 전자의 경우에는 세계화(문맥화)된 친숙함(손에 익음)이, 후자의 경우에는 세계화(문맥화)되지 않은 낯설음(눈에 설음)이 각각 드러남의 요체이다. 이를 하이데거는 다음과 같이 표현한다.

> 실존론적으로 결코 눈앞에 있는 것이 아니고 그 자체 언제나 현사실적 현존재의 양태 안에서, 다시 말해서 처해 있음Befindlichkeit 안에서 존재하는 세계-내-존재의 본질적인 현존재구성틀에는 불안이 근본적 처해 있음으로서 속해 있다. 안정된 친숙한 세계-내-존재는 현존재의 섬뜩함Unheimlichket의 한 양태이지 그 역이 아니다. **편치않음은 실존론적-존재론적으로 더 근원적인 현상으로 파악되어야 한다.**(Heidegger 1927, 189쪽/국역본, 258~259쪽)[6]

　불안에 의해 드러나는 것은 우리가 이해할 만한 이유도 없이 무의미하

6　여기서 '섬뜩함'으로 번역된 'Unheimlichkeit'는 고향을 뜻하는 'Heim'의 부정으로 이루어져 있다. 고향의 친숙함이 부정되고 박탈될 때 생기는 낯설음이 섬뜩함으로 전화된 것으로 풀이할 수 있다.

고 섬뜩한, "공허한 냉혹성 속에" 내던져 있다는 사실이다. 우리는 이 압도적인 낯설음에 사용연관의 그물을 던져 은폐 내지는 억압을 꾀하거나 혹은 "안정된 친숙한" 문맥으로 편입시켜 길들이려 하지만, 이로 말미암아 "더 근원적인 현상"을 억압하고 망각할 수 있다.(Fell 1992, 77쪽)

한편 이론을 통해 드러나는 순서의 경우에도 눈앞에 있음은 또 다른 의미에서 손안에 있음보다 앞선다고 할 수 있다. 아울러 이와는 전혀 다른 지평에서 피지스를 손안에 있음이나 눈앞에 있음보다 앞서는 것으로 풀어낼 수도 있다.

6. 발견

우리는 도구의 사용이 도구의 "독특한 편의성〔손에 익음〕을 발견한다entdecken"(Heidegger 1927, 69쪽/국역본, 101쪽)는 하이데거의 주장을 언급한 바 있다. '발견하다'로 번역된 'entdecken'은 '감추다'를 뜻하는 'decken'에 반대를 뜻하는 비분리 전철 'ent'가 더해져 이루어진 낱말이다. 그렇다면 'entdecken'은 "(감추어진 것이) 드러나다"는 의미로 읽어야 한다. 'entdecken'의 영어 번역어인 'discover'(발견하다)의 경우도 마찬가지로 '감추다'를 뜻하는 'cover'에 반대를 뜻하는 접두사 'dis'가 더해져 이루어진 낱말이다.[7] 그렇다면 도구의 사용이 도구의 "독특한 편의성을 발견한다"는 말은 도구의 사용으로 말미암아 도구의 편의성이 드러난다는 뜻이다. 그리고 이를 통해 도구가 내보이는 존재양식이 손안에

---

[7] 현존재에 의한 존재자의 드러남의 존재자적ontisch 국면을 지칭하는 '발견'과 짝

있음이다. 하이데거가 도구를 사용해 만들어지는 물품의 경우에 대해 "오직 그것의 사용에 근거해서만 그리고 이러한 사용에서 발견되는 존 재자의 지시연관에 근거해서만 존재한다"(Heidegger 1927, 70쪽/국역본, 103쪽)고 말할 때, 그리고 "사용된 도구에서 사용을 통해서 '자연'—자연 생산물의 빛 안에서의 '자연'—이 함께 발견된다"(Heidegger 1927, 70쪽/ 국역본, 103쪽)고 말할 때 사용한 "발견"도 위와 마찬가지로 드러남으로 읽어야 한다.

드러남으로서의 발견은 물러남으로서의 은폐를 동반한다. 손안에 있음이 드러날 때 정작 손안의 것(도구)은 자신을 숨긴다. 이에 대해 하 이데거는 이렇게 말한다.

> 우선적인 손안의 것의 독특함은 그것이 그것의 손안에 있음에서 흡사 자신을 숨겨 바로 그래서 본래적으로 손안에 있게 된다는 거기에 있다. 일상적인 왕래가 우선적으로 머물고 있는 그곳은 작업도구 자체가 아 니라 오히려 일(제작물)이다.(Heidegger 1927, 69쪽/국역본, 102쪽)

사용된 도구에서 사용을 통해 자연이 손안에 있는 것으로 드러날 때 그저 눈앞에 있는 것으로서의 자연과 피지스로서의 자연도 마찬가지 로 뒤로 숨는다. 존재의 다양한 양식들이 드러남과 숨음의 숨바꼭질을 한다면 존재의 모든 양식들이 동시에 다 드러나는 경우는 불가능할 것

을 이루면서 그 드러남의 존재론적ontologisch 국면을 지칭하는 "열어 밝혀져 있음 Erschlossenheit", 존재의 진리를 의미하는 '비은폐Unverborgenheit'와 그것의 한 양식으로 서 특히 현대기술과 연관지어 논의되는 '탈은폐Entborgenheit' 등의 용어들도 같은 구조로 되어 있다. 이 용어들에 대해서는 이어지는 두 장에서 상세히 논의할 것이다.

이다.

드러남으로서의 발견을 중요시한 또 한 사람의 철학자로 비트겐슈타인이 있다. 그는 하이데거와는 다른 경로로 도구의 사용을 통한 드러남의 주제를 논의한다. 비트겐슈타인은 언어를 도구로, 그 의미를 사용으로 볼 것을 제안한다.(Wittgenstein 1953, §§11, 43) 그의 언어관은 언어 및 그것에 연관된 인간의 행위로 이루어진 언어게임을 주제로 한다.(Wittgenstein 1953, §7) 비트겐슈타인의 주장처럼 이 언어게임의 총체가 곧 인간의 삶이요 문화의 총체라면(Wittgenstein 1966, 8쪽), 도구의 사용연관은 그에 의해 언어 일반, 아니 인간의 삶 전체로까지 확장되는 것이다. 그는 "하이데거가 존재와 불안으로 의미한 바를 충분히 사유할 수 있다"(Wittgenstein 1979b, 68쪽)고 하이데거의 사유에 대해 공감을 표명한 바 있다. 우리는 여기서 잠시 비트겐슈타인의 하이데거적 "사유"에 대해서 살펴보고자 한다. 우선 다음과 같은 비트겐슈타인의 말을 들어보자.

> 우리에게 가장 중요한 사물의 측면은 그 단순함과 평범함 때문에 감추어진다.(사람은 그것이 언제나 그의 눈앞에 있기 때문에 그것에 주의하지 못한다.)(Wittgenstein 1953, §129)

이는 손안에 있는 것에 대한 하이데거의 통찰을 연상케 한다. 손에 익을 정도로 사용되어 낯익은 것은 그 단순함과 평범함 때문에 물러나거나 투명해진다. 이것이 손안에 있는 것이 그렇게 쉽게 간과되는 이유이다. "이렇게 우리에게 아주 가까운 것 그리고 우리에게 매일 쉽게 이해될 수 있는 이러한 것이 그 바탕에서 볼 적에 이미 우리에게는 먼 것

이며 쉽게 이해될 수 없는 것이다."(Heidegger 1983, 263쪽/국역본, 298쪽)

비트겐슈타인은 심지어 하이데거의 어투를 쏙 빼닮은 "본래적 발견 eigentliche Entdeckung"이라는 용어를 사용하기까지 한다.

본래적 발견은 원한다면 내가 철학을 그만둘 수 있게끔 하는 그런 것이
다.(Wittgenstein 1953, §133)

모든 것이 명백하게 드러나 있는 "본래적 발견"의 상태는 "우리에게 가장 중요한 사물의 측면"이 명료하게 드러나서 우리로 하여금 "철학을 그만둘 수 있게끔 하는 그런" 상태를 말한다. 그래서 비트겐슈타인은 위의 인용문에 바로 앞서 이렇게 말한다.

우리가 추구하는 명료성은 실로 완전한 명료성이다. 그러나 이것은 다
만 철학적 문제들이 완전히 사라져야 함을 뜻할 뿐이다.(Wittgenstein
1953, §133)

비트겐슈타인이 애독하던 추리소설의 언어로 말하자면, 단서(우리에게 가장 중요한 사물의 측면)는 사건현장에 이미 놓여 있다. 다만 그것이 한편으로는 너무나 단순하고 평범해서, 다른 한편으로는 그것이 언제나 눈앞에 있기 때문에 우리가 그것에 주의하지 못할 뿐이다.[8] 단서를 발견함으로써, 상황을 전체적으로 봄으로써 문제는 완전히 사라진다. 비유하자면 비트겐슈타인이 염두에 둔 "철학을 그만둘 수 있게끔 하는"

---

8 추리소설의 효시를 이루는 에드가 앨런 포우의 작품 『도둑맞은 편지』의 메시지도 이

상태가 바로 이러한 상태이다.

비트겐슈타인은 "문장을 도구로, 그 의미를 그 사용으로 보라!"(Wittgenstein 1953, §421)고 권고한 뒤 이렇게 말한다.

"어떻게 문장은 묘사하는 일을 하는가?"—이에 대한 대답은 다음과 같을 수 있다. "당신도 알지 않는가? 당신이 그것을 사용할 때 어쨌든 당신은 그것을 본다." 실로 아무것도 은폐되어 있지 않다.
어떻게 문장은 그 일을 하는가?—당신도 알지 않는가? 실로 아무것도 숨겨져 있지 않다.(Wittgenstein 1953, §435)

우리는 문장의 사용을 통해 어떻게 문장이 묘사하는 일을 하는지를 본다. 이 과정에서 "어떻게 문장이 묘사하는 일을 하는가?"라는 철학적 문제는 사라진다. 모든 것이 명백하게 비은폐되었기 때문이다. 문장이라는 **도구**를 사용함으로써 **비은폐**가 이루어진다는 비트겐슈타인의 생각은 분명 하이데거의 철학과 맞닿아 있다.

비트겐슈타인은 "우리에게 가장 중요한 사물의 측면"의 드러남과 아울러 "원초적 현상"을 보는 것의 중요성에 대해 다음과 같이 말한다.

우리의 잘못은 사실을 "원초적 현상"으로 보아야 할 곳에서, 즉 우리가 이 언어게임이 행해진다고 말해야 할 곳에서 설명을 구한다는 데 있다.
중요한 것은 언어게임을 우리의 경험으로 설명하는 것이 아니라 언

점에서 비트겐슈타인의 견해와 일치한다.

어게임을 확인하는 것이다.(Wittgenstein 1953, §§654~655)

우리가 제공하는 것은 실제로 인간의 자연사自然史에 관한 고찰
이다. 그러나 그것은 호기심 어린 기여가 아니라, 항상 우리 눈앞에
있기 때문에 아무도 의심하거나 주목하지 않았던 것에 대한 확인이
다.(Wittgenstein 1953, §415)

위 인용문의 첫 번째 부분은 언어의 사용이 이루어지는 현장인 언어
게임의 행해짐을 원초적 현상으로 설정하고 그것을 설명하지 말고 보
고 확인하라고 말한다. 두 번째 부분은 앞서 "우리에게 가장 중요한 사
물의 측면"에 대해 했던 서술을 인간의 자연사에 대해 그대로 적용한
다음 다시 그에 대한 확인을 강조한다.
비트겐슈타인이 고찰하고자 하는 자연사란 무엇인가? 그는 이렇게
말한다.

어떤 개념의 의미, 즉 중요성을 설명하기 위해서 우리가 언급해야 하는
것은 아주 일반적인 자연의 사실, 즉 너무나 일반적이어서 거의 언급된
바가 없는 그런 사실이다.(Wittgenstein 1953, 62쪽)

명령하고, 질문하고, 이야기하고, 잡담하는 것은 걷고, 먹고, 마시고,
노는 것과 마찬가지로 우리의 자연사에 속한다.(Wittgenstein 1953, §25)

비트겐슈타인이 말하는 자연사에서 "자연"은 피지스로서의 자연이
나 눈앞에 있음으로서의 자연이라기보다 인간의 생물학적 차원과 언

어라는 도구의 사용을 통해 드러나는 인류학적 차원에 연관되는 자연을 의미한다.(Wittgenstein 1969, §§358~359) 철학이란 지적 호기심을 전무후무한 방식으로 만족시켜주는 것이 아니라 이처럼 아주 일반적인 자연사의 사실을 고찰하는 것이다. 이 고찰의 근본양식이 바로 발견과 봄이다.

그렇다고 해서 자연사 자체가 비트겐슈타인이 지향하고자 하는 바인 것도 아니다. 자연사는 그가 추구하는 "본래적 발견"에 이르기 위한 도구일 뿐이다. 그는 『철학적 탐구』의 말미에서 이 점을 분명히 한다.

우리는 자연과학을 하는 것도 아니고 자연사를 하는 것도 아니다—왜 냐하면 우리는 우리의 목적을 위해서는 가공의 자연사를 구성할 수도 있기 때문이다.(Wittgenstein 1953, 241쪽)

결국 자연사나 그것에 대한 역사철학이 아니라 전체적인 봄과 그것에 대한 묘사가 비트겐슈타인 철학의 목적과 방법인 것이다.

우리의 몰이해의 주된 원천은 우리가 우리말의 쓰임을 전체적으로 보지übersehen 못하는 데 있다—우리의 문법은 전체적인 봄을 결여한다 —전체적인 묘사가 바로 우리가 "연관을 보는" 데서 성립하는 이해를 낳는다. 따라서 연결고리를 발견하고 고안하는 것이 중요하다.
전체적인 묘사의 개념은 우리에게 근본적으로 중요한 것이다. 그것은 우리가 제시하는 묘사의 형식, 우리가 사물을 보는 방식을 특징짓는 다.(Wittgenstein 1953, §122)

비트겐슈타인의 전체적인 봄은 도구를 사용하며 다루는 왕래에 맞추어진 시야를 의미하는 하이데거의 둘러봄Umsicht을 닮았다. 둘 다 사용연관을 전체적으로 명료하게 둘러보는 데서 성립하는 이해를 낳으며, 너무 일반적이고 평범해서 주의를 끌지 못하고 뒤로 물러서는 사용사태를 앞으로 끌어내어 전체적으로 보려 한다.[9] 전체적인 봄과 그에 대한 묘사가 단 한 가지만이 있는 것은 아니다. "치료법이 다양한 것처럼 실로 여러 철학적 방법들이 있기는 하지만, 하나의 철학적 방법이 있는 것은 아니다."(Wittgenstein 1953, §133) 이는 어떠한 연결고리를 발견하고 고안하느냐에 달려 있다고도 할 수 있다.

그럼에도 불구하고 비트겐슈타인이 추구하는 발견과 봄은 대체로 공시적 차원에 머물러 있다. 그의 탐구는 철학사에 대한 전체적 안목은 고사하고 자신이 천착하는 주제에 대한 전사前史도 제대로 고려하고 있지 않다. 프레게와 러셀만이 간간이 언급되었을 뿐인데 이들은 역사적 인물이 아니라 비트겐슈타인과 동시대 인물이다. 이미 보았듯이 자연사에 대한 고찰에서마저도 역사적, 통시적 측면은 빠져 있다. 이것이 비트겐슈타인과 하이데거의 철학이 뚜렷이 구별되는 분기점이다.

비트겐슈타인의 발견과 봄이 역사성을 결여했다는 사실은 그의 철학에서 이야기의 부재로 이어진다. 통시성과 역사성에 대한 서술은 그 성격상 시간적 서술, 이야기적 구조를 요하기 때문이다. 언어사용과 그에 연관된 자연사적 사실에 대한 비트겐슈타인의 성찰은 아주 밀도 있

---

9 하만은 손안에 있음과 눈앞에 있음을 각각 은폐와 드러남에 연관시키고, 손안에 있는 도구의 사용에 대한 둘러봄의 가능성을 부정한다.(Harman 2002, 6, 22쪽) 이는 하이데거의 견해와 정면으로 배치된다.

고 압축적이고 강렬하지만 대체로 단편적이고 공간적이다. 이 점에서 서양의 철학사를 개성 있는 통시적 이야기로 풀어내는 하이데거의 성찰과 구별된다. 하이데거의 철학사와 거기에서 비롯되는 기술문명 비판은 가히 큰 이야기의 최고봉이라 할 만한 호소력과 매력을 지니고 있다. 그 호소력과 매력의 근원은 2,500년간의 긴 세월 동안 서양철학사를 자아온 언어의 실타래들에 대한 하이데거의 엄밀하고도 독창적인 고고학적 탐구와 깊이 있는 성찰에 있다. 이 점은 앞으로 논의가 진행되면서 더욱 분명해질 것이다.

7. 사용

사용에 대한 하이데거의 숙고는 『사유란 무엇인가?』에서 한층 심화된 모습으로 전개된다. 그의 논의는 파르메니데스의 시詩에서 사용된 '크레 χρή'라는 낱말에 주목하는 데서 시작한다. 크레는 손을 함축하는 '크라오 χράω'에서 유래했으며, '크라오', '크라오마이 χράομαι'는 "나는 … 을 손으로 다루면서 그렇게 손으로 쥐고 있다", "나는 …을 사용한다" 등을 의미한다.(Heidegger 1954b, 114쪽/국역본, 233~234쪽) 크레에서 유래한 '사용-Brauchen'을 '이용-Benützen', "이용하여 상하게 함Abnützen", "이용할 만큼 다 이용함Ausnützen"과 구별하면서 하이데거는 다음과 같이 말한다.

이용이란 사용의 변질과 타락일 뿐이다. 예컨대 우리가 어떤 사물을 손으로 다룰 때, 손이 그 사물에 스스로를 맞추어야 한다. 사용에는 스스로를 맞추는 응대가 함축되어 있다. 〔…〕 본래적 사용은 사용된 것을 우선 그것의 본질로 데려가고 그것의 본질 안에서 그것을 보존한다.(Heidegger 1954b, 114쪽/국역본, 234쪽)

사용한다는 것은 무엇인가를 그것이 무엇이든지, 또 그것이 어떻게 존재하든지 간에 존재하는 그대로 존재하도록 방임한다는 것을 뜻한다.(Heidegger 1954b, 168쪽/국역본, 328쪽)

이는 하이데거의 『존재와 시간』이나 비트겐슈타인의 『철학적 탐구』에서 개진된 사용에 대한 논의와는 차원이 다른 사유라고 할 수 있다. 두 작품 모두 사용을 사용된 것의 본질로 데려가 그 안에서 보존하는 것으로까지 소급시키지는 못했기 때문이다.[10]

『존재와 시간』에도 사용을 근원으로 소급시켜 사유한 흔적이 없지는 않다. 가령 이 장의 2절에서 부분적으로 인용했던 다음과 같은 구절이 좋은 예이다.

망치라는 사물을 그저 멀거니 바라보지만 말고 손에 잡고 활기차게 사용하면 할수록 그것과의 관계가 보다 더 근원적이 될 것이고 보다 더 가려지지 않은 채로 그것을 그것이 무엇인 바로 그것으로서, 즉 도구로서 만나게 될 것이다.(Heidegger 1927, 69쪽/국역본, 101쪽)

그러나 여기서도 사용이 도모하는 망치와의 근원적 관계를 넘어서

---

10 본질에 대한 모종의 거부감을 갖고 있는 비트겐슈타인은 아마 이러한 소급 자체를 잘못된 것으로 부정할 것이다.

사용되는 사물의 본질에 도달하지는 않고 있다. 더구나 하이데거는 위의 인용문에 이어서 "[도구가] 가장 넓은 의미에서 손에 익을 수 있고 마음대로 처리될 수 있다verfügbar"(Heidegger 1927, 69쪽/국역본, 102쪽) 고 말한다. "마음대로 처리될 수 있다"는 표현은 손에 익은 도구의 사용이 자유자재라는 뜻일 수도 있지만 도구를 마음대로 좌지우지할 수 있다는 뜻일 수도 있다.

  2절에서 보았듯이 하이데거가 말하는 도구는 우리가 통상적으로 도구라고 부르는 것뿐 아니라 흙이나 나무와 같은 자연물까지도 포함하는 용어였고, 이러한 관점에서 "숲은 [목재가 가득한] 삼림이며, 산은 채석장이며, 강은 수력이고, 바람은 '돛을 펼쳐주는' 바람"(Heidegger 1927, 70쪽/국역본, 103쪽)으로 묘사되었다. 이러한 묘사에 새겨진 사용은 『사유란 무엇인가?』에서의 구분에 따르자면 본래적 사용보다는 이용(혹은 이용할 만큼 다 이용함)에 가깝다.[11] 결국 『존재와 시간』에서의 사용은 본래적 사용과 이용의 경계선을 넘나든다고 평가할 수 있다. 이는 앞으로 논의할 기술의 문제와 『존재와 시간』의 관계에도 영향을 준다. 기술은 하이데거가 "사용의 변질과 타락"이라 말한 이용을 넘어선 "이용할 만큼 다 이용함"에 대응하기 때문이다.

  『존재와 시간』에서 기술로의 이행에 대해서는 그 외에도 여러 시나리오를 생각해볼 수 있다. 도구의 분석을 통해 수행된 이론에 대한 실천의 우위, 눈앞에 있음에 대한 손안에 있음의 우선성이 후에 하이데거가 과학의 근원을 기술로 보게 되는 계기를 마련한 것으로 묘사할 수도

---

11 아울러 위의 묘사에 등장하는 숲과 산과 강과 바람은 후기 하이데거의 용어를 빌자면 도구가 아니라 부품Bestand이다.

있고, 도구의 총체적 사용연관이 기술의 본질인 몰아세움Ge-stell으로 변모하는 것으로 묘사할 수도 있고, 주위세계의 존재자에 국한되었던 모든 한계의 철폐를 수반하는 눈앞에 있음이 무차별적인 몰아세움으로 변모하는 것으로 묘사할 수도 있다.

하지만 다른 한편으로는 이 절의 첫머리에서 전개한 것처럼 사용에 대한 심화된 숙고를 바탕으로 『존재와 시간』에서 『사유란 무엇인가?』로의 이행에 대해서 생각해볼 수 있다. 「기술에 대한 물음」이나 「전향」 등 기술에 대한 하이데거의 대표적 작품들과 『사유란 무엇인가?』가 비슷한 시기에 구상된 점을 감안한다면, 『존재와 시간』으로부터 기술로의 이행과 『사유란 무엇인가?』로의 이행은 결국 『존재와 시간』 이후 하이데거의 사유가 진행된 두 갈래 길로 볼 수 있다.

『사유란 무엇인가?』에서 논의하는 사용의 문제로 되돌아가보자. 하이데거는 사용의 예를 횔덜린의 작품 「이스터강」에서 찾아낸다. 그것은 침으로 바위를 찔러 그것에 구멍을 뚫어 물이 나오게 하고 대지에 밭고랑을 내는 것이다. 그것이 사용인 까닭은 "경작하고 먹고 마시는 등의 삶의 경영과 거주의 본질은 물이 솟아 나오고 밭에서 곡식을 거두어들이는 데에서 성립하게 마련"(Heidegger 1954b, 116쪽/국역본, 239쪽)이기 때문이다. 그러나 바위와 대지의 입장에서는 어떠한가? 그것은 사용이 아니라 "이용하여 상하게 함"일 것이다. 하이데거가 『형이상학 입문』에서 인용하는 소포클레스의 「안티고네」에 나오는 첫 번째 합창은 바로 이 점을 지적하는 것처럼 보인다.

두려운 것은 많으나, 그러나 아무것도

자신을 드러내어 인간을 뛰어넘을 만큼 그렇게 두려운 것은 없나니,

〔……〕

그렇게도 피곤할 줄 모르는, 파괴될 수 없는

가장 너그러운 신神인 대지까지도

말이 끄는 쟁기로 해를 거듭해서

갈고 또 갈아 고갈시키는구나.

(Heidegger 1953a, 155~156쪽에서 재인용/국역본, 240쪽)

쟁기질은 사용인가, 아니면 이용하여 상하게 함인가? 하이데거와 소
포클레스는 이 문제에서 의견이 다른 것인가? 그러나 다름만으로 문제
를 덮어둘 수는 없지 않은가? 이즈음에서 하이데거는 사용의 문제를
다시 다음과 같이 다른 차원으로 이끌어간다.

사용자는 사용된 것을 그것의 고유한 본질 안으로 영입시키고 또 그 속
에서 그것을 간수한다. 이러한 영입과 간수가 여기에서 호명되는 사용
을 특징짓고는 있지만, 그렇다고 해서 사용의 본질을 어떻든 간에 다
드러낸 것은 아니다. 이렇게 사유되어야 할 사용은 인간의 작위와 실현
의 용무가 더 이상, 그리고 결코 아니다. 오히려 인간의 작위와 무위가,
크레가 자신의 권리를 요구하는 그러한 영역 안으로 포섭되어 마땅할
것이다.(Heidegger 1954b, 119쪽/국역본, 242쪽)

인용문은 사용자가 인간이 아니라는 점을 암시한다. 이는 다음의 구
절에서 보다 명시적으로 표현된다.

〔본래적 사용〕은 드물게 드러나거니와, 대체로 인간의 용무가 아니다.

기껏해야 인간은 사용의 빛을 조명받을 뿐이다.(Heidegger 1954b, 115
쪽/국역본, 234~235쪽)

사용은 인간의 사태가 아니라 존재의 사태이다. 사용자는 인간
이 아니라 존재인 것이다.『존재와 시간』에서 하이데거가 **"손안에 있
음을 존재자가 '그 자체로' 존재하는 대로의 존재자에 대한 존재론적-범주
적 규정"**(Heidegger 1927, 71쪽/국역본, 105쪽)으로, 그리고 **"도구가 그
안에서 그것 자체에서부터 스스로를 내보이고 있는 도구의 존재양
식"**(Heidegger 1927, 69쪽/국역본, 101쪽)으로 간주할 때, 그는 이미 손안
에 있는 도구의 사용이 인간에 의해서라기보다 존재 자체에 의해서 이
루어지는 사건임을 예시한다. 이러한 예시는 하이데거를 따라 소급해
올라가면 사물에 대한 고대 그리스인들의 태도에서부터 찾을 수 있다.

> 그리스인들은 '사물'에 대한 적합한 용어를 가지고 있었다. 프라그마타
> πράγματα, 즉 사람들이 배려하는 왕래(프락시스 πράξις)에서 그것과 상
> 관이 있는 그것이다. 그러나 그리스인들은 바로 이 특별한 '프라그마틱
> 한' 성격을 존재론적으로 어둠에 내버려두었으며 그것을 '우선' "순전한
> 사물"이라고 규정했다.(Heidegger 1927, 68쪽/국역본, 100쪽)

『사유란 무엇인가?』에서 전개되는 하이데거의 작업은 그리스인들이
어둠에 내버려두었던 프라그마타의 사용에 대한 재조명으로 해석할
수 있다.

하이데거는 사용뿐 아니라 관례에 대해서도 "자기 자신으로부터 형
성된 것이 아니라 다른 어떤 곳으로부터 와서, 아마도 본래적인 의미로

사용되는 것"(Heidegger 1954b, 115쪽/국역본, 235쪽)으로 본다. 여기서 말하는 다른 어떤 곳은 존재를 암시한다. 다음의 구절도 존재에 대한 의인화와 암시를 시도한다.

사용은 사용된 것을 그것의 고유한 본질의 보호 아래에 내맡긴다. 이같은 사용에는 보호 아래에 내맡김, 명령함이 감추어져 있다. 파르메니데스의 시구의 크레에서는 명령이, 비록 고유하게 사유되지도 않고 더구나 논구조차 되지도 않고 있지만 어쨌든 호명되고 있다. 무릇 모든 시원적이고 본래적인 호명은 말해지지 않은 것을, 그것도 말해지지 않은 것이 말해지지 않은 채 있도록 언명하는 법이다.(Heidegger 1954b, 119쪽/국역본, 242쪽)

여기서는 명령하고 호명하는 것, 말하지 않은 것 등 말과 관련된 것들이 존재를 암시한다. 사용의 경우에서와 마찬가지로 말도 인간이 말하는 것이 아니라 존재가 말하는 것이다.

그러나 사용이 존재의 사태라고 해서 사용과 사용 아닌 것과의 구분이 명료해지는 것은 아니다. 설령 구분이 명료해진다고 해서 사용을 둘러싼 모든 문제가 정리되는 것도 아니다. 도구에 대한 관심에서 비롯되었던 사용에 대한 사유는 이제 도구의 후예이면서도 도구와 그 사용의 차원을 훌쩍 뛰어넘는 기술과 그것의 존재라는 어마어마한 거인을 새로운 사유주제로 삼아야 할 단계에 이르렀다.

6. 진리와 과학

> 종이에 씌어진 사유는 일반적으로 모래 위를 걸어간 사람의 발자국에 지나지 않는다.
> 우리는 그가 걸어간 길을 보지만 그가 그 길에서 무엇을 보았는지를 알기 위해선 우리
> 자신의 눈을 사용해야 한다. ―쇼펜하우어

1. 예수의 침묵

진리란 무엇인가? 빌라도의 이러한 물음에 예수는 침묵으로 응답했다. 성인의 침묵은 우리로 하여금 많은 것을 생각하게 한다. 손쉬운 해석은 진리에 대한 물음이 예수가 처한 상황에서 한 마디로 대답될 수 있는 것이 아니라는 것이다. 하나의 반反사실적 가정이지만 뉘른베르크의 2차대전 전범재판장에서 재판관이 하이데거에게 같은 질문을 던졌다면 그는 침묵했거나 혹은 그곳이 그런 문제를 논할 만한 자리가 못된다고 응답했을 것이다. 진리에 대한 물음은 때와 장소를 가린다. 때와 장소를 문맥이라는 표현에 담아보면 이는 진리에 대한 물음의 문맥 의존성 명제로 정리된다.

가능한 또 하나의 해석은 진리란 말로 (다) 할 수 없는 것이라는 점이다. 진리가 무엇이라고 대답하는 순간 진리는 대답된 말이 되어버린다. 예수의 침묵은 이러한 사태를 부정하는 하나의 표현방식이다. 요컨대

언어가 진리의 장소(의 전부)가 아니라는 것이 그의 침묵이 암시하는 바일 수 있다. 언어와 진리가 이처럼 상이한 것으로 분리될 수 있음을 우리는 언어-진리 가분可分명제라 부르기로 한다.

빌라도의 진리 물음에 대한 예수의 침묵은 우리에게 진리의 문제에 접근할 수 있는 두 가지 실마리를 던져주었다. 이 실마리를 진리에 대한 기존의 논의들에 접맥시켜 심화해보기로 하자. 진리론에 대한 자연스러운 출발점은 진리대응론이 마련한다. 진리대응론은 진리가 문장과 그것이 말하는 바 사이의 대응에 의해 결정된다는 이론이다. "눈은 희다"는 눈이 흴 경우, 그리고 오직 그 경우에만 참이라는 타르스키의 명제와 이를 정당화하는 그의 정교한 논리적 작업은 비록 대응이라는 개념을 사용하고 있지는 않지만, 그리고 타르스키 자신이 천명한 것처럼 문장과 대응되는 것이 무엇인지에 대한 철학적 논의에 대해 중립적이지만(Tarski 1944, 34쪽), 진리대응론에 대한 하나의 논리적 정초작업으로 해석될 수 있다.(Popper 1963, 224쪽 참조)

그러나 진리대응론은 그 자체만으로는 성립되기 어려운 입장이다. 진리에 대한 물음이 문맥에 의존한다는 앞서의 명제를 좀 더 확장시켜보면 물음뿐 아니라 진리 자체가 문맥에 의존한다는 점을 알 수 있다. "삼각형의 내각의 합이 180도이다"라는 문장은 유클리드의 언어체계에서는 참이고, 리만이나 로바체프스키의 언어체계에서는 거짓이다. 이는 전제된 언어체계를 이루는 공리의 차이에 전제된 공간의 곡률 상의 차이가 부가되어 야기되는 귀결이다. 이로부터 우리는 진리가 전제된 규약에 의존되어 있다는 진리규약론을 생각해볼 수 있다. 그러나 이는 다소 성급하고 단순한 해석이다. 앞서의 귀결은 체계를 이루는 논리적 연결고리를 타고 해당 언어체계 전반으로 확산되므로 이를 언어적 규약상의 상대적 차이만으로 다 설명하기는 어렵기 때문이다. 진리정합론은 바로 이러한 체계 내적 정합성에 주목하면서 정합성에 진리가 의존되어 있음을 주장하는 진리론이다.

진리정합론 역시 그 자체만으로는 성립되기 어려운 입장이다. 거짓인 문장들도 솜씨 좋은 이론가에 의해 논리적으로 정합된 체계를 이룰 수 있기 때문이다. 논리적으로 정합된 체계를 이룬다 해서 체계를 이루는 거짓인 문장의 진리치가 참인 것으로 바뀌는 것도 아니다. 물론 수학이나 논리학과 같은 형식과학에서는 내적 정합성(무모순성)만으로도 해당 체계에 진리성을 부여할 수 있다. 그러나 이러한 특별한 경우를 제외하고는 정합성은 진리의 필요조건일 수는 있어도 충분조건일 수는 없다. 적어도 진리의 일상적 용법에서는 정합성이 충분조건이 되지 못한다는 것이 분명하다. 이러한 연유에서 진리정합론은 진리대응론을 심화시키는 배경이론은 될 수 있지만 진리대응론과 결별하기는 어렵다. 콰인은 자신이 지지하는 경험론과 전체론의 조화라는 구도 하에 대응론과 정합론을 절묘하게 결합시킨 바 있다.(Quine 1951; 1960b) 그의 작업이 지니는 정교성과 참신성은 근대의 경험론과 이성론을 탁월하게 종합해낸 칸트의 작업에 버금가는 것이다.

앞서 삼각형의 내각의 합에 관한 유클리드의 기하학과 리만/로바체프스키의 기하학에서 보았듯이 진리정합론은 동일한 문제(예컨대 삼각형의 내각의 합)에 대한 상호 양립 불가능한 참인 답변의 다수성을 인정한다. 빛이라는 동일한 물리적 사태에 대해서도 우리는 입자론과 파동론이라는 상호 양립 불가능한 체계를 모두 참인 것으로 수용하고 있으며, 이는 진리정합론의 입장에 섰을 때에는 그리 놀라운 일이 못된다. 이처럼 진리정합론은 진리의 상대성의 여지를 열어놓고 있다. 콰인의 체계에 수혈된 진리정합론은 그의 존재론적 상대성 명제에서 이 여지를 재차 확인해준다. 데이빗슨은 이러한 상대성이 콰인이 수용하는 경험론과 그에 수반되는 대응론에서 비롯된 것으로 보고 이를 비판한다.(Davidson 1974) 콰인의 철학에서 존재론적 상대성이 도출되는 원천은 경험론일 수도 있고 전체론일 수도 있다. 엄밀히 말하자면 양자 모두일 것이다. 그만큼 경험론과 전체론은 콰인 철학에서 원초적으로 한데 얽혀 있기 때문이다. 그러나 이 장에서 살펴본 정합성의 성격을 감안할 때 존재론적 상대성의 출처는 얽혀 있는 두 전제 중에서도 전체론 쪽에 더 가깝다는 것이 우리의 입장이다.

2. 종횡사해

콰인에 대한 데이빗슨의 주된 염려는 콰인의 철학이 초래하는 존재론적 상대성이다. 참이면서도 양립 불가능한 체계들의 공존 가능성은 데이빗슨에게는 인정하기 어려운 사태이다. 논의의 초점을 체계에 두었을 때 데이빗슨의 우려는 일리가 있다. 그러나 체계는 인간의 작업물이다. 논의의 초점을 인간에 두었을 때 그의 우려는 불식된다. 빛의 본성에 관한 뉴턴의 입자론과 영의 파동론은 그 자체로는 양립 불가능하겠지만 물리학자들은 두 이론을 모두 이해하고 수용한다. 빛은 광전효과를 통해서 입자로 나타나고 쌍슬릿 실험double-slit experiment을 통해서 파동으로 나타난다. 그리고 컴프턴의 실험은 빛의 입자-파동성을 모두 입증해준다. 입자론과 파동론 간의 양립 불가능성 이면에는 실험의 상황을 조직한 인간의 손길이 이처럼 깊이 개입되어 있다. 이론 간의 양립 불가능성에도 불구하고 뉴턴은 영의 파동론을, 영은 뉴턴의 입자론을 이해하는 데 아무런 어려움을 느끼지 않았을 것이다. 유클리드와 리만/로바체프스키의 경우에도 사정은 마찬가지였을 것이다.

같은 사태에 대해 참이면서도 양립 불가능한 체계들의 공존이 초래하는 진리의 상대성을 콰인은 존재론적 상대성으로 명명한 바 있다. 이러한 명명은 콰인의 스타일을 감안할 때 다소 의외이다. 콰인은 존재론자이기보다는 언어철학자, 논리철학자에 가깝기 때문이다. 그러나 존재론적 상대성은 개념 틀의 상대성, 지시체의 불가 투시성 등과 같은 그의 언어철학적 주제에서 추론되는 명제이다.(Quine 1969; 이승종 1993c 참조) 따라서 콰인에게 존재론이 있다면 그것은 그의 언어철학에 의존되어 있으며 거기서 파생하는 담론이다.

그러나 우리는 콰인이 주장하는 존재론적 상대성에서 그의 의도 여부와 상관없이 언어 너머의 존재세계를 엿보게 된다. 입자론과 파동론을 성립 가능케 하는 것은 뉴턴과 영의 이론적 작업이기도 하지만 빛이라는 현상 자체이기도 하다. 요컨대 입자론과 파동론은 인간의 작업과 현상이라는 두 계기에 의해서 정초된 것이다. 존재론적 상대성은 개념 틀의 상대성뿐 아니라 존재가 존재자象로 출현現하는 현상現象이 지닌 한 원초적 국면을 지칭하는 것으로 해석될 수 있다.

상대주의가 같은 사태에 대해 참이면서도 양립 불가능한 체계의 공존 가능성을 인정하는 입장을 말한다면 상대주의는 생각만큼 위험하고 해로운 입장은 아니다. 체계 사이의 양립 불가능성이나 통약 불가능성이 반드시 각 체계의 지지자들 사이의 의사소통 불가능성을 함축하는 것은 아니기 때문이다. 그들 사이의 의견 불일치는 많은 경우 쌍방 간의 상호이해를 통해 해소되거나 좁혀질 수 있다. 체계 사이의 불일치를 여전히 건드리지 않으면서도 말이다. 이는 빛에 대한 입자론-파동론의 경우나 삼각형의 내각의 합에 대한 유클리드 기하학-비유클리드 기하학의 경우처럼 같은 사태를 횡적으로 같은 눈높이에 맞추었을 경우에 발생하는 상대성의 경우에서보다, 문제되는 사태를 종적으로 상이한 눈높이에 맞추었을 경우에 발생하는 상대성의 경우에 더욱 뚜렷이 부각된다. 논의의 편의를 위해 우리는 전자의 경우를 횡적 상대성, 후자의 경우를 종적 상대성으로 구분해 부르고자 한다.

횡적 상대성과 종적 상대성의 구분을 보다 명료히 하기 위해 다음의 예를 살펴보기로 하자. 회색의 떡가루를 사람들이 각기 다른 색안경을 끼고 관찰한다. 떡가루는 사람들이 어떤 색안경을 끼고 관찰했느냐에 따라 각기 다른 색으로 보여질 것이다. 이 경우 떡가루의 색깔에 대한 사람들 간의 의견의 상대성은 우리가 말하는 횡적 상대성의 경우에 해당한다. 물론 이 예는 썩 만족스럽지는 못하다. 실제의 떡가루는 회색이었다는 정답이 횡적 상대성을 간단히 붕괴시키기 때문이다.

이번에는 떡가루 속을 가루의 크기만한 벌레가 기어간다고 하자. 그리고 그 벌레에 눈높이를 맞추었을 때 실제의 떡가루는 회색이 아니라 사실은 검정 떡가루와 흰 떡가루가 같은 비율로 섞여 있는 것으로 관찰되었다고 하자. 이 경우 떡가루가 회색이라는 문장은 우리의 눈높이에서는 참이지만 벌레의 눈높이에서는 거짓이다. 반면 떡가루가 검정과 흰색의 가루가 같은 비율로 혼합된 것이라는 문장은 우리의 눈높이에서는 거짓이지만 벌레의 눈높이에서는 참이다. 이것이 우리가 말하는 종적 상대성의 경우에 해당한다.

이를 배경으로 "물리계의 법칙성에 미결정성이 존재한다"는 문장의 진리치를 살펴보기로 하자. 이 문장은 하이젠베르크의 불확정성 원리를 수용하는 양자역학의 언어체계에서는 참이고 이를 수용하지 않는 아인슈타인의 언어체계에서는 거짓이다.[12] 이는 전제된 물리계가 미시세계인지 아닌지에서 야기되는 귀결이다. 이처럼 언급되는 세계의 층위가 밝혀진 연후에야 이 문장의 진리치는 상대적으로 자리매김될 수 있다. 횡적 상대성의 경우에서와는 달리 층위라는 종적 눈높이가 문장의 진리치를 결정한다는 점에서 이 예는 종적 상대성의 경우에 해당한다.

횡적 상대성의 경우처럼 종적 상대성의 경우에도 문제되는 상대성은 우리에 의해 재해석된 의미에서의 존재론적 상대성이다. 즉 물리계의 법칙성에 미결정성이 존재하는지의 여부에 관한 문장의 진위 문제에는 언어체계뿐 아니라 관찰자(인간)와 현상이 동근원적同根源的 계기로 함께 개입한다. 이는 개입의 세부적 양상만 다를 뿐 양자역학과 상대성이론에 모두 해당된다고 할 수 있다. 아울러 미시세계를 설명하는 양자역학과 가시세계를 설명하는 뉴턴역학, 그리고 거시세계를 설명하는 상대성이론 사이에는 모종의 통약 불가능성과 양립 불가능성이 존재한다. 뉴턴 역학과 상대성이론 사이의 통약 불가능성은 쿤의 분석에 의해, 양자역학과 상대성이론 사이의 양립 불가능성은 두 담론이 각각 전제하는 미결정론과 결정론이라는 형이상학 사이의 양립 불가능성에 의해 서술될 수 있다. 그러면서도 세 담론은 각자의 영역에서 여전히 참이고 각자의 영역에서 가장 효율적으로 작동한다. 세 담론을 통

---

12 물론 하이젠베르크의 불확정성 원리가 확증된 것이라고 단정하기는 어렵다. 그러나 적어도 그것이 현 단계 양자역학의 불완전성에서 비롯되는, 극복되어야 할 과도기적 원리라는 아인슈타인의 비판은 벨의 정리와 EPR 실험으로 부정되었다고 할 수 있다.(이승종 1993a 참조)

합하려는 시도는 아직 성공하지 못했다. 그 이유는 어쩌면 떡가루의 경우에서처럼 인간 지식의 한계에 연유하는 것이 아니라 현상 자체의 성격에서 연유하는 것은 아닐까. 그것이 존재가 다양한 방식으로 자신을 드러낸다는 아리스토텔레스의 명제가 함축하는 바는 아닐까.(Aristotle, *Metaphysics*, 1003a)

3. 진리의 장소

지금까지의 논의는 진리대응론과 거기에 수혈된 진리정합론이 모두 진리에 대한 충분한 설명이 될 수 없음을 시사한다. 그 첫 번째 이유는 대응과 정합의 장소에 인간이 빠져 있다는 점이다. 정합은 대응의 폭을 확장시키는 데 사용되는 개념이기 때문에 우리는 논의의 초점을 대응이 지닌 문제점에 맞추어 논의하고자 한다. 진리대응론에 의하면 진리는 문장, 이론, 혹은 체계 등과 같은 소폭, 중폭, 혹은 대폭의 언어와 그것이 말하는 바 사이의 대응에 의해 결정된다. 그러나 언어와 그것이 말하는 바 사이에는 언어와 비언어라는 이질성이 존재한다. 서로 다른 이질적 범주에 속하는 것들이 서로 대응된다는 것은 무슨 의미인가?

동질적인 것들 사이의 대응이건 이질적인 것들 사이의 대응이건 대응은 언제나 어떤 관점에서의 대응이냐를 전제로 한다. 원숭이 똥구멍에서 시작해서 백두산으로 끝나는 어린이들의 언어게임은 대응과 그 배경을 이루는 관점의 롤러코스터를 재미있게 펼쳐낸다. 원숭이 똥구멍은 색깔의 관점에서 사과와 대응되고, 사과는 맛의 관점에서 바나나와 대응된다. 그리고 관점은 대응을 수행하는 인간에 의해 설정된다.

앞서 보았던 빛에 관한 실험에서뿐 아니라 관찰의 경우에도 사정은 마찬가지이다. 쿤은 진정한 의미의 (우연한) 발견은 과학사에 존재한 적이 없었음을 뢴트겐이 발견했다는 X선의 사례를 분석하는 과정에서 역설한다.(Kuhn 1962, 57~59쪽) 관찰이나 발견, 지각과 같은 단순해 보이는 작업에서조차 인간의 선이해가 관점의 형식으로 깊이 개입한다는 사실은 지각심리학이나 형태심리학을 통해서도 뒷받침된다.

전통적으로 진리의 장소로 여겨져온 대-중-소폭의 언어는 이러한 관점을 각각의 범위 안에서 언어적으로 표현해낸다. 언어로 표현되기 이전의 관점은 언어로 표현되지 않았다는 점에서 언어에 앞선다고 할 수 있다. 이 관점이 그것을 표현한 언어를 언어가 말하는 바와 대응할 수 있도록 이끈다는 점에서 진리의 장소는 언어가 아니라 관점이라고 보는 것이 사실에 더 가깝다. 이것이 예수의 침묵을 해석하는 과정에서 추론해보았던 언어-진리 가분명제의 한 국면이다.

진리대응론이 진리에 대한 충분한 설명이 될 수 없는 두 번째 이유는 그것이 대응의 또 하나의 계기인 존재현상에 대해서 주의를 게을리한다는 점이다. 진리대응론에 의하면 언어의 대응 짝인 언어가 말하는 바는 언어가 그러한 것처럼 그저 눈앞에 있는vorhanden 것으로만 묘사된다. 따라서 대응은 위조지폐와 진짜 지폐 간의 대응처럼 눈앞에 있는 두 대상 간의 대응으로 평면적으로 묘사된다. 그러나 언어와 그것에 대응하는 사건은 그러한 평면적 묘사에 의해 충분히 규명될 수 없다. 손가락으로 달을 가리킴에 달이 손가락에 있지 않고 말로 법을 설함에 법이 말에 있지 않다는 지눌의 경구에서 말은 손가락이 그러하듯 가리키는 기능을 수행한다. 이것이 분석적 언어철학과 현상학적 언어철학에서 각각 화두로 삼아온 지칭指稱과 지향指向의 우리말 풀이이기도 하다. 우리는 언어가 가리키는 바를 좀 더 좇아감으로써 진리대응론의 한계를 넘어서고자 한다.

타르스키의 진리론에 대한 콰인의 축소주의적 해석은 어떤 점에서 우리의 접근방식과 유사하다. 콰인은 이렇게 말한다.

언어적 연관의 지평에 대한 연구로 말미암아 우리는 세계로부터 잠시만 물러선다. 왜냐하면 진리술어의 효용은 정확히 언어적 연관의 제거에 있기 때문이다. 진리술어는 문장론에 대한 기술적 연구에도 불구하고 우리의 눈이 세계로 향해 있음을 환기시켜준다. 진리술어의 이러한 제거력은 타르스키의 프로그램에서 분명하다:

"눈은 희다"는 눈이 흴 경우, 그리고 오직 그 경우에만 참이다.

인용부호가 낱말에 관한 논의와 눈에 관한 논의 사이의 차이의 전부이다. 인용부호는 눈의 이름, 즉 '눈'을 포함하는 문장의 이름이다. 그 문장을 참이라고 부름으로써 우리는 눈을 희다고 부른다. 진리술어는 인용부호 제거장치이다.(Quine 1970, 12쪽)

콰인에 의하면 진리술어는 우리의 관심을 인용부호 안으로부터 밖으로, 언어로부터 세계로 돌리는 기능을 한다. 그러나 진리의 기능은 거기까지만이다. 진리에 관한 그 이상의 논의는 거품에 불과한 것으로 퇴출된다. 타르스키의 진리론에 대한 이 간명한 해석은 한편으로는 진리를 언어에 국한해 논의해온 전통을 지양하면서 다른 한편으로는 진리대응론을 수반했던 제반 형이상학을 제거한다는 점에서 탁월하지만, 진리에 관한 그 이상의 실질적 논의를 원천 봉쇄한다는 점에서 독단적이다. 우리는 진리에 의해 인용부호가 제거된 뒤의 사태를 좀 더 논의해보려 한다. 우리에겐 그 뒤의 사태야말로 진리의 하이라이트로 여겨지기 때문이다.

언어를 통해—혹은 콰인의 표현을 빌면 인용부호를 푸는 과정에서—우리는 그 언어가 가리키는 존재사태를 본다. 이는 언어와 사태 사이의 대응과는 분명 다른 경우이다. 어떤 문장을 통해 우리는 그 문장이 가리키는 존재사태를 봄으로써 문장, 혹은 거기에 표현된 관점의 진위를 확인한다. 이 점에서 언어는 지도와 같다. 우리는 지도를 통해 알지 못하는 산과 도시를 여행한다. 지도를 통해 우리가 마주하는 것은 산과 도시이다. 올바로 그려진 지도는 우리에게 유용한 가이드 역할을 한다. 그러나 이는 지도가 그것이 표상하는 산과 도시와 문자적으로 대응해서가 아니다(여기서 대응이란 표현은 은유로서만 인정될 수 있는 어법이다). 그보다는 우리가 지도제작자가 투사했던 원근법(독도법)을 길라잡이 삼아 지도가 가리키는 산과 도시를 확인할 수 있기 때문이다. 이 장의 첫머리말로 인용한 쇼펜하우어의 명제도 이러한 맥락에서 이해될 수 있다. 사상가가 남긴 글에서 우리는 그 사상가가 걸어간 사유의 궤적을 가늠할 수 있다. 그러나 거기서 그가 무엇을 보았는지를 알기 위해선 우리의 눈을 사용해야 한다. 어떤 문장이 참인지를 알기 위해서도 마찬가지로 그 문장이 이끄는 바를 우리의 눈으로 보고 확인해야 한다. 이때 우리는 무엇을 보는가?

4. 비원

하이데거와 비트겐슈타인은 문장과 그것이 이끄는 존재사태 사이에 심적 표상과 같은 어떤 매개물을 설정할 필요가 없다고 말한다. (Heidegger 1927, 217~218쪽; Wittgenstein 1953, §693) 하이데거는 한 걸음 더 나아가 진리의 경우 우리가 마주하는 존재사태가 의식에 의해 해석된 지향적 대상이 아니라 존재사태 바로 그 자체라고 말한다. 요컨대 이 경우 우리는 진실과 마주하는 것이다. '진실'은 우리말에서 대체로 진리와 동치이거나 호환 가능한 개념이지만 우리는 두 개념의 언어상의 구별에 주목하고자 한다. 문자적으로 풀이하자면 진리는 이치에, 진실은 사실 혹은 사태에 각각 참眞이 귀속되어 있다. 그렇다면 참인 존재사태는 진실이다. 진실로서의 진리의 장소는 언어가 아니라 존재사태인 것이다. 언어가 진실을 담을 수는 있지만 이로부터 언어가 진리의 장소임이 연역되는 것은 아니다. 이것이 언어-진리 가분 명제의 또 다른 국면이다.

진실로서의 진리와의 만남은 반드시 언어를 매개로 해서만 이루어지는 것도 아니다. 문제는 우리의 열린 마음과 태도에 달려 있다. 피천득의 수필 「비원」은 저자가 비원에서 들은 꾀꼬리 소리를 통해 자신의 기억 속에서 발굴해낸 진실의 자락들을 담담한 필치로 형상화한다. 그중의 한 자락을 아래에 옮겨본다.

꾀꼬리 소리는 나를 어린 시절로 데려갔다.

서울 출생인 내가 꾀꼬리 소리를 처음 들은 것은 충청도 광시라는 시골에서였다. 내가 서울로 돌아오던 날 아침 "그 아이"는 신작로까지 나와 나를 기다리고 있었다.

그때 꾀꼬리가 울었다. 그 아이는 나에게 작은 신문지 봉투를 주었다. 그 봉지 속에는 물기 있는 앵두가 가득 들어 있었다.(피천득 1976a,

40쪽)

피천득의 수필이 보여주듯 진실로서의 진리는 먼 곳에 있지 않다. 누구에게나 진실의 편린들이 기억 어딘가에 묻혀 있겠지만 세파에 매몰되어 본래성을 망각한 사람들에게 진실의 문은 굳게 잠겨 있다. 그래서 그들에게 진실은 가깝지만 가장 먼 곳에 감춰져 있다. 그 문을 열 수 있는 마음의 눈을 가진 사람만이 진실을 자신의 것으로 고유화한다. 피천득은 이렇게 적는다.

> 미는 그 진가를 감상하는 사람이 소유한다. 비원뿐이랴. 유럽의 어느 작은 도시, 분수가 있는 광장, 비둘기들, 무슨 애버뉴라는 고운 이름이 붙은 길, 꽃에 파묻힌 집들, 그것들은 내가 바라보고 있는 순간 다 나의 것이 된다. 그리고 지금 내 마음 한구석에 간직한 나의 소유물이다. (피천득 1976a, 41쪽)

하이데거 철학의 줄거리를 이루는 존재사태Ereignis와 본래성 Eigentlichkeit 개념에 새겨진 'eigen'이라는 어근은 진실의 고유화 과정을 지칭하는 고유소固有素이다. 진실의 고유화는 고유화되지 않은 이론적 진리와 구별된다. 삼각형의 내각의 합이 180도라는 유클리드의 문장의 진리성이나, 힘이 질량과 가속도의 곱과 같다는 뉴턴의 문장의 진리성은 나의 본래성을 돌아보게 하는 절실한 것이 되지 못하곤 한다. 이론적 진리들은 그 보편성으로 말미암아 많은 경우 우리의 구체적 삶과 유리되어 있다. 그러나 이것이 우리가 찾는 진리의 전부는 아니다. 우리는 우리 자신에게 절실한 진리를 찾는다. 추상적 진리보다는 구체적 진실로서의 진리가 우리가 찾는 절실한 진리에 더 가까울 수 있다. 그리고 절실한 진리는 우리의 삶과 함께 "나 혼자서 젊어지고 가야만 하는 것이다."(Camus 1942, 54쪽) 그 젊어지고 감이 바로 고유화의 과정이다. 고유화되는 절실한 진리에 대해 좀 더 자세히 살펴보기로 하자.

'절실'은 우리말에서 어떤 사태에 대한 느낌이나 생각이 뼈저리게 강렬한 상태에 있는 경우를 의미한다. 다른 한편으로 절실은 실제 사태에 꼭 들어맞아 알맞음을 의미하기도 한다. 첫 번째 풀이는 진리의 한 계기인 인간에 초점을 맞춘 것이고, 두 번째 풀이는 진리의 다른 한 계기인 존재사태에 초점을 맞추었다. 이는 '적실適實'이라는 말로 바꿀 수 있다. 절실에 대한 두 풀이로부터 우리는 (어떤 사태가) 틀림없이 그러하다는 의미를 지닌 '확실'과 '적실的實'이라는 낱말에 이르게 된다. 절실한 사태는 그만큼 확실한 사태이다. 이처럼 진실眞實, 절실切實, 적실適實, 적실的實, 확실確實은 우리말에서 서로 일맥상통한다. 이들은 모두 고유화되는 진리이자 사태이다. 이 낱말들에 공통으로 새겨진 '실實'이라는 어근은 이들이 확보하는 진리의 자리가 사태 자체임을 지칭하는 사태소事態素이다.

진실되고, 절실하고, 적실하고, 확실한 진리는 우리와 무관한 진리가 아니다. 우리와 무관한 것으로 우리의 삶으로부터 외화外化되는 진리는 그로 말미암아 그 진실성, 절실성, 적실성, 확실성을 잃게 된다. 그러한 진리는 비록 거짓은 아니지만 사실상 있으나마나한 진리이다. 반면 진실되고, 절실하고, 적실하고, 확실한 진리는 언제나 고유화 작업을 통해 우리와 일체를 이루는 진리 사태를 말한다. 그래서 이러한 진리는 있으나마나한 정태적 진리와는 달리 늘 우리의 삶에서 살아 숨 쉬며 우리의 삶과 우리 자신을 근거 짓는 역동적 진리이다. 진리를 동일성으로 거짓을 차이성으로 보았던 고대 그리스인들의 진리관에서 우리는 고유화 과정을 통해 인간과 동일체를 이루는 절실한 존재사태를 진리로 보는 그리스인들의 사태로 열려진 태도를 엿볼 수 있다.(이승종 1998 참조) "진리가 너희를 자유케 하리라"는 예수의 명제도 진리의 열림과 고유성, 그리고 역동성을 가리키는 것으로 해석될 수 있다.

5. 밀고 당김

우리가 만나는 존재사태로서의 진리는 드러남과 물러남의 이중 구조로 짜여져 있다. 지각과 언어를 통한 우리의 이해는 존재사태로서의 진리가 지니는 이러한 구조적 특징을 이해하는 실마리를 제공한다. 우리가 아기의 배꼽을 볼 때 배꼽이 전경前景으로 부각되면서 아기의 몸은 배경으로 물러선다. 일반적으로 우리의 시지각은 초점 작용을 통해 지각대상을 배경과 전경으로 밀고 당긴다. 밀고 당김에 의해 지각대상은 한편으로는 배경으로 물러서고 다른 한편으로는 전경으로 드러난다. 우리의 초점과 관심은 전경에 있지만 전경은 배경의 물러섬에 의해서만 드러날 수 있다. 몸이 있고서야 배꼽이 있는 것처럼 배경이 있어야 전경이 성립할 수 있다.

전경에 대한 배경의 우선성은 지각을 언어로 표현할 때 더욱 분명해진다. 나는 창밖의 나무를 보고 나서 이렇게 적는다. "나는 창밖의 나무를 본다." 그러나 인용부호 안의 나무와 내가 본 나무 사이에는 큰 차이가 놓여 있다. 인용부호 밖에서 내가 본 나무는 구체적인 어떤 특정한 나무인 데 반해, 인용부호 안의 나무는 그러한 구체성과 개별성을 넘어선 나무이기 때문이다. 이러한 비대칭성은 언어와 존재사태 사이의 비대칭성에서 연유한다. 다른 사람이 다른 장소에서 인용부호 안의 문장을 읽었을 때 그는 이 문장으로써 내가 본 창밖의 나무를 확인할 수 없다. 그러나 이것이 전부는 아니다. 그는 내가 본 나무를 확인할 수 없음에도 그 문장의 의미를 충분히 이해한다. 내가 창밖의 나무를 본다는 사실을 말이다. 마찬가지로 내가 창밖의 나무를 볼 때 나는 어떤 특정한 나무를 보지만 또한 나무를 본다. 나무는 특정한 나무에 독립해 이데아계에 존재하는 것은 아니지만, 전경으로 부각되는 특정한 나무에 대한 나의 지각을 가능케 하는 배경이다. 이때 나무는 나의 초점에서 물러서 있지만 분명 특정한 나무에 우선한다.(Heidegger 1979, 91~92쪽)

전경에 대한 배경의 우선성은 우리로 하여금 우리의 초점 및 관심을 넘어서도록 종용한다. 그 넘어섬을 통해서 우리는 존재사태에 드리워진 존재를 만날 수 있는 계기를 얻는다. 하이데거는 진리를 통해 드러나는 것을 존재자로, 그 드러남을 가능케 하면서 뒤로 물러나는 것을 존재로 구분 짓는다. 그리고 현존재에 의한 존재자의 드러남의 존재자적 국면을 '발견Entdeckenheit'으로, 그 드러남의 존재론적 국면을 "열어 밝혀져 있음Erschlossenheit"으로 구분 짓는다.[13] 그리고 이러한 구분이 해명하고자 하는 존재와 존재자 사이의 차이를 존재론적 차이라고 불렀다. 우리의 어법으로 풀어보면 이는 밀고 당김의 차이, 물러섬과 드러남의 차이, 간만의 차이다. 이 차이를 통해 간만의 작용과 맞물려 있

---

[13] 이 외에 존재의 진리를 의미하는 '비은폐'와 그것의 한 양식으로서 특히 현대기술과 연관지어 논의되는 '탈은폐' 등이 존재사건의 여러 층위와 국면을 입체적으로 묘사하기 위해 하이데거가 사용하는 용어들이다. 3장에서도 이미 살펴본 바 있는 이 용어들에 대해서는 이 장과 다음 장에서 상세히 논의할 것이다.

는 세계-내-존재로서의 인간의 현존재의 위상이 정립된다.

존재의 지평이 우리의 손에 잡히기 어려운 까닭은 그것이 어떤 심오한 경지에 놓여 있기 때문이 아니라 우리의 초점과 관심을 거슬러 올라가는 데서 열어 밝혀지는 것이기 때문이다. 그래서 하이데거는 우리의 초점과 관심의 해체로서의 내맡김Gelassenheit의 중요성을 역설한다. (Heidegger 1959a) 내맡김은 무관심의 관심, 무관점의 관점, 무용無用의 용用과 일맥상통한다. 그러나 여기서 하이데거의 해체를 후설의 에포케epoché로 이해해서는 안 된다. 에포케가 말소의 작업이라면 해체는 공시적으로는 문제되는 담론이나 입장의 영역의 한계를 긋는 울타리 치기 작업이고, 통시적으로는 그 담론이나 입장의 종지부와 출발점을 양방향의 시제로 추적해보는 비판적 계보학이다.

해체는 하이데거의 진리탐구 방법이자 이 장에서 우리가 실천하고 있는 방법이기도 하다. 진리에 대한 지금까지의 우리의 탐구는 진리에 대한 논의의 역사와 계보를 염두에 두지 않은 공시적 분석의 길만을 걸어왔다. 그러나 존재의 진리의 지평은 초시공간적인 논리적 진공관 속에서 세워진 추상적, 존재자적 구조물이 아니라 역사의 각 시기마다 상이한 방식으로 형성되고 상이한 양상으로 주어지는 구체적이고 존재론적인 것이다. 그러므로 진리에 대한 우리의 해체적 탐구가 온전한 것이 되기 위해서는 존재의 진리의 지평의 생성/변모 과정에 대한 통시적인 계보학적 탐구가 이루어져야 한다. 이 작업을 전개하기 전에 지금까지의 여정을 잠시 돌이켜보자.

진리를 찾아나선 우리는 자연스럽게 진리대응론과 먼저 만나게 되었다. 다음으로 대응론의 문제점을 규명하는 과정에서 대응론을 보강해줄 진리정합론을 살펴보았고, 정합론이 대응론에 독립해서는 정당화되기 어려운 이론임을 알게 되었다. 대응론의 애매성과 난점을 극복한 콰인의 인용부호 제거론에 대해서는 진리에 의해 인용부호가 제거된 이후에 만나게 되는 존재사태에 대한 논의가 배제되어 있음을 알게 되었다. 우리의 분석에 의하면 이는 대응론의 한계이기도 했다. 그리고 존재사태와의 만남을 준비하는 과정에서 진리의 장소는 언어에서 존재사태 자체로 이행하게 되었다. 진리의 또 다른 우리말인 진실이 참인 존재사태를 의미한다는 점에서 우리는 이러한 이행을 모국어에서 이미 선취했던 셈이다. 그리고 진실로 이행한 진리의 자리에서 우리는 개별적 존재사태를 넘어서 존재의 진리 자체로 접근해가는 실마리를 찾아내었다.

이제부터 펼쳐나갈 진리의 해체적 계보학은 지금까지의 공시적 분석의 순서와 역순으로 전개될 것이다. 진리대응론이 현재시제의 진리의 역사의 끝이라면, 서양철학사를 열어젖힌 고대 그리스인들이 간직했던 존재의 진리가 우리가 전개하려는 진리의 계보학의 시작이 된다. 그러나 이를 진리의 철학사의 현재와 과거로만 이해해서는 안 된다. 망각 속에 은폐된 진리의 역사의 시작을 미래의 시제에 열어 밝히는 것이 우리의 과제라는 점에서 우리의 그리스 여행은 과거가 아닌 미래로의 시간여행이기 때문이다.

6. 역사기행

우리말에서 진실은 감추어지거나 왜곡되지 않은 실제 그대로의 사실 혹은 사태를 의미한다. 그것이 진실의 사전적 정의이다. 하이데거에 의하면 고대 그리스에서 진리에 해당하는 낱말 알레테이아 $\dot{\alpha}\lambda\dot{\eta}\theta\varepsilon\iota\alpha$ 는 이와 유사한 의미를 지니고 있었다. 그리스인들에게 진리는 감추어진 진실이 드러나는 비$\dot{\alpha}$ 은폐 $\lambda\dot{\eta}\theta\varepsilon\iota\alpha$ 를 의미했다. 플라톤의 동굴 우화와 상기설에 관한 신화는 비은폐로서의 진리사건을 철학적 이야기의 플롯에 담아 재구성해내고 있다. 두 이야기에서 진리는 언어에 국한해 귀속되는 것이 아니라 인간과 그에게 드러나는 존재사태와의 만남의 사건을 지칭한다. 그리스어에서 자연에 해당하는 낱말 피지스 $\phi\dot{\upsilon}\sigma\iota\varsigma$ 는 이 사건을 가능케 하는 존재와 같은 의미로 사용되었다.(Heidegger 1953a, 17쪽)

고대 그리스인들은 드러남의 개별적 사건들에 대해서뿐 아니라 이를 가능케 하는 존재, 즉 피지스 자체에 관심을 가졌다. 형이상학 metaphysics과 자연학physics이라는 학문의 실질적 명명자이자 정초자인 아리스토텔레스에게 존재에 관한 형이상학과 피지스에 관한 자연학은 첨예하게 구분되지 않았다. 형이상학이 존재자의 탐구로 변모하고 자연학이 자연과학, 혹은 물리학으로 변모한 오늘날과는 사정이 달랐다. 아리스토텔레스는 피지스로서의 존재를 해명하기 위한 기본적 개념들을 고안하고 발전시켰다. 예컨대 그는 운동을 질적 운동(변화), 양적 운동(증감), 공간적 운동(장소의 이동), 실체 운동(생멸) 등으로 이해하였다.(Aristotle, *Physics*, 201a) 그리고 운동의 원인을 형상인, 질료인, 작용인, 목적인 이렇게 네 가지로 정리하여 탐구하였다. (Aristotle, *Metaphysics*, Book A)

그리스어에서 피지스는 자연을 뜻하지만 자연물을 뜻하기도 한다. 이는 인공물을 뜻하는 테크네 $\tau\dot{\varepsilon}\chi\nu\eta$ 와 대비된다. 피지스에서는 형상과 질료가 필연적으로 결합되어 있고 작용인이 내재적이다. 피지스 자신에 의해 형상이 질료에 필연적으로(최적으로) 부가되기 때문이다. 반면 테크네에서는 형상과 질료의 결합이 우연적이고 작용인이 외재적이다. 테크네는 제작자가 생산해내는 것이기에 제작자가 미리 그려본 청사진이나 모델이 형상으로 작용하며 이것이 질료에 부가되어 만들어지기 때문이다. 질료에 대한 형상의 우위는 플라톤의 이데아론에서 웅변적으로 구현되고 있다.

플라톤의 이데아론이 정립되면서 그리스인들의 존재사유에 변모의 조짐이 보이기 시작했다. 탈은폐 사건으로서의 존재경험, 혹은 진리경험에 그 경험에 앞서면서 그 경험을 가능케 하는 것으로 상정된 이데아와 같은 초월적 존재자에 대한 논구가 체계화되기 시작한 것이다. 그 과정에서 소크라테스 이전 철학자들의 화두였던 피지스보다 그것의 원형인 영원불변의 이데아가 진리의 자리를 차지하게 된다. 반면 생성을 그 성격으로 하는 피지스는 그것이 갖는 불안정성 때문에 진리의 자리를 잃고 이데아의 복사본으로 전락한다. 이데아는 진리의 내용이자 척도이다. 이데아와의 대응 여부가 바로 진리를 결정하는 척도이다. 이러한 점에서 플라톤은 앞으로 논의할 근대의 표상적 사유를 예비한다.

로고스, 피지스, 존재에 관한 소크라테스 이전 철학자들의 성찰은 플라톤의 제자 아리스토텔레스에 이르러 각각 논리학, 자연학, 형이상학으로 체계화되기에 이르렀다. 체계는 내적 정합성을 그 생명으로 삼는다. 플라톤에게 수학은 정합성의 원형으로 여겨졌다. 그가 당시에 수학과 동의어였던 기하학을 모르는 자에게 자신이 세운 아카데미에의 출입을 불허했던 까닭이나, 만년에 이르러 선善과 아울러 수數를 이데아 중의 이데아로 꼽았던 이유도 여기에 있다.(이승종 1993d 참조)

고대 그리스에서 정초된 체계적 학문의 이념은 중세의 스콜라 철학에 의해 완성된다.[14] 중세를 지배한 그리스도교는 피지스로서의 세계가 조물주에 의해 창조된 테크네라는 견해를 철학에 주입시켰다. 피지스와 테크네의 구분이 피지스가 테크네에 통합되는 방식으로 해체되면서 테크네의 제작자인 신의 의지 및 섭리와의 대응 여부가 진리의 척도로서 대두되게 되었다.(Heidegger 1943, 76~77쪽) 존재사태를 진리로 여겼던 소크라테스 이전 철학자들에게는 낯선 체계와 유일신의 이념이 차례로 도입되면서 서양인들은 진리를 어느덧 정합성과 대응의 관점에서 보게 된 것이다.

근대의 르네상스와 계몽주의 정신은 인간을 신의 지배로부터 해방시켰다. 이러한 시대정신을 가장 성공적으로 구현한 학문은 과학이었다. 근대과학의 선구자들에 의해 신의 섭리는 세계의 수학적 질서라는 이념으로 세속화 내지는 대체되었다. 갈릴레이에게 신의 의지와 섭리에 의거해 자연을 설명하는 방식은 불필요한 거추장스러운 것으로 여겨졌다. 신의 의지와 섭리에 거슬린다 해도 지구가 돈다는 명제는 참이다. 이 명제는 수학과 더불어 근대과학의 또 하나의 중요한 방법론적 기둥인 실험에 의해 경험적으로 뒷받침된다. 수학과 실험을 적절히 사용해 물리계를 설명하는 데 눈부신 성공을 거둔 뉴턴이 등장하면서 과학에서 진리는 어떤 가설이나 이론이 수학적으로 형식화될 수 있는지, 실험에 의해 경험적으로 뒷받침될 수 있는지의 여부에 의해 결정되기에 이르렀다. 그로 말미암아 고대, 중세의 존재론과 지식과는 뚜렷이

---

14 이 장에서 우리는 많은 것을 하이데거의 통찰에서 빚지고 있지만 고대와 중세철학의 체계성에 대한 그의 부정은 수용하지 않는다.(Heidegger 1938, 100쪽) 체계 개념 자체가 근대의 산물이라는 그의 주장은 고·중세철학, 수학, 자연학의 역사를 무시한 지나치게 자의적인 진단으로 여겨진다.

구분되는 근대적 존재론과 과학적 지식의 테두리가 형성된다.

7. 보이지 않는 손

갈릴레이와 뉴턴은 『성경』뿐 아니라 아리스토텔레스의 『형이상학』과
『자연학』을 자신들의 과학문고에서 퇴출시켰다. 그리스적 의미의 피지
스는 더 이상 그들의 관심사가 아니었다. 그들에게는 피지스에 대한 형
이상학과 자연학 역시 불필요하고 거추장스러운 구시대의 유물에 불
과했다. 고대 그리스인들이 피지스로 이해했던 자연을 그들은 시공간
적으로 서로 관련되어 있는 질점質點들이 자체 안에서 완결하는 운동
연관성으로 간주했다. 운동에 대한 고대의 다양한 접근법도 그들에 이
르러 장소의 이동 하나만을 지칭하는 것으로 압축된다. 아울러 운동의
원인들 중에서도 작용인만이 과학적 탐구의 대상으로 부각된다. 탐구
대상의 이러한 축소와 개편이 운동을 수학적으로 양화量化해서 접근하
는 근대물리학의 체계를 건설하는 토대를 마련하였다.
　수학에 의한 세계의 양화작업은 세계의 실체성을 무한분할과 양화
가 가능한 연장extension으로 본 데카르트의 세계관에 의해 이미 예비
된 바이기도 하다. 연장의 관점은 시간, 공간, 사물들을 각각 균일화시
킨다. 물리계의 이러한 연장성과 균일성이 근대과학의 존재론적 테두
리이다. 예컨대 관성의 법칙은 모든 사물들에 적용되는 것으로서, 거기
에 다양한 사물들의 다양한 운동에 대한 구분이나 각 사물들의 개별성
은 더 이상 문제되지 않는다. 이제 사물들은 장소, 시점의 연관에서만,
그리고 질량과 힘의 수적 단위라는 테두리에서만 자신들을 드러내게

된다.(Heidegger 1938, 79쪽; 1962a, 72쪽)

하이데거를 좇아 근대과학의 이념과 방법을 자연의 수학화, 즉 수학을 자연에 투사하는 것으로 이해할 때, 우리는 그가 해석해낸 수학의 폭넓은 원 의미를 염두에 둘 필요가 있다.[15] 근대과학을 고대 자연학과 구분 짓는 결정적 차이는 수학적으로 틀이 짜여진 가설이 이끄는 실험이 자연에 대한 일상적 경험과 관찰을 대체하였다는 것이다. 수학, 그것에 의해 짜여진 가설, 가설을 테스트하기 위해 고안된 실험 등이 우리의 자연 이해를 원초적으로 조건짓는다. 설령 이 조건들 중 수학이 빠져 있는 경우에조차도 이 조건들은 우리가 자연에 "어떠한 방식으로 가져가는 것"(Heidegger 1962a, 74쪽)이라는 점에서 여전히 수학적인 것이다.

컴프턴의 실험은 빛을 입자로도 나타나게 하고 파동으로도 나타나게 한다. 빛에 부과된 실험이라는 조건의 테두리에서 우리는 빛을 일상적 경험과 달리 보게 된 것이다. 일상적 경험을 넘어서는 과학적 경험을 가능케 하고 그 테두리를 결정하는 보이지 않는 손이 하이데거가 말하는 수학적인 것이다. 다른 한편으로 이 손이 개입되지 않거나 앞서의 조건이 충족되지 않은 자연 이해는 비과학적인 것으로 지식의 영역에서 퇴출된다. 『성경』, 아리스토텔레스의 『형이상학』, 『자연학』 등의 퇴출 판정은 이러한 배경하에서 일어난 사건이다. 우리의 일상적 경험도 같은 판정을 받기는 마찬가지이다.

갈릴레이와 뉴턴의 수학적 방법이 획기적인 성공을 거두면서 운동뿐 아니라 자연 일반에 대한 수학화 작업이 과학의 영역 전반으로 확산

---

15 이에 대해서는 4장에서 논의한 바 있다.

된다. 아리스토텔레스의 형이상학과 자연학이 망각의 강으로 퇴출되면서 그 자리에는 다채로운 이름을 지닌 다양한 학문들이 앞을 다투어 들어섰다. 그들은 저마다 분명하게 구획된 탐구영역의 맹주를 자처하면서 과학의 분과화, 전문화, 제도화를 가속화시켰다. 이렇게 제도화되고 전문화된 영역에서 과학은 일종의 경영, 비즈니스로 변모되고, 과학자들은 전문 프로젝트를 수행하는 연구자로 스스로를 자리매김했다. 분화된 영역 내에서 존재자들에 대한 과학적 탐구로 분주한 과학자들에게 고대 그리스 철인들의 화두였던 존재의 진리는 더 이상 관심사가 되지 못했다. 존재는 수학적으로 표상되거나 실험에 의해 측정될 수 없는 성질의 것이기 때문이다. 그러나 이는 과학이 존재탐구에 무력함을 드러낸다기보다 오히려 존재의 문제가 사이비 문제pseudo-problem임을 함축하는 것으로 여겨졌다.

우리는 존재가 망각 속으로 물러난 자리를 대체한(수학적) 가설을 자연에 투사함으로써 얻어지는 것이 근대과학의 정체임을 보았다. 존재의 망각과 함께 진리개념도 비은폐성에서 가설과 자연 사이의 대응으로서의 옳음으로 변모하게 된다. 자연은 더 이상 인간의 경험에 아무런 매개 없이 드러나는 것으로 파악되지 않는다. 근대의 자연은 가설의 테스트를 목적으로 하는 실험이라는 인위적으로 통제된 구도하에서 가설에 대응되는 관찰경험으로 국소화되어 경험된다.[16] 가설은 언어로

---

16 이러한 인위적 통제는 자연과학의 법칙에도 각인되어 있다. 두 전하 간에 작용하는 힘이 전하의 곱에 비례하고 그들의 중심 사이의 거리의 제곱에 반비례한다는 쿨롱의 법칙($F=kq_1q_2/r^2$)은 전하에 미치는 중력을 무시하고 있다는 점에서 반反사실적이다. 중력의 영향을 무시하는 방식으로 (뉴턴의 중력 법칙 $F=Gm_1m_2/r^2$에서 질량의 값을 0으로 잡아 주면 중력 F는 0이 된다) 자연을 인위적으로 통제할 경우에 한해서만 두 전하 간에 작용하는 힘

씌어진 문장이므로 대응으로서의 진리는 문장의 속성으로 귀속된다. 보이지 않는 손의 개입에 의해 자연은 수학적으로 표상된다. 이 손의 소재로 정립된 것이 근대적 주체 개념이다. 세계는 이 주체의 표상대상으로 화하여 객관적 대상세계라는 하나의 세계상으로 정립된다. 그리고 표상과 대상 사이의 대응에 의해 진리가 결정된다.

근대의 주체Subjectum 개념은 그리스어 휘포케이메논ύποκείμενον의 번역어이다. 하이데거에 의하면 휘포케이메논은 모든 것을 그 자신에게로 모으는 근거를 의미했다.(Heidegger 1938, 88쪽) 이처럼 인간이나 자아와의 관련이 강조되지 않던 휘포케이메논이 근대에 주체로 번역되면서 인간이 본래적 주체로, 존재자들의 중심으로 부각되기 시작한다. 이러한 변화는 근대에 이르러 세계가 주체의 표상대상으로서의 객관적 대상으로 정립되는 주객이분主客二分의 과정에 수반하는 것이다. 이제는 인간이 자신이 표상한 존재자들을 인간 자신에게로 모으는 근거가 된다. 이것이 데카르트에 의해 정초되고, 칸트에 의해 체계화되고, 후설에 의해 완성된 관념론적 인식론의 이념이다.

관념론적 인식론의 출현은 인간의 대두와 신의 퇴장을 함축한다. 신의 퇴장은 갈릴레이와 뉴턴이 아리스토텔레스의 『형이상학』과 『자연학』을 자신들의 서고에서 퇴출시킬 때 이미 예견된 것이다. 아리스토텔레스의 패러다임에서 운동의 4원인의 하나였던 목적인이 근대에 이르러 과학이론의 영역에서 배제되면서 뉴턴의 기계론적 자연관이 목적론적 자연관을 대체했다. 이는 자연에게서 그 궁극적 의미와 목적으로서의 신, 신성함, 경건성 등을 앗아가는 결과를 초래했다. 목적에 대한

은 쿨롱의 법칙대로 계산된다.(Cartwright 1992, 48쪽)

성찰이 배제된 이후의 자연에 대한 인간의 태도는 과학과 기술을 통해 자연을 자신의 목적과 용도에 맞게 조정-조작하고 착취-수탈하는 방향으로 전환한다.

하이데거에 의하면 우리가 이론이라고 부르는 개념의 어원의 변천사에 이러한 변화가 반영되어 있다.(Heidegger 1953c, 48~50쪽) 이론의 어원인 그리스어 테오리아 $\theta\varepsilon\omega\rho\acute{\iota}\alpha$ 는 현전現前하는 현상을 주의 깊게 봄을 뜻한다. 하이데거는 한 걸음 더 나아가 테오리아를 현전하는 것의 탈은폐, 즉 진리를 경건하고 주의 깊게 봄으로 해석한다. 테오리아는 후에 라틴어 '콘템플라티오contemplatio'로 번역되었는데 이 말의 어원은 어떤 것을 개별적 영역으로 나누고 그 안에다 울타리침을 뜻한다. 콘템플라티오는 그 뒤에 다시 독일어 '베트라하퉁Betrachtung'으로 번역되는데 이 말의 어원은 어떤 것을 확보하고자 그것을 추구함을 뜻한다. 우리는 콘템플라티오를 통해 과학의 분과화를, 베트라하퉁을 통해 과학의 이념으로서의 기술의 성격을 읽을 수 있다.

고대의 피지스-테크네의 구분은 이제 중세와는 또 다른 다음의 두 방식으로 해체되어 테크네 일원론으로 귀결된다. 우선 앞서 살펴본 바와 같이 자연에 수학적 가설이 투사되는 과정에서, 그리고 그 가설의 테스트를 위해 실험이라는 조작적 방법이 피지스로서의 자연을 통제하는 과정에서 테크네는 피지스를 대체한다. 인간이라는 제작자가 자연에 투사한 수학적 가설이 형상의 역할을 수행하며 실험 과정을 통해 피지스를 테크네로 종속시키는 것이다. 다른 한편으로는 과학을 토대로 자연을 가공하는 현대의 테크네인 기술이 주도하는 기술문명이 테크네 일원론으로 생활세계를 일원화하고 식민화한다. 우리가 당면한 세계화의 문제도 이러한 기획이 전 지구적으로 강요되고 실천되는 과정에서 빚어졌다고 볼 수 있다.

8. 존재의 진리

고대 그리스에서 시작해서 현대에 이르기까지의 진리론의 변천사가 진리론에 대한 우리의 공시적 분석의 순서, 즉 진리대응론, 정합론, 존재의 진리론과 역순으로 전개되어왔다는 우리의 가설은 진리론의 현황을 감안할 때 부연과 첨언을 요한다. 현대사상계에서 지배적인 진리론이 과연 진리대응론인가에 대해서 이견이 가능할 뿐 아니라, 진리를 인간들 사이의 상호주관적, 실천적 합의의 산물로 보는 실용주의적 진리합의론이 다루어지지 않았기 때문이다. 퍼스Peirce, 쿤, 퍼트남, 하버마스, 로티 등 실로 다양한 색깔의 철학자들에 의해 다양한 방식으로 표현되어온 실용주의적 진리합의론의 위상은 무엇인가?

　이 문제에 연관해서 진리에 관한 지금까지의 공시적 분석과 통시적 서술을 씨줄과 날줄로 엮기 위해 우리는 언어학의 세 방법론을 원용하기로 한다. 언어학에서 구문론은 기호들 사이의 형식적 연관성을, 의미론은 기호와 그 기호가 가리키는 바 사이의 내용적 연관성을, 화용론은 기호와 그 기호가 가리키는 바, 그리고 기호를 사용하는 인간 사이의 실천적 연관성을 각각 탐구의 주제로 한다. 진리정합론은 진리의 문제를 내적 연관성에 귀속시킨다는 점에서 진리에 대한 구문론적 접근법으로 볼 수 있다. 진리대응론은 진리의 문제를 언어와 그것이 가리키는 바 사이의 내용적 연관성에 귀속시킨다는 점에서 진리에 대한 의미론적 접근법으로 볼 수 있다. 그리고 실용주의적 진리합의론은 진리를 언어, 세계, 인간 사이의 실천적 연관성에 귀속시킨다는 점에서 진리에 대한 화용론적 접근법으로 볼 수 있다.

진리론에 대한 통시적 서술에 등장한 수학, 과학, 기술에 대한 분석과 정리에도 언어학의 세 방법론을 적용해보기로 하자. 수학의 구문론, 의미론, 화용론은 각각 증명이론, 모델이론, 증명과 계산행위를 그 탐구대상으로 한다고 볼 수 있다. 그러나 이 장에서 수학은 주로 근대 이후 과학언어의 구문론을 의미하는 것으로 사용되었다. 근대 이후의 표상적 사유를 대변하는 과학의 구문론, 의미론, 화용론은 각각 수학, 가설과 이론, 실험과 관찰을 그 탐구대상으로 한다고 볼 수 있다. 그러나 이 장에서 과학은 주로 과학이론, 즉 의미론을 가리키는 것으로 사용되었다. 기술의 구문론, 의미론, 화용론은 각각 수학, 과학, 사회적 합의에 의거한 인공물의 구성과 사용을 그 탐구대상으로 한다고 볼 수 있다. 그러나 통상적으로 기술은 주로 사회적 합의에 의거한 인공물의 구성과 사용, 즉 화용론을 가리키는 말로 사용된다.

그렇다면 진리론에 대한 우리의 공시적 분석과 통시적 서술 사이에는 언어학의 세 방법론을 매개로 아래의 도표와 같은 상관관계가 성립함을 볼 수 있다.

진리론	언어학	기술문명
정합론	구문론	수학
대응론	의미론	과학
합의론	화용론	기술

하이데거를 좇아 우리가 추적해본 존재의 진리론은 이러한 구도 안

에 편입되기 어려운 다른 위상에 놓여 있다. 그의 입장에서 보자면 위의 도표에 등록된 세 진리론이나 그와 짝을 이루는 기술문명의 세 항목들은 지금까지 일반적으로 존재자적 차원에 국한되어 논의되어왔다고 할 수 있다. 예컨대 세 진리론은 모두 맞음에 의거한 옳음을 진리로 본다. 정합론에서 진리는 일정한 문장의 다른 문장들과의 맞음으로서의 옳음으로 간주되며, 대응론에서는 일정한 문장과 그 지시체 사이의 맞음으로서의 옳음으로 간주된다. 그리고 합의론에서는 상호주관적 합의라는 맞음이 옳음으로서의 진리를 형성한다. 그러나 하이데거에 의하면 옳은 것은 아직 진리가 아니다. 혹은 기껏해야 존재자적 의미에서만 진리일 뿐 아직 존재론적 의미의 진리에 다가서지 못했다. 그는 이렇게 말한다.

> 앞에 놓여 있는 것과 맞음을 확인할 때마다 우리는 옳다고 말한다. 그러나 이렇게 확인할 때 그것이 옳기 위해서 앞에 놓여 있는 것의 본질까지 밝힐 필요는 없다. 그러나 본질 밝힘이 일어나는 곳에서만 진리가 일어난다. 따라서 그저 옳기만 한 것은 아직 진리가 아니다.(Heidegger 1953b, 11쪽/국역본, 12쪽)

맞음으로서의 옳음 그 자체가 진리가 아니라면 이러한 옳음으로서의 진리를 역설하는 진리론들은 제한적이거나 부분적인 의미에서만 진리론으로 간주된다. 진리에 대한 전통적 이론들이 그 이상의 것으로 평가될 때 옳음의 근원이 되는 존재의 진리는 은폐되고, 그로 말미암아 이러한 은폐를 도모하는 전통적 진리론들은 부분을 전체로 간주하는 오류를 저지르는 거짓된 이론으로 전락할 수 있다.(Ihde 1979a, 105쪽)

같은 맥락에서 하이데거는 위의 도표에서 세 진리론과 각각 짝을 이루는 기술문명의 세 항목들, 즉 수학, 과학, 기술을 기존의 존재자적 관점에서가 아니라 존재론적 관점에서 이해하려 했다. 수학과 이론의 그리스어원인 마테마타와 테오리아, 그리고 다음 장에서 살펴볼 과학과 기술의 본질인 몰아세움에 대한 존재론적 성찰이 그가 수행하는 계보학적 탐구의 줄기이다. 이러한 존재론적 지평이 고려되지 않은 상태에서의 기술문명에 대한 탐구는 전통적 진리론의 경우와 마찬가지로 제한적이고 부분적일 수밖에 없다. 수학, 과학, 기술에 대한 존재자적 이론들은 이 세 영역의 존재론적 지평을 간과함으로써 결과적으로 이 지평에 놓여 있는 존재의 진리의 은폐를 도모하게 되는 셈이고, 그로 말미암아 다시 한번 부분을 전체로 간주하는 오류를 저지르는 거짓된 이론으로 전락할 수 있다.

그렇다면 존재의 진리는 위에 열거한 세 진리론에 어떠한 방식으로 개입할 수 있는가? 정합론, 대응론, 합의론은 동원되는 관점이나 원근법이 주어진 사태에 대해 얼마나 역동적으로 열려 있느냐의 정도의 차이만 있을 뿐 궁극적으로 어떤 관점이나 원근법에 의해 진리를 자리매김하려 한다는 점에서 근대적 사유의 산물로 여겨진다. 내적 정합성만을 생명으로 하는 정합론보다는 외부 지시체와의 관계를 강조하는 대응론이, 대응론보다는 언어, 세계, 인간 사이의 변증법적 상호작용을 강조하는 합의론이 존재사태에 대해 더 탄력 있는 태도를 취할 수 있는 여지를 남겨둔다.

우리는 일정한 관점과 원근법을 동원해 존재세계를 인식한다. 그래서 우리는 동원한 관점과 원근법대로 존재세계를 이해한다. 그러나 관점과 원근법이 존재에 의해 부정되고 붕괴되는 사태의 가능성을 간과

해서는 안 된다. 진정한 배움과 깨달음은 이러한 부정과 붕괴로부터 시작된다. 쿤은 과학사의 거시적 관점과 원근법에 해당하는 패러다임에 위기를 초래하는 변칙현상의 중요성을 역설한 바 있다.(Kuhn 1962) 존재는 존재자에 사로잡힌 우리의 규칙을 부정하는 변칙의 사건이다. 존재는 표상적으로 대상화될 수 없다는 점에서 무無이다. 하이데거의 존재탐구는 이처럼 우리의 손에 잡힐 수 없는 무로서의 존재에 자신을 내맡기는 태도와 여지의 중요성을 역설한다는 점에서, 근대의 표상적 사유의 산물인 현대의 과학기술문명에 대한 해독제로서의 역할을 수행하는 것으로 평가된다. 즉 그는 그동안 우리가 자신의 이해관계에 따라 그리고 표상행위를 통해서 인위적으로 초점과 관심을 형성해왔음을 적시하면서 이제 존재 자체의 초점과 관심에 우리를 맞출 것을 제언하는 것이다. 하이데거의 내맡김은 이와 같이 초점과 관심의 주체가 인간으로부터 존재로 역전되는 역운에 자신을 내맡기는 것으로 이해되어야 한다.

진리라는 현상이 발생하는 장소가 언어에 국한되지 않는다는 명제에서의 언어는 뒤랑의 용어법을 따르자면 지시체와의 대응을 기반으로 구성되는 기호로서의 언어를 지칭한다.(뒤랑 1960; 1964) 이러한 언어관은 상징을 기반으로 하는 은유적, 예술적 사유를 배제한다는 점에서 축소주의적 언어관이라고 할 수 있다. 하이데거는 이러한 협소한 언어관의 한계를 비판하면서 고대의 신전, 중세의 성당, 고흐의 그림과 같은 예술작품에서도 진리가 드러나고 있음을 역설한 바 있다.(Heidegger 1935~1936)

IV부
기술철학

오늘날 존재의 위상은 크나큰 위기에 봉착해있다. 하이데거에 의하면 서양의 철학사는 플라톤 이래로 존재 망각의 역사였다. 망각은 세기마다 각기 다른 양상으로 심화되어 왔다. 근거로서 모든 것을 자신에게로 모으는 것을 의미하던 고대 그리스어 휘포케이메논 $\upsilon\pi о\kappa\varepsilon\iota\mu\varepsilon\nu о\nu$을 주체Subjectum로 번역해서 이를 인간과 동치 시키고 여타의 존재자를 객체로 앞에 세우는Vor-stellen 모더니티는 근대의 존재 망각의 양상이었다(Heidegger 1938, 88쪽). 반면 도구가 기술로 변모하면서 인간을 포함한 모든 존재자를 부품Bestand으로 몰아세우는Ge-stell 방식의 탈은폐만이 일방적으로 강요되는 것이 우리 시대의 존재 망각의 양상이다. 기술의 시대에 신들은 사라지고 하늘은 말소되고 땅은 파헤쳐지고 죽을 자인 인간은 존재뿐 아니라 자신이 누구인지조차 알지 못하는 망각의 나락으로 빠져들고 있다. 탈은폐의 다양성이 오직 하나의 방식으로 환원되고 만다는 점에서 우리 시대의 존재 망각은 과거의 존재 망각에 비해 더욱 심각한 것이다. 따라서 이러한 난관을 타개하기 위한 첫 번째 과제는 환원론의 극복이 될 것이다.

환원론의 극복이라는 과제의 수행을 위해서는 극복을 위한 인간의 실천적 개입의 여지가 허용되어야 한다. 기술이 인간을 포함한 모든 존재자들의 위상을 결정하는 기술 결정론이 전제된다면 인간의 실천적 개입은 불가능해진다. "신만이 우리를 구원할 수 있다"(Heidegger 1976)는 하이데거의 말이나 내맡김의 태도는 결정론과 그것에 대한 순응으로서가 아니라 그가 제시하는 전향Kehre과 양립 가능한 방식으로 재해석되어야 한다. 요컨대 그것은 한편으로는 신의 재림에 대한 수동적 기다림이기보다는 신이 되돌아올 수 있기 위한 준비와 환대의 필요성에 대한 역설이요, 다른 한편으로는 인간의 개입만으로 모든 문제가 해결될 것이라는 인간중심주의적 오만의 되풀이를 막기 위한 반어법으로 풀이될 수 있다. 환원론의 극복은 결정론의 극복을 전제로 한다. 이 두 마리 토끼를 좇는 것이 우리에게 주어진 과제이다.

7장에서 우리는 『기술에 대한 물음』에서 하이데거가 던진 물음의 궤적을 좇으며 거기에 촘촘히 박혀있는 사유의 알맹이들을 캐내어 손질하고 반추하고 나름의 물음을 제기해볼 것이다. 이 과정에서 우리는 현대 기술이 공시적으로는 몰아세움과 도발적 요청의 이념을 구현하고 있으며, 통시적으로는 서구 형이상학의 역사의 종결부를 장식하고 있음을 보게 될 것이다. 8장에서는 뉴미디어 시대의 정보와 매체가 하이데거가 말하는 현대 기술의 맥락에서 논구되어야 함을 보이면서 그를 현대의 여러 기술철학자 및 매체철학자들과 만나게 할 것이다. 우리는 정보와 매체에 대한 하이데거의 선구적 통찰을 확장하고 심화하여 이를 길잡이 삼아 한편으로는 현대의 기술철학자 및 매체철학자들의 사유와 크로스오버를 시도할 것이며, 다른 한편으로는 우리 시대의 상황과 당면 문제들을 철학적으로 재조명해볼 것이다. 9장에서는 기술에 대한 하이데거의 물음을 허무주의와 연관지어 그 극복을 위한 사유를 모색할 것이다.

7. 기술에 대한 물음

우리는 이 장에서 하이데거의 「기술에 대한 물음」을 차근차근 읽어 보려 한다. 「기술에 대한 물음」에는 그러나 기술에 대한 정의가 빠져 있다. 낱말의 의미를 일의적으로 정의하여 사용하는 방식에 대해 거부감을 갖고 있던 하이데거였기에 이해는 가지만, 아무래도 논의의 초점을 수렴시키기 위해서는 기술이 무엇인지에 대한 최소한의 합의나 일치가 전제되는 것이 바람직할 것이다. 따라서 편의상 우리는 먼저 철학적으로 하이데거와 비교적 가까운 입장에 서 있는 엘륄의 기술에 대한 정의를 인용하고 이를 비판적으로 살펴봄으로써 기술에 대한 우리의 논의를 시작하고자 한다.

1. 정의

엘륄은 기술을 다음과 같이 정의한다.

우리의 기술사회에서 **기술**은 (일정한 발전단계에서) 인간활동의 **전** 분야에서 **합리적으로 도달되고 절대적 효율성을 갖는 방법들의 총체이다.**(Ellul 1963, xxv)

엘륄의 정의에서 기술은 지나치게 추상화되어 있다. 그래서 그의 정의는 정작 우리에게 친숙한 기술의 예들을 포섭하지 못하는 우를 범하고 있다. 가습기는 실내의 습도를 일정하게 유지하게 하는 효율적인 방법과 동일시될 수 없다. 가습기를 사용하는 것이 그러한 효율적 방법에 해당하는 것이지, 가습기 자체가 방법인 것은 아니다. 물론 문제풀이의 기술처럼 방법 자체만으로 기술로 간주되는 경우들도 얼마든지 있다. 아울러 실내의 습도를 효율적으로 일정하게 유지하게 하기 위해서는 가습기와 같은 인공물뿐 아니라 가습기를 채울 물도 요구된다. 그러나 가습기는 기술이지만 물은 기술로 보기 어렵다. 따라서 기술의 범위는 방법과 그에 연관된 인공물로 국한되어야 한다.[1]

이러한 여러 가지를 감안했을 때 엘륄의 정의는 다음과 같이 다듬어져야 한다.

---

1 엘륄은 때로는 기술을 사용이라고도 말하고(Ellul 1954, 98쪽), 사용의 방법이라고도 말한다.(Ellul 1954, 97쪽) 이렇게 다소 혼란스러운 그의 주장도 사용되는 인공물을 기술에 포섭하지 못하는 한계를 답습하기는 마찬가지이다.

우리의 기술사회에서 **기술은** (일정한 발전단계에서) 인간활동의 **전 분야**
에서 **합리적으로 도달되고 절대적 효율성을 갖는 방법들이나 그 방법의 실행**
에 요구되는 인공물들의 총체이다.

우리는 이렇게 수정 보완된 엘륄의 정의를 기술에 대한 논의의 출발
점으로 삼고자 한다.

기술에 대한 엘륄의 정의에 관해 우리는 다음과 같은 질문을 던질
수 있다. 청소기는 청소에 대한 기술이 구현된 인공물이다. 그런데 현
재의 청소기보다 합리성과 효율성 면에서 더욱 개선된 청소기가 개발
되었다면, 현재의 청소기에 구현된 기술은 더 이상 기술이 아닌가? 이
러한 비판을 고려하여 엘륄은 기술에 대한 자신의 정의에 "일정한 발전
단계에서"라는 단서를 붙인 것 같다. 즉 현재의 청소기는 현재라는 발
전단계에서 청소의 기술이 가장 합리적이고 효율적으로 구현된 인공
물인 셈이다. 현재의 청소기에 구현된 기술은 청소에 관한 한 현재라는
"(일정한 발전단계에서) 합리적으로 도달되고 절대적 효율성을 갖는 방
법"인 셈이다.

그런데 합리성과 효율성을 갖는 모든 방법이 기술이라는 엘륄의 정
의는 타당한 것인가? 불합리하거나 비효율적인 방법은 기술이 아니라
는 말인가? 합리성과 효율성의 절대적 기준이 있기나 한 것인가? 그 이
념들은 언제나 어떤 목적에 연관해서만 의미를 갖는 상대적 개념이다.
예컨대 목적 a를 달성하기 위해서는 방법 x가 가장 합리적이고 효율적
이지만, 목적 a'의 달성을 위해서는 보았을 때는 x보다는 다른 방법(예컨
대 y)이 더 합리적이고 효율적일 수 있다. 이 경우 x는 목적 a와 연관해
서만 기술이고 그 외의 경우에는 기술이라고 불릴 수 없다. 예컨대 싸

움의 기술은 분명 수학문제를 푸는 기술로는 작동할 수 없다.

기술에 대한 엘륄의 정의는 기술의 총체적 목적에 대해 침묵하고 있다. 이에 반해 앞으로 보겠지만 하이데거는 기술의 목적이 모든 사물을 주문요청에 부응하는 부품으로 탈은폐시키는 몰아세움Ge-stell에 있음을 분명히 한다는 점에서 진일보를 이루었다.

2. 물음

우리가 이 장에서 상세히 독해하려는 하이데거의 「기술에 대한 물음」은 기술을 주제로 한다. 그러나 이 논문에서 기술 못지않게 중요한 화두가 물음임을 잊어서는 안 된다. 하이데거의 논문은 물음에서 시작하여 물음에 대한 정의로 끝난다. 이 논문의 말미를 장식하는 물음에 대한 정의로부터 우리의 논의를 시작하기로 하자. 그 정의에 의하면 "물음은 사유의 경건함이다."(Heidegger 1953b, 40쪽/국역본, 49쪽) 사유하는 인간만이 물음을 던진다. 우리가 아는 한 인간을 제외한 어떠한 존재자도 묻지 않는다. 따라서 기술에 대한 물음은 사유하는 인간을 전제로 해서만 가능하다. 하이데거는 "물음이 사유의 길을 이룬다"(Heidegger 1953b, 9쪽)고 말한다. 그 길은 어떤 길인가? 그는 이렇게 답한다.

모든 사유의 길은 사람에 따라 그것을 알아차리는 데에 차이가 있지만 상궤에서 벗어난 방식으로 언어에 의해 인도된다.(Heidegger 1953b, 9쪽/국역본, 9쪽)

사유의 길이 언어에 의해 인도된다 함은 언어가 사유의 도구에 그치는 것이 아니라 사유를 이끄는 적극적인 매체임을 함축한다. 고대 그리스의 시대에 그러하였듯이 사유는 곧 언어이다. 그런데 사유가 상궤에서 벗어난ungewöhnlich 길이라는 말은 무슨 뜻인가? 사유의 길이 물음에 의해 이루어진다는 앞서의 명제가 실마리를 제공한다. 물음은 이미 아는 친숙한 영역으로부터 알지 못하는 낯선 영역을 향해 던져진다. 친숙한 영역에 안주하여 일상적 방식으로만 살아가는 사람에게 물음이나 사유는 거추장스러운 불필요한 것이다. 그 일상성을 깨는 행위가 물음이다. 물음이 이루는 길은 그가 늘 걷던 길이 아니라 숲길과도 같은 길 아닌 길Holzwege이다.[2] 물음은 사유의 모험이다. 앞에 어떤 것이 놓여 있는지 알지 못한 채 스스로 길을 내며 나아가는 행위이기 때문이다.

하이데거는 기술에 대해 물음을 던지는 목적이 기술과의 자유로운 관계를 맺는 데 있다고 말한다. 자유로운 관계란 무슨 뜻인가? 그는 "관계가 우리 현존재를 기술의 본질에 개방시켜줄 때 자유롭다"(Heidegger 1953b, 9쪽/국역본, 9쪽)고 답한다. 이를 형식화하면 다음과 같다.

x와의 자유로운 관계 r은 r이 현존재를 x의 본질에 개방시켜줄 때 그리

---

2   이기상 교수는 'ungewöhnlich'를 '특이한'으로 번역하였다.(마르틴 하이데거, 『강연과 논문』(서울: 이학사, 2008), 9쪽) 그러나 이 번역어는 'ungewöhnlich'가 'gewöhnlich'에서 벗어나 있음을 충분히 부각시키지 못하였다. 한편 하이데거의 작품집 Holzwege를 영역한 영Young과 헤인즈Haynes는 'Holzwege'를 "off the beaten track"으로, 즉 "상궤에서 벗어난 길"로 번역하였다.(M. Heidegger, Off the Beaten Track(Cambridge: Cambridge University Press, 2002)) 그들의 번역이 우리의 논지를 잘 살린 번역이라고 할 수 있다.

고 오직 그때에만 성립한다.

하이데거의 모든 철학적 탐구는 자신이 사유하는 주제 x와의 자유로운 관계를 지향한다. 그 x에는 기술뿐 아니라 언어, 역사, 예술작품, 사물, 시간 등 다양한 주제들이 대입될 수 있지만 이 모두는 종국에는 존재라는 하나의 주제로 수렴된다. 따라서 하이데거의 철학적 탐구는 언어철학, 역사철학, 예술철학, 형이상학, 시간철학이기에 앞서―혹은 그 이후에―존재론이다. 기술에 대한 물음도 우리 시대의 존재에 대한 물음에 다름이 아니다. 우리는 앞서 물음이 사유(의 경건함)임을 보았다. 그렇다면 기술에 대한 물음은 우리 시대의 존재에 대한 사유이다. 어떻게 이 사유가 가능할까? 프레게, 청년 비트겐슈타인, 후설에 의하면 사유는 사유가 지향하는 것과―형식에서든 내용에서든―어떤 공통점이 있을 때 비로소 가능하다. 그러나 이들 현대사상가들의 추론이나 가정을 훌쩍 넘어 이미 2,500년 전에 파르메니데스는 이렇게 말하였다. "존재와 사유는 같은 것이다." 존재와 사유가 서로를 초과하지 않는 건강한 동근원적同根源的 관계가 존재에 대한 사유를 가능케 한다. 우리 시대에 기술에 대한 물음은 가능한 여러 철학적 탐구 중의 하나가 아니다. 그것은 시대의 중심에서 존재의 본질을 묻는 가장 근원적인 탐구이다.

3. 본질

하이데거는 "우리가 기술의 본질에 응답할 때 우리는 기술적인 것을 그 한계 내에서 경험할 수 있다"(Heidegger 1953b, 9쪽/국역본, 9쪽)고 말한다. 기술의 본질에 응답한다는 것은 무슨 말인가? 앞서 살펴본 바를 토대로 풀어보자면 기술에 대한 자유로운 관계를 맺는 것, 즉 기술의 본질을 개방하는 것이 응답의 중요한 내용이다. 그런데 여기서 본질은 무슨 뜻인가? 하이데거는 즉답을 피하는 대신 어떤 것의 본질이 그 어떤 것과 다르다는 점을 강조한다. 개개의 나무를 나무로서 속속들이 지배하는 나무의 본질은 흔히 보는 나무들 중의 하나와 동일시될 수 없다. 이는 나무에 대해서뿐 아니라 모든 존재자들에 적용될 수 있는 통찰이다. 그의 통찰을 형식화하면 다음과 같다.

x의 본질은 x와 다르다.

이로부터 우리는 기술의 본질이 기술과 서로 다르다는 명제를 추론할 수 있다. 즉 "기술의 본질은 결코 기술적인 어떤 것이 아니다."(Heidegger 1953b, 9쪽/국역본, 10쪽) 엄밀히 말해 하이데거가 던지는 기술에 대한 물음은 기술이 아니라 기술의 본질에 대한 물음이고, 그의 기술철학은 기술철학이 아니라 기술의 본질에 대한 철학이다. 탈레스 이래로 철학이 던져온 물음이 본질에 대한 물음임을 감안한다면 하이데거에게 철학의 물음은 다음과 같이 형식화될 수 있다.

철학에서 x에 대한 물음은 x의 본질에 대한 물음을 뜻한다.

기술과 기술의 본질은 어떠한 관계에 있는가? "우리가 기술의 본질에 응답할 때 우리는 기술적인 것을 그 한계 내에서 경험할 수 있다"는 하이데거의 말이 하나의 실마리를 제공한다. 기술의 본질에 응답할 때 비로소 우리는 기술을 경험한다. 그는 덧붙여 이렇게 말한다.

우리가 기술적인 것만을 생각하고 그것을 이용하는 데에만 급급하여 그것에 매몰되거나 〔그것을〕 회피하는 한, 우리는 기술의 본질에 대한 우리의 관계를 결코 경험할 수 없다.(Heidegger 1953b, 9쪽/국역본, 10쪽)

이를 앞서의 언명과 함께 묶어 요약하면 다음과 같다.

기술의 본질에 응답할 때 비로소 우리는 기술을 경험하지만, 기술적인 것에 붙들려 있는 한, 우리는 기술의 본질에 대한 우리의 관계를 결코 경험할 수 없다.

여기서 기술과 기술적인 것을 동의어로 간주한다면, 기술과 기술의 본질은 다음과 같이 정리된다.

기술의 본질(에 대한 응답)은 기술(에 대한 경험)의 전제이다.
기술(에 사로잡혀서)만으로는 기술의 본질(에 대한 우리의 관계를 경험하는 사태)로 나아갈 수 없다.

그런데 하이데거에 의하면 "우리는 기술에 붙들려 있다."(Heidegger 1953b, 9쪽/국역본, 10쪽) 그래서 자연히 우리는 "기술의 본질에 대해 장님이나 다름없다."(Heidegger 1953b, 9쪽/국역본, 10쪽) 이러한 상황을 어떻게 타개할 것인가?

4. 도구주의

하이데거는 아직 기술의 본질이 무엇인지 말하지 않았다. 대신 그는 옛학설에 따른 본질의 의미를 다음과 같이 소개한다.

> 어떤 것의 본질이란 그것이 무엇으로 존재하는 바 그것을 말한다.
> (Heidegger 1953b, 9쪽/국역본, 10쪽)

이어서 그는 기술에 대한 두 가지 상식적 견해를 소개한다. 하나는 기술이 목적을 위한 수단이라는 견해이고, 다른 하나는 기술이 인간행동의 하나라는 견해이다. 목적을 설정하고 거기에 맞는 수단을 끌어다 사용하는 것이 인간행동이기 때문에 사실 이 두 견해는 서로 같은 것이나 다름없다. 하이데거는 이 두 견해를 각각 기술에 대한 도구적·인간학적 규정이라고 부르지만, 두 견해가 서로 같은 것이라는 그 자신의 해석을 따라 우리는 이 두 견해를 한데 묶어 기술에 대한 도구주의라고 부르고자 한다.

하이데거는 기술에 대한 도구주의를 어떻게 보는가? 그는 도구주의가 "기막힐 정도로 옳다"(Heidegger 1953b, 10쪽/국역본, 11쪽)고 본다. 심지어 기술의 대혁신이 이루어진 현대의 기술에도 들어맞는다고까지 평가한다. 기술이 목적에 대한 수단으로서의 도구라 함은 기술을 중립적인 어떤 것으로 본다는 것을 함축한다.[3] 그는 아울러 기술이라는 이 중립적인 도구를 장악하고 지배하려는 인간의 의지를 인정한다.[4] 그런데 하이데거에 의하면 "기술을 중립적인 것으로 고찰할 때 우리는 무방비 상태로 기술에 내맡겨지는 최악의 상황에 봉착한다."(Heidegger 1953b, 9쪽/국역본, 10쪽) 그 이유를 직접 들어보자.

왜냐하면 현대에 와서 특히 사람들이 옳다고 신봉하는 이러한 사고방식은 우리를 전적으로 기술의 본질에 대해 장님으로 만들기 때문이다. (Heidegger 1953b, 9쪽/국역본, 10쪽)

하이데거 자신도 옳은 견해로 인정한 도구주의에 대한 이러한 평가는 좀 의외이다. 도구주의를 본질에 대한 옛 학설에 대입했을 때 우리는 기술의 본질이 도구라는 명제를 얻는다. 기술의 본질이 도구라는 도구주의가 기술의 본질에 대해 장님이나 다름없다는 하이데거의 평가를 어떻게 보아야 하는가? 몇 가지 가능성을 고려할 수 있다. 본질에 대한 옛 학설이 잘못되었거나, 그 학설은 맞는데 기술의 본질이 도구라는 주장이 잘못되었을 수도 있다. 그런데 하이데거도 도구주의가 옳다고 하지 않았던가?

6장에서 보았듯이 하이데거에 의하면 옳음은 앞에 놓여 있는 것과의 맞음 여부에 의해 결정된다. 그러나 옳음이 앞에 놓여 있는 것의 본

---

3 이는 국내외를 통틀어 아직도 기술에 대한 가장 유력한 견해이다.(김태길·김재권·이한구 2008, 91쪽 참조) 도구주의에 대한 보다 자세한 논의로는 다음을 참조.(이승종 2004)
4 이 지배에의 의지는 니체가 말한 힘에의 의지의 다른 표현이다. 그러나 앞으로 보겠지만 하이데거의 기술철학에서 이 의지는 인간으로부터 기술로 전이되어 귀속된다.

질까지 밝혀주는 것은 아니다. 본질의 밝힘에 대해서 하이데거는 옳음보다 진리라는 용어를 사용한다. 옳음과 진리라는 용어의 구분을 가지고 지금까지의 논의를 정리하면 다음과 같다.

옳음은 앞에 놓여 있는 것과의 맞음을 의미한다.
진리는 앞에 놓여 있는 것의 본질을 밝힘을 의미한다.
그저 옳기만 한 것은 아직 진리가 아니다.
진리만이 본질과의 자유로운 관계를 맺게 해준다.

옳음과 진리는 하이데거의 존재론에서 각각 존재자적인 것과 존재론적인 것에 대응한다고 볼 수 있다. 존재자적인 것이 앞에 놓여 있는 존재자들에 관한 것이라면 존재론적인 것은 그 존재자의 존재에 관한 것이다. 그리고 여기서 존재에 관한 것이란 그 존재자의 본질의 밝힘에 관한 것임을 의미한다. 그렇다면 옳음과 진리 사이의 차이는 존재자적인 것과 존재론적인 것 사이의 차이, 즉 존재론적 차이이다. 기술에 대한 도구주의적 해석뿐 아니라 하이데거 이후의 기술철학이 걸어온 경험주의적 행로에 대해서도 우리는 이 차이에 의거해 같은 진단을 할 수 있다.[5] 실제 기술에 대한 실증적이고 경험적인 분석을 지향하는 경험주의적 기술철학 역시 기술에 대한 존재자적 분석에 그치고 있다고 말이다.

기술에 대한 도구주의적 해석은 옳지만 참된 해석은 아니다. 기술의

---

5 기술철학의 경험주의적 방향 전환에 관해서는 다음을 참조.(Kroes and Meijers 2000; Achterhius 1997)

본질이 도구라는 명제만으로는 미흡하다. 그렇다면 기술의 본질에 대한 참된 해석은 어디서 찾을 수 있는가? 이미 우리는 기술에 대한 옳은 해석을 알고 있다. 이 해석에서 옳은 것을 철저히 밝혀내는 데서 참된 것을 찾아야 한다는 것이 하이데거의 답변이다. 예컨대 우리는 도구적인 것 그 자체가 무엇인지, 도구니 목적이니 하는 것들이 어디에 속하는지를 더 근원적인 지평에서 물어야 한다.

5. 원인

하이데거에 의하면 도구란 "그것을 갖고 어떤 것을 작용시켜 뭔가를 얻게 해주는 그런 것을 말한다."(Heidegger 1953b, 11쪽/국역본, 12쪽) 우리는 어떤 작용을 내는 것, 그리고 그 목적을 원인이라 부른다.[6] 목적을 위해 도구가 사용되는 곳에 원인이 성한다. 결국 도구주의적 기술관의 핵심을 이루는 도구와 목적이라는 개념은 모두 원인이라는 개념에 근거해 있다. 그렇다면 원인이란 무엇인가? 하이데거는 철학사를 통해 잘 알려진 아리스토텔레스의 4원인설을 비판적으로 소개한다.[7] 4원인설에 대한 표준적 해석에 의하면 예컨대 은잔을 만든다고 할 때 ① 그

---

6 그러나 다음 쪽에서 하이데거는 "목적인이나 목적성은 더 이상 인과성으로 간주되지 않는다"(Heidegger 1953b, 12쪽/국역본, 13쪽)고 정정하였다.

7 논의의 주제가 도구주의에서 도구와 목적을 거쳐 원인으로 바뀌고 시제와 장소가 현대에서 고대 그리스로 바뀌는 이 대목은 표면적으로는 미끄러운 비탈길의 오류the fallacy of slippery slope를 저지르는 것처럼 보인다. 그러나 도구주의의 핵심개념인 도구와 목적이 모두 원인이라는 개념에 근거해 있고 원인의 어원이 고대 그리스의 언어와 사유로 소급됨을 감안할 때 이러한 혐의는 해소된다.

재료가 되는 것이 질료인이고, ② 그 재료가 취하는 형태가 형상인이고, ③ 은잔을 규정하는 목적으로서의 제사가 목적인이고, ④ 은잔을 만드는 은장이가 작용인이다. 이 네 원인 중에서 인과성을 결정적으로 규정하는 것은 작용인인 것처럼 보인다(실제로 우리는 작용인 이외의 다른 세 원인을 더 이상 원인으로 간주하지 않는다). 원인의 라틴어인 '카우자 *causa'*, '카수스*casus'*는 동사 '카데레*cadere'*에 속하는데 이는 어떤 것이 이러저런 결과로 끝나도록 작용을 미친다는 의미이기 때문이다. 그러나 우리가 원인이라고 부르는 용어의 그리스어인 '아이티온 *αἴτιον'*은 작용인과는 아무런 관련이 없다. 아이티온의 의미는 '책임짐'이다. 그리고 이른바 4원인이란 책임짐의 공속적共屬的 방식들이다.

하이데거는 그리스어 아이티온의 의미를 토대로 앞서의 4원인설을 재해석한다.(Heidegger 1953b, 12~14쪽) ① 은은 은잔의 질료(휠레; *ὕλη*)로서 잔을 만드는 데 함께 책임을 지고 있으며, ② 은의 형태는 은잔이 은잔의 형태(보임새, 에이도스; *εἶδος*)로 나타나는 데 책임을 진다. 은잔은 자기를 존립하게 해준 은과 형태에게 빚지고 있기 때문에 이들에게 감사한다. ③ 은잔을 처음부터 축성과 봉헌의 영역에 국한해 사용하게 하는 텔로스*τέλος*도 은잔에 책임을 진다. 흔히 '목적'으로 번역되어 잘못 해석되어온 '텔로스'는 은잔을 제기祭器로서 완성시키며, 그로 말미암아 은잔은 그것이 제작된 후 존재할 바의 그것으로서 존재하기 시작한다. ④ 은장이는 위에 열거된 책임짐의 세 가지 방식들을 숙고하여 한군데에 모은다. 숙고한다는 말은 그리스어로 '레게인 *λέγειν'*, '로고스 *λόγος'*이다. 이 낱말은 '아포파이네스타이*ἀποφαίνεσθαι'*, 즉 앞에 내보임에 근거한다. 책임짐의 세 가지 방식들은 은장이의 숙고 덕에 은잔을 제사잔으로서 밖으로 드러내어 존재하게 하는 데 있어 각자의 역할을 다하게 된다. 그리고 은잔은 자신을 존재하도록 도와준 이들 넷에 빚지고 있으며 감사한다. 은잔이 앞에 있음, 이미 마련되어 놓여 있음(휘포케이스타이; ὑποκεῖσθαι)은 은장이를 출발점으로 하고 텔로스를 완결점으로 하는 현존의 사건이다. 이 사건에는 넷의 하나로 포개짐이 머물고 있다.

지금까지 살펴본 원인의 그리스적 의미와 라틴적 의미의 차이는 무엇인가? 라틴적 의미는 원인을 존재자의 외부에 설정하고 존재자에 작용을 미치는 어떤 힘으로 간주한다. 따라서 원인과 존재자 사이의 관계는 외적 강제의 관계이다. 반면 그리스적 의미는 원인을 존재자의 형성에 책임을 지고 이바지하는 도우미로 간주한다. 따라서 원인과 존재자 사이의 관계는 내적 양성의 관계이다. 외적 강제가 단일한 외부적 힘에 의해 강압적인 방식으로 이루어지는 데 반해, 내적 양성은 네 종류의 도우미가 각기 다른 방식으로 존재자의 출현을 돕고 있으며 존재자는 이 도우미들에 빚진 데 대해 감사한다. 전자는 일방적이고 무자비한 기계의 작용을 닮았고, 후자는 쌍방이 각각 돌보고 감사하는 마음의 손길을 닮았다. 앞으로 보겠지만 마음의 손길과 기계의 작용은 각각 고대의 기술과 근대 이후의 기술을 차이 짓는 중요한 은유가 된다.[8] 여기서 우리는 이 차이가 원인에 대한 그리스적 의미와 라틴적 의미의 차이에서 비롯됨을 기억해야 한다.

원인에 대한 그리스적 의미와 라틴적 의미의 차이는 아리스토텔레스로 대변되는 고대 그리스의 자연학과 뉴턴으로 대변되는 근대 자연

---

8 4원인설로 알려진 네 종류의 도우미는 하이데거의 후기 사유에서 사방四方; Geviert이라는 새로운 모습으로 손질되어 다시 등장한다. 이에 대해서는 다음 장에서 다시 논의할 것이다.

과학 사이의 단절적 관계를 해명하는 열쇠로 사용될 수 있다. 아리스토 텔레스에서 뉴턴으로의 패러다임 전환에는 탐구영역의 축소나 탐구방법의 변경과 같은 표현이 전제하는 패러다임 간의 연속성으로 해명될 수 없는 본질적 단절과 불연속이 개재되어 있다. 우리가 놓쳐서는 안 되는 것은 일견 두 패러다임이 공유하는 것처럼 보이는 주제나 낱말에도 통약 불가능성이 침투해 들어간다는 점이다. 아리스토텔레스와 근대과학이 공유하는 원인개념이 그러하다. 아리스토텔레스와 근대과학자들은 원인을 전혀 상이한 방식으로 사용한다. 근대과학은 물체 x에 미쳐 영향을 주는 물체 y의 힘을 x에 대한 원인으로 보지만, 아리스토 텔레스에게 원인은 앞서 살펴보았듯이 다른 어떤 것에 대해 책임을 진다는 의미이다. 고대에서 근대로의 패러다임 전환과정에서 원인의 이러한 차이는 망각된다.[9]

지금까지의 논의를 바탕으로 아리스토텔레스와 뉴턴의 패러다임 사이의 관계를 그림으로 나타내보면 다음과 같다.

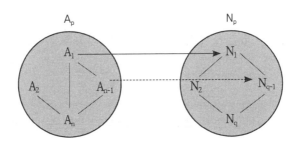

그림에서 A_p와 N_p는 각각 아리스토텔레스와 뉴턴 패러다임을 지

---

9 하이데거는 한 걸음 더 나아가 작용인*causa efficiens*이라는 라틴 번역 자체가 아리스토 텔레스와 관련 없는 무근거한 오역이라고 주장한다.(Heidegger 1953b, 13쪽)

칭한다. A_1과 N_1은 그 의미가 크게 변경되지 않은 개념, 예컨대 각각 아리스토텔레스와 뉴턴 패러다임에 나뉘어 소속된 장소의 이동으로서의 운동개념을 지칭하고,[10] A_{n-1}과 N_{q-1}은 그 의미가 크게 변경된 개념, 예컨대 각각 아리스토텔레스와 뉴턴 패러다임에 나뉘어 소속된 작용인을 지칭한다. A_n과 N_q는 각각 아리스토텔레스와 뉴턴 패러다임 중 어느 한 패러다임에만 속해 있는 개념, 예컨대 목적인과 중력개념을 지칭한다. A_p와 N_p에 속하는 개념들을 각 원 안에서 내적으로 이어주는 선들은 각 패러다임 내의 개념들이 내적으로 어떻게 연관되어 있는지를 나타낸다. 위의 그림은 패러다임의 변경에 따라 개념들의 의미뿐 아니라 개념들 사이의 내적 연관에도 불연속적 변화가 있었음을 보여준다.

6. 포이에시스

책임이 있다는 말은 도덕적 과오의 의미도 작용을 미치는 양상의 의미도 아니다. 전자는 그 말을 지나치게 소극적으로 해석하고 있고 후자는 지나치게 적극적으로 해석한다. 책임짐은 야기시켜 있도록 함이다. 그리고 원인의 그리스어인 책임짐은 플라톤이 향연에서 말한 '포이에시

---

10 장소의 이동으로서의 운동개념도 그 의미가 전혀 바뀌지 않은 것은 아니다. 아리스토텔레 스의 장소는 존재자의 본성에 깊이 연관되어 있지만, 뉴턴의 패러다임은 이러한 연관을 부정하고 있다. 이 차이를 간과하는 글레이즈브룩의 논의는 잘못되었다.(Glazebrook 2000, 230~231쪽) 우리는 두 패러다임이 공유하는 근본개념들 중에서 패러다임의 변화과정에서 그 의미가 전혀 바뀌지 않은 개념을 찾을 수 없었다.

스 $\pi o i \eta \sigma i s$ ', 즉 앞으로 드러내놓음으로 소급된다. 하이데거는 양자 사이의 관계를 다음과 같이 요약한다.

네 가지 원인들은 앞으로 드러내놓음 안에서 자신들의 역할을 한다. (Heidegger 1953b, 15쪽/국역본, 17쪽)

지금까지 책임짐과 연관하여 사용된 앞에 내보임(아포파이네스타이), 밖으로 드러나 존재함, 앞에 있음, 이미 마련되어 놓여 있음(휘포케이스타이), 현존, 출현, 야기시켜 있도록 함 등은 모두 존재자가 지금(시간적 현재) 여기(공간적 터; da)로 불러내어지는 존재사건의 면모를 여러 방식으로 표현하는 용어들이다. 이 다양한 용어들은 모두 존재사건을 보다 풍성하고 입체적으로 묘사하기 위해 고안된 것들인데 이들의 원조가 되는 용어가 바로 포이에시스이다. 따라서 하이데거는 이 용어의 그리스적 의미를 온전히 이해하는 것이 중요하다고 역설한다.(Heidegger 1953b, 15쪽)

앞으로 드러내놓음으로서의 포이에시스의 의미를 가장 탁월하게 구현하는 것은 '피지스 $\phi \upsilon \sigma i s$ ', 즉 스스로 안에서부터 솟아오름이다. 자연적 양상으로 그 자리에 있는 것은 앞으로 드러내놓는 돌출의 힘을 자신 안에 갖고 있기 때문이다. 하이데거는 스스로의 힘으로 만발하는 꽃을 그 예로 들고 있다. 이어서 그는 수공업적으로 또는 예술적으로 앞으로 드러내놓아진 것은—예컨대 은잔, 조각, 시 등—앞으로 드러내놓는 돌출의 힘을 자신 아닌 다른 데, 즉 수공업자나 예술가 속에 갖고 있다고 말한다.(Heidegger 1953b, 15쪽) 이러한 수공업적 혹은 예술적 행위와 능력이 기술의 그리스적 어원인 '테크네 $\tau \acute{\epsilon} \chi \nu \eta$ 이다.

그러나 하이데거가 제시한 피지스와 테크네의 이러한 구분은 오해의 소지가 있다. 그가 피지스의 예로 든 꽃이 만발하기 위해서는 스스로의 힘뿐 아니라 온도, 습도, 비, 바람, 토양, 곤충(벌) 등 외부의 도움이 필요하다. 테크네의 예로 든 은잔도 앞서 보았듯이 자신 외부의 은장이에 대해서뿐 아니라 질료인 은과 잔의 형태에 대해서도 빚지고 있다. 은잔에 없어서는 안 되는 질료와 형태는 은장이와는 달리 은잔의 외부에 있다고 보기 어렵다. 요컨대 피지스의 경우이건 테크네의 경우이건 모두 어떤 존재자를 앞으로 드러내놓는 존재사태는 그 존재자 안팎의 원인들에 빚지고 있다는 점에서는 차이가 없다. 하이데거도 다음에서 보듯이 이 점을 인정한다.

> 따라서 야기시켜 있도록 하는 방식들, 즉 네 가지 원인들은 앞으로 드러내놓음 안에서 자신들의 역할을 하는 것이다. 이를 통해 자연 내에 자라는 것뿐 아니라 수공과 예술의 제작품들도 각기 자신의 형태를 띠게 된다.(Heidegger 1953b, 15쪽/국역본, 17쪽)

그럼에도 피지스는 앞으로 드러내놓는 돌출의 결정적인 힘을 자신 안에 갖고 있는 데 반해 테크네는 자신 아닌 다른 데에 갖고 있다고 말할 수 있다. 꽃이 꽃으로 출현하는 가장 근원적인 이유가 스스로 그러함自然인 반면, 은잔이 은잔으로 출현하는 데는 은잔 외부의 은장이의 역할이 크기 때문이다. 즉 꽃의 경우와는 달리 은잔은 은장이가 없다면 온도, 습도, 비, 바람, 토양, 곤충(벌) 등 자연의 도움만으로는 결코 은잔으로서 출현할 수 없다.

하이데거는 이어서 포이에시스를 앞서 살펴본 참됨, 즉 진리와 연결

짓는다. 앞으로 드러내놓음으로서의 포이에시스는 은폐된 것이 탈은폐되는 사건이다. 그리스인들은 탈은폐를 '알레테이아 $\alpha\lambda\eta\theta\varepsilon\iota\alpha$'라는 낱말로 표현했다. 우리가 통상적으로 표상의 올바름 정도로 이해하는 진리의 어원이 바로 알레테이아다. 그리고 탈은폐로서의 진리가 바로 포이에시스의 근거이다.(Heidegger 1953b, 15~16쪽)

7. 테크네

이즈음에서 우리는 하이데거의 논의가 미끄러운 비탈길의 오류를 범하고 있지는 않은지 다시 한번 돌아보아야 한다. 우리는 기술에 대한 도구주의적 해석에서 출발했다. 이어서 도구주의의 골자인 도구라는 개념이 목적과 결부되어 있고 목적과 도구가 원인의 개념에 근거해 있다는 점에 착안해 고대 그리스의 4원인설로 논의를 소급하였다. 그리고 원인의 그리스어인 아이티온의 의미가 책임짐이고, 책임짐이 야기시켜 있도록 함이라는 것을 보았다. 이 네 가지 방식의 야기시켜 있도록 함을 자기 안에 집약하면서 통괄하는 것이 앞으로 드러내놓음을 의미하는 포이에시스이다. 이어서 우리는 포이에시스의 근거가 탈은폐로서의 진리라는 데에 이르렀다. 자못 현기증 나는 이 긴 논의의 출발은 수단으로 간주되었던 기술이 무엇인가라는 물음이었고 논의의 종착지는 탈은폐였다. 결국 기술에 대한 물음의 답변은 기술이 탈은폐의 한 방식이라는 것이다.

그러나 아직 우리에게는 이러한 하이데거의 답변이 매우 낯설기만 하다. 그의 답변을 제대로 이해하기 위해서는 기술의 어원인 테크네에 대한 공부가 좀 더 필요하다. 앞서 우리는 테크네가 앞으로 드러내놓음을 의미하는 포이에시스에 속함을 보았다. 그런데 하이데거에 의하면 테크네는 옛날부터 플라톤 시대에 이르기까지 인식을 의미하는 '에피스테메 ἡπιστέμη'라는 말과 같이 사용되어왔다.(Heidegger 1953b, 16쪽) 인식은 열어젖힘(해명)을 제공한다. 열어젖힘으로서의 인식은 일종의 탈은폐이다. 그중에서도 테크네는 스스로 자신을 앞으로 드러내놓지 못해서 아직 앞에 놓여 있지 않는 것, 그래서 금방 이렇게 저렇게 모양새를 바꾸어버릴 수 있는 그런 것을 탈은폐한다. 예컨대 은장이는 완성된 제기로서의 은잔을 머리에 그려 그에 맞춰 재료와 형태를 한데 모아 탈은폐한다. 따라서 테크네에서 결정적인 것은 결코 만드는 행위나 조작하는 행위 또는 수단의 사용에 있는 것이 아니라 이러한 의미의 탈은폐에 있다. 테크네가 앞으로 드러내놓음을 의미하는 포이에시스에 속하는 까닭도 여기에 있다. 테크네를 어원으로 하는 기술은 이러한 방식으로 탈은폐로서의 진리사건이 일어나고 있는 곳에 본질적으로 존재한다.

그러나 하이데거를 좇아 테크네의 탈은폐를 에피스테메의 지평으로 귀속시킬 경우 우리는 탈은폐의 중복이라는 문제에 봉착하게 된다. 예컨대 은장이는 자신이 앞으로 탈은폐할 은잔을 그에 앞서 머릿속에서 먼저 탈은폐하고, 이렇게 탈은폐한 은잔의 청사진에 따라 실제의 은잔을 탈은폐하게 되는 것이다. 은장이의 머릿속에서 이루어지는 인식상의 탈은폐를 탈은폐$_1$로, 실제 은잔의 탈은폐를 탈은폐$_2$로 구분할 경우, 하이데거는 탈은폐$_1$이 탈은폐$_2$보다 더 결정적인 것이라고 말한다. 그러나 이러한 주장은 비은폐를 존재사태로 간주하는 그의 철학과 잘 어울리지 않아 보인다. 은잔이라는 존재자에 대한 인식상의 탈은폐가 실제 은잔이 탈은폐되는 존재사태보다 더 앞서고 더 결정적이라는 주장은 하이데거와 같은 존재론자보다는 후설과 같은 인식론자에게 더 걸맞아 보인다.

우리는 지금까지 기술이 탈은폐의 한 방식이라는 하이데거의 명제를 그 명제를 구성하는 낱말들에 대한 하이데거의 고고학적 언어철학에 의거해 이해해보았다. 우리는 여기서의 기술이 기술적인 것과 동의어가 아니라 기술의 본질을 의미함을 잊어서는 안 된다. 그런데 ① 기술이 탈은폐의 한 방식이라는 하이데거의 명제는 혁명적 변화를 겪은 현대의 기술에도 적용될 수 있는가? ② 현대의 기술은 근대의 자연과학에 힘입어 그 이전의 기술과는 비교될 수 없는 전혀 다른 것이지 않는가? 그리고 근대의 물리학은 실험물리학으로서 기술적 시험장비와 그 제작의 발달에 의존하고 있지 않은가? 이에 대한 하이데거의 답변은 다음과 같다.(Heidegger 1953b, 17~18쪽) ① 현대의 기술도 탈은폐의 한 방식이지만 그것은 더 이상 포이에시스라는 의미의 앞으로 드러내 놓음의 방식으로 전개되지는 않는다. ② 앞서의 도구주의적 기술관이 그러한 것처럼, 근대의 자연과학과 기술 사이의 상호관계에 관한 견해는 옳지만 아직 참된 해석은 아니다.

그렇다면 우리는 다시 다음과 같은 물음을 하이데거에게 던져야 한다. 현대에 와서 기술이 탈은폐의 한 방식이라는 의미는 어떻게 변모하는가? 현대기술의 탈은폐 방식은 어떤 것인가? 이러한 물음을 살펴보는 과정에서 우리는 현대기술의 본질에 대한 참된 해석에 더 가까이 다가갈 수 있을 것이다.

8. 도발적 요청

하이데거는 현대의 기술의 탈은폐를 '도발적 요청Herausforderung'이라 규정한다.(Heidegger 1953b, 18쪽) 현대의 기술은 자연에게 에너지를 내놓으라고 도발적으로 요구하면서 자연을 무리하게 닦아세운다. 도발적 요청은 다음과 같은 특징을 갖는다. 첫째, 그것은 일정 한도의 필요에 따라서가 아니라 무제한적으로 자연의 에너지를 채굴하고, 변형하고, 저장하고, 분배하고, 다시 전환해 사용한다. 이 각각의 과정이 기술이 조장하는 탈은폐의 구체적 방식들로서 이를 관장하는 논리는 최소비용으로 최대의 효과를 창출하라는 것이다. 이 요청에 맞추어 채굴된 석탄 속에 축적되어 있는 태양열은 석탄과 함께 저장되어 있다가 열 제공을 강요받으며, 이 열은 증기를 공급해 그 압력으로 모터를 돌릴 것을 주문받으며, 이로써 하나의 공장이 가동된다.

둘째, 도발적 요청은 하나의 사슬을 이루며 자연을 총체적으로 압박한다. 그것은 무엇인가를 개발하고 산출해냄으로써 촉진시킨다. 그러나 이 촉진은 애초부터 다른 것의 촉진을 창출하려 한다. 그것은 예컨대 공기에게 질소 공급을, 대지에게 광석을, 광석에게 우라늄을, 우라늄에게 원자력 공급을 강요한다. 이로써 지구는 한낱 채탄장으로서, 대지는 한낱 저장고로서 탈은폐된다.

셋째, 모든 것이 이 요청에 맞추어 가설되고 변조되고 탈은폐된다. 강물에서 쥐어짜낸 수압이 터빈을 돌리고, 이 터빈의 회전으로 기계가 돌며, 이 기계의 모터가 전류를 산출해내고, 이 전류를 송출하기 위해 육지의 변전소와 전선망들이 세워진다. 이 과정에서 강 물줄기는 수력발전소에 맞추어 변조되고, 강은 수압 공급자로서 발전소의 본질에 맞추어 자신을 탈은폐한다.

넷째, 도발적 요청은 모든 생산의 의미를 자신의 방식으로 흡수하여 단일화시킨다. 예컨대 그것은 논밭에서 나는 먹을거리의 생산에까지 그대로 적용된다. 과거의 경작이 씨앗을 뿌려 싹이 돋아나는 것을 그 생장력에 내맡기고 그것이 잘자라도록 보호하는 것이었다면, 현대의 경작은 농토에 비료와 살충제를 쏟아 부으며 농작물을 내놓으라고 강요하며 도발적으로 닦아세운다. 경작은 이제 정성껏 키우고 돌보는 일이 아니라 기계화된 식품공업일 뿐이다.

현대의 기술은 모든 존재자로 하여금 어디에서나 즉시 가까이 지정된 자리에 놓여 있을 것을 도발적으로 요청한다. 이러한 요청에 따라 탈은폐되는 존재자들이 그 자리에 현존하는 방식을 하이데거는 '부품 Bestand'이라 부른다.(Heidegger 1953b, 20쪽) 존재자에 대한 근대의 이해방식이 우리와 마주 서 있다는 의미의 '대상'이었다면, 현대의 기술시대에 존재자에 대한 이해방식은 '부품'이다. 부품으로서의 존재자는 더 이상 자립적이지 못하다. 부품은 자신의 신분을 수행 가능한 임무의 요청에서만 부여받기 때문이다. 여기에는 인간도 해당한다. 그 역시 하나의 부품이자 인적 자원으로서 자연에너지를 채굴해내라는 요청을 받는 것이다. 이 과정에서 그 역시 도발적 요청이 이루는 사슬에 엮여 있다. 예컨대 숲에서 벤 나무들을 측량하는 산지기는 나무들로부터 섬유소를 만들어내라는 목재가공산업의 주문요청에 얽혀 있으며, 섬유소는 종이의 수요에 의해 강요되고, 종이는 신문이나 읽을거리를 위해 공급되며, 신문과 대중잡지들은 주문받은 여론조성에 응할 수 있기 위해 공공여론으로 하여금 인쇄된 것을 먹어 삼키도록 닦아세운다.

인간은 자연에너지보다 더 근원적으로 도발적인 주문을 받는다는 점에서 여타의 부품과 구별된다. 그는 기술을 활용함으로써 주문요청에 의한 탈은폐에 관여하기 때문이다. 그렇다고 탈은폐의 주체가 인간인 것만은 아니다. 인간은 기술이라는 탈은폐의 한 방식이 말 건네와 도발적으로 요청하는 것에 응답할 뿐이다. 도발적 요청이 인간으로 하여금 존재자를 부품으로서 주문요청하도록 닦아세우는 것이다.

9. 몰아세움

하이데거는 인간을 주문요청으로 집약시키는 도발적 요청을 '몰아세움Ge-stell'이라 부른다.(Heidegger 1953b, 23쪽) 그에 의하면 바로 이것이 지금까지 우리가 찾고자 했던 현대기술의 본질이다. 그가 이 용어를 사용하는 까닭은 '몰아세움'에 새겨진 '세움Stellen'이라는 어근의 역사적 연속성 때문이다. 세움으로부터 그 자리에 현존하는 것을 탈은폐시키는 포이에시스의 의미로서의 '이쪽에-세워놓음(Her-stellen; 내세움)', '눈앞에-세워놓음Dar-stellen'과 같은 말이 파생되어 나온다. 고대 그리스의 탈은폐 방식이었던 앞으로 드러내놓는 이쪽에-세워놓음뿐 아니라, 인간이 주체로서 여타의 존재자를 대상Gegenstand으로서 우리와 마주 서 있게 하는(Gegen-stellen; 맞세움) 근대의 탈은폐 방식인 '표상(Vor-stellen; 자기 앞으로 세움)'에도 세움Stellen이 새겨져 있다.(Heidegger 1938, 92쪽)

　현대기술의 본질인 도발적 요청으로서의 몰아세움은 이들 다양한 세움과 어떤 점에서 같고 다른가? 이들은 모두 탈은폐, 즉 알레테이아의 방식들이라는 점에서 같다. 이들 용어에 공통적으로 간직된 세움(Stellen; 기起)이 탈은폐의 생기生起 사건의 모태가 된다. 그러나 몰아세움은 도발적 요청의 의미에서 보았듯이 고대의 포이에시스나 근대의 표상과는 다른 방식으로 모든 존재자를 한데 몰아Ge세우는Stellen 현대기술의 고유한 탈은폐 방식이다. 이로써 우리는 현대기술에 대한 하이데거의 통찰의 정수에 도달했다. 그의 통찰을 구성하는 몰아세움, 도발적 요청, 부품 사이의 관계를 정리하면 다음과 같다.

현대기술의 본질은 몰아세움이다.
몰아세움은 현대기술의 탈은폐 방식이다.
몰아세움의 특징은 도발적 요청이다.
현대기술은 모든 존재자를 부품으로서 탈은폐시킨다.

지금까지 기술은 과학의 응용물 내지 부산물로 여겨져왔다. 그러나 하이데거는 이러한 통념을 전복시켰고 아울러 여기서 한 걸음 더 나아가 근대와 현대의 시대적 순서마저 역전시킨다. 근대의 자연과학에 이미 현대기술의 본질과 이념이 작동한다는 것이다. 그는 자연을 계산 가능한 힘의 연관으로 드러나도록 닦아세우는 근대 자연과학의 표상방식이 바로 그 이유 때문에 실험기제를 주문요청한다고 본다. 주문요청하는 탈은폐로의 도발적 집약이 이미 자신 안에서 전개된다는 점에서 근대의 자연과학은 현대기술의 본질인 몰아세움의 사절이라는 것이다.(Heidegger 1953b, 25쪽) 그는 이를 다음과 같이 요약한다.

자연에 대한 근대물리학적 이론은 단순히 기술의 선구자일 뿐만 아니라 또한 현대기술의 본질의 선구자이기도 하다.(Heidegger 1953b, 25쪽/국역본, 30쪽)

그런데 근대의 자연과학을 몰아세움의 사절로 보는 하이데거의 견해는 근대의 학문을 주체의 표상으로 이해하는 그의 견해(Heidegger 1938)와 어떻게 양립가능한가? 근대의 학문과 현대의 기술을 근대와 현대의 시차를 감안하지 않고 어떻게 한데 묶을 수 있는가?[11]

10. 은폐와 탈은폐

하이데거도 이러한 문제를 의식해 다음과 같이 자문한다.

그러나 수학적인 자연과학은 현대기술보다 거의 200년이나 앞서 등장하지 않았던가. 어떻게 그런 자연과학이 그때 벌써 현대기술에 의해 자기에게 유용하도록 다그침을 받을 수 있었겠는가?(Heidegger 1953b, 25쪽/국역본, 30쪽)

하이데거는 이에 대해 그것이 비록 역사학적historisch으로는 올바른 견해이지만 역사적geschichtlich으로는 참은 아니라고 답한다.

역사학적인 시대구분에서 근대 자연과학의 시작은 17세기의 일이다.

---

11 「기술에 대한 물음」에서 하이데거는 'neuzeitlich'와 'modern'이라는 서로 다른 용어로 근대와 현대를 각각 명확히 구분한다. 이 텍스트의 영역자 로빗Lovitt은 두 용어를 모두 'modern'으로 번역함으로써 이 중요한 구분을 간과하였다.(M. Heidegger, "The Question Concerning Technology," *The Question Concerning Technology and Other Essays*(New York: Harper & Row, 1977)에 재수록)

이에 반해 발전기 기술은 18세기 말엽에야 비로소 발전되기 시작한다. 그러나 역사학적인 확인에서 나중의 것인 현대기술이 그 안에서 전개되는 본질을 고려해볼 때 역사적으로는 더 이른 것이다.(Heidegger 1953b, 26쪽/국역본, 31쪽)

하이데거의 관점에서 볼 때 역사학Historie은 존재자적 지평에 놓여 있는 반면에, 역사Geschichte는 존재론적 지평에 놓여 있다. 이 둘 사이의 존재론적 차이를 감안할 때 자연과학과 기술은 모두 존재자적 지평과 존재론적 지평에서 서로 다른 의미의 순서와 연관하에 엮일 수 있다.

그렇다면 현대기술의 탈은폐 방식인 몰아세움이 근대 자연과학의 탈은폐 방식인 표상보다 역사적으로는 더 이르다는 말인가? 만일 그렇다면 그러한 일이 어떻게 가능한가? 이러한 역설적 사태를 이해하기 위해서는 존재사태를 구성하는 은폐와 탈은폐 사이의 고유한 역사적 관계를 이해할 필요가 있다. 하이데거는 다음과 같은 실마리를 우리에게 준다.

현대기술의 본질뿐만 아니라 본질적으로 존재하는 모든 것은 어디에서나 오래전부터 이미 은폐된 채 남아 있다. 비록 그것의 번성함이라는 측면을 고려해본다면 그것은 어떤 것보다도 앞서 진행되는 것, 즉 가장 이른 것으로 남아 있다.〔…〕번성하는 지배와 관련해 먼저의 것이 우리 인간에게는 나중에 알려진다. 원래 시원적으로 초기의 것이 인간에게는 마지막에나 비로소 드러나는 법이다.(Heidegger 1953b, 26쪽/국역본, 30쪽)

이를 정리해 형식화하면 다음과 같다.

x의 본질은 x의 번성 중에도 은폐된 채 남아 있다.
존재론적으로나 시간적으로나 x의 본질은 x의 번성에 앞선다.
x의 본질은 x의 번성보다 나중에 알려진다.

요컨대 x의 본질은 x의 번성에 대해 존재론적으로는 앞서지만 인식론적으로는 뒤선다. 이를 하나의 순서로 구성해보면 우리는 다음과 같은 도식을 얻는다.

x의 본질→x의 번성/x의 본질의 은폐→x의 본질의 탈은폐

x에 현대기술을 대입하자면 우리는 다음과 같은 명제를 얻는다.

현대기술의 본질인 몰아세움은 현대기술의 번성 이전과 와중에도 은폐된 채 남아 있다가 나중에야 우리에게 알려진다.

그리고 이를 앞서의 근대 자연과학과 현대기술의 관계에 대입시키면 양자 사이의 역사학적 순서와 상반되는 다음과 같은 역사적 전개의 경로를 얻게 된다.

현대기술의 본질의 도래→근대 자연과학의 형성→현대기술의 번성/
현대기술의 본질의 은폐→현대기술의 본질이 인간에게 알려짐.

11. 표상

지금까지 우리는 은폐와 탈은폐의 도래 순서에 대한 하이데거의 전복적 스케치를 살펴보았다. 그러나 이로 말미암아 근대와 현대, 좀 더 좁혀서는 근대과학과 현대기술의 관계가 그 내용적 측면에서 충분히 논의된 것은 아니다. 이에 대한 논의를 위해서는 먼저 다음과 같은 하이데거의 언명에 주목할 필요가 있다.

> 현대물리학이 점점 자신의 표상영역이 관철될 수 없다는 사실에 자족해야 한다면, 그러한 체념은 어떤 과학자협회의 명령에 의한 것은 아니다. 그 체념은 자연을 부품으로 주문하도록 요청하는 몰아세움의 전개에 의해 도발적으로 요청된 것이다.(Heidegger 1953b, 26쪽/국역본, 31쪽)

이 구절은 비록 근대물리학으로부터 현대물리학으로의 이행이 점진적인 것이라고는 하지만, 양자를 각각 표상과 몰아세움으로 대별하고 있는 것처럼 여겨질 수 있다. 즉 근대 이래로 물리학의 역사가 표상으로부터 몰아세움으로 방향 전환했다는 것으로 읽힐 수 있다. 그리고 이러한 독해는 근대 자연과학을 현대기술의 본질과의 연관 하에 이해하는 앞서의 구도와 충돌하게 된다.

「기술에 대한 물음」보다 약 10년 앞서 발표한 「세계상의 시대」에서 하이데거는 근대 자연과학이 지니는 표상으로서의 성격에 대해 자세히 분석하였다. 그에 의하면 표상행위는 어떤 것을 장악하면서 계산적으로 파악하는 행위이다.

표상행위는 모든 것을 대상적인 것의 통일성으로 함께 몰아넣는다. 표상행위는 코아기타치오*coagitatio*이다.(Heidegger 1938, 108쪽/국역본, 175쪽)

생각하는 나의 의식영역 속에서 모든 것을 표상하여 대상화하면서 몰아넣는 행위 전체를 의미하는 코아기타치오는 몰아세움을 연상케 한다. 몰아세움이 존재자 전체를 주문요청으로 몰아세우는 것처럼, 코아기타치오도 존재자 전체를 표상적 대상으로 몰아세운다. 모든 것을 일정한 좌표계 안에 놓인 질점質點으로 평준화하여 해석하고 이 점들 사이에 작용하는 힘과 운동관계를 연구하는 근대의 질점역학이 그 대표적인 예이다. 결국 근대의 코아기타치오는 의식 혹은 근대과학의 영역에서 관철되는 몰아세움의 한 사례로 풀이할 수 있다.

표상에 대한 하이데거의 분석은 근대물리학과 현대물리학을 각각 표상과 몰아세움으로 대별하는 앞서의 독해가 잘못된 것임을 입증한다. 현대물리학이 대두하고 근대물리학이 퇴조하면서 그와 함께 표상의 시대도 지나갔지만, 몰아세움은 근대를 넘어 현대에 이르기까지 여전히 작동하기 때문이다. 하이데거는 다음과 같이 말한다.

현대기술의 본질이 몰아세움에 기인하기 때문에 현대기술은 정밀 자연과학을 사용할 수밖에 없다. 그리하여 마치 현대기술이 응용된 자연과학인 것 같은 기만적 허상이 생기는 것이다.(Heidegger 1953b, 27쪽/국역본, 31~32쪽)

이 구절은 자연과학이 기술을 사용하는 것이라는 통념을 부정하고 그 역이 참임을 역설한다. 하이데거에 의하면 기술이 자연과학의 응용이 아니라 자연과학이 기술의 응용인 셈이다. 통념의 전복은 여기에 그치지 않는다. 「기술에 대한 물음」에서 '정밀 자연과학'이라는 표현이 근대 자연과학을 지칭하는 용어로 사용되었다는 점을 감안한다면 (Heidegger 1953b, 25쪽), 위의 구절은 현대기술이 근대와 현대의 자연과학을 두루 사용하고 있으며 현대의 자연과학뿐 아니라 근대의 자연과학도 현대기술의 응용인 것으로 읽을 수 있다. 이러한 독해가 가능한 까닭은 이 구절에서의 논의가 현대기술의 본질인 몰아세움에 초점이 맞춰져 있기 때문이다.

기술은 과학에 의해서 일방적으로 형성되는 응용과학이 아니다. 오히려 기술이 자신의 목적을 달성하고 관련된 문제를 해결하기 위해 과학을 사용한다. 기술은 과학의 종속변수가 아니라 과학을 선도한다. 역사적 기원에서도 기술은 과학보다 먼저 등장했고, 과학기술사에서도 기술이 과학에 선행하는 경우는 얼마든지 찾아볼 수 있다. 예컨대 증기기관과 관련된 다양한 현상에 관한 체계적 설명은 증기기관이 발명된 후 2세기가 지나서야 비로소 이루어졌다. 아울러 기술적 수단이 존재하지 않는다면 과학은 발전할 수 없다. 패러데이는 물질의 구성에 관한 가장 최근의 발견을 잘 인식하고 있었으나, 진공상태를 만들 수 있는 기술이 그 당시에 아직 없었기 때문에 정확한 이론을 공식화할 수 없었다. 결국 그의 과학적 이론은 기술이 없었기에 이루어질 수 없었던 것이다. 과학과 기술의 연관성은 현대로 올수록 더욱 심화되어 이제는 기술의 뒷받침 없는 과학, 기술적 결과 없는 과학을 생각할 수 없을 정도가 되었다.(Ellul 1954, 8~10쪽) 그러나 과학의 기술의존성은 현상적 기술에 국한된 차원에서보다, 과학이 기술이 지향하는 합리성과 효율성을 관철하는 강력한 방법이며 바로 그 이유로 기술적 태도에 종속된다는 관점에서 이해되어야 할 것이다.

12. 오해와 이해

지금까지 살펴본 하이데거의 기술철학에 대해서 다양한 비판이 있어왔다. 이들 비판의 대부분은 핀버그의 저서에 집약되어 있으며 톰슨에 의해 적절히 논박되었다.(Feenberg 1999, 서문과 1장; Thomson 2005, 2장) 이 둘 사이의 논쟁을 토대로 하이데거의 기술철학에 대한 기존의 비판이 대부분 오해에서 비롯된 것임을 조목조목 밝혀보기로 한다.

첫째, 하이데거를 기술문명을 거부하는 우리 시대의 러다이트 Luddite[12]로 간주하는 비판이 있다. 은자隱者를 연상케 하는 그의 생활방식과 토착적 사유를 감안할 때 일견 일리가 있어 보이기는 하지만 이러한 비판은 정작 하이데거 자신의 다음과 같은 언명과 전혀 들어맞지 않는다.

> 기술은 두들겨 패서 쓰러뜨릴 수도 갈가리 찢을 수도 없다.(Heidegger 1962b, 38쪽/국역본, 105쪽)

그렇지만 만일 우리가 기술의 본질을 곰곰이 생각해본다면, 우리는 몰

---

12 영국의 산업혁명 당시 실직을 두려워하여 기계를 파괴하는 폭동을 일으킨 직공 단원.

아세움을 탈은폐의 한 역운歷運; Geschick으로 경험하게 될 것이다. 그때 우리는 이미 역운의 자유로움 안에 체류하는 것이다. 이때의 역운은 기술을 맹목적으로 활용하라는, 혹은 결국은 같은 말이지만 기술에 무기력하게 반항하여 기술을 악마의 작품이라고 단죄해버리라는 육중한 강압 속에 우리를 결코 가두어놓지는 않는다.(Heidegger 1953b, 29쪽/국역본, 35쪽)

기술에 악마적인 점은 없다.(Heidegger 1953b, 31~32쪽/국역본, 38쪽)

하이데거는 기술 철폐론자가 아니라 기술과의 자유로운 관계를 추구하며 기술이 보다 높은 단계의 이념에 봉사하게 될 기술문명의 긍정적 전향을 지향하는 사상가이다.

둘째, 하이데거의 화두인 기술은 존재하지 않으며 다양한 기술들만이 존재할 뿐이라는 비판이 있다.[13] 그러나 만일 이러한 비판이 옳다면 그럼에도 불구하고 다양한 기술들에 대해 기술이라는 공통의 이름을 붙이는 까닭은 무엇인가? 비판론자는 이에 대해 다양한 기술들이 하나의 공통된 본질을 표현하는 것으로 보는 하이데거의 견해가 더 큰 문제라고 응수한다. 하이데거의 견해를 받아들인다면 기술 전부를 받아들이거나 거부하는 양자택일의 선택지밖에 없게 된다. 이로 말미암아 각각의 기술이 초래할 수 있는 효용과 해악에 대한 균형 잡힌 비판이나

---

13 톰슨은 이러한 비판을 핀버그가 아닌 라투어Latour나 아이디Ihde에게 귀속시켰다.(Thomson 2005, 48쪽). 포스터도 이들과 같은 논지의 비판을 제기하였다.(Poster 2001, 32~33쪽)

정밀한 분석이 불가능하다는 것이다. 그러나 하이데거의 기술철학은 다양한 기술들에 초점을 맞추는 것이 아니라 우리 시대에서 존재자의 탈은폐가 기술의 본질인 몰아세움이라는 단일한 방식에 의해 주도되었다는 존재론적 사태에 초점을 맞추었음을 주지할 필요가 있다. 그는 다음과 같이 말한다.

> '몰아세움'이라는 낱말은 여기서 기구나 어떤 종류의 장비를 뜻하지 않는다. 그것은 또한 그러한 부품들의 보편적 개념을 뜻하는 것도 아니다. 기계와 장비들은 배전반配電盤의 직공과 제작 사무실의 기사가 몰아세움의 사례들이나 종류가 아닌 것처럼 몰아세움의 사례나 종류가 아니다. 〔…〕몰아세움은 결코 종種의 의미로서의 기술의 본질은 아니다.(Heidegger 1953b, 33쪽/국역본, 40쪽)

하이데거가 말하는 기술의 본질과 기술은 종의 본질과 종의 관계가 아닌 존재론적인 것과 존재자적인 것 사이의 존재론적 차이의 관계로 해석되어야 한다.

셋째, 기술의 본질에 대한 하이데거의 견해가 기술이라는 역사적 현상을 초역사적인 개념적 구성물로 해석하는 오류를 범하고 있다는 비판이 있다. 기술의 역사적 흐름을 단일한 본질로 고착시키기 위해 그가 기술의 본질에 대한 이해를 구체적 기술이 놓여 있는 사회 역사적 문맥으로부터 추상해냈다는 것이다. 이러한 비판에 대해서는 이미 하이데거의 「기술에 대한 물음」을 분석하면서 충분히 논파했다고 생각한다. 하이데거의 존재론적 성찰은 전적으로 그가 역운이라고 부른 기술의 역사성에 대한 성찰에 기반해 있으며, 기술의 본질 역시 그러한 역운의 보냄으로 이해되어야 한다.

넷째, 하이데거가 기술의 본질을 인간을 넘어선 통제 불가능한 자율적인 힘으로 이해하고 있으며 그런 점에서 기술을 물신화物神化; fetishize했다는 비판이 있다. 하이데거가 인간이 만들어낸 기술에 대해 인간으로부터 독립적인 어떤 마술적인 목적과 자율성을 부여했다는 것이다. 그러나 이러한 비판은 하이데거가 말하는 기술의 역운을 피할 수 없는 운명이나 숙명으로 오해하고 있다. 하이데거는 숙명론자도, 체념론자도, 비관론자도 아니다. 그는 오히려 기술의 위험에서 구원의 힘을 보았다. "위험이 있는 곳에는 그러나 구원의 힘도 함께 자란다"는 횔덜린의 시를 인용하면서 하이데거는 다음과 같이 말한다.

구원자는 그저 부수적으로 따라오는 것이 아니다. 구원자는 위험 곁에 서 있는 것도 아니다. 위험 자체가 위험으로서 존재할 때, 그것이 곧 구원자이다. 위험이 곧 자신의 은닉된 전향적인 본질에서부터 구원자를 이끌고 오는 한, 위험은 구원자이다. '구원하다'는 무엇을 말하는가? 그것은 '풀어주다', '자유롭게 만들어주다', '해방하다', '달래다', '감싸다', '지키다', '존속시키다' 등을 의미한다.(Heidegger 1962b, 41쪽/국역본, 115쪽)

하이데거는 기술의 본질과 자유로운 관계를 맺음으로써 기술의 존재론적 변형을 추구한다. 그런 점에서 그는 기술결정론보다는 오히려 기술의 민주화를 주창하는 사회구성주의에 더 가깝게 보일 수도 있다. 그러나 그는 기술의 본질에 대한 성찰과 거기에 수반되는 존재론적 변형이 전제되지 않는다면, 기술의 민주화조차 존재에 대한 기술적 이해를 되풀이하고 오히려 그러한 식의 이해를 더 공고히 할 수 있으리라고 경고할 것이다.

8. 정보, 매체, 기술

하이데거의 기술철학에 대한 가장 강력한 비판은 그의 기술철학이 뉴미디어 시대의 정보를 취급하는 매체철학으로는 부적합하다는 주장이다. 전자는 기계 등의 하드웨어에 대한 것인 데 반해 후자는 기호라는 소프트웨어에 대한 것이라는 점에서 다루는 주제에서부터 뚜렷이 다르다는 것이다.(Poster 2001, 23쪽) 뉴미디어 시대의 정보기술에 대한 통찰은 인터넷이나 휴대전화와 같은 구체적 매체에 대한 통찰로부터 출발하는 바텀 업buttom up의 상향추론이어야 하는데, 존재론적 지평을 고집하며 탑 다운top down의 하향추론으로 일관하는 하이데거의 기술철학은 새로이 출현하는 매체들의 특징을 적절히 설명하지 못했다는 것이다.[14]

---

14 각각의 기계유형에 대하여 기계가 지닌 언표행위의 특이한 힘에 대해 질문을 제기하는 가타리의 기계철학은 하이데거의 기술철학이 견지하는 절차와 위계를 전복하고 있다. 가타리는 다음과 같이 말한다. "통상적인 용법으로 우리는 기계를 기술의 하위 집합이라고 말한다. 그러나 우리는 기술이라는 문제설정이 기계라는 문제설정에 의존해 있다고 생각

사실 하이데거는 뉴미디어 시대를 보지 못했기 때문에 정보기술에 대해서도 단편적인 언명만을 남겼을 뿐이다. 우리는 이 장에서 그가 남긴 이 한 줌의 언명과 지금까지 살펴본 기술철학을 길잡이 삼아 매체와 정보에 대해 사유할 것이다. 이 과정을 통해 그의 성찰이 뉴미디어 시대에도 여전히 유효하고 적합한 것임을 간접적으로 증명하려 한다. 그리고 이 장의 후반부에서는 기술에 대한 하이데거의 사유를 계승하는 대표적 기술철학자들의 성과를 비판적으로 논의할 것이다.

1. 정보

「기술에 대한 물음」에서 하이데거는 물리학에서의 변화를 묘사하면서 표상과는 구별되는 정보라는 새로운 개념을 도입하였다.

> 물리학은 바로 얼마 전까지만 해도 단 하나의 결정적이었던 표상작용, 즉 오직 대상으로만 향한 표상을 양보한다 해도 다음의 하나만은 포기할 수 없었다. 그것은 자연이 계산에 의해 확정될 수 있는 방식으로 자신을 알려오며 일종의 **정보체계**로서 주문요청될 수 있는 것으로 남아 있다는 것이다.(Heidegger 1953b, 26쪽; 강조는 인용자가 추가/국역본, 31쪽)

해야지, 그 반대라고 생각해서는 안 된다. 기계는 기술의 표현이기보다는 기술에 앞서는 것이 될 것이다." (Guattari 1992, 33쪽/국역본, 49쪽)

근대물리학으로부터 현대물리학으로의 이행과정에서 표상은 포기되었지만 몰아세움의 주문요청만은 그대로 남아 있다는 하이데거의 말은 근대와 현대, 근대과학과 현대기술이 적어도 그 본질적, 존재론적 차원에서는 서로 단절 없는 연속선상에 놓여 있음을 함축한다. 요컨대 현대물리학도 자연을 계산 가능한 힘의 연관으로 추적해 닦아 세우기는 근대물리학과 마찬가지이다. 그럼에도 놓쳐서는 안 되는 중요한 변화는 물리학이 표상적 학문에서 정보체계로 변모했다는 점이다. 학문이 정보체계로 주문요청되는 시대가 바로 하이데거가 본 현대의 본질이다. 그리고 그것은 다름 아닌 현대기술의 본질이기도 하다. 하이데거가 보기에 표상적 학문에서 정보체계로 변모한 물리학은 그에 맞추어 변형된 인과율에 의해 규정된다.(Heidegger 1953b, 26쪽) 인과율은 더 이상 앞으로 드러내놓음의 성격도, 작용인의 양식도 내보이지 않는다. 그것은 이제 확보되어야 할 부품들을 도발적 요청에 따라 알려주는 것 정도로 축소되어버릴 것으로 전망된다.

표상으로부터 정보체계로의 변모는 비단 물리학과 같은 학문의 영역에 국한된 것만이 아니다. 뉴미디어 시대를 이끄는 컴퓨터와 인터넷은 사이버공간이라는 새로운 지평의 정보공간을 탈은폐시켰다. 아울러 뉴미디어 기술은 이제 인간을 포함해 존재하는 모든 것을 디지털방식으로 양화量化 처리하여 인터넷상에서 손쉽게 유포되고 이용될 수 있는 정보의 다발로서 주문요청하였다.(Heidegger 1989, 22쪽; Chesher 1997, 88쪽; 문동규 2004, 188~189쪽) 뉴미디어 시대의 정보기술 역시 존재자들을 부품으로 탈은폐하기는 마찬가지이지만 그 부품의 두드러진 성격이 정보체계로 변모한 것이다. 정보기술은 탈은폐된 정보를 이용해 세계 전체에 대한 총체적이고 안정적인 조종을 지향한다. 정보기술의 이러한 지향성 역시 기술의 본질인 몰아세움의 연장선상에 있는 것으로 볼 수 있다.

우리는 여기서 뉴미디어 시대의 정보기술이 생활세계가 아닌 (정보) 체계에 귀속되는 것임을 유념할 필요가 있다. 생활세계가 인간행위와 경험이 갖는 의미를 공유하는 영역이라면, 체계는 기술이 자신을 관철시키는 방식으로 구성되는 영역을 말한다.[15] 뉴미디어가 이끄는 정보 체계는 자신의 영역을 생활세계의 소통으로까지 뻗치고 있다. 뉴미디어 시대에 대한 매체철학적 성찰은 생활세계에서의 전통적 소통이 정보기술의 가파른 침투에 의해 어떠한 변모를 겪게 되는지에 초점을 맞추어야 할 것이다.

뉴미디어 시대 이전에는 부품이 주로 수력발전소와 같은 하드웨어적인 것이었다면 뉴미디어 시대에는 부품이 주로 정보와 같은 소프트웨어적인 것으로 변모하였다. 기술철학과 매체철학의 관계도 양 담론이 각각 화두로 삼는 부품의 하드웨어성(기술철학)과 소프트웨어성(매체철학)에서 차이는 있지만, 두 담론 모두 부품의 탈은폐에 초점 잡혀 있다는 점에서 적어도 그 본질적, 존재론적 차원에서는 서로 단절 없는 연속선상에 놓여 있다고 보아야 한다. 매체도 기술에 포섭되며 기술철학과 매체철학 모두 기술과 매체의 은폐와 탈은폐에 초점 잡혀 있기 때문이다. 정보는 주어진 데이터를 일정한 틀form에 집어넣는 틀박음 information=enframing[16]의 과정을 통해 형성된다. 우리는 틀박음으로

---

15 체계와 생활세계는 하버마스의 의사소통 이론에서 상세히 다루어졌다.(Habermas 1981 참조) 우리는 그의 개념을 우리 논의의 맥락에 맞춰 수정해 사용하고자 한다.

16 '틀박음', 'enframing'은 'Ge-stell'의 번역어로 사용되기도 한다.

서의 정보를 데이터에 대한 몰아세움으로 이해할 수 있다. 정보로서의 기술은 데이터를 정보로 몰아세워 처리하고 전송하고 조종한다. 그런 점에서 소프트웨어적 정보는 하이데거의 기술철학에 하드웨어적 기술 보다 더 잘 부합한다고 말할 수 있다.(Buckley 1992, 241쪽)

매체에 대한 하이데거의 사유가 탑 다운에 국한해 있다는 비판 역시 올바른 평가가 아니다. 앞으로 보겠지만 타자기, 텔레비전 등에 대한 그의 성찰은 각각의 매체가 지니는 서로 다른 특징들에 대해 주목하기 때문이다.(Heidegger 1982, 119쪽; 1950a, 157쪽)

2. 타자기

정보는 기능적 사고와 태도를 반영하는 조건문 형태의 프로그램이나 매뉴얼의 성격을 띤다.(Flusser 1987, 7장) 프로그램이 규정하는[17] 세계 에서 세계와 우리는 여타의 존재자들과의 구별 없이 무차별적으로 평 준화된다. 이와 관련하여 하이데거는 다음과 같이 말한다.

> 역사와 전승이 다양한 정보를 동일한 형태로 저장해놓는 그런 장소에
> 서 평균화됨으로써 결국은 마음대로 조정 가능한, 인류가 필요로 하는
> 불가피한 계획을 위해서 평균화된 정보로서 이용되는 일이 생길 수도
> 있다.(Heidegger 1967, 서문/국역본, 1권 32쪽)

---

17 '프로그램'이라는 낱말은 '규정'으로 번역되는 독일어 'Vorschrift'의 의미를 지닌 그리 스어 'programma'에서 파생되었다.(Flusser 1987, 57쪽) 'Vorschrift'를 문자적으로 풀면 'pro'('Vor') + 'gramm'('Schrift')이 된다.

문자의 디지털적 코드변환과 더불어 역사와 전승이 마음대로 조정 가능한 평균화된 디지털정보로 처리되어 이용될 때 문자가 구축해온 역사의 시대는 종말을 고하게 된다. 존재의 시간성과 역사성에 대해 평생을 사유해온 하이데거는 인문학적 사유가 탈역사의 시대에 이르러 역사의 운명과 함께 골동품으로 전락하게 될지도 모른다는 우려를 표현하였다.

사유가 정보의 물결 속에서 사멸되고 말 것인지, 아니면 자기 자신에게 은닉되어 있는 사유의 유래를 통해서 보호하도록 [사유가] 밑으로 침잠해 들어가야 할 바닥Unter-gang이 사유에게 규정되는지는 여전히 물음으로 남아 있다.(Heidegger 1967, 서문/국역본, 1권 32~33쪽)

비록 컴퓨터가 주도하는 디지털혁명을 목격하지는 못했지만 하이데거는 이미 1957년에 이를 예견하는 듯한 다음과 같은 선구적인 진단을 내린다.

언어기계는 기계적인 에너지와 기능을 통해 가능한 언어사용 양식을 미리 규제하고 조정한다. 언어기계는 현대기술이 언어의 양식과 언어세계를 조절하는 하나의 방식이다. [⋯] 그 와중에도 인간이 언어기계의 주인이라는 인상이 여전히 유지되고는 있다. 그러나 언어기계가 언어를 관리감독하고, 인간의 본질을 지배한다는 것이 사실이다.(Heidegger 1957, 36쪽)

일찍이 니체는 "우리가 사용하는 글쓰기 도구가 우리의 사유에 함께 가담한다"(Nietzsche 1975, 172쪽)고 갈파한 바 있다. 그렇다면 하이데거는 당대의 글쓰기 도구가 우리의 사유에 어떻게 가담한다고 보았는가? 그는 타자기에 대한 다음과 같은 귀중한 철학적 성찰을 남겼다.

> 현대인들이 타자기'로' 글을 쓰고 기계'에게' '받아쓰게' 하는 것은〔…〕우연이 아니다. 글쓰기 종류에 대한 이러한 '역사'가 낱말이 점차 파괴되어가는 주된 이유의 하나이다. 낱말은 더 이상 글을 쓰고 본래적으로 움직이는 손을 통해서가 아니라 손의 기계화된 압력을 통해 오고 간다. 타자기는 손의 본질적인 영역으로부터 손의 필체를 앗아갔다―그리고 이것이 의미하는 바는 손이 낱말의 핵심적 영역으로부터 제거되었다는 사실이다. 이제 낱말은 '타이프된' 어떤 것이 되었다.〔…〕기계화된 쓰기법은 씌어진 낱말의 영역에서 손의 존엄성을 박탈했으며, 낱말을 단순한 의사소통의 수단으로 전락시켰다. (Heidegger 1982, 119쪽)

쟁기를 손에 쥐고 대지를 경작하는 농부가 손에 쥔 쟁기를 통해 대지와의 사용연관을 맺는 것처럼, 펜을 손에 쥐고 글을 쓰는 사람은 손에 쥔 펜을 통해 글과의 사용연관을 맺는다. 양자의 경우 사용연관의 매체는 손이다. 그러나 타자기나 컴퓨터를 통해 글을 쓸 때 글은 사람의 손을 떠나 타자기나 컴퓨터와 같은 메커니즘의 작동으로 전환한다. "타자기에서 우리는 메커니즘이 낱말의 영역으로 침입하는 것을 본다."(Heidegger 1982, 126쪽) 이 과정에서 손에서 비롯되는 고유한 필체의 아우라는 거세되고 일률적으로 정형화된 폰트(글꼴)가 이를 대체한다.

글쓰기의 영역에 침입한 메커니즘에 의한 손과 필체의 물러섬과 사라짐, 그리고 정보와 프로그램의 도래에 의한 존재자들의 평준화는 하이데거가 보기에 사유와 역사의 종말을 알리는 전주곡들이다. 인간의 감각기관을 대상으로 미디어가 밤낮없이 융단폭격으로 쏟아 붓는 정보들은 사유능력의 약화로 비판능력을 상실한 인간에게 아무런 여과 없이 그대로 수용되면서 인간을 한낱 순응적인 로봇이나 좀비로 변화시키고 있다.

3. 거리없앰

하이데거에 의하면 인간은 세계내부적으로 만나게 되는 존재자와 배려하며 친숙하게 왕래한다는 의미로 세계 안에 존재한다.(Heidegger 1927, 104쪽) 결국 세계-내-존재로서의 인간은 타자와 소통하는 존재이다. 소통하는 존재자로서의 인간의 존재양식을 하이데거는 '거리없앰Ent-fernung'이라 부른다. 거리없앰이란 물리적 거리의 말소를 의미하는 것이 아니라 친근해짐, 친밀함을 의미한다. 하이데거가 "**현존재에 친밀성으로 향한 본성적 경향이 있다**"(Heidegger 1927, 105쪽/국역본, 149쪽)고 말할 때 그는 인간이 이러한 소통을 지향하는 존재임을 천명하는 것이다.

인간의 소통은 오늘날 뉴미디어의 개입에 의해 광범위하게 영향 받고 있다. 그 영향은 이행transitivity의 원리[18]에 의거한 다음과 같은 추론에서 쉽게 확인할 수 있듯이 소통 당사자인 인간에게까지 직접적인

---

18 X→Y이고 Y→Z이면 X→Z라는 원리.

영향을 미친다.

 인간은 소통에 의해 형성된다.
 소통은 뉴미디어에 의해 형성된다.
 _____

 ∴ 인간은 뉴미디어에 의해 형성된다.

 그렇다면 뉴미디어는 소통에 어떻게 개입하는가? 소통을 방해하는 공간상의 간격과 시간상의 지체는 무선전화, 인터넷, 영상통화, 화상회의 등 신기술의 대두로 말미암아 빠르게 소멸의 길로 치닫는 추세이다. 이미 세계가 뉴미디어와 교통의 비약적 발전에 힘입어 지구촌으로 좁혀졌고, 한 걸음 더 나아가 소통에 개재되는 시공간의 물리적 거리가 완전한 0으로 압축되는 날이 꿈이 아닌 현실로 우리 눈앞에 다가온 것이다. 세계로 나아갈 것도 없이 주변 사람과 사람 사이의 물리적 거리도 마찬가지이다. 이웃사촌이라는 우리 속담이 물리적 거리를 척도로 한 친소관계의 표현이라면, 아파트에 사는 사람들은 양 벽과 천장, 그리고 바닥을 사이에 두고 좌우상하 사방으로 불과 몇 센티미터를 사이에 두고 많은 이웃사촌들과 같은 건물 안에서 동거하는 셈이다. 아울러 우리는 유럽에 있는 친구와 채팅하고 미국에 있는 기업임원들과 화상회의를 한다. 소통의 영역에서뿐 아니라 이미 인간 삶의 모든 영역에서 물리적 거리가 압축의 임계점에 육박해가는 느낌이다.
 그러나 이로 말미암아 사람들은 소통이 지향하는 친밀도를 제고했는가? 뉴미디어에 의지해 온갖 타자와 더 많이 소통할수록 현대인의 고립감과 소외감은 역으로 더욱 깊어만 간다. 뉴미디어에 의한 소통이 친밀성의 도모와 큰 상관이 없기 때문이다.[19] 유럽에 있는 친구와는 채팅은 할 수 있어도 분위기 있는 카페에서 이마를 맞대고 함께 술잔을 기울일 수 없고, 화상회의는 화상회의로 그칠 뿐이다. 요컨대 물리적 거리의 말소가 진정한 소통으로 이어지지 못하는 것이다. 사람과 사람 사이의 관계도 마찬가지이다. 아파트에 사는 사람들은 몇 센티미터를 사이에 두고 위아래 좌우로 그야말로 지척 간에 이웃을 두고 있지만, 많은 경우 그들은 이웃사촌의 관계를 맺지 못한다. 이웃사촌은 고사하고 서로가 누구인지조차 알지 못하는 경우가 허다하다. 세상의 모든 타자가 외형적으로는 서로 가까이에 있으면서도 진정한 의미에서 서로 엮이지 못하는 이 역설적 관계 속에서 친밀함을 지향하는 인간의 본래적 소통에의 욕구는 더 큰 좌절을 경험하게 되는 것이다.

뉴미디어가 지향하는 시공간의 모든 물리적 거리의 제거는 인간으로부터 시공간에 펼쳐지는 이 세계를 제거한다. 세계는 시공간의 거리에 놓여 있기 때문이다. 물론 여기서의 제거는 물리적 제거가 아니라 세계라는 지평의 상실을 의미한다. 세계라는 지평에 구체적으로 펼쳐져야 할 시공간은 깊이와 넓이를 잃고 평면적으로 수축된다. 그로 말미암아 세계-내-존재로서의 인간 자신도 제거된다. 하이데거에 의하면 인간은 터 있음, 즉 현존재이기 때문이다. 터 있음과 현존재는 하이데거의 용어 다자인Dasein의 다da를 각각 인간이 놓여 있는 공간(터)과 시간(현)으로 해석하고 있다. 하이데거가 인간을 다자인으로 규정했을 때

---

19 인터넷에 대한 카네기-멜론 대학의 연구에 따르면 "인터넷을 많이 이용하면 할수록 가정에서 가족구성원과의 소통이 줄어들고 사회와의 만남의 장도 축소되는 반면, 우울증과 고독감은 증대되는 것으로 나타났다."(Kraut, Patterson, Lundmark, Kiesler, Mukophadhyay, and Scherlis 1998, 1017쪽)

그는 인간을 구체적인 장소와 시제의 문맥과 떼어서 이해하려 하지 않았다. 하이데거의 언어에서 장소와 시간으로서의 다da는 인간Dasein의 일부로서 인간에 새겨져 있다. 인간은 자리(터)잡는 존재자이며 현재에 터하여 과거와 미래의 양방향으로 뻗치는 존재자인 것이다. 요컨대 터나 현재는 인간을 매개로 해서만 제의미를 얻게 된다.

반면 뉴미디어가 지향하는 거리의 제거는 인간에 새겨진 이 다da의 말소를 초래한다. 시도 때도 없이 여기저기서 걸려오는 휴대전화에 의해 사람들은 아무런 예고나 준비도 없이 지금 여기를 벗어나 전화를 건 사람의 시간과 장소로 호출되고 그때마다 지금의 여기의 흐름은 침입당하고 단절되고 해체된다. 그로 말미암아 일정한 공간에서 가능한 심층적 교류의 가능성도 함께 와해된다. 예컨대 화기애애해야 할 친근한 모임이나 친목을 도모하기 위해 모처럼 마련된 회식의 자리는 이 무차별적이고도 무분별한 휴대전화의 융단폭격으로 말미암아 초점을 잃고 아수라장이 되기 일쑤이다.

다자인의 다da가 함축하는 또 하나의 의미는 인간의 신체성이다. 인간이 구체적 장소와 시간에 놓여 있다 함은 무엇보다 인간의 신체가 그렇다는 말이다. 이를 인간의 신체가 지니는 국소성局所性; locality이라 부르기로 하자. 우리의 정신은 전 세계를 무대로 생각할 수 있지만think globally, 우리의 신체는 각자 주어진 국소적 영역에서 활동할 수밖에 없다act locally. 사유의 국소화와는 달리 신체의 세계화는 형용모순이다. 우리는 이러한 정신과 신체의 비대칭적 토대하에 사유하고 행위하는 존재자이다. 다자인의 다da를 말소하는 뉴미디어는 인간의 토대인 신체성을 말소한 상태에서 새로운 소통의 장으로 우리를 이끈다. 시공간의 물리적 거리가 제거되는 시대의 인간은 더 이상 세계-내-존재로서의 신체적 인간이 아니라 세계 없는 인간, 혹은 신체 없는 인간으로서 사이버공간 속의 연장延長 없는 점으로 수축된다.[20]

4. 텔레비전

텔레비전에 대한 하이데거의 다음과 같은 성찰은 지금까지 우리의 논의를 잘 요약하였다.

> 시간과 공간에서의 모든 거리가 축소되고 있다. [⋯] 모든 거리감을 제거해버릴 수 있는 가능성은 교류의 전 구조망과 교통망을 꿰뚫어 통제하고 지배하게 될 텔레비전에 의해 그 절정에 이르게 된다. [⋯] 인간은 가장 먼 거리들을 정복하고 그렇게 함으로써 모든 것을 자신 앞 최단거리로 가져온다.
> 그러나 성급하게 모든 거리를 제거한다고 해서 친밀성이 생겨나는 것은 아니다. 왜냐하면 친밀성이란 거리가 축소된다 해서 생겨나는 것이 아니기 때문이다.(Heidegger 1950a, 157쪽/국역본, 211~212쪽)

하이데거가 예로 든 텔레비전은 방영하는 사태를 그 사태가 놓여 있는 고유한 장소와 시간으로부터 탈문맥화시켜 텔레비전이 있는 어느

---

20 스필러는 인간의 신체를 "가장 오래된 보철물"이라고 폄하하면서 사이버공간으로의 탈주를 "내장의 도피술visceral escapology"이라고 칭송한다. 그리고 이에 반대하는 사람들을 "살 쇼비니스트flesh chauvinist", "살 러다이트flesh Luddites"라고 비난한다.(Spiller 1998, 34, 137, 139쪽 참조)

곳, 어느 시간에서나 방영될 수 있는, 무한히 복제 가능한 동영상으로 변모시킨다.

사태가 동영상으로 변모하는 것은 물질이 이미지로 바뀌는 물리적 변화만을 의미하지 않는다. 사태 자체에는 초점이 없다. 사태를 경험하는 인간이 자신의 초점으로 사태를 경험하는 것이다. 반면 사태에 대한 동영상에는 그 자체에 초점이 내재해 있다. 동영상의 시청자는 이 주어진 초점대로 동영상을 보게끔 윤곽 잡혀 있다. 그 초점은 동영상 제작자의 것일 수도 있겠지만 또한 제작에 동원된 기술의 것이기도 하다. 제작자는 동영상기술의 성격을 숙지하고 그 성격 내에서 기술의 코드에 맞게 사태가 동영상으로 탈은폐하도록 조종했기 때문이다. 따라서 사태가 동영상으로 탈은폐할 때 사태는 이미 탈은폐를 이끄는 기술의 개입에 의해 기술의 관점에서 탈은폐하는 것이다. 영상물의 시대에 우리는 더 이상 사태를 사태 자체로서가 아니라 영상물로서, 기술이 윤곽 잡아준 관점에서 경험한다. 사태는, 아니 전 세계는 오로지 영상물의 자료로서 영상의 주문요청을 기다리며 대기했을 뿐이다. 이것들은 영상화되어 실시간으로 세계의 방방곡곡 가가호호로 송출될 운명인 것이다.[21]

---

21 데리다는 "텔레비전 채널에 '생생하게' '중계'되는 것은 중계되기 이전에 생산된다"고 말한다. "'생생함'은 결코 온전하지 않다."(Derrida and Stiegler 1996, 40쪽/국역본, 88~89쪽) "'생생한' 통신과 '실시간'은 결코 순수하지 않으며 우리에게 해석이나 기술적技術的 개입이 들어 있지 않은 어떤 직관이나 투명성, 지각도 제공해주지 않는다."(Derrida 1993, 88쪽) 이를 바탕으로 데리다는 현재성actuality이 인공적 현재성artifactuality임을 역설한다. 2008년 12월 31일 밤 KBS TV는 제야의 종 타종 행사를 실시간으로 중계하면서 타종 행사장을 가득 에워싼 촛불집회 현장과 구호 소리를 지우고 손뼉 치는 이도 없는데 녹음해둔 박수소리를 삽입하는 등 영상과 음향을 조작하였다. 이를 통해 현장의 야유는 화면상에서는 박수로,

실제 사태를 대체하는 영상물은 이제 사태의 대리를 넘어서 사태의 척도로까지 군림하게 된다.(Adams 1993, 60쪽) 경기 중에 발생하는 사건은 심판의 판정을 넘어서 영상판독에 의해서 전모와 진실이 밝혀지곤 한다. 적지 않은 사건이 영상화를 애초부터 염두에 두고 연출되어 일어나며, 영상화되는 사건만이 뉴스와 정보로서의 권위와 가치와 실재성을 인정받고 그렇지 못한 사건은 믿을 수 없는 소문에 불과하거나 아예 없던 것으로 간주된다. 이러한 견해의 옹호자들은 현실이란 어차피 언제나 언어나 여타의 상징과 기호에 의해 매개되므로 코드화되지 않은 현실 자체란 결코 존재한 적이 없다고 주장한다.[22] 존재란 지각되는 것이라는 버클리의 논제는 이제 존재는 '가상적으로' 지각되는 것이라는 뉴미디어 시대의 논제로 대체되어야 할지 모른다.(Hartmann 2000, 19쪽) 가상현실이라는 시뮬레이션된 이미지가 현실을 대체하고 현실 자체가 시뮬레이션된 것으로 재해석되는 것이다.(Castells 2000, 404쪽)

그러나 이러한 주장이 간과하는 것은 현실이 과거와는 달리 이제 우리의 관점에서 코드화되는 것이 아니라 개재되는 뉴미디어의 관점에서 코드화된다는 점이다. 뉴미디어의 시대에는 인간이 아닌 뉴미디어가 현실을 구성하고 해석하는 주체인 것이다. 인간은 다만 뉴미디어가 자신의 코드로 구성해낸 영상을 2차적으로 언어나 여타의 상징과 기호

시 위는 환호로 둔갑하였다. 생중계에서조차 화면의 사실이 현장과 다를 수 있다는 점을 보여 주는 극명한 사례였지만, KBS측은 공개방송 제작의 기본에 따른 통상적인 조처였다고 해명한 바 있다.

22 볼츠는 "전지적 영상세계에서는 더 이상 조작되지 않는 것이 존재하지 않는다"고 말한다.(볼츠 1995, 306쪽) 보드리야르는 "실재는 조작일 뿐"이라고 말한다.(Baudrillard 1981b, 2쪽) 그러나 이들의 주장대로라면 앞서 언급한 KBS의 사례에서 우리는 조작된 화면과 구별되는 현장의 실재성을 인정할 수 없게 된다.

를 매개로 시청할 뿐이다.[23] 뉴미디어는 더 이상 매체가 아니라 주체로서 인간을 대신해 자신의 관점에서 의미를 생산하고 유통한다.[24] 인간은 뉴미디어가 생산하고 유통하는 의미의 수신자요 구매자일 뿐이다. 그는 뉴미디어가 선택해 구성해놓은 한정적 세계 안에서 뉴미디어가 윤곽 잡아 놓은 공통의 이해와 관심에 대해 소통하고 교류한다. 거기서 현실의 실재성은 동영상에 의해 담보되고, 소통은 휴대전화 통화, 문자 메시지, 이메일 등을 매개로 성립하며, 만남은 인터넷을 통한 접속으로 이루어진다. 뉴미디어는 이처럼 인간과 그의 삶에 전 방위적으로 침투하고 개입하여 자신의 방식에 맞추어 실재와 소통과 만남의 의미를 변형한다. 우리 시대에 칸트가 살아 있다면 그는 『순수 이성 비판』이 아니라 『순수 미디어 비판』을 저술할 것이다.[25]

---

23 버틀러는 다음과 같이 말하고 있다. "물론 비디오가 '스스로' 이야기한다고 생각하는 것은 우리 대부분에게는 명백한 진실이다."(Butler 1993, 17쪽) 그러나 그녀의 이러한 언명은 비디오가 자신의 관점에서 이야기 한다는 뜻이 아니라 그것이 진실을 말한다는 뜻이라는 점에서 우리의 견해와 구별된다.

24 우리는 미디어가 이미 생성된 의미를 매개하고 전달하는 것이 아니라 스스로 의미를 생성 한다는 것이 미디어가 곧 메시지라는 맥루언의 널리 알려진 논제가 의미하는 바라고 해석한다.(McLuhan 1964, 1장 참조)

25 『순수 미디어 비판』에 가장 근접한 우리 시대의 고전으로 흔히 맥루언의 『미디어의 이해』가 거론되곤 한다.(McLuhan 1964) 그러나 『인간의 확장』이라는 부제가 함축하는 것처럼 이 저서는 미디어가 초래하는 변화를 질적인 측면에서보다 양적인 측면에서 해석하는 오류를 범하고 있다. 확장이라는 개념은 확장되기 이전의 영역이 원래의 상태를 그대로 유지하면서 어떤 불연속이나 단절 없이 늘어난다는 의미를 갖는데, 미디어의 대두로 인간은 양적으로 확장되었다기보다 질적으로 변모하였다는 것이 보다 올바른 표현일 것이다. 그리고 이 변모는 종종 단절과 불연속을 수반하곤 한다.

5. 휴대전화기

뉴미디어가 형성하고 실어 나르는 우리 시대의 소통양식은 문자, 음성, 동영상 메시지로 대별된다. 필요에 의해 우리는 상대의 목소리나 얼굴을 택해 말하거나 듣거나 볼 수 있고, 아니면 이 모두를 생략한 채 이메일이나 문자만을 주고받을 수 있다. 선택과 소통은 손안에 있는 휴대전화기를 통해 이루어진다. 하이데거가 말한 손안에 있음의 문자적 의미는 뉴미디어 시대에 휴대전화기에 의해 가장 탁월하게 구현되고 있다. 내 몸의 일부인 내 손안에 있는 휴대전화기가 상대의 얼굴과 음성과 문자를 선택적으로 전해주는 것이다. 그러나 그렇다고 상대가 내 손안에 있는 것은 아니다. 그는 내 손에 잡히지 않는다. 상대로부터 전송되는 동영상과 음성과 문자를 저장해 원할 때마다 재생할 수는 있지만 그것이 그의 현전을 대신해주지는 못한다. 시간과 공간의 간격을 0으로 압축하는 뉴미디어조차 대화 상대자를 온전히 내가 있는 지금 이곳으로 불러내오지는 못한다. 그것이 전달하는 것은 대화 상대자의 메시지와 이미지와 음성뿐이다.[26] 면대면의 소통과 뉴미디어를 매개로 한 소통의 가장 큰 차이는 바로 대화 상대자의 현전과 부재에 있다. 뉴미디어를 매개로 한 소통에 의지하면 의지할수록 면대면의 소통은 줄어들고 그로 말미암아 대화 상대자의 부재 폭은 늘어만 간다. 세상의 모든 타

---

26 『휴대전화, 철학과 통화하다』의 저자는 다음과 같이 말한다. "기계적 신호가 섞인 목소리로만 소통하게 되는 전화 상대방은 대화의 2인칭적인 너라고 보기에는 한계가 있다. 구술언어 즉 청각코드에 의존하는 전화매체는 직설법과 명령법을 중계하는 데는 적합하지만 대면적 대화에서 활용되는 암시적인 메시지를 중계하는 데는 적합하지 않다."(고현범 2007, 160쪽)

자가 동영상을 통해 거실과 안방으로 자신의 모습을 드러낼수록, 내가 인터넷을 통해 세상의 모든 타자와 엮일수록, 이메일과 휴대전화를 통해 내가 알거나 모르는 온갖 사람들과 교류할수록, 나의 삶을 풍요롭게 해줄 것만 같은 이 타자의 무제약적인 침투와 교섭 속에서 나는 더욱 외로워만 간다. 이 모든 것이 대화 상대자의 부재 속에서 바로 그 부재를 전제로 이루어지고 있기 때문이다.

인간은 외로움을 먹고사는 존재자가 아니다. 우리는 "**현존재에 친밀성으로 향한 본성적 경향이 있다**"(Heidegger 1927, 105쪽)는 하이데거의 말을 다시 한번 상기해야 한다. 물론 친밀성으로 향한 본성적 경향과 외로움이 상호 양립 불가능한 관계에 있는 것은 아니다. 인간은 외로움을 통해서 더 성숙해질 수 있고 친밀성의 가치를 더욱 절실히 깨달을 수 있다. 그렇지만 그 경우에 외로움은 견뎌내어야 한다기보다 음미되고 승화되어야 한다. 인간 앞에는 저마다 살아내야 할 삶이 있고 맞이해야 할 죽음이 있지만, 그렇다고 해서 그것이 외로움을 견뎌내야 할 불가피한 것으로 보아야 할 이유일 수는 없다. 외로움을 견뎌낼 때 외로움은 사라지는 것이 아니라 오히려 내면화되고 체화된다. 그럼에도 불구하고 이 시대에 외로움은 인간뿐 아니라 모든 존재자에 광범위하게 만연되어 있는 것처럼 보인다. 그것은 이 시대의 존재자가 더 이상 온전한 모습으로 존재하고 있지 않음을, 이 시대가 골수에서부터 깊이 병들어 있음을 시사한다.

그럴수록 뉴미디어에 의한 소통의 활성화가 필요하다는 진단이 있을 수 있다. 실제로 뉴미디어는 사람들을 혼자 있게 그냥 내버려두지 않는다. 휴대전화와 인터넷을 통해 사람들은 쉴 새 없이 서로 엮고 엮이며 정신없이 호출하고 호출된다. 사람들은 이로써 자신이 외롭지 않으며 누군가와 함께 있다고 생각한다. 시간이 관리의 대상이자 돈으로 계산되는 현대사회에서 외로움이 터하는 혼자만의 텅 빈 시간은 무의미요 낭비이며 권태이자 죽음이다. 그래서 사람들은 외로움으로부터 도망치기 위해 온갖 수단을 동원해 자신을 뉴미디어에 올인시킨다. 뉴미디어가 시시각각으로 제공하는 정보 중에서 자기에게 이득이 되는 어떠한 기회도 놓치지 않기 위해 자신을 하루 24시간 내내 뉴미디어에 플러그인 상태로 만든다. 사람의 입장에서 보자면 뉴미디어에 대한 기회주의이겠지만, 뉴미디어 기술의 입장에서 보자면 사람은 뉴미디어의 별것도 아닌 사소하고 부수적인 주문요청에 24시간 예약 대기 상태로 안절부절못하는 가련한 부품에 불과하다. 타자기에 대한 하이데거의 다음과 같은 언명은 오히려 뉴미디어에 더 잘 어울려 보인다.

> 이 '기계'는 언어와 가장 가까운 곳에서 작동한다. 이 기계는 그 자신을 사용하라고 강요한다. 비록 우리가 실제로 이 기계를 작동시키지 않는다고 해도, 이것은 우리가 마치 '그것'을 거부하거나 피한다고 생각하기를 요구한다. 이 상황은 지속적으로 모든 곳에서, 근대적 인간이 기술과 맺는 모든 관계에서 반복된다. 기술은 우리의 역사 안에 놓여 있다.(Heidegger 1982, 127쪽)

끊임없는 접속과 통화의 분주함 속에서 하나가 아닌 중심 없는 다수로 분열되는 나는 나 자신과 만날 진정한 기회를 박탈당한다. 나 자신을 잃어버리는 표면적인 분주함, 그리고 외로움을 몸부림쳐가며 거부하는 두려움과 초조감이 외로움을 더욱 키워만 간다. 그 외로움은 나의 중심이 무너진 상태의 외로움이라 더욱 걷잡을 수 없다. 나는 자신이 놓인 지금 여기의 상황으로부터 영속적으로 탈주하면서 다른 곳, 다른 시간, 다른 일, 다른 사람에 정신이 팔려 있는 것이다. 그것은 일종의 분열증적 혼수상태와 다르지 않다.[27]

우리는 지금까지 하이데거를 좇아 기술의 고대 그리스적 어원에 대한 분석에서 시작해 현대의 정보와 뉴미디어에 대한 성찰에까지 이르렀다. 이로써 우리는 그의 기술철학이 정보와 뉴미디어라는 주제에도 틀의 큰 변화 없이 적용될 수 있음을 알게 되었다. 이제 우리는 하이데거 이후에 그를 계승하는 현대기술철학자들의 노력과 성과들을 비판적으로 살펴보고자 한다.

6. 핀버그

핀버그는 현대기술의 네트워크가 체계관리자의 전략적 입장과 네트워크에 연루된 인간의 전술적 입장이라는 양 측면을 갖는다고 말한다. 전자는 지식과 힘이라는 객관주의적 용어에 의해, 후자는 체험된 경험의 현상학에 의해 각각 묘사되고 이해된다. 그에 의하면 하이데거의 기술

---

27 미디어의 시대에 우리가 "사실상 신화적으로, 통합적으로 살고 있다"는 맥루언의 진단은 우리의 진단과 어긋나 보인다.(McLuhan 1964, 6쪽) 그러나 그는 바로 다음 쪽에서 자신의 진단이 사실이 아니라 바람임을 천명한다. "전체성, 감정이입, 깊이 있는 인식에 대한 우리 시대의 갈망은 전기 기술의 자연스러운 부가물이다. [⋯] 우리는 갑자기 사물과 인간이 자신들의 존재를 총체적으로 주장하기를 열망한다."(McLuhan 1964, 7쪽, 강조는 인용자가 추가)

철학은 전자에 서 있다. 하이데거가 현대기술에서 "탈은폐 정서pathos 의 결여"와 "기술적 사유에 드리워진 무의미"(Feenberg 1999, 197쪽)를 발견하는 이유도 여기에 있다. "[기술은] **드러내지** 않고 (인과적으로) **야기 한다**."(Feenberg 1999, 184쪽) 핀버그는 기술 네트워크의 체계가 지탱하 는 생활세계에 대해 하이데거가 그 체계를 비난했음에도 불구하고 현 상학적 접근을 적용하기보다 체계관리자의 관점을 택하는 것에 의아 해하며 다음과 같이 묻는다.

> 하이데거는 왜 이러한 공허한 전망을 비난할 때조차 관리적인 시각을 채택해야 한다고 주장했는가? 그는 왜 실천적으로 평범한 행위자에 게는 탈은폐의 의미가 있는 '내부'로부터 근대기술을 바라보지 않았을 까?(Feenberg 1999, 197쪽)

핀버그의 하이데거 해석은 여러모로 잘못되었다. 첫째, 하이데거에 게 기술의 본질은 탈은폐이다. 현대의 기술과 과거의 기술은 탈은폐의 방식에서 차이가 있지만 그것들의 본질이 탈은폐라는 점에서는 차이 가 없다. 따라서 하이데거가 보는 기술에 탈은폐 정서의 결여를 귀속하 는 것은 옳지 못하다. 둘째, 하이데거는 기술과 관련하여 원인의 그리 스적 의미가 책임짐의 공속적 방식임을 밝히면서 원인의 어원이 드러 냄이었음을 분명히 한 바 있다.(Heidegger 1953b, 12쪽) 따라서 기술이 드러내지 않고 인과적으로 야기한다는 말은 성립할 수 없다. 셋째, 하 이데거의 기술철학은 핀버그의 주장과는 달리 철저히 현상학적이다. 현상학은 드러남과 물러남, 탈은폐와 은폐에 관한 학문이다. 하이데거 의 기술철학은 기술이 수행하는 탈은폐와 은폐의 방식에 대한 현상학적 서술과 성찰로 일관되어 있다.

하이데거에 대한 이러한 오독에도 불구하고 핀버그의 기술철학에는 하이데거의 기술철학을 계승하고 구체화하는 측면이 있다. 가령 핀버그는 루게릭병 환자와 간병인들의 온라인 토론그룹에서 오고간 솔직한 대화를 소개하면서 첨단기술이 하이데거적 의미의 모음을 훌륭히 수행할 수 있음을 생생히 증언한다. 온라인대화의 특징인 접속의 용이성, 익명성, 수많은 접속자로부터의 신속한 피드백 등이 오프라인 대화가 지니는 국소성, 실명성, 참여자의 제한성 등의 한계를 넘어서 허심탄회하고도 성공적인 대화를 이루어낸 것이다. 그는 이 외에도 사람을 존중하는 의료행위, 인간적인 주거공간을 창조하는 건축 및 도시설계, 새로운 사회형태를 매개하는 컴퓨터 설계 등을 기술이 수행하는 모음의 모델로 꼽는데, 이는 하이데거가 제안했던 기술에 대한 자유로운 관계의 지평을 확장한 것일 뿐만 아니라 추상적이고 사변적인 수준에 머무른 감이 있는 그의 모색을 상당히 구체화한 것으로 높이 평가할 만하다. 핀버그 자신의 표현처럼 이러한 사례들이야말로 전 지구적 기술과 현대인과의 의미 있는 만남일 수 있다. "이 만남은 효율성 추구로 방향 지워진 목표의 또 다른 사례가 아니라, 인간적이고 살맛 나는 세계를 위한 이 시대의 노력의 본질적인 차원을 형성한다."(Feenberg 1999, 199쪽)

7. 드라이퍼스와 스피노사

드라이퍼스와 스피노사는 땅과 하늘, 신적인 것과 죽을 자로 이루어진 하이데거의 사방四方; Geviert에 대해 다음과 같은 해석을 제시한다. 땅은 상황을 근거 짓고 그 상황을 우리에게 문제 삼으며 그것에 당연히 전제되는 배경적 실천을 지칭한다. 땅이 이처럼 물러서고 은폐되는 것이라면 하늘은 탈은폐되어 드러나는 안정된 가능성을 지칭한다. 신적인 것은 이 드러남의 사건에 깃들이는 경건함과 감사의 대상이다. 우리 스스로의 노력에 의해 탈은폐의 사건을 이루어낸 것이 아니라 그러한 사건을 위해 요구되는 특별한 처해 있음Befindlichkeit이 신적인 것으로부터 우리에게 허여되어야 하는 것이다. 죽을 자는 인간에게 어떠한 고정된 정체성도 없으며 자신의 현재의 정체성을 버리고(죽음) 그 다음의 실행이 요구해오는 처해 있음에 부합하는 정체성을 끌어안을 준비를 해야 함을 함축한다.(Dreyfus and Spinosa 1997, 319~320쪽)

드라이퍼스와 스피노사는 한편으로는 전통적으로 받아들여져 온 인간의 단일한 정체성의 이념을 해체하고 다른 한편으로는 기술에 의해 열리고 닫히는 다양한 층위의 다양한 현상과 문맥을 부각시킨다. 하이데거의 죽을 자에 대한 그들의 해석은 이처럼 정체성이 상황에 따라 분산된, 새로운 상황에 부단히 접속되는 다중자아와 그가 기술을 매개로 열어 밝히는 다양하고 다차원적인 세계에 대해 묘사한다. 이와 관련해 하이데거는 아래와 같이 말한 적이 있다.

우리는 기술적인 대상들의 필요불가결한 이용에 대해서 '긍정'할 수도 있으며, 또 이와 동시에, 그런 대상들이 우리에게〔자신들을 개선하도록〕결정적으로 요구하면서 우리의 본질을 비틀고 혼란스럽게 하고 마침내 황폐하게 하는 것을 우리가〔대상들에게서〕단호히 거절하는 한, 우리는〔그런 이용에 대해서〕'부정'할 수도 있다.(Heidegger 1959a,

22~23쪽/국역본, 133쪽)

하이데거는 기술적인 대상들의 필요 불가결한 이용에 대해서는 긍정하고, 우리의 본질을 비틀고 혼란스럽게 하고 마침내 황폐하게 하는 기술적인 대상들의 이용에 대해서는 부정하는 태도를 취한다. 그 태도의 한편에는 우리가 기술적 대상들을 이용한다는 생각이, 다른 한편에는 기술적 대상들이 우리의 본질을 비틀고 혼란스럽게 하고 마침내 황폐하게 한다는 생각이 공존한다. 요컨대 우리가 기술을 이용한다는 발상과 기술이 우리를 이용한다는 역발상이 한 문장 안에 혼재해 있는 것이다. 전자가 하이데거가 지향하는 기술에 대한 자유로운 관계이고 후자가 기술이 인간을 몰아세우는 현대기술의 형세이다.

기술을 적극 포용하고 활용하는 드라이퍼스와 스피노사의 기술 친화적 다원주의적 태도와 노력은 위에 나타난 기술에 대한 하이데거의 주저와 우려를 훌쩍 뛰어넘는 것이다. 그들에게 기술은 더 이상 세상을 단 하나의 방식으로 탈은폐하는 환원론을 반드시 함축하지 않는다. 기술에 대한 바른 이해와 접근으로써 기술의 문제를 극복할 수 있다는 야심찬 전략을 바탕으로 그들은 기술 다원주의를 내세운다.

그러나 드라이퍼스와 스피노사의 하이데거 해석에 문제가 없는 것은 아니다. 그들은 자신들이 표방하는 다원주의가 후기 하이데거의 철학에서 비롯된 것임을 강조하는 데서 한 걸음 더 나아가 하이데거가 말년에 이르러 자신이 평생에 걸쳐 강조해온 존재와 존재자 사이의 존재론적 차이를 부정한 것으로 간주한다. 그들은 다음과 같이 말한다.

그러나 하이데거는 존재에 대한 단일한 이해와 국소적 세계들 사이에 본질적 반목이 있다고 생각하기에 이르렀다. 〔…〕 하나가 빛나면 그로 말미암아 나머지는 빛을 잃게 된다. 하나의 단일한 세계로 기우는 경향성은 국소적 세계들의 모음을 침해할 것이다. 이러한 긴장이 주어지자 하이데거는 그의 마지막 세미나에서 당시까지 철학에 대한 자신의 중요한 공헌이라고 스스로 간주해왔던 바, 즉 존재에 대한 단일한 이해 개념 및 그에 연관되는 존재와 존재자 사이의 존재론적 차이의 개념을 포기하였다.(Dreyfus and Spinosa 1997, 324쪽)

드라이퍼스와 스피노사의 주장과는 달리 하이데거는 존재의 단일한 이해를 주장한 적이 없다. 존재가 다양한 방식으로 드러난다는 아리스토텔레스의 명제는 브렌타노의 저술을 통해 학창시절에 처음 접한 이래 하이데거의 평생의 화두가 된 일종의 철학적 좌우명이다. 말년의 하이데거가 존재론적 차이에 대해 피력한 유연한 태도 역시 여타의 구분과 정의에 대한 그 자신의 해체주의적 성향을 감안해서 이해할 필요가 있다. 하이데거의 존재문법이 존재와 존재자의 2자구도에서 땅, 하늘, 신적인 것, 죽을 자의 사방으로 변모한 것으로 볼 수도 있지만, 사방 역시 존재가 이루어내는 존재자의 탈은폐의 사건에 대한 보다 입체적인 서술구도로 해석하는 것이 적절할 것이다. 드라이퍼스와 스피노사의 기술철학이 지니는 더욱 심각한 문제점은 보그만의 기술철학을 논하면서 보다 선명히 부각될 것이다.

8. 보그만

하이데거는 후기에 접어들면서 사물의 어원에서 모음을 찾아내었고 (Heidegger 1951a, 147쪽) 그 모음의 사건을 사방을 빌어 묘사한다. "사물이 사물화한다"는 하이데거의 명제는 현존재에 대한 표현으로 주로 사용했던 고유화Ereignis의 사건을 정당하게 사물에 대해서도 적용하는 조처이다. 그의 명제는 현존재가 기술적/형이상학적 사유에서 벗어나 존재의 진리를 알아들어 사방을 사물 안에 간직함으로써 사물을 비로소 사물답게 한다는 것을 의미한다.[28] 그리고 이 어법에 따르면 그리스인들뿐 아니라 그리스의 신전도 세계를 열어 밝힌다. 보그만은 사물과 사람이 이루어내는 모음의 초점에 대해서 논구한다. 초점焦點의 어원이 그러하듯이 라틴어 'focus'도 불과 관련이 있으니 곧 벽난로를 의미한다. 벽난로는 집의 중심으로서 아기가 태어나면 벽난로 앞으로 데려와 몸을 씻겼고 죽은 사람을 벽난로에 가매장하기도 했다고 한다. 벽난로는 또한 가정의 수호신이 머무르는 장소이기도 했다. 한편 초점은 기하학과 광학에서의 기술적 용어로 사용되는데, 렌즈나 거울의 발화점, 선들이나 광선들이 집중되는 점 등을 뜻한다. 초점의 이러한 기술적 의미는 일상에서의 원뜻과 적절하게 맞아떨어진다. 즉 초점은 그것이 속한 문맥상의 관계들을 모으고 주위 환경으로 그 관계를 방사하고 알린다. 보그만은 이와 같은 초점의 의미를 사물과 실천에 적용하여 초점 사물과 실천이라는 새로운 용어를 고안한다. 즉 모으고 방사하고 방향을 잡는 것이 초점 사물focal thing이며 그와 관련되는 수행, 사용, 실행

---

28 이선일 박사가 이 점을 지적해주었다.

등이 초점 실천focal practice이 되는 것이다.(Borgmann 1984, 196~197쪽)

보그만은 하이데거를 좇아 기술이 모든 존재자를 부품으로 일방적으로 탈은폐함으로써 사물들이 지니는 초점화의 힘을 은폐시켰다고 본다. 드라이퍼스와 스피노사가 제안하는 다중자아와 다원주의도 초점을 잃은 산만한 웹서핑으로 전락할 수 있다. 이러한 난국을 반전시킬 수 있는 전향의 계기는 사물들의 초점을 회복하는 것이다. 이를 위해서는 중심적 사물이 기술에 의해 더욱 빛을 발할 수 있도록 기술을 혁신하고 기술과의 관계를 개선해야 한다. 이는 다음과 같은 하이데거의 언명에 대한 실천이기도 하다.

기술세계에 대한 우리의 관계는 놀라우리 만큼 단순하고도 고요하다. 우리는 기술적 대상들을 우리의 일상적 세계 속으로 들어와 머물러 있게도 하고, 동시에 그것들을 절대적인 것으로 존재하는 그런 사물들로서가 아니라 그 스스로 좀 더 드높은 것을 향해 지시된 채로 머무르는 그런 사물들로서 [일상적 세계] 바깥에 가만히 머무르게 하기도 한다.(Heidegger 1959a, 23쪽/국역본, 133~134쪽)

기술세계에 대한 우리의 관계가 어떻게 놀라우리 만큼 단순하고도 고요할 수 있는가? 그것은 우리가 기술적 대상들을 자유자재로 우리의 일상적 세계 속으로 들어와 머물러 있게도 하고 일상적 세계 바깥에 가만히 머무르게 하기도 할 수 있을 때 가능하다. 요컨대 그것은 하이데거가 지향하는 기술에 대한 자유로운 관계를 전제로 해서야 비로소 성취될 수 있다. 그리고 기술적 대상들을 "절대적인 것으로 존재하는 그런 사물들로서가 아니라 그 스스로 좀 더 드높은 것을 향해 지시된 채로 머무르는 그런 사물들로서〔일상적 세계〕바깥에 가만히 머무르게"
한다는 표현은 기술보다 좀 더 드높은 것과 기술을 상하의 위계질서와
안팎의 내포와 외연 관계로 차별화해서 묘사한다.

인간과 기술을 자유로운 관계로 설정하고, 양자를 안과 밖으로 내
외시키는 하이데거의 구도는 엘륄의 다음과 같은 사유와 뚜렷이 구별
된다.

> 기술이 인간을 포함한 삶의 모든 영역에 침투함에 따라 기술은 인간에
> 대해 외적 존재이기를 멈추고 인간 자신의 본질이 된다. 기술은 더 이
> 상 인간과 직접적으로 마주하지 않고 인간에 통합되며 점차 인간을 흡
> 수한다.(Ellul 1954, 6쪽)

하이데거도 엘륄의 이러한 진단에 동조할 것이다. 그러나 하이데거
는 엘륄이 진단한 사태의 추이가 인간이 기술에 대해 자유로운 관계를
맺는 방식으로 전향될 수 있을 것으로 본다. 즉 엘륄은 현재의 상황에
대해, 하이데거는 전향이 이루어진 상황에 대해 서술한다고 보아야 할
것이다.

초점에 대한 보그만의 논구는 한편으로는 수단과 목적의 사슬로 끝
없이 이어지는 초점 잃은 기술의 탁류를, 다른 한편으로는 가명과 익명
의 웹서핑 과정에서 형해화된 드라이퍼스와 스피노사의 초점 없는 다
중자아의 빈곤을 넘어서 삶을 균형과 초점이 잡힌 원초적 모습으로 단
순화시키고, 사물과 실천의 고유성과 깊이를 복원하는 건강하고 신선
한 것이라고 생각된다. 보그만은 초점의 유무를 선명하게 대비시키기
위해 단순하고도 본래적인 테레사 수녀의 세계와 깊이 없이 표류하는

기술관료의 박식함을 각각의 예로 들었다.(Borgmann 1984, 225쪽) 보그만은 사적이고 개인적인 차원으로서 초점화를 도모하는 기술만을 선택적으로 받아들이는 태도와, 초점화를 탁월한 방식으로 수행했던 전통과 가족을 복원하는 기술혁신을 제안함으로써 기술과 초점에 대한 논의를 보다 구체적으로 연결 짓는다. 이렇게 혁신된 기술은 더 이상 인간과 세계를 주문요청에 부응하는 부품으로서 끝없이 몰아세우는 압도적 의지의 의지가 아니라, 우리로 하여금 초점적 관심에 이르게 하는 안내자요, 사다리로서 봉사한다.

보그만의 초점주의는 기술을 초점화에 봉사하는 도구로 격하했다는 점에서 어떤 의미에서는 도구주의의 부활일 수도 있고, 그가 역설하는 기술혁신도 하이데거의 처방이 대체로 그러했던 것처럼 초점화를 탁월한 방식으로 수행했던 과거의 전통과 가족의 복원이라는 복고풍의 향수에 머무는 경향이 있다. 그러나 그의 도구주의는 인간과 사물이 동시에 각각 자신을 실현하고 모으도록 하는 성기성물成己成物이라는 고차적 목적에 초점이 맞추어졌다는 점에서 기존의 도구주의와는 분명 다른 차원에 서 있다. 아울러 보그만의 초점주의는 앞서 핀버그가 제시했던 사람을 존중하는 의료행위나 인간적인 주거공간을 창조하는 건축 및 도시설계, 새로운 사회형태를 매개하는 컴퓨터 설계 등 각종 기술혁신을 뒷받침하는 철학적 이념의 역할을 수행한다고 생각된다.

9. 허무주의

현대기술 문명을 구성하는 다양한 분야의 기술들은 동일한 기술의 이념을 실천한다는 점에서 서로 엮일뿐더러 하나로 통합된다. 그래서 역으로 어느 한 분야의 기술이 야기하는 문제들은 다른 분야로 확산되고 증가된다. 예컨대 과학기술이 야기하는 문제들은 그 기술을 행정 및 삶의 모든 분야에 적용함으로써 예측할 수 없을 정도로 증가되는 전체론적 양상을 띠게 된다. 이 전체론적 양상은 한 걸음 더 나아가 기술로 하여금 모든 전통을 배제하고 자신만의 법칙하에 급속도로 성장하는 자율적 유기체가 되도록 한다. 그 법칙이란 효율성을 제고할 수 있는 하나의 최선의 수단을 찾아 이를 무차별적이고도 무자비하게 관철함을 말한다. 이 수단의 총체가 기술문명을 낳는다.(Ellul 1954, 21쪽) 기술문명에서 관철되는 무차별성이나 무자비함은 도덕적 의미로 이해되어서는 안 된다. 기술은 부도덕immoral하기보다는 무도덕amoral하다. 기술은 도덕의 잣대를 완전히 무시했다는 점에서 부도덕한 행위보다 더 엄청난 결과를 초래할 수 있다.

하나의 최선의 수단을 좇는 기술적 사고와 행위는 바로 그 이유 때문에 편협해질 수밖에 없는 한계를 지니고 있기도 하다. 기술이 추구하는 효율성의 제고를 위해서 기술적 사고는 어떤 상황에 존재하는 대부분의 변수를 배제하고 의도적으로 극소수의 변수들과 그것들 사이의 상관관계에만 초점을 맞춘다. 다른 조건이 같다는*ceteris paribus* 전제 하에 구성되는 법칙들과 그것에 따른 문제풀이들은 모두 기술적 사고의 산물이다.[29] 기술적 사고는 자연과학뿐 아니라 사회과학에도 만연되어 있다. 방법론의 영역에서 수학, 특히 확률과 통계 등을 사용한 계량적 방법, 설문조사, 면접, 자료분석, 개념분석의 지속적인 쇄신과 끝없는 개편을 통해서 학문이 어떻게 진보하는가에 대한 지배적 관념에서 기술적 사고가 작동한다.(Winner 1977, 129쪽)

사고에 관한 학문인 철학의 영역에도 기술적 사고는 깊이 침투해 있다. 로고스에 대한 학문이었던 논리학은 현대에 와서 수리논리학이라는 일종의 수학으로 변모하였고, 그 주된 내용은 수리논리학 교재들에

---

29 1970년대에 박안종·은민표의 『테크닉 수학』이라는 꽤 알려진 대입 참고서가 있었다. 지금과 마찬가지로 당시의 수학교육도 철저하게 문제풀이 중심으로 일관되어 있었고, 교과서나 참고서 할 것 없이 모두 문제풀이집에 가까웠다. 『테크닉 수학』도 예외는 아니었는데 주요 문제마다 테크닉이라는 아이콘과 함께 문제풀이에 꼭 필요한 하나의 최선의 기술이 명시되어 있었다. 이러한 체제는 당시의 베스트셀러였던 홍성대의 『수학의 정석』, 최용준의 『해법수학』을 위시한 모든 수학 참고서가 채택한 표준화된 방법이었다. 아이콘의 이름만 정석, 해법 등으로 달랐을 뿐이다. 테크닉은 엘륄이 말하는 기술의 원어이기도 하다. 엘륄의 대표작 『기술사회』의 역자 윌킨슨Wilkinson은 엘륄의 테크닉la technique을 'technique'으로 영역하였다. 그러나 불어에서와는 달리 영어에서 테크닉은 단순한 행위기법이나 기교를 지칭하는 아주 제한적인 의미만을 지니고 있기 때문에 이러한 번역에는 문제가 있다고 본다.

서 잘 드러나듯이 계산과 문제풀이이다.[30] 미국의 경우 수리논리학은 대부분의 철학과 대학원 과정의 필수과목으로 지정되어 있고, 수리논리학의 성적이 학생의 진로에 적지 않은 영향을 미친다. 수리논리학의 영향력은 언어에 대한 이해를 장악할 정도로 막강해졌고 이로 말미암아 언어는 급속도로 대표적인 기술로 탈바꿈하였다. 수리논리학의 언어관으로 대변되는 기술적 언어관이 주도하는 철학적 작업의 실제에서 철학자는 개념적 문제를 해결하기 위해 논리학과 언어분석의 기술을 사용한다.[31] 논리학은 말할 것도 없고 인식론, 언어철학, 심리철학, 윤리학, 형이상학 등 철학의 거의 모든 영역이 문제풀이에 매달리는 실정이며, 문제풀이에 의해 철학의 진보가 성취된다고 여겨진다.[32] 철학이 인간과 삶에 대한 깊은 의미와 지혜를 가르쳐준다는 생각은 이제 점차 시대착오적인 것이 되어가고 있다.

이처럼 인문, 사회, 자연과학 등 제반 학문에서 관철되는 기술의 이념은 교육이라는 또 하나의 기술을 통해 기술문명의 성원에게 전수된다. 기술의 이념을 교육받은 사람들에게는 훈련받은 범위와 방법을 벗

---

30 현대논리학과 거의 동의어로 취급되는 수리논리학은 철학전공자보다는 수학전공자에게 더 유익하고 접하기 수월한 학문이다. 수리논리학계에서 활동하는 학자들의 경우에도 그 수나 영향력에서 수학과 교수들이 철학과 교수들을 압도한다.

31 수리논리학의 언어관에 대해서는 3장과 4장에서 살펴본 바 있다.

32 단적인 예로 영어권 대학의 철학과를 평가하여 순위를 정하는 *The Philosophical Gourmet Report*의 2001년도 버전(http://www.philosophicalgourmet.com/2001/rankings.htm)을 보면 철학을 ① 문제풀이와 ② 철학사 연구의 두 분야로 대별하여 이 두 분야에서 우수한 대학의 순위를 서로 다르게 매기고 있다. 그리고 이와 별도로 ③ 철학과가 전체적으로 우수한 대학의 순위가 게시되어 있다. 그런데 ①의 순위와 ③의 순위는 거의 일치하는데 반해, ②의 순위와 ③의 순위는 그렇지 않다. 결국 이 보고서는 문제풀이에 강한 대학의 철학과가 좋은 철학과라는 인상을 뚜렷이 확인해주는 셈이다.

어난 영역은 위험한 불확실성의 세계일 뿐이다. 그러므로 그들은 그 이상 보려하지 않는다.(Winner 1977, 129쪽) 비트겐슈타인은 이러한 상황을 다음과 같이 묘사하였다.

우리는 모든 **가능한** 과학적 물음이 대답되었을 때에도, 우리의 삶의 문제들은 전혀 건드려지지 않은 채로 남을 것이라고 느낀다. 물론 그때는 더 이상 아무런 물음도 남아 있지 않다. 그리고 바로 이것이 대답이다.

삶의 문제의 해결은 이 문제가 소멸됨에서 감지된다. (Wittgenstein 1921, 6.52~6.521)

기술문명의 성원으로서의 기술적 인간은 이러한 경로로 탄생한다. 그가 속한 사회 전체에서 각각의 다양한 기술적 수행이 차지할 더 넓은 위상에 관해서 그는 상관하지 않는다. 그는 주어진 상황을 타개할 최선의 수단을 택해 풀 수 있는 문제만 풀면 그만이다. 하이데거의 표현을 빌자면 그는 사유하지 않는다. 다만 계산할 뿐이다. (Heidegger 1959a, 12~13쪽)

기술적 인간은 기술 그 자체를 문제 삼을 수 없다. 모든 문제가 기술적 방법으로 처리될 수 있다고 믿는 그에게 만일 기술이 문제된다면 그에 대한 해법은 역시 기술에 의거하지 않고는 불가능한 것으로 여겨질 것이기 때문이다. 그러나 기술이 문제되는 상황에서 이러한 태도는 사태를 더욱 심화하면 했지 결코 궁극적 돌파구를 마련할 수 없다. 우리는 기술에 대해 총체적으로 사유해야 한다. 기술은 우리 시대의 가장 심각한 문제이기 때문이다. 그리고 기술을 문제 삼아 이에 대해 사유하려면 우리는 무엇보다 스스로가 먼저 기술적 인간에서 탈피할 수 있어야 한다.

기술에 의해 세계는 지배되고 통제되어야 할 존재자의 총체로서 탈은폐된다. 기술은 시대의 한 분야가 아니라 과학에서부터 산업, 예술에 이르기까지 시대를 총괄하는 시스템이다. 그 시스템 안에서 인간은 존재와의 관계를 이해하지 못한 채 기술에 의한 지배와 통제의 대상으로 전락한다. 현대의 인간은 하이데거가 말한 세계-내-존재이기에 앞서 기술 시스템-내-존재이다. 그리고 기술문명시대인 오늘날 탈은폐로서의 진리는 다름 아니라 기술의 이념인 몰아세움이다. 그러나 기술의 진리는 모든 능력을 동원해 존재자로부터 자신이 원하는 바를 최대한 쥐어 짜내는 일에 매몰되어 있기에 그 존재자 배후의 존재에 육박하지 못한다. 앞서 보았듯이 기술의 쌍생아인 과학은 존재자의 수학적 진리를 탈은폐하는 역할에는 탁월하지만, 존재의 진리를 탐구하는 데에는 철저히 무능력하다. 과학과 기술은 그 본질적 맹목성과 분주함으로 말미암아 자신들의 본질과 한계를 스스로 반성할 수 없다.

과학과 기술이 전 지구를 압도하는 이 시대는 존재의 진리에 귀 기울이는 반성의 여지가 사라진 무반성의 시대이다. 그 시대는 합리적 계산이 사유를 대체한 무사유無思惟의 시대이기도 하다. 스탠리 큐브릭의 영화 〈2001년〉에서 인간과 함께 우주 탐사에 나선 컴퓨터 HAL은 자신의 임무에 만족하느냐는 인간의 질문에 이렇게 반문한다.

저는 제 모든 능력을 최대한 사용하고 있습니다. 합리적인 존재자가 더 무엇을 원할 수 있단 말입니까?(Dreyfus 1993, 306쪽에서 재인용)

이 시대의 문제는 더 많은 것을 원하는 데서 비롯되는 것이 아니라 그 이상의 것을 원하려 하지 않는 데 있는지 모른다. 이 시대는 과학과 기술에 의한 탈은폐가 모든 것을 남김없이 탈은폐시키고 있으며 그 이상의 탈은폐는 없다고 단언한다. 그리고 기술이 제공하는 물질적 만족과 행복이 인생의 궁극목표가 되어버렸다. 여기서 우리는 모든 정신적 가치와 의미가 부정된 허무주의와 물질주의를 보게 된다. 이에 따르면 가치와 의미를 지니는 것이 있다면 그것은 오로지 물질일 뿐이다. 그리고 허무주의는 이제 극복이나 구원의 대상이 아니라 이 시대의 운명(역운)인 것처럼 여겨진다. 하이데거는 모든 인간이 물질적 욕망과 행복의 추구에 안주하여 그 자신들에게 부여된 존재이해의 임무를 망각하는 이러한 상황이 이 시대에 깊이 드리워진 어둠이라고 생각했을 것이다.

한편 이 시대에 인간과 기술은 소통의 매체인 뉴미디어를 통해 접속한다. 뉴미디어라는 새로운 기술은 인간에게 새로움에 대한 호기심과 욕망의 무한한 가능성을 열어주고 이에 대한 충족을 즉석에서 보장하며 수많은 타자들과의 소통을 주선한다. 이 과정에서 인간은 그 어떠한 전통이나 규범의 강제에서 벗어나 뉴미디어 기술이 제공하는 가능성을 스스로 선택하는 어떤 스타일(라이프 스타일)을 구가하는 것 같은 착각에 빠진다. 그러나 이러한 가능성과 선택과 소통은 삶의 문맥으로부터 유리된 익명적인 것이라는 점에서 비본래적이다. 그것은 오히려 본래적 의미의 가능성과 선택과 소통을 거두어가고 인간을 뉴미디어 기술이 형성하는 정보체계 안으로 엮어 넣는다. 체계가 제시하는 선택지 중의 어떤 것을 선택하는 순간 인간과 체계 사이의 관계는 더욱 공고해진다.

우리는 이처럼 뉴미디어가 제공하는 가능성이 한편으로는 새롭고 무한정해 보이지만 다른 한편으로는 철저히 기술을 매개로 한다는 사실을 염두에 두어야 한다. 우리의 삶이 기술과의 접속에 방향 잡혀 있을 때 우리는 기술을 넘어서는 그 어떠한 본래적 가능성에 대해서도 보거나 인정하지 않게 된다. 즉 우리에게 주어지는 무한한 가능성은 기술의 눈높이에서 일차원적으로 평준화된 가능성일 뿐이다. 이로 말미암아 세계는 오로지 기술적 개념에 의해 기술적 틀 내에서만 탈은폐된다. 따라서 뉴미디어 기술이 제공하는 비본래적 가능성은 본래성에 연관되는 자유가 아닌 도발적 요청에 더 가깝다. 이러한 세계에서 모든 것은 제 고유한 의미를 잃은 채 무의미한 사소한 기능적 부품으로 탈은폐되고, 이로써 기술이 담보하는 무한한 가능성의 의미도 탈색된다. 인간을 역사적 존재자이게끔 하는 시간의 세 계기인 과거, 현재, 미래의 경계도 모호해져 전통의 권위를 간직한 과거나 인간행위가 지향하는 목적을 간직한 미래는 뒷전으로 물러나고 이와 관련을 맺지 못한 현재의 순간만이 익명으로 부각되고 또한 바로 잊혀진다.

　뉴미디어 기술은 인간으로 하여금 변화를 맹목적으로 좇게 하여 그 어느 곳에도 머물지 않고 부단히 이동하도록 몰아세운다. 그러나 인간이 자신의 정체성과 터전을 손쉽게 말소하고 치환함으로써 접속한 그 많은 정보와 소통은 단지 애매한 평균적 이해와 공허한 잡담에 그치고 만다. 정체성과 터전의 말소를 전제로 한 접속이기에 그 결과는 자신에게조차 고유화되지 못하거나 혹은 자신의 기호와 취미의 한계를 넘어서 어떤 사회적 의미와 가치로 연결되지 못한다. 클릭만으로 이루어진 접속이고 노력 없이 이루어진 충족이기에 이를 통해 얻어지는 것은 몰아沒我의 도취도 유목적 탈주의 자유도 아니고, 그때마다의 한시적인 한 줌의 표피적 즐거움, 그리고 또 다른 호기심과 욕구를 끝없이 좇는 정처 없는 방황이 빚어내는 고단함과 허탈감뿐이다. 본래적인 소통은 이러한 탈주체적, 몰역사적인 무한한 가능성과의 자의적 접속에 의해서가 아니라, 역사와 전통에 의해 전승되는 일정한 구체적 가능성에 대한 책임 있는 선택과 실천에 의해서 비로소 열린다.

뉴미디어 기술이 함축하는 허무주의는 이처럼 소통과 존재자와 시간의 본질을 왜곡한다.[33] 인간의 유의미한 행위를 특징짓는 지속과 개입commitment은 단절과 고립으로 대체된다.(Dreyfus 2001, 4장) 요컨대 뉴미디어 기술은 인간 자신을 틀 지우는 책임에 대해서뿐 아니라 그와 타자의 삶을 연결 짓는 의미의 문맥으로부터 인간을 해방시킨다.(Fandozzi 1982, 127쪽) 그러나 사실 뉴미디어 기술이 초래하는 해방에는 진정성이 결여되어 있다는 점에서 해방이라기보다는 유리나 탈구에 가깝다.

허무주의와 기술은 동전의 양면이나 일심동체에 비유할 수 있다. 허무주의가 기술의 세계관이라면 기술은 허무주의의 구현물이다. 그러나 세계관으로서의 허무주의는 세계관이라는 표현이 함축하는 정신적 경지에 대한 철저한 부정과 왜곡으로 점철되어 있다.[34] 허무주의의 세계관에서 정신은 사물들을 관리하고 계산하는 지능으로 왜곡되고, 그 지능은 다시 다른 어떤 것에 봉사하기 위한 도구로 전락한다. 그리고 시, 예술, 종교 등의 정신적 세계는 문화로 전환되어 의식적으로 관리

---

33 뉴미디어 사상가 보드리야르는 자신이 허무주의자임을 고백한다. 그리고 그도 외로움이 허무주의 시대에 "일반적인 우리의 상황"임을 인정한다.(Baudrillard 1981a, 160쪽)

34 박정순 교수(연세대 철학과)는 형이상학의 거대담론이 이미 사라진 이 시대에 허무주의는 시대착오적인 표현이라고 논평하면서 찰나주의나 쾌락주의가 더 적합할 것이라고 제언하였다. 그러나 문제는 시대를 아우르는 담론의 부재이지 담론의 크기가 아니라고 본다. 착오는 허무주의라는 표현에 대해서가 아니라 이 시대 자체에 귀속되어야 할 것이다. 찰나주의나 쾌락주의는 허무주의의 표면효과일 뿐이다.

감독되며 궁극적으로는 문명의 장식품이 되어버리고 만다.(Heidegger 1953a, 50~53쪽) 기술시대의 학문은 그리스 비극 시대의 화두였던 우연성이나 불가해성을 정보의 손실이나 잡음과 같은 것으로 간주한다. 학문은 체계의 우연성을 제거하고 효율성을 극대화하도록 주문요청 받는다.(Poster 1990, 146쪽) 이 과정에서 인문학을 떠받치는 정신이 뿌리째 뽑히고 그 자리에 물질주의와 과학주의가 들어선다. 니체에서 시작해 푸코와 들뢰즈/가타리로 계승되는 유럽의 탈구조주의, 러셀과 카르납에서 시작해 콰인과 처치랜드로 계승되는 영미의 물리주의와 제거주의가 그 대표적인 예이다. 우리 시대는 인문학이 더 이상 미래에 대한 어떠한 비전을 제시하지 못하는 불임의 국면에 접어들었다는 점에서 정신의 모든 등불이 꺼져가는 암흑과 허무의 시대이다.[35]

인문학은 애초부터 물질주의나 과학주의와 양립하기 어렵다. 물질주의와 과학주의는 정신과 역사성을 인정하지 않기 때문이다. 여기서 말하는 정신과 역사성은 다른 것이 아니다. 정신은 역사성을 매개로 통시적으로 이해될 때에만 정신을 모종의 실체로 간주하는 형이상학이나 뇌에서 발현하는 신경현상으로 간주하는 피상적 견해의 오류에서 벗어나 온전히 이해될 수 있으며, 역사성은 역사를 인간 실존의 정신사로 간주할 때 비로소 사회과학이나 실증사학의 오류를 벗어나 온전

---

35 콜로라도 주립대학의 트렘벳Paul Trembath 교수는 2008년 1월 9일 연세대학교에서의 강연을 마친 뒤 나눈 대화에서 위에 열거한 탈구조주의자들이 서구 전통철학의 가치와 신념이 무無근거한 것임을 폭로했다는 점에서 허무주의의 대척점에 서 있다고 평가했다. 요컨대 없는 것無을 신봉했다는 점에서 전통철학이야말로 허무주의이고 이를 해체한 탈구조주의자들이야 말로 탈허무주의자라는 것이다. 그러나 이는 허무주의에 대한 올바른 해석으로 보기 어렵다. 허무주의는 없는 것에 대한 잘못된 신봉이 아니라 일체의 가치와 의미에 대한 부정을 의미하기 때문이다.

히 이해될 수 있기 때문이다. 물질주의와 과학주의는 정신과 가치와 의미와 신과 역사에 대한 회의와 부정을 함축한다. 따라서 이들 사조를 따르는 인문학은 필연적으로 회의주의와 허무주의에 빠질 수밖에 없다. 그 과정에서 정신과 가치와 의미와 신과 역사는 물리적 토대로의 귀화나(자연주의) 고사(제거주의)의 양자택일의 기로로 내몰린다.(이승종 2007a)

　인문학의 몰락은 가치와 의미의 전도를 수반한다. 인간의 삶과 세상을 두루 생각함을 뜻하는 사유思惟가 네이버의 '지식iN'처럼 어느 특정한 세부사항에 대한 도구적 지식에 의해 대체되고, 존재의 체험이 화두였던 존재론이 컴퓨터에서 사용하는 각종 개념에 대한 설명이나 정의의 의미로 전도된다. 삶의 가치와 실존의 틀로 기능하던 신앙이 기적과 신비체험으로 화하고, 신과의 교감을 통한 세상에 대한 깊은 이해를 담아낸 위대한 신화가 호기심과 재미의 읽을거리로 변모한다. 신이 떠난 기술사회에서 신비주의와 신화 관련 서적이 범람하고 있다. 이러한 변화는 기존의 의미를 연관된 새로운 국면에 접맥시키는 긍정적 효과도 있지만, 원래의 의미에 심어진 깊이를 상실한 채 단지 그것을 표피적으로 희화화한다는 점에서 전락에 가깝다.

　니체는 이러한 징후에 유럽이라는 이름을 부여했지만 그것은 더이상 유럽만의 문제가 아니다. 그 징후는 전 지구, 생활세계의 구석구석, 심지어 우리의 몸과 마음속까지 빠른 속도로 침투하고 있다. 니체가 초인의 특징으로 찬양했던 망각 역시 철저히 왜곡된 형태로 완성되어 이제는 현재라는 시제와 그 시제를 주도하는 글로벌 스탠더드global standard 미국만이 영원히 존재할 것만 같은 착각이 만연되어 있다. 미국이 주도하는 세계화와 뉴미디어가 주도하는 정보화의 종착점은 같다. 세계를 하나의 전 지구적 네트워크로 묶을 때 세계 전체를 몰아세워 모든 존재자를 부품이라는 단일한 방식으로 탈은폐하는 작업은 더욱 체계적이고 효율적인 방식으로 수행될 수 있게 된다. 이러한 작업은 대세(메가트렌드)나 물결(제3의 물결)과 같은 자연의 용어로 수식되어 마치 자연스럽고도 당연한 것인 양 강요되고 있다. 그러나 뉴미디어 기술이 유포하는 이러한 신화의 실상은 기술의 몰아세움을 은폐하고 미화하는 이데올로기임을 잊어서는 안 된다.(고현범 2007, 188쪽)

모든 개념과 이해에 왜곡과 착시현상이 범람하는 우리 시대는 그 명칭에서조차 현대라고 불러야 할지 탈현대라고 해야 할지 미정의 상태에 놓여 있다. 이처럼 지상의 인간과 언어는 모두 슈뢰딩거의 고양이와 같은 미결정과 애매성의 연옥에 빠져들고 있다. 이는 전통적 질서와 가치와 의미를 해체함으로써 치르게 되는 대가인지도 모른다. 정신적 가치의 헤게모니는 사라지고 그 자리에 자본이라는 익명의 수학적 물질, 그리고 그것을 구현하는 기술문명과 자본주의가 들어섰다.

물질주의와 과학주의가 수반하는 허무주의와 망각이 초래하는 위기는 그것의 파괴력이 인간과 자연을 영원한 불임의 상태로 몰아세우고 있다는 점에서 찾아진다. 돌이킬 수 없는 자연의 훼손에 버금가는 근원적인 문제는 사유의 고사이다. 사유는 토착적 환경과 거기에 정주해온 전통과 착근했을 때 비로소 제대로 싹틀 수 있다. 따라서 모든 것이 일원적 질서로 포맷되고 그 이전의 전통이 삭제된 상황에서 사유는 발붙일 곳이 없다. 앞서 살펴본 의미의 전도는 이러한 상황에서 생겨나는 현상이다.

역사가 끝났다는 후쿠야마(Fukuyama 1992)의 주장은 옳다. 그러나 이 말로 그가 의미했듯이 민주주의가 승리해서가 아니다. 민중의 주인 됨이 민주주의를 의미한다면 민주주의는 패배했다. 역사가 끝난 까닭은 역사를 움직이는 근본동력인 반복이 더 이상 작동하지 않기 때문이다. 역사가 끝난 시대에는 모두가 패배자이다. 이 시대의 사람들은 과거를 망각한 채 현재만을 살아야 하는 시지프스의 운명에 처해 있다. 시지프스의 삶은 앞서 말한 역사의 원동력으로서의 반복과는 구별되는 기계적이고 소모적인 되풀이일 뿐이다. 모든 존재자가 소모되는 시지프스의 시대에는 신뿐 아니라 사유가도 추방될 수밖에 없는 운명이다.

기술에 대한 하이데거의 비판적 논의는 기술이 표방하는 합리성에 대한 총체적 거부나 포기로 이해되어서는 안 된다. 우리는 현대 기술문명을 정당화하는 과학 및 기술의 합리성과 서로 양립 가능하면서도 양상을 달리하는 사유를 해야 한다. 현대의 기술은 분명 세계와 사유의 지평을 놀라울 정도로 확장하고 재편성하였지만, 기술이 자신의 영역에 머무는 한 기술 그 자체가 반드시 우리에게 위협이 되는 것은 아니다. 문제는 그것이 미치는 엄청난 파급효과가 기술적 합리성이나 기술적 사고 이외의 합리성과 대안적 사유의 생명력과 설자리를 거두어갔다는 점이다. 전통적 생활양식이나 인문주의적 사유는 도처에서 무한히 자신의 영역을 확장하는 기술적 합리성과 기술적 사고의 파죽지세에 압살당할 위기에 놓여 있다. 모든 것은 발 빠르게 기술에 용이하게끔 재편되고 그 상황에서 기술 아닌 것들에게 남겨지는 선택은 기술에의 순응 아니면 거세의 양자택일이다.

기술이 일방적으로 지배하는 세계는 바로 그 일방성 때문에 전체주의의 위험성에 직면하고 있다. 기술이 가져오는 전체주의는 폭력과 억압에 의거하지 않으면서 오히려 삶의 편의를 최대한도로 도모하는 합리적 전체주의라는 점에서 새로운 도전이 아닐 수 없다. 마르쿠제는 다음과 같이 말한다.

이 세계에서 기술은 또한 인간의 부자유에 대한 커다란 합리성을 제공해주며, 자신의 삶을 스스로 결정하는 자율성이 '기술적으로' 불가능하다는 점을 증명한다. 왜냐하면 이 부자유는 비합리적이거나 정치적인 것으로 나타나는 것이 아니라, 오히려 생활의 안락을 향상시키고 노동생산력을 높이는 기술 장치에 예속되는 것으로 나타나기 때문이다. 따라서 기술적 합리성은 지배의 정당성을 은폐한다기보다 오히려 보호하며, 이성의 도구주의적 지평은 합리적 전체주의 사회로의 문을 연다.(Marcuse 1964, 158~159쪽)

인간이 세상의 모든 것을 좌지우지할 수 있는 존재가 아닐진대 자신의 삶을 스스로 결정하는 완전한 자율성은 불가능할 것이다. 그러나 그것이 '기술적으로' 불가능하다는 마르쿠제의 주장은 지나친 비관주의적 기술관이라고 생각한다. 우리는 반대로 그것이 '기술적으로' 불가능하지 않음을 보여야 한다.

기술과의 공생은 기술을 우리의 주인이나 노예 아닌 동반자로서 재인식하는 데서 모색될 수 있다. 기술은 이제 인간 및 자연과 더불어 당당히 제3의 존재범주로 인정받아야 한다. 인간이 자연의 일부이고 자연이 인간에 의해 드러나듯이, 기술도 인간의 사용에 의해 새로운 의미로 드러날 수 있고 인간은 기술을 통해 삶의 지평을 재편하고 확장할 수 있다. 이 세 존재범주 가운데에 놓인 인간은 기술을 인간 자신뿐 아니라 자연과도 조화시켜야 하는 임무를 부여받고 있다. 그런 점에서 인간은 기술의 주인이거나 자연의 지배자가 아니라 세 존재범주를 서로 잇고 통하게 하는 헤르메스Hermes요 계사자繫辭者이다. 그는 기술의 명령을 좇아 효율성을 극대화하는 방식으로 자원을 이용하고 소모하는 지평을 넘어서, 만물이 자신과 더불어 이 땅에 정주할 수 있는 방식의 기술 발전을 강구해야 한다.(Heidegger 1951 참조) 기술로부터 무엇을 얻을 것인가를 넘어서 기술과 더불어 어떻게 살 것인가를 사유해야 한다.

기술이 지향해야 할 바에 대한 어떤 알고리듬이나 공식은 없다. 기술이 일원적으로 파악할 수 있는 단일한 현상이나 사물이 아니기 때문이다. 그러나 지금까지의 기술이 효율의 스칼라scalar[36]만으로 평가되었다면, 앞으로의 기술은 방향성까지 고려하는 벡터vector로 평가되어야 할 것이다. 기술의 벡터는 인간과 자연의 공생과 중용을 지향해야 한다. 그것이 장기적 안목에서 기술이 지향하는 더 큰 효율성을 보장할 수 있는 방향이기도 하다. 물론 벡터의 방향이 정확히 어떠해야 하는지에 대한 분명한 정답을 말하기는 어렵다. 아울러 현재 여기서의 정답이 미래 혹은 다른 곳에서의 정답이라는 보장도 없다. 다만 분명한 것은 인간이 중요한 열쇠를 쥐었다는 점이다.

인간과 자연과 기술은 모두 변한다. 셋 사이의 벡터관계를 가지고 말하자면 어느 한 축의 변화에 따라 나머지 두 축도 달라지게 마련이다. 엘륄을 위시한 기술 자율주의자들은 그중 기술을 축으로 잡고 이를 준거로 나머지 한 축인 인간의 변화를 헤아렸지만, 우리가 인간인 이상 우리는 기술이나 자연의 관점에서보다는 역시 인간의 관점에서 기술을 보지 않을 수 없다. 인간은 자신의 변화뿐 아니라 기술과 자연의 변

---

36 하나의 수치만으로 완전히 표시되는 양. 크기만을 가지고 방향은 갖지 않는 양.

화에도 영향을 미칠 수 있는 존재이다. 기술의 벡터상의 변화는 기술이 스스로 변화하는 경우뿐 아니라 자연의 변화와 함께 무엇보다도 인간 자신의 변화를 통해서 이루어질 수 있다.

이러한 관점에서 보자면 기술이 야기하는 문제도 기술 자체의 문제라기보다는 그것이 인간과 자연에 미치는 효과, 혹은 기술에 대해 자유로운 관계를 맺지 못하는 인간의 문제라고 볼 수 있다. 첨단기술이 몰고 오는 전대미문의 엄청난 변화를 적시하지 못한 채 기술의 힘에 휩쓸려버릴 수도 있지만, 다른 한편으로는 그 변화를 창의적으로 수용해 성숙과 번영의 계기로 삼을 수 있는 존재가 인간이다. 그런 점에서 기술은 인간에게 최고의 위기이자 기회이다. 물론 인간이 자신만의 힘으로 모든 것을 해결할 수 있다는 뜻은 아니다. 그럼에도 불구하고 기술의 문제를 기술적 방법이 아닌 방식으로 해결하려는 사유가 그 출발점이 될 수밖에 없다.

사유의 부재는 인문학이 직면한 최고의 위기상황이다. 이 궁핍한 시대의 과거와 현재를 온몸으로 사유한 사유가 하이데거에게서 우리는 더 많이 배우고 더 많은 것을 물어야 한다. 그 까닭은 그의 말처럼 물음이 사유의 경건함이기 때문이다. 존재는 사유를 통해서 사유가에게 말을 건넨다. 그러나 이 시대에 존재는 부품이라는 단일한 종류의 존재자로, 사유는 계산으로, 존재와 사유 사이에 성립했던 동일성의 상호관계는 몰아세움의 일방적 관계로 왜곡되고 있다. 우리는 존재와 사유가 서로를 초과하지 않는 건강한 동근원적 관계가 존재에 대한 사유를 가능케 함을 기억해야 한다. 이것이 우리가 하이데거의 존재사유에 더욱 귀를 기울이고 그에게 말 건네야 하는 이유이기도 하다. 그 과정에서 멈춰진 역사의 반복운동을 되살려내 역사가 새로이 전개되도록 돕는 것이 우리에게 주어진 사유의 반시대적 과제이다.

인문학은 인간과 그의 삶에 대한 진정한 사유가 존재하는 한 멈출 수 없는 과제이다. 인문학의 주제인 인간의 삶과 세계는 결코 마르지 않는 생생불식生生不息의 사태이다. 그럼에도 작금의 인문학이 고사위기에 처한 까닭은 가까이는 그 풍성한 사태성을 단 하나의 방식으로 포맷하는 이 시대의 일차원적 기획에 적절히 대처하지 못했기 때문이며, 멀리는 그 풍성한 사태성의 의미를 그 사태성 자체에 자리매김하는 데 실패했기 때문이다. 전자의 기획은 근대 이래의 유물론적 과학주의가 이끌었고, 후자의 실패는 허무주의의 대두를 초래하였다. 앞서 보았듯이 양자는 동전의 양면과 같이 불가분리의 관계에 놓여 있다.

우리는 지금 약할 대로 약해진 인문학의 조종弔鐘 소리가 희미하게 들려오는 시대를 건너고 있다. 고유섭 선생은 "종소리는 때리는 자의 힘에 응분하여 울려지나니"라고 말한 바 있다.(고유섭 1937, 185쪽) 우리의 사유가 인문학이라는 종을 더욱 강한 힘으로 때려 사방에 큰 울림으로 메아리치게 할 때 인문학은 부활할 수 있을 것이다.

V 부
토론

비트겐슈타인은 의미함이 누군가에게 다가감과 같다고 말한 바 있다.(Wittgenstein 1953, §457) 사유는 의미함이요, 따라서 다가감, 만남이다. 지금까지 이 책에서 전개된 만남이 대체로 통시적이고 간접적인 것이었다면 여기서는 우리의 사유를 동시대의 철학자들과 직접 마주하게 한다. 요컨대 우리는 여기서 공시적이고 2인칭적인 만남을 펼쳐보이고자 한다.(이승종 2007c 참조) 우리는 그들의 논평, 질문, 비판에 귀 기울이고 그로부터 우리의 사유를 가다듬고 수정하였다. 여기에 공개하는 만남의 과정에서 우리 사유의 약점, 그늘, 불분명함, 독단 등도 그대로 노출되었으리라 본다.

10장에서 김희봉 교수는 형식언어와 테크네라는 대주제 하에서 손안에 있음에 대한 우리의 평가가 함축하는 것처럼 보이는 잘못의 위험성을 꼼꼼히 지적해 내고 있다. 11장에서는 수리논리학에 대한 비트겐슈타인과 하이데거의 비판을 주제로 국내의 현상학자, 해석학자, 분석철학자들이 토론의 향연을 펼친다. 그 과정에서 비트겐슈타인과 하이데거의 철학적 연관성에 대한 우리의 해석이 비판의 도마 위에 오르기도 한다. 12장에서는 기존의 진리론과 하이데거의 진리론에 대한 우리의 해석을 두 분석철학자가 논박한다. 임일환 교수는 진리대응론과 진리정합론에 대한 우리의 해석이 저지르는 것처럼 보이는 오류를 지적해내고, 노양진 교수는 하이데거의 진리론이 진리라는 용어의 의미를 재정의해서 사용하는 데 그치는 이론이 아닌지를 묻는다. 13장에서는 기술철학을 주제로 국내의 분석철학자들이 일련의 예리한 반론과 비판을 전개한다. 14장에서는 기술의 대두와 맞물린 인문학의 위기에 대한 국내외 학자들의 논의가 전개된다. 여건종 교수는 인문학의 현황에 대한 우리의 하이데거적 진단이 일방적인 것임을 지적하고 이를 보완하는 논의를 전개한다. 이어서 인간과 기술과 자연의 공생을 주제로 한 가톨릭관동대 교수들과의 토론, 과학주의를 주제로 한 싱가포르 남양이공대 교수들과의 토론을 전재한다. 15장에서 이유선 교수는 로티의 시각에서 크로스오버의 의미와 하이데거의 진리론을 문제 삼으며 국내의 분석철학자들이 이에 대한 다양한 의견들을 제출한다. 16장에서는 국내의 현상학자들이 『크로스오버 하이데거』 전반에 대한 평가와 제언을 쏟아낸다.

10. 형식언어와 테크네[1]

1. 논평 (김희봉)[2]

이상언어를 향한 노력은 아직도 끝나지 않았는가?

철학에서뿐만 아니라 현대사회의 구체적 현실에서도 언어는 비상한 관심의 대상이 되고 있다. 그 이유는 매스미디어와 컴퓨터의 발달에 따른 가상공간에서의 정보교환의 필요성이 급증하고 있으며, 새로운 기술사회의 정립을 위한 인공지능 개발에 따른 인지과학의 관심과 연구가 확대되었기 때문이다. 그러나 이러한 사회적 변화는 언어에 관한 인간의 실존적 의미와 역사성이 철저히 배제되고 단지 탈의미화된 기호체계에 의한 기술적, 조작적인 교환만이 자리하는 적지 않은 문제를 배태하였다. 이러한 상황에서 언어인식의 일방적 변화에 기여하는 형

---

1 이 장은 3상의 초고를 주제로 1997년 10월 18일 연세대학교에서 있었던 철학회에서의 발표에 대한 논평과 담론을 옮긴 것이다.

2 KC대학교 교수

식언어에 대해 비판하고 있는 이승종 교수의 시도는 중요하면서도 시의 적절하다고 보여진다.

필자는 비판을 위한 문제제기와 해결방향을 다음과 같이 제시한다. 형식언어에 의한 자연언어의 식민화와 대체가 오늘날 삶의 세계를 지배했음은 부정할 수 없는 사실이다. 이것은 언어에 의한 존재의 다양한 드러냄이 어느 특정한 언술방식의 전횡에 의해 왜곡되어 있음을 보여준다. 하이데거 역시 언어적 가공물에 의한 세계 파악으로 평가된 이러한 시대적 상황을 직시하였다. 필자는 언어의 일방적 규정에 의해 강력하게 각인된 이러한 역사적 상황을 분석하고 진단하여, 그 극복의 가능성을 모색하는데서 형성된 하이데거의 언어이해를 다룬다.

오늘의 상황분석에서 하이데거를 따라 필자는 현실을 왜곡된 방식으로 지배하는 언어의 본질을 크게 형식주의적 언어개념에서 찾았다. 이 언어의 모습은 본질적으로 기호에 의한, 그러면서도 기호와 규칙의 임의적 설정에 따른 정합적인 형식체계로 나타난다. 또한 그러한 언어의 실행에서 의미란 해석자가 기호나 적형식에 대상을 할당함으로써 파생된 결과물이며, 파생된 잉여의미로 인해 그 언어체계는 해석자인 인간과 무관하게 자립적 체계로 기능하게 된다. 더 나아가 이 언어체계는 이처럼 자연언어를 추상화와 도식화를 통해 형식화함으로써 하나의 구성체계로 자리하지만, 연역장치나 추론규칙과 함께 논리적으로 재무장한 이 형식체계는 오히려 언표된 구체적 삶의 의미와 진리를 상대화시킨다.

세계인식에 대한 언어의 이러한 형식적 적용이 지니는 정당성은 다음과 같은 철학적 가정들에 의해 뒷받침되는데 필자는 그러한 정당화의 가능성이 세계와 언어 사이의 관계를 규정하는 두 종류의 가정들로부터 마련되었다고 주장한다. 그 하나는 세계의 구조가 논리적이라고 주장하는 청년 비트겐슈타인과 카르납의 견해이다. 다른 하나는 언어의 의미가 언어와 세계의 인과적 관계에 의해 주어진다고 보는 퍼트남과 크립키의 입장이다. 이들 모두는 언어와 세계간의 형식적 의미에서의 논리적 일치를 인정한다.

언어에 관한 이러한 인식은 언어와 세계의 동질성, 혹은 동형성을 암암리에 전제함으로써 언어와 세계가 서로 상이한 범주에 속한다는 사실을 간과하는 오류를 범하게 된다. 또한 대응과 지시에 의해 언어의 진리와 의미를 확보하려는 시도는 언어와 언표적으로 지시된 대상과의 관계에만 몰두하게 함으로써 대상의 존재 가능의 지평으로서의 세계, 혹은 존재 자체를 시야에서 놓치거나, 존재자적 차원에서 이 존재를 대상화하여 언어의 드러냄 과정을 왜곡시키는 잘못을 낳는다. 결국 이러한 형식주의적 태도는 형식적 일치를 강조함으로써 언어 속에서 드러나는 존재의 다양한 가능성을 제한하고 규제할 수밖에 없는 한계 속에 갇힌다.

이러한 문제점을 안고 있는 형식언어에 의한 현실의 왜곡과 굴절은 20세기에서 비로소 이루어진 것은 아니다. 하이데거와 마찬가지로 필자는, 그 형성은 인간의 역사에서 불가피한 숙명으로서, 그 출발이 이론적 사유체계가 틀을 갖추기 시작한 고대 그리스의 철학에서 이루어졌다고 여긴다. 그때로부터 존재의 구체성과 다양한 풍부성에 언어의 추상적 규정에 의해 가해진 억압의 역사가 시작되었다는 것이다. 그 억압은 변화하는 자연적 세계에 거슬려 불변적이고 필연적인 질서를 위해 사물에 대한 어떤 고정적 본질과 의미를 추구하는 데서 시작하여, "인간과 세계에 대한 이분법적 구도를"(95쪽) 수반한다. 결국 이러한 사유적 노력에서 우리의 자연스러운 삶에서 체험되는 시간성과 역사성을 동결하는 첫 번째 억압이 구체화된다. 이를 토대로 자연적 세계와 삶을 대상화해 순수하게 이론적으로 바라보는 행위가 가능하게 되며, 이러한 세계와의 관계 안에서 인간 자신의 행위가 규제되고, 관심과 목적이 제거되는 두 번째 억압이 이루어진다. 이러한 억압의 과정은 구체적이고 자연적인 삶이 세계화할 시간과 장소를 부정하고, 구체적인 인간조차도 거주할 수 없게 만든다. 억압의 역사는 결국 세계 자체에 대한 억압으로 이어진다. 역사 초기에 배태된 왜곡의 가능성은 그 후 철학사를 통해 그 구체적인 형태로 지속적으로 실현된다는 것이다.

현실에 대한 이상의 분석과 진단을 검토한 후 필자는 극복의 가능성을 모색하는 하이데거의 견해를 살핀다. 하이데거는 이론적 사유가 싹트기 이전에 근원적 세계의 모습을 순수하게 드러낸 언어적 행위로 향한다. 존재가 인간의 문제의식의 지평에서 망각되기 이전, 언어의 드러냄이 존재를 왜곡하지 않던 시절에서의 언어의 본질에 관한 하이데거의 분석이 주로 언급된다.

우선 세계가 드러나는 언어의 근원적 모습은 인간의 실존과 본질적으로 연관되어 있다. 이 실존은 우리의 일상적 삶을 본래적으로 드러나게 하는 인간의 참된 존재방식이다. 그러나 인간이 이러한 실존방식 속에 늘 머무르지 못하고, 그러한 삶을 근원적으로 가능케 하는 존재 자체의 망각에 처하게 된다. 이 근거는 이미 존재가 자신을 드러내는 동시에 자신을 은폐한다는 존재 의미 자체에 놓여 있다. 그러나 그 망각에는 인간 존재의 어떤 의도된 왜곡이 부가될 수 있다. 그것이 바로 사물의 눈앞에 있음에 근거하여 그 지평을 사물화하는 왜곡이며, 언어의 탈의미화와 추상화로 드러난 인간 실존의 퇴락이 함께 놓인다.

그러나 하이데거의 관점에서 볼 때, 존재망각 이전에 혹은 그러한 눈앞에 있는 세계이해의 근저에 은폐되어 있는, 언어에 의한 세계의 드러냄은 인간 실존과의 근원적인 의미연관에 의해 가능하다는 것이다. 이 세계-내-존재로서의 인간은 이 세계에 의해 근원적으로 자리매김되지만, 자신의 실존적 목적과 관심에 의해 세계를 구체적으로 기투企投; Entwurf하기 때문이다. 인간은 자신에게 의미 있는 목적과 관심을 위해 세계를 도구적으로 사용하는 실천적 존재이다. 인간 실존에 부합하는 언어에 의한 세계의 참된 드러남은 실천적 배려와 도구로 만나게 되는 세계 양상인 손안에 있음에 있다는 것이다. 손안에 있는 관계로 얽혀 있는 인간과 세계의 의미연관의 그물망을 드러내는 근원적 언어의 모습을 하이데거는 그리스의 전前이론(비도식)적 철학 시기에서 밝혀냈다.

이러한 하이데거의 통찰에 근거해 필자는 형식언어의 극복을 위해 옹호되어야 할 언어의 모습을 다음과 같이 제시한다. 언어는 본질상 우선 사용되는 문맥과 언어에 짜여져 들어가는 인간행위와의 관련하에 파악되어야 할 삶의 현상이다. 언어적 의미는 인간의 사용에 의해 드러나며, 그것을 초월하는 어떠한 의미규정도 문제시된다. 따라서 언어란 우리에게 전승된 역사적 총체이기에, 그것이 쓰여진 역사성과 문맥 연관성에 기초해 세계를 인간 자신에게 드러내는 표현방식이다.

평자는 형식적 체계로서의 언어가 초래한 삶의 추상화와 의미 결핍을 하이데거의 생각에 기초해 손안에 있는 관계로서의 세계를 이해하는 인간 존재양식과 관련된 쓰임으로서의 언어를 통해 극복할 수 있다는 필자의 견해가 논리의 일관성과 충분한 설득력을 지녔다고 본다. 그러나 이 글의 이해를 더욱 돕는 차원에서 문제설정과 그 논의의 전개

과정에서 보여지는 애매함을 지적하고자 한다. 하나는 문제제기에서 드러난 형식언어와 삶의 언어의 관계에 관해서이다. 다른 하나는 그 논증의 증거가 되는 하이데거의 해석에 관련된 몇 가지 문제점을 묻고자 한다.

우선 형식언어든지 삶의 언어든지 간에, 이 개념은 대상언어 차원에서 구분되는 자연언어, 혹은 이상언어 등등에 속하는 것이 아니라, 오히려 대상언어와 구별되는 메타적 차원의 언어규정이다. 따라서 형식언어가 대상언어로서의 자연언어에 대한 억압과 왜곡인지 아니면 자연언어가 지닌 오류와 한계로부터의 해방, 내지는 그 자연언어의 이념적 본질을 실현하는 언어인지가 쉽게 단정할 수 없다. 따라서 자연언어의 특성을 매개로 한 형식언어에 관한 비판은 그리 간단치가 않다. 형식언어는 자연언어에 대한 억압과 왜곡이라는 전제하에 이루어진 다른 모든 언어이론들도 역시 그러한 구성적 한계를 지녔다는 재비판의 가능성을 안게 된다. 모든 메타적 언어체계, 즉 언어론은 긍정적 의미에서든 부정적 의미에서든 자연언어와의 관련을 피할 수 없다. 해석의 자의성을 본질적으로 피하기 위해 어떤 식으로든 모든 언어에 관한 이론체계들은 정말로 출발점이 되는 자연언어와의 관계가 올바르게 설정되었는지, 혹은 자연언어의 인식이 정당한지에 대한 논의가 선행되어야 한다. 따라서 형식언어를 비판하는 어떠한 입장도 자연언어로의 회귀를 전제조건으로 여기지만, 이것으로 모든 비판의 정당성이 확보될 수 없다. 따라서 필자는 삶의 언어가 정말로 우리의 자연언어를 가장 잘 해명해주고 그 본래적 모습으로의 가능성을 제시하는지를 어떻게 보증할 수 있는지 궁금하다. 이 맥락에서 다음과 같이 더 물을 수 있다. 형식언어에 관한 대부분의 비판은 그 언어가 자연언어로부터의 자연스러운 발현이 아니라, 그 언어를 왜곡한 결과라는 데 초점을 맞추었다는 사실이다. 그러나 이러한 주장의 정당화는 어떻게 마련될 수 있는가? 우선 두 가지 선결문제가 있다. 첫째로 다른 형태의 언어에 대해 자연언어의 근원성을 받아들일 수 있는가의 문제이다. 둘째로 이에 동의할 경우에 자연언어 안에 이미 정상과 비정상, 혹은 진리와 비진리의 가능성을 스스로 함의하는가의 문제가 남는다.

둘째로 언어의 의미를 언어의 쓰임에서 찾아야 한다는 주장은 손안에 있는 방식으로서의 세계이해를 가능케 하는 인간의 존재방식을 통해 정당화된다. 그러나 하이데거에게서 손안에 있음의 관점에서의 세계이해는 현존재인 인간의 참된 존재방식, 즉 실존에 의한 이해가 아니다. 물론 손안에 있음은 철학사에서 그릇되게 인식되어왔듯이, 눈앞에 있음에 비해 존재자 이해에서 파생적이지 않고 오히려 좀 더 근원적 성격을 띤다. 그럼에도 손안에 있음은 세계 내재적 존재자의 존재방식을 규정하는 것이고, 세계-내-존재로서의 현존재의 본래적 존재방식, 즉 그 안에서 세계의 존재가 문제시되는 방식은 실존이다. 따라서 하이데거는 현존재의 실존방식을 간과하고 도구적 존재방식에 근거해 초래된 기술사회의 문제와 언어의 인간적 사용에 대해서도 비판하게 된다. 언어는 그 근원적 의미에서 볼 때 인간이 주체가 아니다. 오히려 언어가 스스로 말해지는 존재의 터 열림, 즉 개방성 안에서 인간은 말을 할 수 있다는 것이 하이데거의 언어이해이다. 이러한 맥락에서 볼 때, 눈앞에 있음과 손안에 있음의 단순한 대비를 통한 형식언어 비판은 오히려 형식언어 역시 그러한 기술적 사유의 결과라는 반론에 대해 설득력을 지닐 수 없다고 본다. 따라서 필자는 인간의 언어사용에서 그 사용의 성격을 좀 더 세심하게 구별해야 한다.

앞서의 문제제기와 관련해 끝으로 하이데거가 행한 구별, 즉 인간의 언어Sagen과 존재의 언어Sprechen 간의 구분의 문제를 언급하려 한다. 하이데거는 이 구분을 언어이해에서 중시했다. 언어의 말함은 인간의 말함이 드러나는 지평인 것이다. 이러한 구분의 근거와 의미는 무엇인가? 그것은 인간의 인위적, 혹은 자의적 언어사용을 통한 사물의 진리성과 질서의 왜곡을 극복하려는 데서 기인한다. 세계 안에서의 인간과 사물들 사이의 원초적 의미를 얽어내는 것은 존재의 언어이다. 그것은 모든 존재자의 존재를 가능케 하는 존재가 언어 안에서 언어를 통해 드러나기 때문이다. 의미적 총체성을 드러내는 존재의 언어와 관련해, 인간의 언어는 그러한 존재의 자기현시에 봉사하는 기능에 다름 아니다. 따라서 인간의 언어사용은 주체적 권리 행사가 아니라 존재로부터 언어를 통해 현시되는 것을 '받아들임'이다. 오히려 이러한 언어이해가 인간의 의지에 근거한 사물과 세계의 도구화와 기술화를 비판하려는 하이데거의 존재론에 더 가깝지 않은지 궁금하다.

2. 답론

1. 평자는 형식언어가 "자연언어가 지닌 오류와 한계로부터의 해방, 내지는 그 자연언어의 이념적 본질을 실현하는 언어인지"(298쪽)를 물었다. 이에 대해서는 형식언어주의자들에 따라 의견이 다를 수 있다. 하지만 우리는 형식언어와 자연언어의 이념적 본질이 서로 다른 데 놓여 있으며 형식언어주의는 형식언어의 이념적 본질을 실현하기 위해 자연언어의 이념을 희생시킨다는 점을 말할 수 있다.

평자는 "형식언어가 자연언어에 대한 억압과 왜곡이란 전제하에 이루어진 다른 모든 언어이론들도 역시 그러한 구성적 한계를 지녔다는 재비판의 가능성을 안게 된다"(298쪽)고 말하였다. 평자는 그 이유로 "모든 메타적 언어체계, 즉 언어론이 긍정적 의미에서든 부정적 의미에서든 자연언어와의 관련을 피할 수 없"(298쪽)기 때문이라고 말하고 있다. 평자의 이러한 비판은 타당하지만 이 글의 내용과는 직접 관련이 없다. 이 글에서 옹호하는 하이데거는 자연언어에 대한 메타적 언어체계나 언어이론을 개진하지 않았기 때문이다.

평자는 다른 형태의 언어에 대해 자연언어의 근원성을 받아들일 경우 "자연언어 안에 이미 정상과 비정상, 혹은 진리와 비진리의 가능성을 스스로 함의하는가의 문제가 남는다"(299쪽)고 주장한다. 그것을 문제라고 볼 때 그 문제를 해결하기 위한 여러 인위적인 철학적 이론과 해법이 생겨나며 이것이 상황을 더욱 악화시킨다는 것이 하이데거와 비트겐슈타인의 입장이다. 평자는 다른 형태의 언어에 대해 자연언어의 근원성을 받아들일 경우 자연언어로 자연언어를 평가하고 비판해야 하는 상황에 처하지 않겠는가 우려하는 것 같다. 그러나 하이데거와 비트겐슈타인에게 이러한 상황은 결코 문제상황이 아니다. 칸트에게 이성의 무제약적 사용이 이성 자신에 의해 비판되는 것과 마찬가지로 하이데거와 비트겐슈타인에게 자연언어는 언어의 오용誤用을 치료하는 명료한 도구이자 동시에 그 자신 형이상학적 오용에 노출되거나 오용의 소지를 이미 내포하는 비판의 대상이기도 하다. 하이데거에게 존재의 본성이 자신을 보이면서 동시에 감추는 것처럼 비트겐슈타인에게 자연언어의 본성은 우리로 하여금 원초적 현상을 전체적으로 보여줌übersehen 뿐 아니라 또한 간과하게übersehen 한다.

2. 평자는 "하이데거에게서 손안에 있음의 관점에서의 세계이해는 현존재인 인간의 참된 존재방식, 즉 실존에 의한 이해가 아니"(299쪽)라고 말한다. 손안에 있음은 세계 내재적 존재자의 존재방식을 규정하는 것이고, 세계-내-존재로서의 현존재의 본래적 존재방식, 즉 실존에 의한 이해가 아니라는 것이다. 옳은 지적이다.[3] 우리의 의도는 이를 부정하려는 것이 아니라 하이데거의 현존재 분석론이 현존재가 구체적으로 해명되는 곳에서 시작함을 환기하려는 것이었다. 그곳은 하이데거가 삶의 현장이라 불렀던 일상이다. 그곳에서 현존재에 관한 가장 원초적인 사실은 그가 행위 한다는 점이다. 그리고 이 행위에서 존재자들은 도구로 다가온다. 따라서 현존재의 세계-내-존재 방식을 해명하는 것은 결국 현존재와 도구가 어떠한 방식으로 만나게 되며 이들이 만나게 되는 장으로서의 세계가 어떠한 모습을 띠는가 하는 물음에 응답하는 것으로 환원된다. 이에 대한 답을 찾기 위해 하이데거는 도구의 존재방식을 해명하는 작업에 착수하였고, 이 과정을 통해 손안에 있음의 이념을 정립하게 된 것이다.

3. 평자는 한 걸음 더 나아가 하이데거가 "도구적 존재방식에 근거해 초래된 기술사회의 문제"(299쪽)에 대해서도 비판하지 않았는가 반문한다. 평자의 이러한 문제제기는 하이데거의 사유의 여정에 관한 해석의 문제와 얽혀 있다. 하이데거가 『존재와 시간』에서는 일상적 실천의 문맥에서 눈앞에 있음에 대한 손안에 있음의 우위를 강조하면서도 후기 작품이라 할 수 있는 「기술에 대한 물음」에서는 손안에 있음과 맞물려

---

3 이 책의 5장 4절에서 이에 대한 상세한 논의를 하였다.

있는 것처럼 보이는 기술에 대해서 비판을 가했다는 사실을 어떻게 보아야 할 것인가? 이종관 교수는 이를 하이데거의 사유의 여정에 내재한 불화라고 묘사한 바 있다.(이종관 1993) 「기술에 대한 물음」에서 하이데거는 현대기술을 통해서 존재자가 현실화되는 양태를 '도발적 요청'으로, 그리고 이를 통해 현실화된 존재자의 양태를 '부품'으로 규정하였다. 관건은 『존재와 시간』에서 세계에 대한 통로의 상관자로서 부각시킨 손안에 있는 존재자가 「기술에 대한 물음」에서 부품으로 실현된 존재자와 같은 존재론적 구조를 가졌는가 아닌가이다. 이종관 교수의 불화설은 여기서 전자를 택한다. 손안에 있는 존재자가 부품으로 실현된 존재자와 같은 존재론적 구조를 가졌다면 기술은 손안에 있는 실천과 이질적인 것이 아니라 그것의 세련된, 혹은 첨예화된 형태라는 귀결로 낙착된다.

하이데거는 현대기술을 최고 위험으로 진단한다. 그러나 손안에 있는 존재자와 같은 존재론적 구조로 실현되는 현대기술이 최고 위험이라면 이러한 진단은 하이데거가 『존재와 시간』에서 현존재와 그 밖의 존재자 사이의 만남으로 해석하는 세계와의 손안에 있는, 실천적 관계 맺음에도 적용되어야 할 것이다. 그리고 이것은 다시 현존재와 그 밖의 존재자 사이의 만남의 방식에는 그 자체 "최고의 위험"을 잉태한다는 귀결에 이르게 된다. 그리고 이렇게 인간의 존재방식이 본래적으로 최고 위험을 잉태하고 있다면 그러한 위험으로부터의 구원은 본래적으로 제거되어 있을 것이다. 이종관 교수는 "하이데거가 그의 『존재와 시간』에서의 입장을 포기하는 한, 즉 세계가 도구적 연관관계로 열리는 실천은 근원성을 주장할 수 없다고 수정해야만"(이종관 1993, 145쪽) 이러한 구원을 언급할 수 있다고 주장한다.

이종관 교수의 불화설이 타당한 해석인지는 논의의 여지가 있다. 하이데거가 자신의 사유에 어떤 불화나 극적인 전회가 있었음을 부정하기 때문이다. 예컨대 하이데거는 다음과 같이 회고한다.

되돌아감의 사유는 나의 사유에서 전환이다. 그러나 이 전환은 『존재와 시간』에서 입장의 변화 또는 문제설정의 포기의 근거 위에서 이루어지지 않는다.(Heidegger 1963b, xvii쪽)

『존재와 시간』에서 세계에 대한 통로의 상관자로서 부각시킨 손안에 있는 존재자가 「기술에 대한 물음」에서 부품으로 실현된 존재자와 상이한 존재론적 구조를 가졌다면, 하이데거의 사유의 여정에 내재해 있다는 불화는 부정된다. 손안에 있음의 옹호와 기술문명의 비판은 상호 양립 불가능한 것이 아니기 때문이다. 이러한 해석은 기술에 대한 하이데거의 비판이 근대과학에 대한 비판, 더 나아가 형식과학의 모태인 수학에 대한 검토에서 비롯된다는 점을 그 근거로 한다.

우리 시대의 기술 형이상학은 존재자를 통제, 계산, 지배, 착취의 대상인 부품으로 해석하고 있다. 이는 존재자에 대한 현존재의 염려Sorge로부터 비롯되는 손안에 있음과는 거리가 멀다. 불화설은 도구의 기능 연관관계는 단순한 데 비해 부품의 기능 연관관계는 세분화된 치밀성을 갖고 있을 뿐 양자의 차이는 정도의 차이에 불과하다고 본다. 그러나 우리는 양자가 전혀 다른 형이상학에 기초해 있기에 양자의 차이는 정도의 차이가 아니라 종류에서의 차이라고 본다. 즉 전자는 앞으로 드러내놓음으로서의 포이에시스에 근거해 있는 반면, 후자는 이 포이에시스와의 연관이 잘려진 몰아세움을 그 본질로 한다는 것이다. 서양 형이상학의 역사는 존재의 왜곡의 역사이자 또한 포이에시스에 속해 있던 테크네에 대한 왜곡의 역사라는 것이 우리의 입장이다.

4. 하이데거에 있어서 해체는 전통의 고수나 부정이 아니라 전통 속에서 상징계로 면면히 이어온 존재사건을 보존함과 동시에 그것을 늘 특정한 기호적 표상 영역으로 환원, 왜곡해왔던 전통으로부터의 일탈을 의미한다.

11. 존재와 언어[4]

신상희 : 이 글에서 제가 문제 삼고자 하는 부분을 인용해보겠습니다.

존재는 말해질 수 없다는 의미에서 언어에 앞선다. 또한 존재는 존재자
에 대한 언어적 표현에 이미 애매하게나마 내재되어 있다. 존재는 언어
에 내재한 채 언어를 통해 스스로를 보여준다.(118쪽)

어떤 맥락에서 존재가 언어에 앞선다는 말인지 이해할 수 없습니다.
하이데거에게 존재의 이해와 언어의 이해는 그 바탕이 근원적으로 동

---

4 이 장은 4장의 초고를 주제로 1995년 4월 15일 성균관대학교에서 있었던 한국현상학
회에서의 발표에 대한 토론을 옮긴 것이다. 토론 참가자는 다음과 같다. 신상희(건국대학
교 연구 교수), 손동현(성균관대학교 철학과 교수), 이영호(성균관대학교 철학과 교수), 이종
관(성균관대학교 철학과 교수), 박순영(연세대학교 철학과 교수), 이기상(한국외국어대학교
철학과 교수), 박해용(숭실대학교 철학과 강사), 한정선(감리교신학대학교 종교철학과 교
수), 엄정식(서강대학교 철학과 교수), 김영건(서강대학교 철학과 강사), 이정복(한양대학교
철학과 교수).

일하며 따라서 언어를 2차적 표현의 언어로 이해하고 있지 않는 한 존재는 언어에 앞설 수 없습니다. 존재가 "언어를 통해 스스로를 보여준다는 표현"도 마찬가지로 무슨 말인지 이해할 수 없습니다. 하이데거에게 존재의 이해에서도 언어의 이해에서도 해석학적 순환구조가 있습니다. 그 순환구조는 존재의 언어라는 표현으로 함축됩니다. 존재의 언어는 들을 수 있는 인간에게 다가옵니다. 그 존재의 언어에 귀 기울임으로써 인간은 자신이 속해 있는 구체적인 삶의 방식 속에서 그 존재의 세계를 열어 갑니다. 이것이 곧 존재의 언어로 나아감입니다. 하이데거는 이 방향성을 드러내려 했습니다. 그는 이 드러냄이 말할 수 없는 것임을 잘 알고 있었지만 그럼에도 불구하고 이에 단순히 침묵하지 않고 이를 말하려고 노력하지 않을 수 없는 인간의 철학적 운명을 밟으려 한 철학자입니다.

그 다음 질문을 위해 아래의 인용문을 보겠습니다.

> 하이데거에 의하면 존재와 존재자의 차이를 간과한 존재망각의 역사가 서양 형이상학의 역사였다. 비트겐슈타인이 보았을 때 그 역사는 말할 수 없는 것을 말하려 했던 무의미의 역사였다.(119쪽)

이 무의미의 역사를 극복하기 위한 방향은 무엇이 되어야 합니까? 우리는 말할 수 없는 것을 우리의 삶의 방식 속에서 말하지 않을 수 없습니다. 이 방향이 단지 신의 구원을 기다림, 신 앞에 무릎 꿇음일까요?

이승종 : 저는 존재가 언어에 앞선다고 말하지 않았습니다. "존재는 말해질 수 없다는 의미에서 언어에 앞선다"고 말했습니다. 따라서 존

재가 말해질 수 없다는 의미가 무엇인지를 해명하는 것이 선생님의 질문에 대한 답변의 관건입니다. "말할 수 있다" 혹은 "없다"는 하이데거와 비트겐슈타인에게 공유되는 중요한 표현입니다. 단적으로 말하자면 양자에게 "말할 수 있다"의 의미는 "표상될 수 있다", "그려질 수 있다"입니다. 비트겐슈타인의 『논리철학논고』(이하 『논고』로 약칭)에서 언어의 그림이론은 어떻게 언어에 의한 표상이 가능한가에 관한 하나의 해명입니다. 하이데거와 비트겐슈타인이 강조하고자 하는 것은 언어에 표상 이외의 더 중요한 기능이 있다는 것입니다. 하이데거가 말하는 '존재'나 비트겐슈타인이 말하는 "신비로운 것"은 언어로 표상되지 않습니다. 즉 말해질 수 없는 것들입니다. 그것들은 단지 보여질 뿐입니다. 요컨대 언어를 통해 말하는 기능과 보여주는 기능을 구별함으로써 선생님의 질문에 답할 수 있겠죠.

신상희 : 하이데거에게 "말해질 수 있다"는 것과 "표상될 수 있다"는 동치가 아닙니다. 말해짐은 'sagen'과 'aussagen'의 두 측면을 갖습니다. 'aussagen'은 표상의 영역에 머물지만 'sagen'은 그 영역을 넘어섭니다. 존재는 말합니다.

손동현 : 그 말은 존재가 보여진다는 것 아닙니까?

이영호 : 존재가 입이 없는데 어떻게 말합니까?

신상희 : 물론 그렇습니다만 존재의 언어는 인간의 언어와 불가분의 관계 속에서 이해됩니다. 인간의 삶의 방식이 관여하지 않는 한 존재는

말할 수 없습니다.

이영호 : 발표의 요지는 논리학으로 모든 존재론을 재단하려는 전통에 맞서 논리학에 앞서는 존재가 있음을 역설하려는 것인데….

신상희 : 물론 그렇습니다만 수리논리학 비판을 넘어서 무엇인가 긍정적인 것을 말할 수 있기 위해 불분명한 것을 분명히 하려고 질문하는 것입니다.

이승종 : 하이데거는 인간이 말한다는 표현과 말이 말한다는 표현을 구분해서 사용하고 있습니다. 이로 미루어보아도 하이데거에게 말한다는 것의 의미가 미묘한 것은 사실입니다. 그러나 제가 여기서 강조하려는 것은 하이데거가 평생 후설의 현상학에 대해서 품었던 불만, 즉 표상의 인식현상에 대한 분석만으로는 존재의 문제가 해명되지 않는다는 것, 그리고 그로 말미암아 언어에 대해 관심을 갖게 되었다는 점입니다. 저와 신상희 교수님과는 이 점에 관해서는 견해 차이가 없다고 봅니다. 단지 용어상의 자리매김이 서로 다를 뿐입니다.

신상희 교수님께서는 두 번째 질문에서 "언어를 통해" 존재가 스스로를 보여줌이 무슨 뜻인지를 물으셨습니다. 하이데거가 이 표현을 사용했을 때 그가 염두에 둔 것은 아리스토텔레스의 『형이상학』에 나오는, "존재는 다양한 방식으로 자신을 드러낸다"는 명제였으리라고 추정합니다. 하이데거는 강의와 저술에서 이 명제를 자주 인용하고 또 분석하였습니다. 그는 존재가 다양한 방식으로 자신을 드러낼 수 있는 계기가 언어의 다의성에 있다고 보았습니다. 그 다양한 의미를 엄밀성, 정확성이라는 이념하에 형식언어로 압살하려는 것이 존재에 대한 은폐의 기도라고 보았습니다. 존재가 언어를 통해 스스로를 보여준다는 말은 그러므로 언어의 다의성, 은유를 통해 다양한 방식으로 자신을 드러낸다는 뜻으로 해석됩니다.

신상희 교수님은 세 번째 질문에서 무의미의 역사로서의 형이상학의 역사를 극복할 수 있는 구체적인 방향제시의 필요성을 말씀하셨습니다. 저는 언어의 말하는 기능 이외의 기능, 즉 보여주는 기능에 대한 하이데거와 비트겐슈타인의 관심이 하나의 실마리라고 봅니다. 비트겐슈타인은 문제의 이론적 설명이 아니라 문제가 기술된 상황을 제대로 보는 것이 중요함을 역설합니다. 문제를 언어로 표상하고 설명하는 태도와, 문제를 기술된 언어를 통해 제대로 보는 태도는 서로 구별되어야 할 것입니다. 하이데거도 후기에 갈수록 언어의 은유적 기능, 시적 언어의 가능성으로 경도됩니다. 이처럼 언어의 말하는 기능(표상하고, 설명하고, 이론화하는 기능)에서 벗어나려는 시도 자체에 대안이 담겨 있다 하겠습니다.

이종관 : 하이데거는 수리논리학의 언어관이 언어의 기능을 너무 축소해서 다루었다는 데 불만을 품고 있는 것으로 여겨집니다. 즉 수리논리학의 언어관은 언어를 존재와 인간에서 이미 떨어져 나온 2차적인 것으로 보고 있다는 것입니다. 그러나 하이데거는 언어가 존재를 끊임없이 은폐하고 있기만 한 부정적인 것이라고 보지는 않습니다. 언어에는 단순히 지시적 기능만 있는 것이 아니라 시의 언어의 기능에서처럼 폭넓은 기능이 있다는 것입니다. 발표자는 비트겐슈타인과 하이데거가 언어의 지시적 기능, 그리고 언어에 대한 수리논리학적 접근의 협소

함을 비판한다는 점에서 일치한다고 주장하는데, 과연 비트겐슈타인이 시의 언어에 대한 하이데거의 관심에 필적할 언어의 폭넓은 기능에 대해서 구체적으로 관심을 기울이는지를 묻고 싶습니다.

이승종 : 저는 비트겐슈타인이 이 문제에 관해서 하이데거와 견해를 같이한다고 생각합니다. 그들은 모두 수리논리학이 자연언어를 잘못 이해하고 있다고 봅니다. 수리논리학자들은 아리스토텔레스로부터 1879년에 프레게(Frege 1879)의 『개념표기법Begriffsschrift』이 나오기까지 2,000년 동안 언어에 관한 연구가 제자리 걸음을 했다고 봅니다. 인간의 지식은 그동안 큰 진보와 팽창을 이룩해왔는 데 반해 그에 걸맞은 언어는 개발되지 못했다는 것입니다. 그리고 그러한 언어가 프레게에 의해 비로소 개발되었다는 것입니다. 이러한 시각은 일상언어를 애초에 잘못된 언어로, 애매하고 모순적인, 따라서 형식언어에 의해 대체되어야 할 언어로 간주하고 있습니다. 그러나 비트겐슈타인이 보았을 때 일상언어는 잘못된 언어가 아닙니다. 일상언어는 그 자체 완전한 제 질서하에 있는 언어입니다. 문제는 일상언어를 잘못 사용하는 데서 비롯됩니다. 그로부터 온갖 형이상학적 환상들이 조장되는 거죠.

형식논리학자들이 말하는 형식언어의 우월성은 비트겐슈타인이 볼 때에는 플라톤이 현상에 대한 이데아의 우월성을 강조할 때 품었던 것과 같은 아주 오랜 역사의 형이상학적 텔로스에서 비롯된 것입니다. 우리가 사는 현상계가 불완전한 세계이고 이데아계가 필요하며, 현상계는 이데아계의 불완전한 모방, 참여에 의해 이루어진다는 형이상학 말입니다. 수리논리학은 이러한 형이상학의 반복이지 결코 수리논리학자들이 말하는 것처럼 형이상학과 결별하여 철학을 과학의 수준으로 끌어올리는 학문이 아니라는 것입니다.

비트겐슈타인과 하이데거가 활동하던 시기는 수리논리학사에서 격동기의 시대에 해당합니다. 많은 중요한 증명과 정리들이 쏟아져 나오고, 논리학과 수학의 기초에 대한 활발한 논의가 전개되던 시대였습니다. 많은 철학자들은 이 분야에서의 성과가 철학에 직접적인 영향을 미친다고 생각했습니다. 그들은 괴델의 정리를 그 한 예로 꼽았습니다. 그러나 비트겐슈타인은 그렇게 보지 않았습니다. 그는 철학이 과학이나 논리학의 성과에 의존되어 있다는 생각 자체가 우리 시대의 과학주의의 하나의 징표라고 보았습니다. 그에 의하면 과학주의 자체가 하나의 형이상학이요 근거 없는 환상입니다.

이종관 : 현상학은 과학주의를 비판하고 극복할 수 있는 방향을 제시합니다. 즉 철학할 수 있는 또 하나의 영역을 제시합니다. 반면 비트겐슈타인은 거기에서 다만 좌절하고 신비에 호소하는 것 아닙니까? 즉 그는 우리가 어떻게 철학해야 할는지의 모습을 보여주지 못하는 게 아닐까요?

이승종 : 비트겐슈타인이 볼 때 문제의 해결은 가까이에 있습니다. 철학에서 비롯되는 환상과 질병들은 언어의 잘못된 사용에 기인하는 것이므로 일상언어를 제 질서대로 거스르지 않고 올바로 사용하도록 바로잡아 주면 문제는 해소됩니다.

손동현 : 하이데거는 시에 경도됨으로써 새로운 철학함을 열었고, 후설은 생활세계 속에서 명증성의 최후근거를 찾는 작업을 통해, 논리적

으로 재구성된, 제한되고 국한된, 존재의 넓은 영역에서부터 일부만을 재조립한 편협한 것을 넘어서서 존재의 세계 그 자체를 보여주는 철학함의 길을 열어주었습니다. 그러나 과연 그러한 철학함의 길에서 어떤 합의가 도출될 수 있겠습니까? 시인들이 시를 쓸 때에는 저마다 다른 소리를 내야만 참다운 예술적 가치를 얻는 것이 아니겠습니까?

이종관 : 후설은 희미한 틈새라도 개척하려 했다는 점에서 비트겐슈타인과 구별된다고 봅니다. 후설은 논리학에서의 언어가 대상세계를 전제한 채 지시적으로만, 서술적으로만 사용되었다는 점에 불만을 가졌습니다. 그는 서술이 서술 이전의 것에서 파생되는 이차적 언어활동임을 보이려 했고 서술 이전의 언어활동의 중요성을 환기하려 한 것입니다. 반면 비트겐슈타인의 경우에는 말할 수 없는 것에 대해 침묵만을 강요함으로써 우리를 맥빠지게 합니다.

박순영 : 철학자들은 긍정적인 방법을 제시하기도 하지만 부정적인 비판적 방법을 제시하기도 합니다. 니체는 후자에 속합니다. 실제로 무언가 틈새를 비집고 만드는 작업이 또 다시 과거의 오류를 반복하는 경우가 왕왕 있음을 주목해야 할 것입니다. 모든 이론적인 작업을 포기하자는 제안은 단순한 포기가 아니라 우리가 빠질 수 있는 오류 가능성을 철저하게 에포케(괄호침)하려는 선언으로 이해될 수 있습니다.

이승종 : 말할 수 없는 것에 대해 침묵해야 한다는 말처럼 우리를 자극시키는 말도, 또 그만큼 오해되기 쉬운 말도 없을 것입니다. 비트겐슈타인은 우리에게 침묵하라고 말하지 않았습니다. 말할 수 없는 것에

대해서만 침묵하라고 했습니다.

이영호 : 말할 수 없는 것에 대해 침묵 이외에 무슨 태도가 가능하겠어요?

이승종 : 보여주는 것이 가능하겠죠. 말할 수 없는 것에 대해 침묵하라는 말은 말할 수 없는 것에 대해서 말하는 것을 멈추라는 말입니다. 비트겐슈타인은 말하는 것과 보여주는 것의 구분을 명확히 한 것이 자신이 철학에 대해 기여한 최상의 것이라고 믿었습니다. 말할 수 있는 것에 대해 분명히 말하게 하고 말할 수 없는 것에 대해 말 못하게(침묵하게) 하는 것을 자신의 철학의 목표라고 보았습니다. 그러나 그는 말할 수 없는 것들이 더 중요하다고 보았습니다. 말할 수 없는 것을 언어로 하여금 보여주게 하는 것이 그에게 남은 과제였습니다.

손동현 : 어떻게 보여주느냐가 해명되어야 할 것입니다.

이영호 : 가령 팬터마임을 통해서?

이기상 : 팬터마임이 문제가 아니죠. 비트겐슈타인에게 말할 수 없는 것은 윤리, 종교, 예술입니다. 그에게 이들은 실천의 영역입니다. 비트겐슈타인 자신이 이 주제를 실천으로 보여주었다고 봅니다. 이들이 말을 통해서 보여진다는 것은 생각하기 어렵습니다.

이승종 : 비트겐슈타인은 『논고』에서 말할 수 없는 것에 대해 침묵해

야 한다고 말하기 전에 자신의 책이 무의미요 사다리라고 했습니다. 사다리를 딛고 올라간 사람은 자신의 책을 통해 세계를 올바로 본다고 했습니다. 이처럼 『논고』의 언어의 기능은 그 언어를 통해 세계를 올바로 보여주는 것입니다.

이기상 : 『논고』가 올바로 보여주는 세계는 과학에서 보여주는 세계만은 아닐 것입니다. 과학이 보여주는 세계만이 세계는 아니라는 것입니다. 즉 종교, 예술, 윤리의 세계도 세계입니다. 그리고 그 세계는 말이 아닌 실천으로 보여집니다.

발표자는 수리논리학과 형식언어에 대한 비트겐슈타인의 비판이 계산적, 합리주의적 사고방식, 이성중심주의적 형이상학에 대한 비판으로 이해되었을 때 하이데거의 작업과 연계될 수 있다고 생각하는 것 같습니다. 그런데 비트겐슈타인의 전·후기 언어관이 과연 일관성 있는 하나의 언어관인지를 묻고 싶습니다. 비트겐슈타인과 발표자는 일상언어에 기대어 형식언어를 비판하는데 하이데거는 일상언어에만 기대는 것도 문제가 있다고 보았습니다. 일상언어의 수준에 머무는 것은 잡담의 수준에 머무는 것입니다. 잡담의 비본래성에서부터 언어의 본래성으로 나아가는 것이 하이데거의 행로입니다. 하버마스도 우리가 일상언어에만 머무를 때 우리는 일상언어에 스며 있는 지배의 이데올로기 질서와 구조를 파악할 수 없다고 비판합니다. 우리의 삶을 규정하는 일상언어를 비판의 최후의 근거로 삼을 때 거기에는 무언가 넘어서야 할 것이 있다는 것이 해석학의 관점입니다. 이것이 비트겐슈타인의 한계가 아닐까요.

이승종 : 비트겐슈타인의 전·후기 언어관이 얼마만큼의 일관성을 가지고 있는지에 대해서 먼저 답변해보겠습니다. 후기 비트겐슈타인이 자신의 전기의 언어관을 완전히 부정했다거나 혁명적으로 변혁시켰다는 해석은 과장입니다. 오히려 두 언어관의 차이는 강조점의 차이라고 봅니다. 전기에서 비트겐슈타인은 말할 수 있는 것과 보여지는 것의 구분을 바탕으로, 말할 수 있는 것에 대해서는 진리 함수 논리와 언어의 그림이론을 가지고 해명하려 하였고 말할 수 없는 것에 대해서는 보여줌이라는 방법으로 해명하려 했습니다. 그는 자신의『논고』가 씌어진 것과 씌어지지 않은 두 부분으로 나뉘는데 씌어지지 않은 부분이 더 중요한 부분이라고 말한 바 있습니다. 이 부분이 그가 보여줌이라는 방법으로 해명하려 했던 부분입니다.

후기에 들어 비트겐슈타인은 전기의 이러한 처리방식이 너무 일방적인 것이었다고 반성하게 됩니다. 즉 말하거나 보여주는, 이것이냐 저것이냐의 기능이 아니라 엄청나게 다양한 언어의 사용이 있다는 자각을 하게 됩니다. 그는 다양한 이 각각의 언어사용을 언어게임이라는 개념하에 다 독자성을 인정해주는 방향으로 가게 됩니다.

비트겐슈타인은 말할 수 없는 것에 대해서 침묵해야 한다고 말한 뒤 철학을 그만두고 침묵으로 일관했다거나 하지 않았습니다. 그처럼 자신의 전 생애를 철학에 바친 사람도 드물 것입니다. 그가 남겨 놓은 유고만 해도 3만 페이지에 달합니다. 그가 평생 동안 한 작업은 일상언어가 실제로 어떻게 사용되는지를 백과사전적으로 집대성하는 것이었습니다. 그의 유고는 색채 개념이 일상생활에서 어떻게 사용되는지, 고통의 개념이 어떻게 사용되는지, 수의 개념이 어떻게 사용되는지 등등에 대한 지루할 정도로 꼼꼼한 서술로 일관되어 있습니다. 이 점에서 저는 비트겐슈타인이야말로 현상학의 이념을 잘 실천한 사람이라고 봅니다. 후설이 의식현상에 대한 서술에 자신의 평생을 바쳤다면 비트겐슈타인은 언어가 어떻게 사용되었는지에 대한 서술, 즉 언어현상에 대한 서술에 자신의 평생을 바쳤습니다. 암과 투병하면서 작고하기 이틀 전까지 그는 이 작업에 매달려 있었습니다.

일상언어가 최후 보루라는 비트겐슈타인의 생각이 무반성적이라는 비판에 대해 답변해보겠습니다. 제가 볼 때 하이데거에게 잡담과 본래적 대담의 구분은, 잡담에 해당하는 일상언어가 따로 있고 본래적 대담에 해당하는 본래적 언어가 따로 있다기보다는 언어가 어떻게 사용되고 있느냐, 즉 잡담으로 사용되고 있느냐 아니면 본래적으로 사용되고 있느냐의 구분입니다. 비트겐슈타인은 우리에게 주어진 언어가 단 하나, 즉 이 일상언어뿐이며 이 언어를 넘어서려는 어떠한 시도도 결국은 제자리 걸음에 불과하다고 봅니다. 그런 맥락에서 메타언어, 메타논리학, 메타수학이 불가능하다고 본 것입니다.

일상언어가 무반성적, 무비판적으로 주어진 것이라는 이기상 교수님의 지적은 일리가 있습니다. 비트겐슈타인은 사람들이 어떻게 살아가는지, 어떻게 언어를 사용하는지에 대해서는 더 이상의 정당화가 불가능하다고 보았습니다. 그는 근거를 대는 모든 작업, 설명의 작업은 언어가 어떻게 사용되고 있는지, 우리가 어떻게 살고 있는지의 지평에서 멈추게 된다고 보았습니다. 그는 자신의 삶이 많은 것을 받아들이는 데 만족하는 데서 이루어진다고 말하고 있습니다. 칸트의 비판철학도 모든 것을 비판의 대상으로 삼지는 않습니다. 아리스토텔레스의 논리학, 유클리드의 기하학, 뉴턴의 물리학은 칸트의 비판철학에도 주어진 것입니다. 비트겐슈타인의 언어현상학도 건강한, 제 질서의 상태하에서의 언어사용에 대해서는 비판의 메스를 가하지 않았습니다.

손동현(사회) : 이제 시간을 절약하기 위해 일단 나머지 질문을 한꺼번에 받고 나서 그에 답해주시지요.

박해용 : 비트겐슈타인에게 보여지는 것은 기술하는 사람이 보여주는 것이 아니라 세계가 우리에게 보여주는 것이요, 하이데거 식으로 말하면 존재가 자신을 드러내는 것으로 보아야 할 것 같습니다.

발표자와는 달리 저는 문명비판의 측면에서 비트겐슈타인과 하이데거가 입장을 달리한다고 봅니다. 하이데거에게 우리가 벗겨 볼 수 없는 존재의 측면은 그대로 남아 그 존재의 힘이 우리를 살게 하는 것이며 이러한 측면에서 인간의 윤리적 힘은 작용할 수 없습니다. 그래서 운명과 신에게로 나아가게 됩니다. 반면 비트겐슈타인은 모든 문제가 실은 언어의 오용에서 비롯된 것이므로 언어를 올바로 사용하기만 하면 문제가 다 해결된다는 입장이며 이는 하이데거와는 분명 다른 견해입니다. 그런데 비트겐슈타인은 왜 우리가 언어를 올바로, 분명히 사용해야 하는지의 이유에 대한 천착을 결여하고 있습니다. 저는 아펠을 좇아 우리가 모두 동의할 수 있는 삶의 방향으로 나아간다면 비트겐슈타인이 도달했던 부분에서 좀 더 진전하여 삶을 개선할 수 있을 것이라고 봅니다.

신상희 : 비트겐슈타인에게 최후과제는 윤리적 삶과 다양한 일상언어의 쓰임에 대한 명석한 분석이었다고 봅니다. 비트겐슈타인이 언어의 영역을 문자의 영역으로 국한했던 데 반해 하이데거에게 언어의 영

역은 존재론적 관점에서 형성된 선先문자의 영역, 시와 예술, 말로 나타내지 않는 존재의 언어로 확장되고 있습니다. 존재, 언어, 윤리는 모두 총체적인 것이고 궁극적으로는 하나인데 이를 각각 낱낱이 쪼개어 독자적으로 논할 때 우리의 삶이 축소된다고 생각합니다.

한정선 : 비트겐슈타인의 언어그림이론, 언어게임이론은 추상적인 이론일 뿐 제대로 정립된 언어관이라고 볼 수 없습니다. 하이데거의 언어이론 역시 매우 불분명한 추상적인 수준에서 그치고 있고요. 그러한 언어이론들은 이제 데리다의 텍스트 이론에 의해 극복되고 있다고 봅니다. 비트겐슈타인과 하이데거의 문명비판이론은 후설의 문명비판을 연상케 하는데 그들 이론의 종착점이 신의 은총과 구원의 갈구라는 무책임한 비관주의라는 점에서 실망스럽습니다. 지금은 존재에 귀 기울이고 있을 때가 아닙니다. 우리에게 필요한 것은 언어를 동원해 우리의 의지를 창출하고 이를 인간생활에 실천하는 것입니다. 이러한 언어의 적극적 기능은 비트겐슈타인이나 하이데거가 말하는 언어의 기능보다 훨씬 앞서 있으며 이는 후설이 말했던 텔로스를 찾아가는 기능에서 나온다고 생각이 됩니다. 우리는 지금 말할 수 없는 것에 대해 말해야 할 때입니다.

이종관 : 비트겐슈타인이 말하는 순수한 일상언어란 존재하지 않습니다. 우리의 일상언어 자체가 이미 유동적이고 또 과학과 철학, 그 외 모든 것이 들어와 있습니다. 따라서 우리에게는 전복의 전략만이 남게 됩니다. 후설과 하이데거의 텍스트가 어려운 이유는 이 전복의 전략이 끊임없이 실천되었다는 데서 찾을 수 있습니다.

엄정식 : 비트겐슈타인과 하이데거는 너무나 다른 사람이므로 이들의 차이점이 반드시 논의되어야 했습니다. 하이데거의 필생의 문제는 존재의 문제였습니다. 하이데거가 언어의 문제에 얼마나 관심을 가졌는지는 몰라도 역시 그것은 그에게 2차적 문제였다고 봅니다. 반면 비트겐슈타인의 필생의 문제는 언어의 문제였습니다. 그는 존재에 대해 별로 심각하게 생각하지 않았습니다. 오히려 비트겐슈타인은 존재의 문제에 대해 냉소적 태도를 취했다고 봅니다. 저는 이승종 박사가 인용한 (113쪽) 비트겐슈타인의 하이데거에 대한 태도 역시 이 박사와의 해석과는 달리 냉소적인 것이었다고 봅니다. 즉 하이데거의 문제가 이해는 가지만 여하튼 그는 바보라는 것이 비트겐슈타인의 입장이라고 봅니다. 수리논리학과 과학주의에 대해 두 사람이 모두 비판적 견해를 취하고 있다는 것은 우연에 불과한 것이지 본질적인 무엇을 함축하고 있다고는 보지 않습니다.

하이데거는 전기에 존재의 문제에 천착하다가 후기에 와서 삶의 문제로 넘어옵니다. 그러나 삶의 문제는 존재의 문제를 다양하게 보는 데서 비롯되는 것입니다. 비트겐슈타인이 전기에 관여했던 것처럼 보이는 존재의 문제는 언어에서 파생된 문제이며, 후기에 들어 언어관이 달라지면서 삶의 다양성이 문제되고 존재의 문제는 사라집니다. 대신 삶의 문제가 언어 속에 묻어 들어오게 됩니다. 이처럼 양자는 아주 다른 이유에서 비슷하게 보일 뿐입니다.

김영건 : 이승종 박사가 논문에서 수리논리학에 대한 비트겐슈타인의 비판의 근거로 인용한 구절(120~121쪽)은 사실은 『논고』를 비판하는 구절입니다. 이승종 박사가 논문에서 비트겐슈타인 후기에서도 보여

줌이 강조되고 있음을 뒷받침하기 위해 인용한 구절(127쪽)에 나오는 '본다'는 표현은 모두 다른 표현으로 바꿀 수 있다고 생각합니다. 예컨대 강조하다, 이해하다, 등등.

이승종 : 엄정식 교수님의 질문에 먼저 답하겠습니다. 비트겐슈타인이 하이데거를 인용하는 곳(116쪽)에서 하이데거를 빈정댄다는 교수님의 해석에 저는 동의할 수 없습니다. 제가 이 구절을 인용할 때 생략한 부분에서 비트겐슈타인은 키에르케고르를 언급하고 있습니다. 거기서 비트겐슈타인은 하이데거와 키에르케고르를 모두 무의미를 말하는 진지한 철학자로 부각시켰습니다. 비트겐슈타인이 최고의 철학자로 흠모한 사람이 키에르케고르입니다. 하이데거를 키에르케고르와의 연장선상에 놓고 빈정댔다는 해석은 받아들이기 어렵습니다.

엄정식 : 우리가 인간으로서 존재에 대한 문제의식을 갖고 있다는 점을 이해할 수 있으며 비웃지는 않겠지만, 그들의 방식으로 문제에 접근하는 것은 자신과 철학적 태도에서 다르다는 것입니다.

이승종 : 즉, 하이데거와 키에르케고르가 바보는 아니죠.

엄정식 : 철학적으로는 바보라는 거죠. (비트겐슈타인이 그들과) 입장이 같다는 결론을 끌어낼 수는 없겠죠.

이승종 : 입장은 같은데 방식이 다르다는 것 아닙니까? 그리고 비트겐슈타인이 바보를 존경했다는 것은 이상한데요.

엄정식 : 보통사람으로서는 마치 종교인을 존경하듯 존경할 수는 있겠죠. 그러나 존재를 철학적으로 문제 삼았다는 것은 이해할 수 없다는 게 비트겐슈타인의 입장이죠.

이승종 : 그런데 인용한 구절에 보면 비트겐슈타인은 하이데거가 존재와 불안으로 의미한 바를 충분히 사유할 수 있다고 말하지 않았습니까.

엄정식 : 한 인간으로서, 인간의 한계 때문에 존재와 불안을 말하는 것은 이해할 수 있지만 하이데거가 존재의 문제에 대해 그러한 방식으로 철학적으로 접근했다는 것은 이해할 수 없다는 거죠. 따라서 이 인용문을 바탕으로 비트겐슈타인과 하이데거의 철학적 동질성을 찾는 것은 무리입니다.

이승종 : 물론 이 인용문만 가지고 양자의 철학적 동질성을 찾지는 않았습니다. 단지 비트겐슈타인이 하이데거를 인정하고 있음을 보이기 위해 이 인용문을 인용한 것입니다. 이 인용문이 제 논문의 발판이 되는 이야기는 아니죠.

엄정식 교수님께서 하이데거에게 존재의 문제가 일차적 문제이고 언어의 문제가 이차적 문제라고 말씀하셨는데 이는 신상희 교수님의 지적, 즉 하이데거에게 존재와 언어가 함께 녹아 있으며 따라서 양자가 분리되어 논의될 수 없다는 사실로 이미 답변되었다고 봅니다.

이종관 교수님은 유동적인 일상언어를 철학의 최후근거로 놓는 것이 환상이라고 말씀하셨는데 비트겐슈타인도 일상언어의 유동성을 잘 인식하고 있었고 이것이 철학을 일상언어에 정초하는 데 문제가 된다고 보지 않았습니다.

신상희 교수님은 비트겐슈타인이 문자의 영역에 고착되어 있지 않느냐고 비판하셨는데 비트겐슈타인은 『철학적 탐구』에서 자신이 다룰 문제가 언어의 문제이고, 언어의 문제가 언어게임의 문제로 전이됨을 천명하고 있습니다. 그리고 나서 그는 언어게임을 "언어와 그 언어에 짜여져 들어가는 인간행위의 총체"라고 정의하고 있습니다. 즉 비트겐슈타인에게 분석의 대상은 문자로서의 언어가 아니라 언어와 인간의 행위가 함께 짜여져 들어가는 언어게임, 즉 삶의 문맥 안에서의 인간의 언어행위입니다. 따라서 그를 문자에 치중한 철학자로 간주하는 것은 기우입니다.

흔히 비트겐슈타인의 분석이 너무 원자론적이지 않느냐는 비판이 제기되곤 합니다. 『논고』는 종종 원자론적 언어이론으로, 그리고 하나하나의 언어게임의 독자성을 인정해준다는 점에서 후기의 언어관도 마찬가지로 원자론적인 것으로 오인되곤 합니다. 이는 역사의 아이러니이며 러셀에게도 책임이 있습니다. 러셀(Russell 1918)은 비트겐슈타인의 영향하에 발표한 「논리적 원자론의 철학The Philosophy of Logical Atomism」에서 비트겐슈타인의 철학을 자신의 철학과 동반관계에 놓으면서 원자론으로 해석하고 있습니다. 그러나 비트겐슈타인에게 이는 받아들여질 수 없는 해석입니다. 그는 전기에서나 후기에서나 일관되게 원자론보다는 전체론에 더 경도되어 있었습니다. 예컨대 『논고』에서도 "요소명제가 주어지면 모든 요소명제가 주어진다"는 구절이 있습니다. 그의 최후작품 『확실성에 관하여』에는 "전체에서 여명이 밝아온다"는 구절이 있습니다. '가족유사' 개념도 전체론을 강화해주고 있고요.

한정선 교수님의 비판, 즉 비트겐슈타인의 언어관이 데리다의 언어관에 의해 극복되었다는 비판은 그에 대한 논증과 근거제시가 있어야 할 것입니다. 개인적으로 저 자신은 비트겐슈타인이 데리다에 의해 극복되었다고 보지 않습니다. 신의 구원을 기다리는 것이 비관주의적, 무책임한 태도가 아니냐는 비판에 대해 말씀드리겠습니다. 하이데거는 『내맡김』(Heidegger 1959a)에서 내맡김의 태도야말로 가장 적극적인 태도라고 역설했습니다. 일을 거스르지 않고 있는 그대로 놓아두는 무의지의 상태야말로 가장 적극적인 실천의 계기라고 보고 있습니다. 신의 구원 역시 과학주의 비판의 맥락에서 넓게 이해해야 할 것입니다.

김영건 교수님의 지적, 즉 후기 비트겐슈타인에서의 텔로스 비판이 수리논리학이 아니라 『논고』를 향한 것이라는 지적은 옳습니다. 후기 비트겐슈타인은 젊은 시절의 자기 자신조차도 전통 형이상학, 즉 완전성과 정밀성의 텔로스에 사로잡혔던 희생자로 보고 있습니다. 비트겐슈타인이 『논고』를 집필할 때 가장 큰 영향을 준 프레게와 러셀이 수리논리학의 창시자요 플라톤주의자였음을 상기할 필요가 있습니다.

김영건 교수님은 보여지는 것을 강조하는 저의 인용문에서 보여짐을 다른 표현, 예컨대 강조하다, 이해하다로 바꿀 수 있다고 말씀하시지만 비트겐슈타인 자신은 그렇게 바꾸지 않았습니다. 후기 비트겐슈타인의 철학에서의 핵심개념의 하나는 'Übersichtlichkeit'입니다. 'übersehen'은 "전체적으로 본다"는 뜻입니다. 이 말의 뿌리는 비트겐슈타인이 즐겨 읽던 괴테에서 비롯된 것입니다.

박해용 교수님의 비판에 대해서 답변하겠습니다. 비트겐슈타인은 언어의 올바른 사용으로 말미암아 철학의 문제가 해소된다고 본 것이지 모든 문제가 다 해소된다고 보지는 않았습니다. 시대의 어둠은 삶의 양식의 변화를 바꿈에 의해서만 가능한데 이는 철학자의 능력을 벗어난 것이라고 생각했습니다. 비트겐슈타인은 자신의 삶의 양식을 바꾸어보려고 평생 독신으로 양차대전에 다 참여하고, 엄청난 유산도 가난한 예술가에 익명으로 기부하고, 보장된 철학교수직도 마다하고 10년간 초등학교 교사, 수도원 정원사직을 전전하였습니다.

이정복 : 발표자는 이 글에서 비트겐슈타인을 해석할 때에 왜 논증을 그렇게 강조하는 것입니까? 비트겐슈타인은 논증을 넘어서는 사람인데 말입니다.

이승종 : 비트겐슈타인 철학에 동조하지 않는 사람들의 입장에서 보았을 때 비트겐슈타인의 문제는 논증적 뒷받침을 결여한 무책임한 말을 했다는 것입니다. 그것이 오늘날 그가 잊혀져가는 결정적 계기가 되었는지도 모릅니다. 러셀도 그런 지적을 했습니다.

그는 비트겐슈타인의 말과 글에 엄청난 통찰력이 번득였지만 아무런 논증이 제시되어 있지 않기 때문에 그것을 수용해야 할지 어떨지 모르겠다고 말했습니다.

그의 지적에 대해 비트겐슈타인은 논증은 자신에겐 장식에 불과하다고 답변했습니다.[5] 그러나 이러한 태도는 오늘날 더 이상 먹혀들어가지 않습니다. 더구나 비트겐슈타인을 해석하는 마당에는 논증적인 작업이 과정적으로나마 꼭 필요하다고 봅니다.

---

5   자신의 생각을 말하지만 말고 그것에 대한 논증을 제시하라는 러셀의 요구에 청년 비

12. 진리와 상대성[6]

1. 진리와 진리론의 층위 (임일환)[7]

발표문은 크게 보아 두 부분으로 나뉘어져 있다. 발표문의 앞부분은 주로 영미철학권에서 논의되어온 다양한 진리론의 문제점을 지적하고, 이 문제점을 발판으로 4절 이후 하이데거의 존재의 진리론을 소개 해석하는 본론이 논문의 기본구조인 것처럼 보인다. 아쉽게도 이 논문의 하이라이트인 4절 비원에서 출발하여 8절 존재의 진리로 끝나는 하이데거 존재의 진리론에 대한 논평은 평자의 능력을 벗어난다. 다시 말해

트겐슈타인은 논증이 아름다움을 훼손시킬 것이라고 답했다. 그는 심지어 "진흙투성이의 손으로 꽃을 더럽힌 것 같은 느낌이 들 것"(Monk 1990, 54쪽)이라고 말했다. 비트겐슈타인은 합리적 설명과 논증을 중시하는 카르납에 대해서도 같은 태도를 취하였다.(Carnap 1963, 26쪽; Feigl 1969, 638쪽)

6 이 장은 6장의 초고를 주제로 2001년 11월 17일 건국대학교에서 있었던 철학연구회에서의 발표에 대한 논평과 답론을 옮긴 것이다.

7 한국외국어대학교 철학과 교수

나의 논평은 공들여 씌어진 훌륭한 발표문의 문제의식을 그저 점검해 보는 수준을 벗어나지 못한다.

나의 논문이해가 바른 것이었다면, 이 교수는 기존의 다양한 진리론, 즉 대응론, 정합론, 규약론, 타르스키 진리론, 콰인의 축소주의적 이론 등 여러 이론의 문제점들을 일별하면서, 궁극적으로 진리의 상대성의 여지 그리고 진리와 언어의 가분可分명제라는 것, 이 두 축을 기본적으로 하이데거 이론의 도입 이유로 제시한다. 따라서 이 글은 발표자가 현대의 다양한 진리론의 논란 속에서 어떻게 하이데거 존재의 진리론으로 나아가는 '실마리'를 발견하는가 하는 과정에 대해 두세 가지 간단한 질문을 제기함으로써 논평을 대신하고자 한다.

논문은 "진리란 무엇인가?"하는 물음에 대한 예수와 하이데거의 가언적假言的 침묵에 대한 해석으로부터 시작한다. 그리고 발표자는 이 현상으로부터 진리에 대한 물음의 문맥 의존성 명제라는 것과 언어-진리 가분명제라는 것을 해석해낸다. 그런데 내가 궁금한 것은 이 두 명제의 기능과 내용이다.

먼저 진리에 대한 물음, 나아가 진리 자체의 문맥 의존성을 단순히 "문맥 의존성 명제"라고 부르자. 그렇다면 이 명제와 발표자가 비판하는 기존의 널리 알려진 진리대응론이나 정합론은 상호 어떤 관련이 있는가? 진리대응론에 대한 비판의 모두에서 이 교수는 이렇게 말한다.

그러나 진리대응론은 그 자체만으로는 성립되기 어려운 입장이다. 진리에 대한 물음이 문맥에 의존한다는 앞서의 명제를 좀 더 확장시켜보면 물음뿐 아니라 진리 자체가 문맥에 의존한다는 점을 알 수 있다. "삼각형의 내각의 합이 180도이다"라는 문장은 유클리드의 언어

체계에서는 참이고, 리만이나 로바체프스키의 언어체계에서는 거짓이다.(178쪽)

아주 평면적으로 해석할 때 이 인용문은 진리대응론이 잘못된 이유는 진리 자체의 문맥 의존성 때문이라는 주장이다. 만일 발표문이 진리의 문맥 의존성과 상대성의 여지를 논증하려는 입장이라면, 여기에는 아주 단순한 논증의 순서의 오류가 있다. 대응론이 잘못된 이론이기 때문에 문맥 의존성/상대성을 고려해야 한다는 주장을 하기 위해서는, 우리는 대응론이 왜 잘못된 진리론인가 하는 **독립적인 이유**를 필요로 한다: 대응론은 왜 잘못된 이론인가? 진리는 문맥 의존적이기 때문이다. 그런데 진리는 왜 문맥 의존적인가? 대응론(과 기타 다른 여러 진리론들)이 잘못된 이론이기 때문이다. 성인의 침묵과 천재들의 잠언은 우리의 상상력을 자극한다. 그러나 그것들이 무엇인가를 '입증'한 것은 없다고 생각하는 나의 생각은 너무 불경스런 사고인가?

두 번째 질문은 논문의 서론부분의 핵심테마인 "진리의 상대성"이란 개념과 이에 관련된 진리정합론에 대한 이해에 대한 질문이다. 먼저 상대성과 정합성에 대한 발표자의 언급은 다음과 같다.

앞서 삼각형의 내각의 합에 관한 유클리드의 기하학과 리만/로바체프스키의 기하학에서 보았듯이 진리정합론은 동일한 문제(예컨대 삼각형의 내각의 합)에 대한 상호 양립 불가능한 참인 답변의 다수성을 인정한다.(179쪽)

콰인에 대한 데이빗슨의 주된 염려는 콰인의 철학이 초래하는 존재론적 상대성이다. 참이면서도 양립 불가능한 체계들의 공존 가능성은 데이빗슨에게는 인정하기 어려운 사태이다.(180쪽)

같은 사태에 대해 참이면서도 양립 불가능한 체계들의 공존이 초래하는 진리의 상대성을 콰인은 존재론적 상대성으로 명명한 바 있다.(181쪽)

상대주의가 같은 사태에 대해 참이면서도 양립 불가능한 체계의 공존 가능성을 인정하는 입장을 말한다면 상대주의는 생각만큼 위험하고 해로운 입장은 아니다. 체계 사이의 양립 불가능성이나 통약 불가능성이 반드시 각 체계의 지지자들 사이의 의사소통 불가능성을 함축하는 것은 아니기 때문이다.(181쪽)

진리상대성과 콰인의 존재론적 상대성과 관련되어 되풀이 반복되고 있는 언어적 표현은 "같은 사태에 대해 **참이면서도** 양립 불가능한 체계들"[8]이라는 표현이다. 우리말에서 "양립 불가능한"이란 말은 두 개 이상의 진리치 담지자들, 예컨대 어떤 문장/주장/체계들이 동시에 모두 참일 수 없다는 의미를 갖는 말이다. 따라서 예컨대 "참이면서도 양립 불가능한 체계들의 공존 가능성은"이라는 인용문을 문자 그대로 번역하자면, 그것은 "동시에 진리치가 모두 참일 수 없는 (복수의) 체계들은 모두 참이며 공존 가능하다"는 식으로 번역될 것이다. 한마디로 이것은 용어모순이다. 물론 발표자가 지적하듯 만일 우리가 진리정합론을 받아들인다면, 그 입장에서 '상대주의'는 이런 방식으로 표현이 가능할지

---

8 인용자의 강조.

도 모른다. 예컨대 유클리드 기하학체계와 비유클리드 기하학 체계는 각기 내적 정합성이 있다. 따라서 진리정합론이 옳다면—즉 진리는 정합성에 있으므로—우리는 양자는 모두 참이라고 말해야 한다. 그런데 주지하듯 이 두 체계는 동일한 사태에 대해 양립 불가능한 주장을 한다는 식으로.

만일 사태가 이렇다면, 이 교수가 언급하는 진리상대주의나 콰인의 존재론적 상대성의 논제에는 어떤 방식으로든 진리정합론이 내장되어 있어야만 한다. 그렇다면 여기서 나는 두 가지 의문점을 발견한다. 하나는 진리상대주의와 진리정합론은 과연 같은 입장인가 다른 입장인가 하는 질문이고, 나아가 그것이 만일 다른 입장이라면 진리정합론에 무엇을 더하면 상대주의에 도달하는가 하는 질문이 그것이다. 두 번째 질문은 과연 발표자가 말하듯 우리가 콰인의 철학을 "자신이 지지하는 경험론과 전체론의 조화라는 구도하에 대응론과 정합론을 절묘하게 결합시킨"(179쪽) 것으로 해석할 수 있는가 하는 질문이다.

주지하듯 「경험론의 두 독단」(Quine 1951)에 표현된 콰인 철학은, 그리고 특히 그가 비유로 드는 노이라트의 뗏목은 콰인을 통상적으로 '정합론자'로 해석할 수 있는 강력한 근거이다. 그런데 주목해야 할 중요한 논점은 우리가 통상 콰인을 '정합론자'로 해석할 때 정합론은 인식적 정당성에 관한 정합론을 의미하지 결코 진리에 관한 정합론을 의미하지는 않는다는 점이다. 주지하듯 콰인의 존재론적 상대성의 도출 근거가 되는 지시의 불가 투시성 논제나 번역의 불확정성 논의에 등장하는 "양립 불가능한" 번역 매뉴얼/개념체계에 대한 콰인의 공식적인 수식어는 "경험적으로 동치인empirically equivalent"이라는 표현이다. 이 표현은 두 대립하는 체계의 진리치의 등가성을 지칭하는 표현이 아니라, 두 체계에 대한 증거, 즉 **인식적 정당성**의 등가성을 의미하는 표현이다(예컨대 '가바가이'가 토끼를 지칭하는지, 토끼의 현 단계를 지칭하는지 관찰과 경험으로 결정할 수 없다). 따라서 콰인은 자신의 축소주의적 진리론과 인식론적 정합론을 아무런 모순 없이 수용할 수 있다.

나는 이제 하이데거와 카뮈와 데리다 등을 논해야 할 이 자리에서 더 이상 콰인의 해석을 논란하는 것이 어줍지 않은 일이라고 생각한다.

2. 논평 (노양진)[9]

이승종 교수(이하 '필자')의 「진리와 과학」은 하이데거의 "존재의 진리" 개념을 화두로 삼아 우리에게 널리 유포된 진리들이 제한적이고 부분적이라는 사실을 드러내려고 시도한다. 이 글은 단지 "존재의 진리"에 관한 하이데거의 목소리를 전달하는 데 그치지 않고 이 주제들과 관련된 필자의 풍부한 철학적 지식과 이해를 넉넉하게 반영한다. 이 때문에 이 글은 난해한 하이데거의 메시지를 이해하는 데도, 오늘날 우리에게 유포된 진리이론들의 본성을 이해하는 데도 커다란 도움이 된다.

이 긴 글을 따라 읽는 동안 우리는 전통적인 진리이론들의 한계, 상대주의의 문제, 앎과 삶의 괴리 문제 등 진리와 관련된 중요한 철학적 문제들을 두루 마주치게 된다. 그러나 필자의 문제의식과 논의의 초점이 모아지는 지점은 진리와 언어의 괴리이다. 근대 이후의 진리이론들이 언어와 진리를 분리시킴으로써 언어 안의 진리만을 다루게 되었으

---

9 전남대학교 철학과 교수

며, 이 때문에 언어 밖에 놓여 있는 삶의 세계가 '진리'의 영역 밖에 남게 되었다는 것이다. 필자가 해석하는 하이데거의 "존재의 진리"는 이러한 문제의식에 대한 대안적 처방인 셈이다.

필자는 하이데거를 따라 이 모든 문제의 원천으로 수학적 가설을 자연에 투사한 근대의 과학관을 지목한다. 말하자면 근대는 수량화된 관찰자의 진리를 정형화함으로써 우리의 삶과 존재사태에 접목된 절실한 진실이 아니라 건조하고 메마른 이론적 진리로 우리의 지성의 눈을 가리게 되었다는 것이다. 이러한 지적은 하이데거 이전의 철학사에 속하는 근대의 과학관에만 적용되는 것이 아니라, 그 알맹이의 대부분을 언어적으로 재구성했던 현대의 분석철학에 대해서도 대동소이하게 적용된다. 분석의 망령을 극복하려는 로티가 듀이, 비트겐슈타인과 함께 하이데거를 철학적 영웅으로 꼽는 것도 이 때문일 것이다.

그러나 이 글이 담고 있는 중요한 문제의식과 설득력에도 불구하고 필자와의 지적 여행이 시종일관 즐겁고 순탄한 것만은 아니다. 우선 이 글에서 필자와 함께 떠나는 여행자들에게 지나치게 많은 짐을 지우고 있다. 이 글의 독자는 여덟 개로 나누어진 낯선 제목들을 따라 많은 곳을 여행해야 할 뿐만 아니라 해야 할 일도 많다. 예를 들면 피천득의「비원」을 필자의 의도에 따라 해석하고, "진실로서의 진리"와 만나기 위해서 우리는 필자의 주문처럼 "열린 마음과 태도"와 "마음의 눈"(189쪽)을 가져야 한다. 그렇게 함으로써 우리는 "나의 본래성"을 절실한 것으로 받아들일 수 있으며, 그제야 비로소 보편성이라는 건조한 땅을 떠나 구체적 삶의 장으로 들어설 수 있다. 그러나 꾀꼬리 소리를 들으며 충청도 광시에서의 기억을 되살림으로써 새롭게 발견하게 되었던 "나의 본래성"이란 도대체 무엇을 의미하는 것일까?

필자는 하이데거의 철학을 통해 "진실의 고유화"와 "(고유화되지 않은) 이론적 진리"를 구별한다. 진실의 고유화는 나의 본래성을 돌아보게 하는 "절실한 어떤 것"이다. 그 절실한 진리는 "구체적 진실"을 말하며, "삶과 함께 나 혼자서 짊어지고 가야만 하는", "우리의 삶에서 살아 숨 쉬며", "삶과 우리 자신을 근거 짓는"(190쪽) 어떤 것이다. 이러한 진리는 "열림과 고유성, 그리고 역동성"으로 특징지어진다.(191쪽) 그것은 또다시 우리말의 '진실', '절실', '적실', '확실' 등이라는 말로 채색되어 있다. 그러나 필자(또는 하이데거)가 언어를 통해서 드러나지 않는 그 중요한 것들을 그저 "절실한 것", "적실한 것" 등으로 부르고, 동시에 그것들도 우리의 삶에서 중요하다고 인정하는 데 만족하지 않고, 집요하게 그것들을 '진리'의 영역으로 포함시키려는 이유는 무엇인가?

물론 필자의 지적처럼 이러한 하이데거의 노력은 진리로부터 추방되어버린 중요한 것들의 복권이라는 차원에서 중요성을 갖는다. 말하자면 근대의 과학관이 '진리'라는 영역에서 추방시켰던 것들의 중요성을 복권시키려는 의도일 것이다. 그러나 왜 그것들이 '진리' 아닌 다른 이름으로 남아 있다는 사실이 우리에게 그처럼 큰 문제인가? 근대의 제한적인 진리관을 거부하는 가장 나은 길이 과연 하이데거를 따라 더 넓고 큰 존재의 진리를 추구하는 것일까? 우리는 우리에게 주어진 '진리들truths'이 단지 우리가 일상적 문장들에 대해 참/거짓으로 판정하는 문제 이상의 것이 아니라는 로티의 제안을 받아들일 수도 있지 않은가? 이러한 물음을 묻는 대신에 필자는 하이데거의 존재의 진리가 분석철학이 중시했던 비판적 대화와 논증의 중요성과의 화해가 이루어지기만 하면 여전히 추구되어야 할 어떤 것으로 가정한다. 그러한 화해가 과연 가능한가?

한편 필자는 이 글에서 "존재의 진리"로 향하는 여정에서 상대주의 문제를 거론함으로써 기나긴 여정을 지체시키고 있다. 즉 상대주의적 현상들, 특히 필자가 "종적縱的 상대주의"라고 부르는 현상들이 인간의 지식의 한계에 연유하는 것이 아니라 존재현상 자체의 성격에서 연유하는 것일지도 모른다는 추정을 바탕으로 그것에 존재의 다양한 드러남이라는 아리스토텔레스적 해석을 가한다.(184쪽) 아마도 상대주의 문제를 다루는 모든 사람에게 궁극적인 물음은 현실적으로 드러나는 상대주의적 현상들이 허무주의적 분기로 전락하지 않고 무엇에 의해 제약될 수 있는지의 문제일 것이다. 필자 또한 이러한 맥락에서 물리현상에서 드러나는 상대주의적 현상을 '존재'의 다양한 드러남으로 설명하려는 것으로 보인다. 그리고 그 다양한 현상들의 배후에 널찍한 '존재'를 설정함으로써 그것을 하나의 뿌리로 간주하려고 생각하는지도 모른다.

그러나 상대주의의 제약 문제는 외재적 문제가 아니라 우리의 경험 구조의 층위를 따라 해명되어야 할 내재적 문제다. 즉 필자가 하이데거를 따라 반복적으로 언급하는 존재사태 또한 우리의 경험 안에 주어진, 또는 적어도 주어질 수 있는 어떤 것이다. 이 때문에 우리가 물어야 할 것은 존재사태들이 그 자체로 상대적인지의 문제가 아니라 우리의 경험이 어떤 층위에서 어느 정도 공공성을 보이는지의 문제이다. 논평자는 이러한 공공성을 신체적이고 물리적인 경험의 층위에서 찾아야 한다고 보며, 그것을 "종種으로서의 인간이 공유하는 경험의 공공성" 정도라고 본다. 말하자면 그 정도가 우리가 가질 수 있는 제약의 전부이며, 또 그것이 우리가 필요로 하는 충분한 제약이다. 아마도 필자는 하이데거의 '존재'를 추구함으로써 이러한 제약을 대신하려고 시도하는

지도 모른다. 그러나 하이데거가 말하는 존재의 진리가 "모두의 진리"가 아니라 "고유화된 진리"라는 점을 상기하면 이러한 시도는 모종의 '도약'이 없이는 가야 할 길이 멀고도 험해 보인다.

아마도 유사한 맥락에서 필자는 보일 듯이 보일 듯이 보이지 않는 "존재의 진리"를 옹호하기 위해 다소는 무모하게도 실용주의적 진리를 근대적 사유의 한 유형, 즉 "옳음으로서의 진리"의 한 유형으로 구획한다.(205쪽) 이러한 구획 안에서 실용주의적 진리는 언어학적으로는 화용론으로, 기술문명 차원에서는 기술과 한 계열로 자리매김하게 된다. 이러한 구도에서 실용주의적 진리는 여전히 하이데거가 제안하는, 그리고 필자가 그리는 "존재의 진리"를 도외시하게 된다는 것이다. 그러나 실용주의적 진리에 대한 이러한 해석은 매우 거칠고도 성급하다. 논평자의 시각에서 하이데거가 제시하는 존재의 진리가 근대의 표상적 사유와 그 산물인 과학기술문명에 대한 '해독제'로서 중요한 것이라면, 그러한 역할은 "정당하게 해석된" 실용주의적 진리관만으로도 충분해 보인다. 뿐만 아니라 우리의 하이데거 해석은 해독제 이상으로 나아가지 않아야 할 이유가 있다. 그 지점을 넘어선 지나친 약은 새로운 중독을 불러옴으로써 오히려 독이 될 수도 있기 때문이다.

필자가 분석의 반성을 거쳐온 우리에게 안전하게 전할 수 있는 하이데거로부터의 메시지는 '회귀'라기보다는 '해독'으로 충분해 보인다. 우리는 그 지점에서 새로운 해명의 길을 찾아야 한다. 거기에서 하이데거를 따라 더 나아가는 것은 우리를 형이상학이라는 늪으로 이끌어 갈 수도 있으며, 더 나아가 그것은 하이데거가 스스로 범했던 것과 같은 과오로 나아가는 위험성을 안을 수도 있기 때문이다.

3. 임일환 교수에 대한 답론

1. 임일환 교수가 어떤 연유에서 진리대응론은 진리의 문맥 의존성 때문에 잘못되었고, 진리는 대응론이 잘못된 이론이기 때문에 문맥 의존적이라는 순환 논증의 혐의를 우리에게 부과하는지 알 수 없다. 임 교수가 요구하는 바, 즉 "대응론이 왜 잘못된 진리론인가에 대한 독립적인 이유"는 이 책 6장 3절에 제시되어 있다.

2. 임일환 교수는 우리말에서 "양립 불가능"이란 말은 두 개 이상의 진리치 담지자들, 예컨대 어떤 문장/주장/체계들이 동시에 모두 참일 수 없다는 의미를 갖는 말이어서 "참이면서도 양립 불가능한 체계들의 공존 가능성"이라는 우리의 표현은 용어모순이라고 비판한다. 임 교수의 지적이 어떤 우리말 사전에 근거한 것인지 알고 싶다.

3. 진리론으로서의 정합론은 진리의 근거가 정합성에 있다는 이론이고 상대주의는 진리가 상대적이라는 이론이다. 이처럼 정합론과 상대주의의 취지는 같지 않다. 그러나 일정한 주제나 사태에 대해 정합성을 갖는 체계가 여럿일 때 정합론은 이 모두를 참인 것으로 인정해야 하며, 정합론에 의해 각 체계에 동등하게 부여된 진리는 상대성을 띠게 된다. 요컨대 이 경우에 한해 정합론은 상대주의에 포섭된다. 그러나 그 역은 성립하지 않는다. 진리의 상대성 주장이 반드시 진리의 정합성 주장을 필요로 하지는 않기 때문이다.

4. 콰인이 정합론을 인식적 정당성에 국한해 논의했다는 임일환 교

수의 지적은 옳다. 그러나 인식론은 게티어Gettier의 문제로 유명해진 정당화된 참인 믿음을 탐구한다. 이처럼 인식론은 진리와 무관한 탐구가 아니다. 우리는 이런 맥락에서 콰인의 전체론/정합론이 넓은 의미에서 진리의 문제와 인식적 정당성의 문제를 가로지르는 것으로 해석할 수 있다고 보았다.

4. 노양진 교수에 대한 답론

1. 진리를 문장의 속성으로 국한해 보아야 하는지의 문제에 대한 이승종/하이데거와 노양진 교수/로티 사이의 불화는 진리의 그리스 어원인 알레테이아 *ἀλήθεια*가 의미하는 비은폐를 진리의 문제에 연관지어야 하는지에 관한 것이다. 진리를 비은폐로 보느냐의 여부에 따라 하이데거의 존재의 진리는 드러날 수도 있고 폐기되거나 은폐될 수도 있다. 존재의 진리가 중요하지만 그것을 꼭 진리라는 이름으로 불러야 할 이유는 없다는 노양진 교수의 평가는 우리의 글이 비판하는 축소주의적 관점에 서 있는 것으로 여겨진다.

   2. 노양진 교수는 하이데거의 철학이 기껏해야 근대의 표상적 사유와 그 산물인 과학기술문명에 대한 해독제 역할을 할 수 있을 뿐이라고 본다. 아울러 그러한 역할은 정당하게 해석된 실용주의적 진리관만으로도 충분해 보인다고 말한다. 실용주의적 진리관이 어떻게 과학기술문명에 대한 해독제 역할을 할 수 있는지 모르겠다.

3. 절실한 진리가 "나 혼자서 짊어지고 가야만 하는 것"이라는 말은 진리가 사적私的이라는 뜻이 아니다. 진리에 이르는 길, 진리를 실천하는 길은 고독하지만 본래적이고 보편적인 존재의 길이다.

13. 기술개념의 철학적 분석[10]

이봉재 : 기술의 문제를 해결하기 위해서는 인간의 각성이 요청된다는 것이 엘륄과 이승종 교수의 견해인데 이 부분이 어려워야 합니다. 그저 각성하면 된다는 주장은 맞긴 하지만 너무 쉬운 처방이라는 생각입니다.

   이병덕 : 직관적으로 보았을 때 기술은 아니지만 이승종 교수가 내린 기술의 정의에는 부합하는 예들이 있습니다. 예컨대 셈법, 달력, 수학적 문제의 해법 등등 말입니다.

---

10 이 장은 Ⅳ부의 축약된 초고를 주제로 2004년 5월 1일 한국분석철학회에서의 발표에 대한 토론을 옮긴 것이다. 토론 참가자는 다음과 같다. 이봉재(서울산업대학교 교수), 이병덕(서울시립대학교 철학과 교수), 박정일(숙명여자대학교 교수), 하종호(고려대학교 철학과 교수), 조인래(서울대학교 철학과 교수), 심철호(한중대학교 교수), 이좌용(성균관대학교 철학과 교수), 남경희(이화여자대학교 철학과 교수), 선우환(연세대학교 철학과 교수).

이승종 : 수정된 엘륄의 정의에 입각해서 말하자면 이병덕 교수님께서 드신 예들은 모두 기술에 해당합니다. 합리적으로 도달되고 절대적 효율성을 갖는 방법이 관철되는 모든 것이 기술이기 때문입니다.

이병덕 : 저는 기술이라는 개념을 지나치게 넓은 의미로 사용하는 엘륄과는 달리 이승종 교수님은 기술을 과학과 분리해 제한된 의미로 사용할 것을 제안한다고 보았는데, 만일 제가 든 예들을 기술로 간주하신다면 기술 개념의 제한적 사용이 과연 지켜지고 있는지 의심스럽습니다.

이승종 : 기술의 의미의 범위로 치자면 엘륄의 정의에 대한 저의 수정안이 엘륄의 원래의 정의보다 오히려 더 넓습니다. 저는 합리적으로 도달되고 절대적 효율성을 갖는 방법들이나 그 방법의 실행에 요구되는 인공물들의 총체를 기술로 정의하고 있으니까요. 아울러 저와 엘륄의 정의하에서 과학은 기술과 분리되지 않습니다. 과학은 기술의 이념을 실천하는 하위개념으로 기술에 포섭됩니다.

이병덕 : 그렇게 포괄적이라면 기술은 내용이 없는 개념이라고 생각합니다.

이승종 : 기술개념의 확장이 얼마나 효과적인 것이었는가에 의해 판정되어야 할 문제라고 생각합니다.

박정일 : 가습기가 기술이라는 이승종 선생님의 주장은 수긍하기 어렵습니다. 가습기는 기술의 적용이지 기술은 아닙니다. 비트겐슈타인

도 측정의 방법과 측정되는 대상을 엄격하게 구분하고 있지 않습니까. 그런데 선생님은 방법과 인공물의 총체를 하나로 취급하고 있는데 아주 이상한 어법입니다.

이승종 : 일상언어에서 기술은 'skill'과 그 'product'를 모두 아우릅니다. 예컨대 '기술입국'이라는 말은 합리적으로 도달되고 절대적 효율성을 갖는 방법들을 배우고 익혀야 한다는 의미뿐 아니라 그 'product'들을 많이 받아들이고 생산해야 한다는 의미를 함축합니다.

박정일 : 방법과 그 적용은 엄격히 구분해야 합니다. 자동차를 갖고 있는 것과 자동차를 다루는 기술을 갖고 있는 것은 구분되어야 합니다. 같은 차원에서 가습기는 기술이 아닙니다.

이승종 : 가습기는 기술의 한 예라고 생각합니다. 언제나 그렇지는 않겠지만 기술의 예는 일상언어에서 그냥 기술로 불리워지곤 합니다.

하종호 : "우리가 인간인 이상 우리는 기술이나 자연의 관점에서보다는 역시 인간의 관점에서 기술을 보지 않을 수 없다"(288쪽)는 이승종 교수의 말의 의미와 근거가 각각 애매하고 취약하다고 봅니다. 우리가 인간의 관점에서 기술을 보지 않을 수 없는 근거가 우리가 인간이기 때문에서일 뿐입니까? 아울러 오늘 발표의 제목이 「기술에 대한 철학적 고찰」인데 여기서 '철학적'이란 말의 의미는 무엇입니까? 분석철학에서의 철학에 대한 이해와 다르다는 느낌입니다.

이승종 : 우리가 인간의 관점에서 기술을 보지 않을 수 없는 근거가 우리가 인간이기 때문에서만은 아닙니다. 선생님께서 방금 인용하신 문장이 그렇게 되어 있을 뿐입니다. 오늘의 발표에서는 우리가 인간의 관점에서 기술을 보지 않을 수 없는 근거제시의 과정과 절차를 시간과 지면 관계상 제외시켰습니다. 그 부분을 간단히 요약해 복원하자면 다음과 같습니다. 우선 저는 엘륄과 하이데거의 작품을 통해 각각 기술이 인간을 얼마나 제약하고 또 얼마나 일방적인 방식으로 존재를 해석하는가를 규명하였습니다. 다음으로 기술이 강요하는 일방성과 결정성을 극복할 수 있는 여지가 있음을 보이려 했습니다. 이어서 구체적 극복의 시도들을 보그만, 드라이퍼스와 스피노사, 핀버그 등의 기술철학을 통해 살펴보았습니다.

『기술사회』의 영어판 서문에서 엘륄도 비록 분명한 해법을 제시하지는 못했지만 기술극복을 위한 인간의 책임을 역설하고 있습니다. 전향을 통해 기술에 대한 자유로운 관계설정을 모색하는 하이데거도 유사한 문맥에서 이해할 수 있다고 여겨집니다.

분석철학에서의 철학에 대한 이해가 무엇인지는 잘 모르겠지만 역시 철학은—심지어 분석철학의 경우에도—총체적 사유와 완전히 결별할 수 없다고 생각합니다. 기술을 총체적으로 다루는 사유에는 일단 철학적 요소가 암암리에 개입된다고 봅니다. 엘륄과 하이데거는 기술을 총체적이고 통시적인 관점에서 보려했던 사상가들이므로 기술에 대한 이들의 사유는 분명 철학적이라는 이름에 걸맞은 고찰이었고 말할 수 있습니다.

하종호 : 총체적이라는 말은 무슨 의미입니까?

이승종 : 총체적이지 않은 고찰이 무엇인지를 살펴보겠습니다. 예컨대 어떻게 해서 자전거의 앞바퀴와 뒷바퀴의 크기가 같게 되었는가에 대한 사회구성주의적 고찰은 뛰어난 사회학적 고찰이지만 철학적이지는 않습니다. 자전거의 바퀴에 맞추어진 고찰의 초점은 총체적이지 못합니다. 철학은 자전거에 관한 학문은 아닙니다.

조인래 : 이봉재 선생은 기술극복에 대한 이승종 선생의 처방이 너무 쉬운 처방이라고 말했는데 저는 그것이 그렇게 쉬운 처방은 아니라고 봅니다. 다만 새로운 처방이 아닐 뿐입니다. 기술에 대한 엘륄의 견해와 관계없이 기술이 인간의 제어와 통제를 넘어서는 벗어나는 부분이 상당히 있다는 인식과 판단이 엄존하기 때문에 상황이 우려스러운 것입니다. 이는 매우 심각한 문제입니다. 기술의 자율성은 도덕성의 지평을 넘어서 있습니다.

이와 관련해 제기된 인간의 책임문제는 새로운 문제제기는 아니지만 실천하기는 매우 어려운 사안이라고 봅니다. 자기조절 능력 면에서 살펴보자면 인간은 도덕적으로 조절되기 어려운 존재자입니다. 인간은 도덕적 열망과 그에 상반되는 욕망을 함께 갖춘 복합적인 존재입니다. 기술에 대한 인간의 제어의 문제는 인간 자신에 대한 제어의 문제로 환원해 이해해보는 것이 현실적이라고 생각합니다. 이는 어떠한 처방으로 해결될 문제가 아니기도 합니다.

이승종 : 지적하신 것처럼 기술극복의 문제는 간단한 문제가 아닙니다. 조인래 교수님과 사용하는 언어는 다르지만 유사한 이념하에서 하

이데거는「전향」에서 기술극복을 위해 요청되는 두 가지 전환에 대해 말하고 있습니다. 존재가 드러나는 방식의 전환, 그리고 인간에 말 건네오는 존재의 메시지에 응답하기 위해 인간이 거듭나야 함에 대해서 말입니다. 기술의 문제는 논문 한두 편, 혹은 어떤 알고리듬의 제시에 의해 풀릴 수 있는 문제가 아니라 실존적인 문제입니다. 조인래 교수님께서 언급하신 인간의 자기조절의 문제는 바로 이러한 측면에 맞닿아 있다고 봅니다. 시민이 기술정책의 입안과 집행에 적극 참여해 기술을 민주화해야 한다는 등 기술에 대한 낯익은 여러 처방들이 있기는 하지만, 기술철학자들이 제시하는 비전과 처방은 그와는 차원과 스케일을 달리하는 것으로 읽혀져야 할 것입니다.

박정일 : 이승종 선생님은 기술의 벡터 개념을 비유적인 차원을 넘어 인간, 자연, 기술 사이의 관계를 형상화하는 데 사용하고 있습니다. 이 글에서 벡터의 의미와 기능이 구체적으로 무엇인지가 궁금합니다.

심철호(사회) : 다른 분들의 질문도 함께 받은 뒤에 모아서 답변을 구하기로 하겠습니다.

이좌용 : 인간, 자연, 기술을 각각의 독립된 벡터로 간주할 때 이승종 선생은 인간을 비자연적, 혹은 초자연적 존재로 간주하는 것인지 궁금합니다. 혹은 인간은 자연에 속해 있지만 매우 특이한 존재로서 그 특이성은 기술적 능력의 발전에 있는 것 같습니다. 그 발전에 너무 치우친 나머지 이제는 그 이외의 여타 자연물과 다른 독특한 능력, 예컨대 내면적 반성능력이나 책임 등이 너무 소외되고 있으니까 그것을 다시

살려야 한다는 정도의 이야기와 오늘의 발표는 어떻게 다른지요. 그런 이야기는 이미 하이데거의 시대에 많이 거론되었습니다.

남경희 : 첫째로 기술로부터 보호하고자 하는 인간성, 인간적인 것의 특징이 무엇인지 궁금합니다. 둘째로는 인간, 자연, 기술의 벡터 관계에서처럼 기술과 무관한 자연이 가능한 것인지 궁금합니다.

이승종 : 기술의 벡터를 어떤 의도로 만들었는지에 대한 박정일 교수님의 질문에 대해 먼저 답변해보겠습니다. 벡터의 도입은 기술의 효율성 못지않게 기술 발전의 방향을 강조하기 위한 장치입니다. 기술을 인간과 자연의 합벡터로 본 것은 벡터에 대한 엄밀한 물리학적 사용이기보다는 기술과 인간과 자연이 하나의 묶음으로 함께 간다는 사실을 표상하기 위한 장치 그 이상도 이하도 아닙니다.

이좌용 교수님과 남경희 교수님의 질문들 중 서로 겹치는 부분에 대해 답변해보겠습니다. 두 전하 간에 작용하는 힘이 전하의 곱에 비례하고 그들의 중심 사이의 거리의 제곱에 반비례한다는 쿨롱의 법칙($F=kq_1q_2/r^2$)은 실제로는 맞지 않습니다. 전하에 미치는 중력을 무시하고 있기 때문입니다. 중력에 대한 고려를 무시하는 "다른 조건이 같다면 *ceteris paribus*"이라는 반사실적 전제하에서만 두 전하 간에 작용하는 힘은 쿨롱의 법칙대로 계산됩니다. 이좌용 교수님과 남경희 교수님께서 지적하셨던 문제, 즉 기술, 인간, 자연이 서로 독립된 존재로 벡터 상에 위치할 수 있는가 하는 문제는 중력에 대한 고려를 무시한 채 두 전하 간에 작용하는 힘을 거론할 수 있는가 하는 문제와 유사합니다. 그것이 불가능하다면 기술의 벡터나 쿨롱의 법칙은 성립할 수 없습니다.

학문에서 어떤 논제나 법칙의 정립은 통상적으로는 갈라놓기 어려운 요소들을 서로 갈라 그들 사이의 관계를 정식화함으로써 이루어지며 그 타당성은 그 효과에 의해 가늠된다고 생각합니다. 그 요소들을 그렇게 가를 수 있느냐에서부터 문제를 삼는다면 거의 모든 논제와 법칙의 정립은 아마 이루어지지 못할 겁니다.

남경희 교수님의 질문에 대해 말씀드리겠습니다. 기술이 인간을 넘어선다는 엘륄의 주장에는 이미 기술과 인간의 구분이 전제되어 있습니다. 따라서 엘륄의 입장에서 보아도 기술로부터 보호하고자 하는 인간성이 무엇인지를 묻는 남경희 교수님의 질문은 여전히 유효하고 가치 있는 질문입니다. 그에 대한 엘륄 자신의 답변은 '책임'이었습니다.

선우환 : 이승종 교수님은 기술적 사고의 예로 수리논리학을 들었는데 수리논리학은 엄밀한 사고에 필요한 학문으로서 증명을 그 근간으로 합니다. 그러나 증명은 알고리듬화될 수 없으며 창의적 사고를 요구하는 분야입니다. 수리논리학이 추구하는 엄밀성은 기술이 추구하는 효율성과는 상반되는 이념입니다. 효율성과 엄밀성의 이념은 각각 이집트 기하학과 그리스 기하학에 견주어볼 수 있습니다. 이집트 기하학이 측량에 필요한 효율적인 도구였던 반면, 그리스 기하학은 이미 알려진 기하학적 법칙들에 대한 엄밀한 근거제시에 천착했다는 점에서 말입니다.

이승종 : 논리학과 언어를 계산체계로 간주하는 시각은 반 하이에너트(van Heijenoort 1967)와 힌티카 부부(Hintikka and Hintikka, 1986)의 저술에서 각각 찾아볼 수 있습니다.

추상적이고 엄밀한 수리논리학이 효율성과 연관될 수 있다는 사실을 저는 문명의 역설이라고 봅니다. 흔히 현실주의적이라고 알려진 중국문명에는 이렇다 할 수학적, 논리적 작업이 발전하지 못했습니다. 따라서 과학기술에서 서양에 비해 열세에 놓이게 되었고 이는 아편전쟁에서의 패배로 이어집니다. 반면 서양문명의 경우에는 엄밀한 논리적 사유, 근거에 대한 순수한 천착이 효율성을 모태로 하는 과학기술문명을 낳았습니다. 수리논리학과 효율성과의 관계는 수리논리학 자체의 직접적 효율성의 측면에서보다는 이러한 수리논리학적 사유가 서양인 개개인의 의식에서 작동을 하면서 서양의 지성사나 과학기술사의 흐름과 엇물려 나온 것이 서양의 기술문명이라는 넓은 의미로 이해할 수 있을 것입니다.

　선우환 : 이 교수님의 말씀은 효율성을 직접적으로 추구하지 않는 사유가 오히려 더 큰 효율성을 창출할 수 있다는 뜻으로 이해됩니다. 그럼에도 불구하고 궁극에 가서 효율성을 추구하는 사고보다는 효율성을 직접 추구하는 사고를 기술적 사고라고 불러야 하지 않는가 생각해 봅니다.

　심철호 : 우리가 기술, 인간, 자연에 대한 공통적인 생각을 갖고 있지 않은 상태에서 나온 글이었기 때문에 기술의 개념에 대한 정의에서부터 열띤 토론이 있었습니다. 분석철학회에서 발표된 논문으로는 색달랐기에 그래서 일부 불편한 생각을 갖고 계신 분도 있었는지 모르겠습니다만, 기술철학이 제기하는 무궁무진한 문제들을 생각할 수 있는 계기가 되지 않았나 생각합니다.

14. 인문학의 위기[11]

1. 논평[12] (여건종)[13]

이승종 교수의 발표는 미디어 기술의 발달이 어떻게 인문학의 위기를
초래했는가에 초점이 맞추어져 있다. 전체적으로 이 교수의 주장에 동
의한다는 전제하에 문화연구자의 입장에서 몇 가지 보충, 부연, 그리고
이의를 제기해보겠다. 이 교수는 미디어 기술에 대해 대체적으로 부정
적인 시각을 갖고 있는 것 같다. 정보와 지식으로부터 깊이의 박탈, 그
에 따른 비판적 능력의 상실, 주체의 고유성의 상실, 소통의 단절, 기계
에의 일방적 종속 등이 미디어 기술의 무분별한 수용으로부터 비롯된
것으로 보고 있다. 논평자는 이러한 평가가 일방적인 것이 아닌가 하는

---

11 이 장은 IV부의 축약된 초고를 주제로 한 발표에 대한 세 차례의 토론을 옮긴 것이다.

12 1, 2, 3절은 8장과 9장의 초고를 주제로 2009년 6월 13일 서울대학교에서 있었던 한국
철학회에서의 발표에 대한 논평과 답론, 토론을 각각 옮긴 것이다.

13 숙명여자대학교 영문과 교수

이의를 제기하고 싶다. 이제 이러한 이의 제기를 다음의 세 가지 주제로 나누어 구체화해보고자 한다.

1) 인문학과 미디어 기술 사이의 관계
2) 영상매체와 문자매체 사이의 관계
3) 대중의 등장이라는 사회역사적 문제

1. 이승종 교수는 "인문학의 주제인 인간의 삶과 세계는 결코 마르지 않는 생생불식生生不息의 사태"(290쪽)라고 말한다. 이는 인간이 끊임없이 생성, 갱신, 확장되는 존재임을 함축한다. 역사적으로 볼 때 인간의 생성, 갱신, 확장에는 미디어 기술이 함께 있었다. 이 교수는 말에서 글로, 글에서 영상매체로의 변화를 대체로 쇠퇴의 과정으로 해석한다. 그러나 구술문화에서 문자문화로의 변화는 인간의 가능성을 크게 확장시켰다. 문자와 출판문화 없이 근대를 이해할 수 없을 정도이다. 현대에 와서는 인터넷, 사이버공간, 영상매체가 그 역할을 이어받고 있다. 이런 점에서 이 교수의 발표는 미디어 기술과 인문학 사이의 긍정적 관계에 대해서도 동등한 고려가 있었어야 한다. 작금의 위기를 극복하는 방안도 이러한 미디어 기술의 도움과 준거하에 논의되어야 한다.

2. 이승종 교수는 영상매체와 문자매체 사이의 단절과 분리를 강조한다. 미디어 기술의 대두는 새로운 지식, 정보, 의미, 가치의 생성을 초래한다. 이로 말미암아 기존의 어떤 특정한 가치는 약화되거나 배제되고 새로운 인간이해가 등장하게 된다. 인간의 잠재적 가능성도 이에 따라 한편으로는 약화되고 또 한편으로는 강화된다. 미디어의 등장이 단절과

분리를 초래한다는 주장은 이러한 점에서 정당성을 가질 수 있다. 그러나 다른 한편으로는 새로 등장한 미디어가 과거의 미디어와 어떠한 연속성, 동질성을 지니는지에 대한 탐구도 필요하다. 예컨대 최근에 대두되는 영상매체나 사이버매체의 생성물들은 문화적 진공상태에서 생성된 것이 아니라, 그 이전의 구술문화와 문자문화시대에 축적된 인간에 대한 이해의 연장선상에서 출현한 것으로 보아야 한다. 그 연속성의 중심에 인간이 자리한다. 최근 우리는 19세기 서구소설들이 많이 영화화되고 그 소설들의 표현 가능성이 드라마에서 확장되는 것을 본다. 구술문화에서 문자문화로의 변화가 초래한 확장에 대한 이해가 있어야 소설의 영화화가 초래하는 확장도 이해할 수 있다. 문자매체와 영상매체 사이의 관계는 이처럼 단절과 연속의 양 측면을 함께 고려해야 한다.

3. 대중의 등장이라는 큰 사회역사적 문맥에서 미디어 기술의 대두를 이해할 필요가 있다. 대중이라는 우리 시대의 새로운 보편계급이 어떻게 등장했고 성장했는지를 보는 것이 우리 시대를 이해하는 하나의 방법이라고 생각한다. 어떠한 정치적, 문화적 자원들을 확보함으로써 대중이 등장하게 되었는가를 보아야 한다. 그동안은 특정한 문화적 자원을 가진 집단이 인문학적 자원을 독점했다고 할 수 있다. 대중의 시대는 특정한 집단에 집중되었던 의미생산의 원천(문화)이 밑으로 확산되어가는 과정이고, 그것이 참여민주주의에 중요한 현실적인 내용을 규정한다. 인문학의 대중화는 보다 많은 사람들에게 인문학적 자원이 공유되고 확산되어야 한다는 보편적 가치를 의미한다. 그 과정에도 뉴미디어 기술이 매우 중요한 역할을 했다고 본다.

2. 답론

우리가 뉴미디어의 부정적 측면을 말한 곳에서 논평자는 뉴미디어의 긍정적 측면을 말하고 있고, 우리가 뉴미디어가 인문학의 위기를 초래한다고 주장하는 곳에서 논평자는 뉴미디어가 인문학의 확장과 진보를 초래한다고 주장하고 있다. 비유해 말하자면 우리는 빛의 입자성을, 논평자는 빛의 파동성을 주장한 셈이다. 논평자의 이러한 상보적 논평으로 말미암아 우리의 논의는 빛이 입자이면서 파동임을 한자리에서 보여주는 컴프턴의 실험과 유사한 풍성한 경지에 이르게 되었다.

논평자와 우리 사이의 이러한 불일치는 사태의 중요한 본질적 측면을 드러내 보이고 있다. 어떠한 사태에도 진보의 측면과 쇠퇴의 측면이 공존한다는 점이 그것이다. 그러나 양쪽이 다 옳다는 양시론兩是論이나 상대주의는 사태의 양면성을 평면적으로 해석하는 데 그쳤다. 우리는 이에 반해 사태의 층위를 갈라서 보아야 한다고 생각한다. 하이데거가 말하는 존재자적인 층위와 존재론적인 층위가 그것이다. 그에 의하면 옳음은 전자에, 진리는 후자에 귀속되어야 한다. 이러한 하이데거의 언어를 빌어 말하자면 뉴미디어와 인문학에 대한 논평자의 지적은 존재자적인 측면에서는 옳을 수 있지만, 존재론적인 측면에서는 충분히 진리라고 보기는 어렵다고 생각한다.

3. 토론[14]

---

14 토론 참가자는 다음과 같다. 엄정식(서강대학교 철학과 교수), 최성도(연세대학교 전

엄정식 : 과학은 과학적 탐구의 과정, 논리에 대한 인식론과 탐구의 결과를 현실생활에 적용하는 기술의 두 부분으로 이루어졌다고 봅니다. 인문학자들은 이 양 측면을 전체적으로 염두에 두지 않고 후자에 치중하는 경향이 있습니다. 오늘 발표자가 자신의 준거틀로 원용한 하이데거도 마찬가지입니다. 반면 저는 과학의 양 측면을 아우르는 과학정신에 대해서, 그리고 그것이 매우 인문학적이라는 점에 대해서 강조하고 싶습니다. 과학정신의 합리성, 개방성, 객관성, 자율성, 비판정신 등은 모든 인문학자들이 본받아야 하며 이러한 점에서 과학과 인문학은 대립이 아닌 상보적 관계를 취해야 한다고 봅니다.

이승종 : 과학을 인식론과 기술로 대별하는 해석에는 동의하기 어렵습니다. 하이데거에 의하면 근대와 현대의 기술은 주체가 대상세계를 표상으로서 앞에 세워 자신과 대립시켜 이해하는 근대의 인식론(세계상)과 불가분리의 관계하에 있기 때문입니다. 반면 과학정신의 개방성이 인문학적이라는 지적에 대해서는 충분히 동의합니다. 물리학이라는 이름의 창안자인 아리스토텔레스는 『형이상학』에서 "존재는 다양하게 드러난다"고 말한 적이 있습니다. 존재의 드러남이 지니는 이러한 풍성함이 아리스토텔레스가 구상한 자연학의 이념이었는데 그것이 근대의 물리학에 이르러 드러남이 오직 하나의 방식으로 일원화되었고 이제 이 하나의 방식으로 전 지구가 포맷되고 있습니다. 과학은 원래의 인문학적 풍성함으로 원시반본原始返本되어야 한다고 생각합니다.

임연구원).

최성도 : 이승종 교수의 발표는 작금의 인문학이 처한 상태에 대한 논의로서는 훌륭하지만, 위기극복에 대한 해법은 극히 추상적이고 미흡한 편입니다. 이 교수의 구체적 처방이 궁금합니다.

이승종 : 위기가 한 사람의 아이디어나 정책적 처방으로 극복될 수 있으리라고 기대하는 것이야말로 인문학의 위기를 초래한 기술공학적, 실용주의적, 과학주의적 태도일 수 있습니다. 인문학을 위한 해법이 더 반인문학적인 역설적인 경우를 우리는 종종 보곤합니다. 현 사태의 전환을 위해서는 인간의 도움뿐 아니라 사방의 도움도 필요합니다. 추락한 자신의 진정성과 본래성을 회복하는 것이 인문학의 과제입니다. 시대가 진정한 인문학에 대해서마저 등을 돌린다면 그것은 인문학자로서도 어쩔 수 없는 것입니다. 그는 시대와 야합하지 않고 묵묵히 자신의 길을 갈 뿐입니다.

4. 가톨릭관동대 교수들과의 토론[15]

이용옥 : 인간과 기술과 자연의 창의적 공생에 해당하는 예를 들어주기 바랍니다.

---

15 이 절은 7장과 9장의 축약된 초고를 주제로 2017년 12월 14일 강원도 고성 설악 썬밸리 리조트에서 있었던 가톨릭관동대학교 VERUM 교양대학 동계 워크숍에서의 발표에 대한 토론을 옮긴 것이다. 토론 참가자는 다음과 같다. 이용옥(가톨릭관동대학교 VERUM 교양대 철학적 인간학 담당교수), 임승필(가톨릭관동대학교 VERUM 교양대 철학 담당교수).

이승종 : 논의의 편의를 위해 기술의 벡터를 인간 및 자연의 상관관계 하에서 다음과 같이 단순화시켜 유형화해볼 수 있겠습니다.

첫째는 인간이 자연과 같은 방향으로 진행하는 경우입니다.

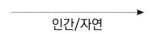

둘째는 인간과 자연이 정반대의 방향으로 진행하는 경우입니다.

셋째는 인간이 자연에 대해 다음과 같이 각각 다양한 방향으로 달리 진행하는 경우입니다. 기술의 벡터는 이 경우에 비로소 생성되는데, 인간의 방향성에 따라 다음과 같이 방향을 달리합니다.

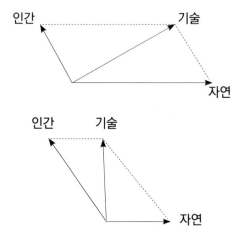

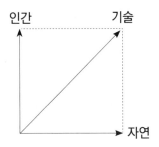

이 중 첫 번째와 두 번째 경우는 기술의 벡터가 각각 자연과 인간의 방향으로 치우쳐 있고, 세 번째 경우는 자연과 인간 그 어느 방향으로도 치우쳐 있지 않습니다. 우리는 세 가지 경우 중에서 기술이 나아가야 할 방향이 어느 쪽인지를 잘 헤아릴 필요가 있습니다.

한 예로 물고기를 잡을 때 잡은 물고기를 모두 놓아주는 경우, 큰 놈 작은 놈 가리지 않고 싹쓸이하는 경우, 어린 치어는 놓아주는 경우에 대해 생각해보겠습니다. 잡은 물고기를 모두 놓아주는 어부나 낚시꾼의 경우, 그물질이나 낚시의 목적은 물고기를 잡는 것이 아닌 다른 데에 (예컨대 수양에) 있을 것입니다. 큰 놈 작은 놈 가리지 않는 싹쓸이는 어획고를 극대화한다는 관점에서는 가장 이상적인 시나리오입니다. 기술의 발달로 이는 이상이 아닌 현실로 이미 우리 앞에 다가와 있습니다. 기술의 본질인 몰아세움은 아마도 이를 도발적으로 요청할 것입니다. 그러나 기술의 본질이 추구하는 싹쓸이가 초래하는 어장의 고갈은 다음의 고기잡이를 불가능하게 한다는 점에서 그것이 성취하는 효율성은 일회성에 그칩니다.

아마 치어를 놓아주는 것이 고기잡이의 묵계이자 가장 일반적인 경우일 것입니다. 산란기에는 조업을 중단하는 것도 현명한 방법입니다. 잡아야 별 값어치도 없는 어린놈을 풀어주어 녀석이 자라 번식할 기회를 줌으로써, 어장의 고갈을 막고 다음번의 고기잡이가 이루어질 수 있게 하기 위한 현명한 포석입니다. 이는 아마 기술의 도발적 요청과는 차원을 달리하는 공생의 배려일 것입니다.

그런데 얼마만한 놈까지 놓아줄 것인가? 이는 치어의 정의에 대한 문제만은 아닙니다. 정말 아주 어린놈만 놓아주면 이번의 수확량은 늘겠지만, 어장은 빈약해질 것이고 앞으로의 고기잡이는 당분간은 이번만 못할 것입니다. 제법 큰 놈까지 놓아주면 이번의 수확량은 좀 빠지겠지만, 다음의 고기잡이가 보다 풍요해질 것입니다.

여기에 정답은 없습니다. 어부나 낚시꾼의 사정, 어장의 상태, 그 외현재나 미래의 이런저런 사정 등이 고려되어야 할 것입니다. 사정이 심각해지지 않기 위해서는 서로간의 대화와 방안 마련도 필요합니다. 기술의 발달이 싹쓸이를 가능하게 하는 상황에서 무분별한 남획의 자제는 특히 그 어느 때보다도 절실합니다. 사람도 살고 고기도 사는 공생의 중용은 장기적 안목으로는 싹쓸이가 가져올 당장의 이익보다 더 큰이익을 보장하기도 합니다.

공생의 중용은 현대인인 우리에게만 싹튼 지혜가 아닙니다. 먼 과거에도 있었습니다. 곰이나 노루와 같은 대동물을 사냥해 잡아먹던 고대인류는 사냥에서 신적인 것을 느꼈을 것입니다. 자신을 인간에게 먹잇감으로 내어주는 동물과 그로부터 생명의 활력을 얻는 인간 사이에 종교적 관계가 형성된 것입니다. 토테미즘이라는 최초의 종교 형태는 이로부터 출현하게 됩니다. 알타미라 동굴에 있는 들소의 그림 아래에는 제의祭義를 지낸 흔적이 남아 있습니다. 더 많은 동물들이 나타나주길 바라는 제의였을텐데, 이는 동물이 번창해야 인간도 번창한다는 지혜를 함축합니다. 신神의 강림을 빌었던 것입니다. 희생의 아이콘이 신으로 개념화된 것은 물론 그 이후의 일이겠지만요.

이처럼 인간은 처음부터 공생의 지혜를 갖추고 있었던데 반해, 그가 근자에 만들어낸 기술技術은 기계적으로 효율의 극대화를 추구하는 몰아세움을 본질로 한다는 점에서 인간과는 다른 차원에 놓여 있습니다. 공생을 모르는 기술의 일방성에 제동을 걸고 인간과 기술과 자연의 균형 잡힌 벡터를 설정하는 데 인간이 키를 잡아야 한다고 봅니다.

이용옥 : 기술의 대두를 인문학의 몰락과 부활에 결부시켜 말씀하셨는데 이에 대해 부연해주십시오.

이승종 : 인문학의 핵심은 사태의 본질에 대한 사유입니다. 그런데 인문학자를 포함한 전 인류가 기술의 강력한 효율성에 완전히 세뇌가 되어버렸습니다. 이데올로기, 철학, 예술, 종교 등도 몰아세움이라는 기술의 본질 앞에서는 별 차별성이 없습니다. 사유의 마비가 기술이 인간에게 걸어오는 도발적 요청의 핵심입니다. "이건 이래야 되", "이게 대세야"라는 기술의 일방적 명령 앞에서 우리는 다른 대안을 꿈꿀 수조차 없습니다.

그러나 조금만 생각해보면 기술에 대해 얼마든지 다른 관계를 설정할 수 있음을 깨닫게 됩니다. 반드시 하이데거처럼 기술에 대해 어두운 색조의 사유를 전개할 필요도 없습니다. 기술을 맹종하거나 회피하지 않고, 기술이 몰아가는 방향으로 떠밀리지 않고 정신을 바짝 차려 그 본질에 대해 깊이 사유할 때, 우리는 하이데거의 말대로 기술에 대한 자유로운 관계 하에 기술과의 공생을 도모할 수 있을 것입니다.

반면 인류의 문명이 기술이 강요하는 방향대로만 간다면, 지구의 파멸은 불 보듯 뻔한 일입니다. 지구가 배출하는 쓰레기를 감당하기 위해서는 이미 또 하나의 지구가 필요하다고들 합니다. 지구를 파멸시킨 기술은 인간이 살 수 있는 별을 찾아 다시 그 별을 파멸로 몰아세울 것입니다.

우리에게는 기술이 몰아세우는 이러한 일방적 경로를 반성해 되돌릴 수 있는 능력이 있습니다. 없던 능력이 아니라 원래부터 있었는데 기술의 세뇌로 망각했을 뿐입니다. 망각한 인문정신을 되살려내 사태를 본질에서부터 알아차린다면, 기술과의 공생은 어려운 일이 아니라고 봅니다. 다만 기술이 우리에게 제공하는 당장의 눈앞의 이익이 너무도 강력하여 우리의 사유를 마비시킨다는 점을 경계해야 합니다.

임승필 : 강의도 하나의 기술로 본다면 그 본질도 하이데거의 입장에서는 몰아세움인지요. 만일 그렇다면 강의자들에게는 어떠한 자세가 필요한지요.

이승종 : 하이데거의 입장에서는 강의뿐 아니라 교육, 대학, 학문 이 모두가 기술의 첨병들입니다. 철학이 문제 풀이의 매뉴얼로 변모하고 논리학이 수리논리학으로 변모하는 것이 그 예입니다. 기술이 학문을 몰아세우고 있는 것입니다. 그래서 하이데거는 학문이 더 이상 사유하지 않는다고 말합니다. 강의자이기도 한 학자들은 기술이 몰아세우는 이러한 일방성을 따라야 할 아무런 근거가 없다는 점을 적시해야 합니다. 학문 전반에 불어 닥친 기술에 의한 변화는 불과 몇 백 년 사이에 가속화된 것입니다. 현재만을 사는 우리는 흔히들 망각하고 있지만, 고전 시대에만 해도 인문학은 현대의 기술적 학문과는 판이하게 달랐습니

다. 고전을 공부해야 하는 이유가 여기에 있습니다. 인문정신의 알파와 오메가는 역사성인데, 기술이 몰아세우는 현대의 학문은 지나치게 몰역사적입니다. 역사성을 회복해 학문을 기술이 몰아세우는 방향과는 다른 쪽으로 트는 반시대적 고찰이 필요합니다.

5. 싱가포르에서의 토론[16]

크리스토퍼 술러 : 과학주의가 의미와 가치를 침해한다고 보지는 않습니다. 예컨대 창조론자들은 진화론이 인간의 중요성을 경시한다고 비판하지만, 진화론은 이승종 교수님이 인문학의 특징으로 꼽은 역사성을 중시하고 있습니다. 의미와 가치의 위상을 기준으로 가른 과학과 인문학 사이의 구별도 이 교수님이 주장한 것만큼 선명하지는 않습니다. 이 교수님이 언급한 콰인이나 처치랜드의 자연주의나 물리주의는 과학주의 중에서도 특수한 경우입니다. 이 교수님은 의미와 가치의 탐구를 침해하지 않는 과학주의의 길이 있다고 보십니까?

이승종 : 과학 방법론으로서의 과학주의 자체를 비판하려는 것이 아닙니다. 그것이 과학의 경계를 넘어 인문학에까지 군림하려는 경향, 혹은 인식론의 자연화를 주창하는 콰인의 경우처럼 인문학자가 과학주

---

16 이 절은 9장을 주제로 2018년 1월 13일 싱가포르 남양이공대학교에서 있었던 싱가포르 남양이공대 문과대-연세대 문과대 공동학술심포지엄에서의 발표에 대한 토론의 일부를 옮긴 것이다. 토론 참가자는 다음과 같다. 크리스토퍼 술러(Christopher Suhler, 남양이공대학교 철학과 교수), 안드레스 루코(Andres Luco, 남양이공대학교 철학과 교수).

의에 백기를 드는 것을 비판하려는 것입니다. 전자는 인문학자에게 사태 자체를 이해하려면 양자역학을 위시한 과학을 공부해야 한다고 권고하고, 후자는 인식론은 과학의 자기반성과 다르지 않으므로 철학에 특권을 부여할 필요가 없다고 단언합니다. 그 결과 철학을 위시한 인문학 고유의 주제와 분야는 사라지게 됩니다. 인문학에 대한 이러한 진단은 미성숙할뿐더러 인문학의 본질을 놓치고 있습니다.

안드레스 루코 : 과학주의를 신봉하는 학자들이 의미, 가치, 신, 정신성, 역사성을 회의하거나 부정하는 것은 아닙니다. 상당수의 과학주의자들은 이러한 주제들에 대한 신념과 과학주의적 신념을 양립 가능한 것으로 믿고 있습니다. 초자연적인 현상은 인정하지 않지만 자연에 대한 경이감으로부터 자연에 대한 탐구를 시작한 과학자들도 있습니다. 진화론이나 우주발생론 등 과학의 분야에서는 역사성은 매우 중요하게 취급됩니다. 이처럼 위에 열거한 주제들에 대한 과학주의적인 관심과 접근이 있음에도 불구하고 이승종 교수님은 왜 과학주의자들을 잘못되었다고 보는지요.

이승종 : 그들이 모두 잘못되었다는 게 아닙니다. 저와 함께 연구를 진행해 온 연세대 물리학과 교수님 중에 독실한 기독교인이 계십니다. 그분은 자신의 학문과 신앙 사이에 아무런 모순이나 불화도 없다고 봅니다. 저는 그분의 학문과 신앙을 모두 존중합니다. 제가 비판하고자 하는 것은 과학주의가 함축하곤 하는 환원주의입니다. 존재하는 모든 것이 물리적 기반으로 환원 가능하다는 믿음이 그 한 예입니다. 이것조차도 과학의 영역에서라면 문제 삼을 것이 적습니다. 문제는 환원주의

를 과학주의자들이 인문학에 적용하거나 인문학자들이 이를 자발적으로 수용할 때 발생하며 저는 이를 비판하려는 것입니다. 환원주의는 빈곤한 인문학이요 그릇된 철학이라는 것입니다.

안드레스 루코 : 그러나 이 교수님은 오늘 과학주의가 가치와 의미에 대한 회의와 부정을 초래한다고 말하였습니다.

이승종 : 과학주의가 자신의 영역을 넘어설 때 그런 오류를 범한다는 것입니다. 과학과 인문학은 다르다고 봅니다.

15. 『크로스오버 하이데거』와 분석철학[17]

1. 논평 (이유선)[18]

영미철학 전통에서는 가장 적극적으로 유럽철학과 영미철학의 경계를 허물려고 시도했던 철학자인 리처드 로티는 기존의 모든 철학적 논의를 종결시키는 철학적 관점을 얻고자 하는 철학자들의 열망이 얼마나 허망한 것인지에 대해 말한 적이 있다. 그런 열망은 플라톤 이래 철학자들이 공통적으로 감추고 있는 은밀하고 사적인 바람이었을 것이다. 로티에 의하면 바로 그 점 때문에 철학자들은 자신의 역사적 우연성을 온전히 받아들이는 데 실패한다.

그러나 한편에서 보면 그러한 실패 역시 우리의 역사적 숙명일지도

---

17 이 장은 『크로스오버 하이데거』를 주제로 2010년 4월 24일 서울시립대학교에서 있었던 한국분석철학회에서의 발표(「영미철학은 유럽철학과 어떻게 만날 수 있는가」)에 대한 논평과 답론, 토론을 옮긴 것이다.
18 서울대학교 기초교육원 교수.

모른다. 역사적 우연성을 긍정하는 자로서의 '아이러니스트'는 자신을 만든 눈먼 각인에서 벗어나고자 하기 때문에 해럴드 블룸Harold Bloom이 말하는 "시인의 불안"에 시달릴 수밖에 없다. 철학자들의 "철학적 종결"에 대한 바람은 따라서 자신의 사유가 근원적인 것에 닿기를 바라는, 헛되지만 피할 수 없는, 불가능하지만 불가피한 열망일지도 모른다. 이승종 교수(이하 필자)가 말하듯이 "인문학은 인간과 그의 삶에 대한 진정한 사유가 존재하는 한 멈출 수 없는 과제"(290쪽)라면 그런 헛된 열망은 무의미하지 않으며, 오히려 더욱 장려되어야 할 것이다.

이론적 작업에 몰두하는 철학자는 자신의 작업이 누군가의 주석에 머물기를 바라지 않을 것이다. 자신의 이론적 작업은 자신을 만들고 있는 그 텍스트의 의미 영역을 넘어서 나아가야 한다. 그런 점에서 사유하는 자는 '크로스오버'를 자신의 숙명이자 의무로 받아들이는 자이다. 그런데 이런 크로스오버의 작업에는 몇 가지 전제가 있다. 필자가 여러 차례 강조하고 있듯이 "사유의 역사성"에 대한 이해가 그것이다. 여기서 근원적이고 진정한 사유를 열망하는 철학 이론가로서의 우리의 물음은 길을 잃기 시작한다. 우리 혹은 나의 사유를 이루고 있는 것은 무엇인가? 오늘날의 사유를 만들고 있는 것은 스스로를 명료하게 드러내지 않은 채 우리에게 영향을 미치고 있는 한국의 어떤 전통적 사유인가? 아니면 한국에서 살고 있는 우리를 훈련시킨 서양의 텍스트 및 서구적인 개념에 의해서 이루어지는 사유인가? 내가 이러한 생각을 하는 동안에도 사용하고 있는 개념, 사유, 이해 등의 어휘들은 도대체 어디에서 온 것이란 말인가? 눈먼 각인으로 작동하는 이런 영향으로부터 벗어나지 않는 이상 우리는 진정으로 사유한다고 말할 수 없을 것이다. 이런 과제를 필자는 "우리 자신의 본래적 귀속성을 재발견하거나, 미래 지향적으로 재정초"(412쪽)하는 작업으로 간주하고 '크로스오버'를 그에 대한 방법론적 준비로 제안한다.

필자는 이 글에서 20세기 현대철학이 영미철학과 유럽철학으로 나뉘어 전개된 것은 불행한 사태이며, 철학적 사유는 기본적으로 이질적인 것들을 건너가는 '크로스오버'를 지향해야 한다고 주장한다. 필자는 하이데거적인 사유가 어떤 의미에서 '크로스오버'적인 사유인지를 차근차근 설명하고 있다. 필자에 의하면 하이데거는 '시원적으로' 사유하고, '계시적으로' 사유한다는 점에서 20세기에 몇 안 되는 사유가思惟家 가운데 한 사람이다. 필자는 이런 사유가의 '크로스오버'적인 사유방식을 본받는 것이 오늘날 우리 사회에서 철학의 비생산성, 나아가 인문학의 위기를 극복할 현실적인 대안이라고 주장한다.

논평자는 필자의 관점이나 주장에 대해 거의 전적으로 동의하는 편이다. 또 이 글의 성격이 어떤 특정한 철학적인 문제를 가지고 논증을 하는 것이라기보다는 철학함의 태도에 대해 거시적인 이야기를 하는 것이기 때문에 글에 대한 비평을 하기보다는 몇 가지 질문을 통해 그런 거시적인 문제에 대한 필자의 관점을 경청하는 것이 좋겠다고 판단했다. 그래서 논평자는 글을 읽으면서 좀 더 설명해 주셨으면 하는 몇 가지 부분에 대해 질문을 드림으로써 논평을 대신하고자 한다.

첫째, 이 글의 제목은 「영미철학은 유럽철학과 어떻게 만날 수 있는가」로 되어 있지만, 주로 하이데거의 진리관을 다루고 있다. 하이데거는 인식론의 물음을 존재론의 물음으로 전환함으로써 진리에 대한 본질주의적, 표상주의적 관점을 벗어날 수 있는 길을 보여주었다. 진리에 대한 하이데거적인 사유는 그런 점에서 매우 독창적이며, 우리의 사유지평을 확장시켰다고 할 수 있다. 그러나 다른 한편에서 보면 카르납이

"무無가 무화無化한다"와 같은 하이데거식 명제가 무의미한 말장난에 불과하다고 비난했듯이, 분석철학 전통의 철학자들은 그의 진리관으로부터 아무런 영감을 얻지 못할 것이다. 유럽철학이 여전히 철학사를 중시하고, 선배철학자들의 말에서 영감을 얻는 것을 중요하게 여긴다면, 분석철학자들은 논리적인 분석의 결과에만 초점을 맞춘다. 이런 상황에서 크로스오버의 과제는 매우 다의적인 것일 수밖에 없게 된다. 우리는 영미철학과 대륙철학의 전통 사이에 놓인 간극을 넘어서야 하며, 동시에 한국의 문화적 전통 속에서 그 간극을 바라보는 데서 발생하는 간극을 넘어서야 한다. 이런 일은 어떻게 가능할 것인지에 대해 필자의 의견을 듣고 싶다.

둘째, 필자는 영미철학과 유럽철학이 서로 소통하지 않음으로써 비생산적인 결과를 낳고 있다고 진단하고, 한국의 철학회들도 예외가 아니어서 외적으로는 풍요로워 보이지만 내적으로는 정체성의 위기를 겪고 있다고 보고 있다. 이러한 진단은 여러 가지 생각할 거리를 던져준다. 먼저 한국은 사실 영미철학이나 유럽철학의 관점에서 보자면 변방이라고 할 수 있을 것이다. 막상 영미나 유럽 쪽에서는 별로 관심도 없는 변방지대에서 철학을 전공하는 사람들이 영미철학을 합네 유럽철학을 합네 하면서 서로 배타성을 보인다는 것 자체가 좀 우스운 상황이다. 필자께서는 영미도 아니고 유럽도 아닌 한국이라는 땅에서 철학을 한다는 것의 의미가 어떤 것이라고 생각하시는지 묻고 싶다. (이런 두루뭉술한 질문을 엄밀한 철학을 추구하는 분석철학자들 앞에서 던지게 될 줄은 몰랐다. 그러나 이질적인 것으로 건너가기를 강조하신 필자에게 고무되어 이런 송구스런 질문을 던져본다.) 또 영미철학과 유럽철학이 소통해야 생산적인 결과를 얻을 수 있다고 하셨는데, 철학에서 '생산적'이라는 것은 무엇을 뜻하는지 알고 싶다. 필자가 말하는 크로스오버적인 사유가 보이지 않는 한국 철학회의 논의들은 때로는 매우 답답하게 여겨지기도 하는 것이 사실이다. 예컨대 칸트나 헤겔이, 혹은 하이데거나 니체가 말한 이러저러한 개념은 이러저러한 의미이다를 열심히 해설하는 논문을 읽고 그에 대한 평을 들으면서 남는 의문, 아니면 논리적인 논증을 통해 어떤 개념의 의미에 대한 명료화의 작업을 듣고 나서 남는 의문은 "그래서 어쩼다는 말인가?"라는 것이다. 이런 의문은 아마도 우리의 사유가 추구하는 것이 지식이나 정보가 아니라 그것을 넘어서는 어떤 것이기 때문에 발생할 것이다. 그리고 이 의문을 해소해 주는 어떤 것이 '생산적'이라고 일컬어질 수 있지 않을까 생각해 본다.

셋째, 아마도 필자는 두 번째 물음에 대해서 "우리는 저마다의 사유를 크로스오버라는 창의적 반복을 통해 새로이 거듭나게 해야 한다"(19쪽)는 문장으로 대답하실지도 모르겠다. 새롭게 거듭나는 것을 생산적인 철학함이라고 한다면, 철학함의 목적은 끊임없이 새로운 것을 추구하는 예술가의 심미적인 욕구가 지향하는 것과 근본적으로 다르지 않다는 것인가? 달리 말하면 철학적 사유는 "공통의 진리"를 추구하는 것과는 다른 것이라는 말인가? 만약 그렇다면 철학자들의 강박적인 질문—이 글에서는 '억압'이라고 표현하고 계신—, 즉 상대주의의 혐의로부터 어떻게 벗어날 수 있는가? 고백하건대 이 질문은 유럽철학과 영미철학의 경계를 허물고자 했던 로티에게 제기되었던 질문이다. 로티에게 철학이론은 자아 창조를 위한 글쓰기로 간주된다. 우리가 진리라고 불렀던 공통적인 합의의 기반을 대신해서 자리 잡는 것은 문화정치 cultural politics가 된다. 이렇게 되면 철학의 고유 영역은 사라지고 철학과 문학의 경계 또한 허물어질 것이다. 논평자로서는 이렇게 되는 것도 그리 나쁘지 않다고 생각한다. 우리가 추구하는 것이 전문분야로 나뉜 아카데미의 울타리 안에서의 안전한 삶이 아니라 우리의 정체성을 끊임없이 위협할 수도 있는 '크로스오버'라고 한다면 영미철학과 유럽철학, 동양철학과 서양철학, 심지어 철학과 문학, 철학과 과학, 철학과 예술의 경계를 지키는 일은 사소한 일이 될 것이다. 크로스오버적인 사유를 감행하는 이론가로서 필자는 상대주의자라는 비난에 어떻게 대처할 것인지 궁금하다.

넷째, "창의적 반복을 통해 새로이 거듭"나는 것은 우리의 사유가 역사성에서 자유로울 수 없으며, 맥락 의존적이고, "인간의 [유한한] 관심과 목적"으로부터 떼어낼 수 있는 것이 아니라는 점을 전제할 때 가능할 것이다. 이것을 논평자는 우리의 사유가 역사적으로 형성된 언어를 통해서 밖에는 전개될 수 없다는 것으로 이해한다. 그러나 필자는 III부 6장 8절, 존재의 진리에서 좀 다른 이야기를 하는 것 같다. 예컨대 "진실로서의 진리의 장소는 언어가 아니라 존재사건인 것이다. 언어가 진실을 담을 수는 있지만 이로부터 언어가 진리의 장소임이 연역되는 것은 아니다"(188쪽)라고 말한다. 이것은 "탈은폐로서의 진리"와는 좀 다른 이야기를 하는 것이 아닌가? 하이데거가 진리를 '탈은폐'로 간주하는 것은, 진리라는 것이 대응관계 같은 것을 통해서 한꺼번에 드러나는 것이 아니라 감추면서 드러나고 드러나면서 감추어진다는 것을 말하는 것이다. 이런 관점을 가장 잘 계승하고 있는 가다머는 언어를 존재가 나타나는 존재론적인 장소라고 보고 있다.

사물자체를 볼 수 있는 언어외적인 요소가 있는 것이 아니라 […] 모든 언어에는 존재하는 것의 무한성에 대한 직접적인 관련이 있

다.(Gadamer 1960, 429쪽)

유한한 언어가 무한한 의미를 드러낸다. 언어의 매개가 없이 사고가
진리를 직관할 수 있는 존재사건이 존재한다면, 이것은 하이데거가 극
복하고자 했던 존재신학ontotheology, 혹은 플라톤적인 형이상학의 역
사를 되살리는 것은 아닐까?

서구 형이상학의 역사를 극복하고자 하는 20세기의 시도는 니체에
서 출발해서 하이데거를 거쳐 데리다까지 이어진다. 하이데거는 니체
가 전도된 플라톤주의에 빠짐으로써 형이상학으로 되돌아갔다고 평했
지만, 로티는 하이데거 역시 '전회'를 통해 존재 자체가 우리에게 드러
나는 특별한 통로를 확보하려고 노력함으로써 역시 서구 형이상학의
전통으로부터 완전히 자유로울 수 없었다고 보고 있다.

하이데거는 "전통적인 존재신학적인 문제의 뿌리가 무엇이냐?"의 초기
물음에서 "우리가 존재의 역사에서 어디에 서 있는가?"라는 후기의 물
음으로 전향하고 있다. 그런데 이 전향은 그가 "단순히 인간의 자기-개
념에서의 변화의 역사"를 넘어서는 어떤 것을 제공해야 한다는 필사적
인 불안으로부터 나온 것이다. 그래서 비트겐슈타인이 '언어'란 특별한
목적을 위해 단순히 인간들 간의 기호와 소음의 교환을 지시하는 것이
고, '게임'과 마찬가지로 어떤 실재하는 본성을 가리키는 것이 아니라고
보게 되었던 반면, 하이데거는 인간이 '인간의 자기 개념'이라기보다는
"존재의 선물"로서 그 속에 거주하는 존재의 다양한 집을 필사적으로
사유하려고 애쓰고 있는 것이다.(Rorty 1991b, 63쪽)

필자는 하이데거의 '전회' 이전과 이후의 변화를 중요하게 여기지 않고 있는듯하다. "진리가 너희를 자유케 하리라"라는 명제는 하이데거가 극복하고자 했던 형이상학으로 회귀함으로써만 가능한 것이 아닌가? 190~191쪽의 "진리를 동일성으로 거짓을 차이성으로 보았던 고대 그리스인들의 진리관에서 우리는 고유화 과정을 통해 인간과 동일체를 이루는 절실한 존재사건을 보는 그리스인들의 사태로 열려진 태도를 엿볼 수 있다"는 문장의 의미는 명료하게 이해가 되지 않는다.

다섯째, 필자는 "사유의 부재는 인문학이 직면한 최고의 위기상황이다"(289쪽)라고 말한다. 여기서 사유는 아마도 크로스오버적인 사유일 것이다. 그런데 필자는 이런 사유의 방식을 "하이데거의 존재 사유에 더욱 귀를 기울이고 […] 그 과정에서 멈춰진 역사의 반복 운동을 되살려내 역사가 새로이 전개되도록 돕는 것"(289쪽)이라고 말한다. 논평자에게는 여기서 말하는 "역사의 반복 운동"이 다소 의아하게 여겨진다. 하이데거는 한국의 인문학도인 논평자의 눈에는 여전히 서구의 형이상학 전통 속에서 사유하는 철학자로 보이기 때문이다. 거듭되는 주문이기는 하지만, 위의 말을 이해하기 위해서는 하이데거의 존재 사유가 21세기 한국에서 고민하는 인문학도에게 무엇을 의미하는지 상술되었으면 한다. 우리는 창의적 반복을 통해 끊임없이 거듭나기 위해서 어떤 역사를 건너야 하고, 어떤 이질적인 것들을 가로질러야 하는가? 그것은 비단 '유럽철학'과 '영미철학'만이 아니라, 우리의 현존재를 구성하고 있는 역사적 전승들, 그리고 예술, 문학, 종교, 과학 등등 철학이 아닌 다른 모든 것들을 건너야 하는 과제를 던지는 것은 아닌가?

필자의 글은 사실 논평자가 하고 싶은 말을 담고 있어서 비판적인 질문을 던져야 하는 임무를 완수한다는 것이 쉽지 않았다. 필자는 난해한 하이데거의 사상을 매우 명료한 언어로 풀어내면서 오늘날 철학하는 사람들에게 "무엇을 위해서 철학을 하는지"를 저절로 반성하게 한다. 이 글은 분명히 "인문학이라는 종을 더욱 강한 힘으로" 때리는 사유를 담고 있다. 필자에게 다소 무례한 질문을 던진 것은 필자와 생각이 달라서가 아니라 이번 기회에 내 자신의 의문에 대한 대답을 필자로부터 구하고 싶은 욕심에서였음을 이해해 주시기 바라며 논평을 마친다.

2. 답론

1. 『크로스오버 하이데거』는 한편으로는 하이데거적인 사유가 어떤 의미에서 크로스오버적인 사유인지를 해명하고 있으며 다른 한편으로는 그의 사유 자체에 대한 크로스오버를 지향하고 있다. 따라서 하이데거의 크로스오버적인 사유방식을 본받는 것에 그치는 것이 아니라 크로스오버를 통해 그의 사유를 더욱 풍성하게 하고 궁극적으로는 그를 딛고 넘어 사유의 창의적인 크로스오버를 전개하자는 것이 이 책의 취지이다.

2. 이유선 교수의 논평은 크로스오버라는 개념이 지닐 수 있는 두 의미를 잘 짚어주고 있다. 크로스오버의 한 의미는 유럽과 영미의 지평에서 어느 하나의 귀속성을 고집하는 것으로부터의 해방이고 이를 통해서 보다 창조적인 것을 생산할 수 있는 새로운 방식의 지평 융합이라 할 수 있다. 이러한 표면적 의미는 크로스오버의 주체가 영미나 유럽 어느 하나에 속할 때에 성립한다. 그러나 이유선 교수의 지적대로 우리

의 경우 크로스오버의 주체는 한국이기에 이에 따라 크로스오버는 그와는 다른 의미를 함축하게 된다.

3. 이유선 교수의 세 번째 지적은 일반적인 진리론이나 의미론과 하이데거의 진리론 사이의 혼돈에서 기인하는 것 같다. 하이데거의 진리론은 진리를 의미 이전의 존재사건의 지평에 설정하고 있는 존재론인 반면, 상대주의는 의미론을 그 토대로 삼고 있기에 기호적 지평을 초월할 수 없다. 하이데거가 볼 때 상대주의는 기호가 지칭하는 존재자들의 지평, 표상의 지평에 국한되어 있으며 이는 은폐와 탈은폐가 교차하는 존재사건의 존재론적 지평과는 층위를 달리한다. 아울러 우리는 이유선 교수의 입장과는 달리 "공통의 진리"를 추구하는 것과 끊임없이 새로운 것을 추구하는 것이 서로 상충되는 것이 아니라고 본다. 공통의 진리는 불변이며 새로워질 수 없다는 전제하에서만 양자는 상충될 수 있지만 우리는 바로 이 전제를 의심한다. 일신우일신日新又日新으로 표현되는 새로움의 추구는 사실 온고이지신溫故而知新의 통시적 존재사유를 토대로 해서만 가능하다.

4. 이유선 교수의 네 번째 지적의 전반부는 『크로스오버 하이데거』의 불명확한 부분을 겨냥하고 있다. 하이데거는 존재와 사유의 같은 것으로 보는 파르메니데스로부터 영감을 얻어 존재, 사유, 언어의 상호 공속성을 다듬어낸다. 언어가 존재의 집이라는 하이데거의 명제도 이러한 맥락에서 제출된 것이다. 진리라는 현상이 발생하는 장소가 언어에 국한되지 않는다는 우리의 명제는 기호의 의미론적 지평에 바탕을 둔 종래의 표상적 언어관의 한계를 비판하기 위한 것이었으며 이는 하

이데거적 의미의 확장된 존재의 언어를 통해 진리의 다른 이름인 존재 사건을 보자는 것에 다름이 아니다.

반면 이유선 교수가 네 번째 지적의 후반부에서 인용하는 로티의 언명은 하이데거에 대한 오해를 보여주고 있다. 로티는 하이데거의 기초존재론적 단계와 후기 존재역운적 단계 사이의 전회를 일종의 단절이나 퇴락으로 간주한다. 로티는 현존재를 실존주의자들의 실존 개념과 유사하게, 즉 자유로운 사고와 행위의 주체 정도로만 이해하고 있으며 바로 이러한 이유로 후기의 전회를 자유와 다양성, 창조성을 포기하고 제거하는 기존의 형이상학적 파시즘으로의 퇴락으로 간주하고 있다. 그러나 이는 하이데거의 차이의 사유를 로티 자신의 실용주의, 곧 상대주의로 환원하는 왜곡이다.

5. 우리 앞에는 식민지 경험과 서구화에 의해 현재와 단절되어버린 전통, 전 세계를 하나의 시스템으로 포맷하는 세계화라는 거센 물결파, 그리고 이데올로기의 갈등으로 허리가 잘려진 분단의 문제 등이 놓여 있다. 하이데거의 사유는 우리 앞에 놓인 이러한 과제를 고민하는데 필요조건일 수는 있어도 충분조건일 수는 없다. 그를 위시한 사유가들의 어깨 위에 서서 우리의 과제를 스스로 감당해내는 일이 우리의 그다음 작업이 될 것이다.

3. 토론[19]

안세권 : 먼저 하이데거의 텍스트에 대한 크로스오버를 전개하시는 이승종 교수님께서는 철학을 무엇이라고 생각하시는지를 질문하겠습니다. 둘째로는 이유선 교수님의 논평문의 네 번째 문제 제기와 연관된 말씀을 드리겠습니다. 본질주의를 타파하고자 한 하이데거가 형이상학의 진원지인 고대 그리스로 회귀하는 것은 자가당착으로 보일 수 있습니다. 그는 형이상학의 역사를 존재망각의 역사로 규정했기 때문입니다. 그러나 하이데거에 있어서 고대 그리스로의 회귀는 존재를 범주화시킨 언어 속에 가두어버리는 플라톤, 아리스토텔레스의 형이상학으로의 회귀가 아니라, 존재를 생기사건으로 본 소크라테스 이전의 자연철학으로의 회귀를 의미합니다. 이 점이 논평에 대한 답변에 빠져 있는데 이승종 교수님은 어떻게 생각하시는지요.

이승종 : 저는 철학이 사태를 사유로써 잡는 학문이라고 봅니다. 물론 이는 새로운 이야기는 아닙니다. 후설이 자신의 현상학의 모토로 삼은 것이 "사태 자체로"였으며 이는 아리스토텔레스로까지 소급되는 이념입니다. 한편 사태는 고정된 것이 아니라 역사성의 다른 이름인 흐름의 한 단면이므로 이 흐름을 잡는 것이 철학의 중요한 과제라고 봅니다. 하이데거가 볼 때 후설에게는 이것이 빠져 있습니다. "사태 자체로"라

---

19 토론 참가자는 다음과 같다. 안세권(계명대학교 철학과 교수), 이유선, 김희정(한신대학교 철학과 교수), 한우진(덕성여자대학교 철학과 교수), 신상규(이화여자대학교 인문과학원 교수), 김효은(한밭대학교 인문교양학부 교수).

는 후설 현상학의 이념을 수용하면서도 하이데거는 현상학에 대해 후설과는 달리 사태를 흐름의 연장선상에서 보아야 한다는 중요한 보완을 하고 있습니다. 이 흐름을 하이데거는 역운歷運; Geschick이라 부릅니다. 존재가 던진schicken 사태의 흐름이 곧 역사Geschichte입니다. 요컨대 저는 사유로써 공시적으로는 사태를, 통시적으로는 사태의 흐름을 잡는 것이 철학이라고 봅니다.

안세권 교수님의 두 번째 논평에 답해보겠습니다. 하이데거가 본질주의를 타파하려 했다는 말은 조심해서 해야 합니다. 그에게 있어서 공시적인 본질은 타파의 대상이겠지만 통시적인 본질은 그렇지 않습니다. 후자의 의미로서 본질을 이해할 때 하이데거는 오히려 일종의 본질주의자로도 볼 수 있습니다. 그에 있어서 철학함은 본질을 역사적으로 찾아들어가는 과정입니다. 어떤 것의 본질에 대한 물음은 그것을 있도록 하는 근원에 대한 통시적 소급을 함축합니다. 그러나 수학적 방법이 학문의 주도권을 잡게 되면서 이러한 통시적인 계보학, 철학적 고고학은 사라지게 됩니다. 여기서 말하는 수학적 방법이란 꼭 숫자를 다루는 방법론이라기보다는 우리가 어떤 것을 이해할 때 그것을 우리가 투사하는 청사진으로써 이해하는 방법을 의미합니다. 하이데거가 말하는 존재망각의 역사는 이로부터 초래되는 본질 망각의 역사를 말한다고 봅니다.

이유선 : 이와 관련하여 이승종 교수님께서는 제가 논평문에서 제기한 세 번째 질문에 대해 "공통의 진리"를 추구하는 것과 끊임없이 새로운 것을 추구하는 것이 서로 상충되는 것은 아니라고 답변하셨습니다. 그것이 어떻게 그러한지 이해하기가 너무 어렵습니다. 이 교수님이 말

씀하신 통시적 본질의 추구 역시 여전히 본질의 추구이고 이는 누군가가 다른 사람이 갖지 못한 언어에 대한 배타적 권리, 즉 진리나 본질에 대한 특권을 갖게 됨을 함축합니다. 플라톤의 본질주의를 극복하려는 니체는 본질주의의 이러한 측면을 비판하려 했던 것이며 이는 하이데거와 데리다에 의해 계승되고 있습니다. 하이데거가 여전히 변형된 방식으로 본질에 대해 집착을 하고 있다면, 하이데거에 대한 로티의 비판이 상당히 적절하다는 사실을 확인하게 됩니다.

안세권 : 본질에 대한 갈망을 비트겐슈타인은 "일반성에 대한 갈망"으로 요약한 바 있습니다. 하이데거가 말하는 본질은 두 가지 의미를 갖습니다. 하나는 그리스 이래의 형이상학이 추구해온 비트겐슈타인적 의미의 추상적 일반적 본질로서 이는 극복되어야 할 본질입니다. 비트겐슈타인의 편에 서는 로티의 본질주의 비판은 이 점을 부각시키고 있습니다. 그러나 그가 간과하고 있는 본질의 또 다른 의미가 있습니다. 즉 사태를 사태로서 존재하도록 기초놓는gründen 존재론적 근거로서의 본질입니다. 하이데거가 추구하는 본질은 후자의 의미로서의 본질인데 하이데거에 대한 로티의 해석은 이를 오해하고 있습니다.

이유선 : 로티는 니체가 유럽이라 불렀고 하이데거가 존재신학이라고 부른 것과 같은 어떤 큰 개념을 설정하는 것 자체를 일원적 태도라고 비판합니다. 로티는 니체가 말하는 이성중심주의를 극복하려면 그러한 일원적인 개념 자체를 버려야 한다는 급진적인 주장을 하고 있습니다. 그는 아이러니스트 이론가와 아이러니스트 소설가를 나누면서 어떤 점에서 하이데거가 프루스트보다 한 단계 아래인가를 이

야기하고 있습니다. 하이데거는 이론가로서 진리, 본질 등에 대한 관점을 구성하고 있습니다. 로티는 하이데거의 관점이 틀렸다기보다는 이러한 태도 자체가 일원적 강박에서 자유롭지 못하다고 보는 것입니다. 따라서 안세권 교수님의 말씀은 저의 입장과는 맥락이 좀 다른 것 같습니다.

김희정 : 이승종 교수님은 하이데거의 철학을 분석적 방식으로 읽는 것이 영미철학과 유럽철학이 만날 수 있는 하나의 방식이라고 보고 계십니까?

이승종 : 네.

김희정 : 그러나 시적인 하이데거의 언어를 논리적으로 명료하게 분석해내는 작업은 하이데거의 현상학이 분석철학의 과학주의와 양립하기 어려운 이질적인 것이라는 사실에 비해 사소한 것일 수 있습니다.

이승종 : 하이데거의 철학을 분석적 방식으로 읽는 것만이 제 책의 줄거리는 아닙니다. 그것은 너무 싱거운, 누이 좋고 매부 좋은 주례사적 내용에 그치고 말 것입니다. 하이데거는 분석철학이 지향하는 과학주의를 비판하고 있고 분석철학은 하이데거 사유의 애매모호함과 논리적 오류들을 비판할 수 있습니다. 저의 책은 양자의 만남이 빚어내는 이러한 갈등과 대결을 생산적인 방식으로 다루려 했는데 김희정 교수님이 보시기에 오늘의 발표문은 이러한 면이 미흡했던 것 같습니다.

한우진 : 영미철학과 유럽철학을 크로스오버 시키는 비교철학적 접근에 대해 사람들이 회의적인 까닭은 서로에 대한 배타적인 태도에서 비롯되는 피상성 때문입니다. 예컨대 유럽철학은 영미철학이 사태 자체를 보지 못한다, 언어를 퇴락시킨다고 비판합니다. 크로스오버라는 방법하에 서로 만나보았더니 너무 다르더라, 영미철학은 문제 풀이고 유럽철학은 역사더라는 차이 확인 이상의 무엇이 나올 수 없다면 만날 필요가 있나 싶습니다. 이러한 허무주의에 대해서는 어떻게 생각하시는지요.

이승종 : 제 개인적인 경험을 말씀드려보겠습니다. 유학시절 논리학에 경도되어 있을 때 하이데거의 『논리학』이라는 작품을 접하게 되었습니다. 거기서 그는 논리학에 관해 제가 알고 있는 그 어떠한 영미의 저술들이나 강의에서도 다루어지지 않은 논리학의 존재론적 근원을 말하고 있었고, 이를 바탕으로 현대의 수리논리학을 심도 있게 비판하고 있었습니다. 이로부터 저는 한우진 교수님의 말씀과는 달리 '어, 서로 다르구나'라는 차이 확인이 아니라 큰 충격을 받았습니다. 제가 배운 논리학과 이에 대한 분석철학적 이해가 전부가 아니라는 사실을 깨닫게 되었고, 제가 알고 있는 논리학사와는 전혀 다른 전통이 하이데거라는 한 사람에 의해 계승되고 있다는 점이 놀라웠습니다. 이것이 제가 하이데거에 대한 연구서의 준비에 착수하게 된 계기의 하나가 되었습니다.

한식을 주식으로 고수하면서 가끔씩 기분 전환으로 프랑스 요리, 멕시코 요리를 즐기는 딜레탕트의 마음이 아니라, 자신이 전공하는 담론 바깥에 위치한 담론으로부터 깊이 있는 메시지가 오면 이를 차이로 간주하는 것을 넘어 열린 마음으로 받아 절실하게 사유하는 데서 크로스오버가 일어난다고 봅니다.

신상규 : 이승종 교수님은 오늘의 발표에서 유럽철학과 분석철학의 크로스오버가 아니라 유럽철학의 입장에서 분석철학에 대해 일방적으로 낙인을 찍고 있는 것처럼 여겨집니다. 분석철학이 과학주의와 수리논리학에 경도되어 있다는 진단의 타당성은 차치하고서라도 저는 과학주의와 수리논리학이 왜 나쁜 것인지 이해할 수 없습니다. 하이데거의 언명은 영혼에 울림을 주고 분석철학은 그런 울림이 없다는 말입니까? 분석철학을 하다 보면 자연히 과학과 밀접한 관계를 맺게 되는 반면 사회 문화적인 것에 대해서는 관심을 덜 갖게 되는데 이게 뭐가 문제라는 것인지요. 반면 이승종 교수님이 옹호하는 하이데거를 위시한 유럽철학은 아름다운 시적 형용으로 장식된 형용사의 철학이 아닌가 싶습니다. 지엽적인 것처럼 보이는 문제를 다루는 분석철학자들은 그러한 문학적인 표현을 할 줄 몰라 그냥 재미있어서 이런 문제를 다루는 거라고 말하지만 그 문제도 사실은 그들의 영혼에 울림을 줄 수 있는 것입니다.

이승종 : 우리의 지적 전통을 되돌아보면 그 전통하에서의 철학의 임무는 우리가 지금 생각하는 그것과 폭과 깊이에서 큰 차이가 있습니다. 불과 100여 년 전만 해도 이 땅에서 우리가 철학을 한다는 것은 성인되는 길을 가는 것을 의미했습니다. 책을 읽고 토론하는 것을 넘어서 자신에게 주어진 하루하루를 성인이 되기 위한 수련의 장으로 삼아 정진하는 것이 철학이었습니다. 오늘의 발표가 철학을 유럽 지향적으로 인

플레 하여 묘사한 것이 아니냐는 반론은 우리의 지적 전통에 대해서도 적용할 수 있을 것입니다. 지금 우리는 성인이 되기 위해서가 아니라 학문에 대한 관심의 추구와 아울러 직장을 얻기 위해 철학을 한다고 해도 틀린 말이 아닐 것입니다. 과거에 비해 왜소해진(디플레 된) 이 모습이 현재 우리의 자화상입니다. 철학이 한편으로는 잡담과 다른 한편으로는 과학과 혼동되기도 합니다. 철학은 시대의 패권을 잡은 과학의 기준에 맞춰 재편되는 학문과 제도에 순응할 것을 강요받고 있습니다. 하이데거의 표현을 빌자면 이 강요가 바로 몰아세움입니다. 우리 시대의 철학자들은 어떤 철학을 전공하건 이 강요에 내몰리고 있습니다. 하이데거는 이 전 지구적인 흐름을 반성할 것을 촉구하고 있는 것입니다.

신상규 : 그렇다면 하이데거의 철학만이 철학이고 그 외의 철학은 철학이 아니라는 것입니까?

이승종 : 하이데거는 중요한 매개자이기는 하지만 우리와는 다른 서양의 전통에 속해 있는 철학자입니다. 서양 지성사에 대한 그의 해체적 반성 작업이 훌륭한 것이고 그의 메시지가 경청할 만한 것이기는 하지만, 따라서 우리가 이를 답습하자는 것은 아닙니다. 그것은 다른 전통에 속해 있는 우리로선 불가능한 일이기도 합니다. 그러나 그가 속해 있는 유럽의 전통과 우리의 전통은 지금 같은 역운하에 놓여 있는 것이 사실입니다. 과학기술이 전 세계를 하나로 포맷하고 있기 때문입니다. 우리와 하이데거가 같은 전통에 속해서가 아니라 같은 사태성 앞에 놓여 있기 때문에 그의 철학과 위기의식에 공감할 수 있는 것입니다.

이유선 : 이승종 교수님은 여전히 철학함에 대한 하나의 모델을 고수하고 계신 것 같습니다. 저는 그 모델마저 포기되어야 한다고 봅니다.

김효은 : 하이데거가 살아 있어 발달된 과학의 성과가 철학에 미친 영향을 보았다면 그는 과학에 영향 받은 영미철학과 유럽철학의 만남을 확인할 수 있지 않았을까 생각해봅니다. 예컨대 인공지능 연구에서 우리는 현대과학의 성과가 상황과 문맥을 강조해온 유럽철학과 학제간의 융합을 이루는 경우를 봅니다. 바렐라Francisco Varela의 철학은 심리철학과 인지과학에서 이러한 크로스오버의 중요한 예라고 생각합니다.

이승종 : 후기에 와서 하이데거는 콰인과 거의 비슷한 생각을 했던 것 같습니다. 철학을 구성했던 하위 담론들이 분과학문으로 갈라져 철학 자체는 장렬하게 산화하는 것이 그리스에서 시작해 유럽을 거쳐 미국으로 확산된 철학이라는 프로젝트의 운명이라고 말입니다. 이는 제가 공감하는 김효은 교수님의 논평과도 양립 가능한 양상이라고 봅니다.

철학함이란 이것이라는 아집마저 버려야 한다는 이유선 교수님의 비판에 대해 답변해보겠습니다. "이것이 철학함"이라는 주장에 대한 반성과 "이것이 철학함"이라는 주장commitment 자체의 완전 포기는 서로 다른 것이라고 봅니다. 후자는 무장해제처럼 들립니다. 하이데거가 추구하는 공통의 진리는 전통의 다른 이름입니다. 우리는 어떤 전통하에서 살고 있고 그 전통의 언어로 이야기하고 그 전통의 흐름을 이어주다가 사라지는 존재입니다. 이유선 교수님의 말씀은 이 전통을 에포케하자는 것인데 이는 인위적이고 반反사실적이고 불가능한 그래서 자폭에 가까운 제안이 아닌가 싶습니다. 전통을 온고이지신溫故而知新하자는 하이데거의 사유와 전통을 폐기하고 새 술을 새 부대에 담으려는 사유는 상호 양립불가능하다고 봅니다.

16. 『크로스오버 하이데거』와 현상학[20]

피터 하(사회) : 브렌타노의 화두인 지향성이 유럽철학과 분석철학의 공통분모였다면, 언어와 수리논리학을 통해서 이승종 교수님은 하이데거와 분석철학의 대화를 시도하고 있습니다. 이러한 대화를 통해서 서로 이질적으로 보이는 하이데거와 분석철학의 크로스오버를 추구하는 이 교수님의 발표에 대해서 많은 질문이 있으리라고 생각합니다.

　정은해 : 발표문 중 다음의 구절(283쪽)에 대해 질문이 있습니다.

---

20 이 장은 『크로스오버 하이데거』를 주제로 2010년 5월 29일 서울대학교에서 있었던 한국현상학회에서의 발표에 대한 토론을 옮긴 것이다. 토론 참가자는 다음과 같다. 피터 하(Peter Ha, 경희대학교 체육대학원 교수), 정은해(성균관대학교 철학과 초빙교수), 한상연(가천대학교 가천리버럴아츠칼리지 교수), 한정선, 이남인(서울대학교 철학과 교수), 박승억(숙명여자대학교 교양대학 기초교양학부 교수), 신인섭(강남대학교 종교철학과 교수), 반성택(서경대학교 철학과 교수), 홍성하(우석대학교 교양학부 교수), 이경민(서울대학교 의학과 교수).

이 과정에서 인문학을 떠받치는 정신이 뿌리째 뽑히고 그 자리에 물질주의와 과학주의가 들어선다. 니체에서 시작해 푸코와 들뢰즈/가타리로 계승되는 유럽의 탈구조주의, 러셀과 카르납에서 시작해 콰인과 처치랜드로 계승되는 영미의 물리주의와 제거주의가 그 대표적인 예이다.

유럽의 탈구조주의를 어떤 것으로 보고 계시는지요. 인문학을 떠받치는 정신으로 보시는 건지 아니면 물질주의, 과학주의의 한 예로 보시는 건지요.

이승종 : 저는 물질주의라고 봅니다.

정은해 : 그 점에 대해 설명해주시겠습니까? 요즈음 많은 젊은 학생들은 푸코, 들뢰즈, 가타리 등에서 새로운 사유가 성립할 수 있고 미래의 철학이 놓여 있다고 봅니다.

이승종 : 푸코, 들뢰즈, 가타리 등의 철학은 하이데거가 해체한 서양 존재론의 역사에 바탕을 둔 것이라기보다는 자신들의 고유한 입각점에 바탕을 둔 것입니다. 물론 그들은 자신들의 철학이 물질주의라는 저의 평가에 대해 이것이 너무 간단한 서술이며 자신들의 공헌은 오히려 물질의 개념을 새로이 재정의한 데 있다고 반박할 것입니다. 그럼에도 불구하고 이들은 제가 오늘의 발표에서 복원하려 하고 강조하려 했던 정신성과는 다른 지평에 놓여 있는 철학자들이라고 생각합니다.

한상연 : 들뢰즈, 가타리가 물질주의자라는 평가에 공감합니다. 예컨

대 들뢰즈의 경우 본인 스스로가 물질주의의 관점에서 자신의 철학을 설명했기 때문에 의문의 여지가 없다고 봅니다. 그러나 물질주의자인 프로이트의 억압이라는 개념을 원용해 하이데거의 철학사를 억압의 철학사로 해석할 때 이승종 교수님은 자신이 비판하는 물질주의의 편에 서 있는 것이 아닌가 싶습니다.

이승종 : 억압의 의미와 위상에 대한 과잉해석에서 비롯된 오해입니다. 억압을 하이데거의 용어인 은폐로 바꾸어 이해하면 오해는 해소되리라 믿습니다.

한정선 : 우리의 생활을 물질적으로 풍요롭고 윤택하게 해준 과학기술문명을 하이데거처럼 그렇게 비관주의적으로만 바라보아야 하는지에 대해서 비판하고자 합니다. 이승종 교수님은 인문학의 위기를 역설하고 있는데 저는 인문학이 급변하는 시대 상황을 고민하고 새로운 가치를 발견하려고 노력하고 있다는 점에서 이러한 위기 진단은 시기상조라고 생각합니다. 아울러 저는 이승종 교수님의 진단과는 달리 인문학은 과학주의나 물질문명과 양립이 가능하다고 봅니다. 양자를 양립시키는 것이 우리 시대에 절실히 요청되는 과제입니다.

이승종 : 과학기술문명이 한정선 교수님께서 강조하신 물질적인 풍요를 안겨주었다는 점을 부정하는 것은 아닙니다. 개별학문들이 제공하는 정보에 대해서도 마찬가지입니다. 그러나 현대문명과 현대학문의 이러한 공헌은 하이데거의 관점에서 보자면 존재자적인 지평에 머물고 있습니다. 저는 현대문명과 학문이 과연 인간의 영적인 각성에 공

헌한 것이 무엇인지를 묻고 싶습니다. 근대 이후 전 지구를 석권하게
된 과학기술주의는 그 이전 시대의 사유와 비교했을 때 이질적인 것입
니다. 하이데거의 존재론적 관점에서 보았을 때 이 시대의 문제는 역사
성의 창의적인 반복이 멈추어지고 있다는 데서 찾아집니다. 한정선 교
수님의 존재자적인 논평과 하이데거의 존재론적인 성찰 사이에는 존
재론적 차이가 놓여 있다고 생각합니다.

한정선 교수님은 이 시대의 인문학자들이 여전히 시대를 고민하고
사유하는 자신의 임무에 충실하다고 자평하셨습니다. 그런 분들도 계
시겠지요. 그러나 저는 가장 먼저 시대에 적응한 사람들이 제도권 안의
인문학자들이 아닌가 반문해봅니다. 오이겐 핑크Eugen Fink와 함께 진
행한 헤라클레이토스에 대한 강의에서 하이데거는 우리 시대의 사람
들이 너무 영악하여 헤라클레이토스의 존재 체험을 하지 못할 것이라
는 말을 한 적이 있습니다. 저는 그가 말한 영악함이 우리 시대 인문학의
두 얼굴이라고 생각합니다. 존재 체험의 진정성, 절실성에 근거해야 하는
것이 인문학인데 그 과제가 제대로 수행되고 있는지를 반성해볼 때 우리
시대는 분명 문제가 있다는 하이데거의 진단에 저는 동의합니다.

이남인 : 서너 가지 정도의 문제를 제기하고자 합니다. (1) 인지과학과
현상학의 학제간 연구를 비롯해 인문학은 다양한 방면에서의 학제간
융합 연구를 지향하고 있는데 인문학의 현황에 대한 이승종 교수님의
진단은 일방적으로 부정적인 것 같습니다.

(2) 하이데거와 이승종 교수님의 후설 해석에 몇 가지 문제가 있습
니다. 예를 들면 발표문에서 이승종 교수님은 다음과 같이 말하고 있
습니다.

그러나 여기서 하이데거의 해체를 후설의 에포케로 이해해서는 안 된다. 에포케가 말소의 작업이라면 해체는 공시적으로는 문제 되는 담론이나 입장의 영역의 한계를 긋는 울타리 치기 작업이고, 통시적으로는 그 담론이나 입장의 종지부와 출발점을 양방향의 시제로 추적해보는 비판적 계보학이다.(193쪽)

이승종 교수님뿐 아니라 하이데거, 데리다, 뉴턴 가버 등 많은 현대 철학자가 후설의 에포케를 말소로 오해하고 있습니다. 그러나 후설의 에포케나 환원은 말소가 아니라 우리에게 드러나 보이지 않던 현상들을 드러나 보이게끔 해주는, 진리와 사태 자체로 육박하는 작업입니다. 위의 인용문에서 말하는 하이데거의 해체는 사실 후설의 환원과 거의 같은 의미입니다. 이에 대해서는 저의 『현상학과 해석학』을 참조하시기 바랍니다.

지향성에 대한 이승종 교수님의 논의에도 오해가 있습니다. 이 교수님은 다음과 같이 말하고 있습니다.

하이데거는 한 걸음 더 나아가 진리의 경우 우리가 마주하는 존재사건이 의식에 의해 해석된 지향적 대상이 아니라 존재사건 바로 그 자체라고 말한다(188쪽).

여기서 이 교수님은 '지향적'이라는 표현을 『논리연구』나 『이념들 1』에서 후설이 사용한 지향성의 개념으로 좁게 이해하고 있는데, 하이데거의 세계 개시성, 기분Stimmung 등도 넓은 의미에서 지향성으로 이해할 수 있습니다. 후설은 초기의 한 원고에서 기분을 지향적 체험이라고 말한 적이 있습니다.

(3) 하이데거의 해석학은 흔히 현상학적 해석학으로 알려져 있는데 이승종 교수님이『크로스오버 하이데거』에서 전개하는 분석적 해석학은 이와 어떻게 다른지 궁금합니다. 저는 현상학적 해석학도 의식분석, 사태분석을 수행한다는 점에서 충분히 분석적이라고 생각합니다.

이승종 : 이남인 교수님의 논평과 질문에 차례로 답해보겠습니다.

(1) 제가 주목하는 것은 인문학의 활로 개척에 관한 특별한 사례들이 아니라 아주 일상적인 삶의 사태들입니다. 하루에 30여 명이 자살하는 이 사회, 도덕이 땅에 떨어진 이 시대의 사태들 말입니다. 우리가 생활세계 도처에서 목도하는 소통의 파국, 도덕성의 몰락을 문제 삼으려는 겁니다. 이 문제는 어떠한 인문학적 처방에 의해서가 아니라 그것이 모두에게 절실하게 파국으로 다가와서 이대로 지속할 수 없음이 낱낱이 밝혀진 다음 거기서 비롯되는 전향Kehre에 의해 해결되거나 해소될 것이라고 봅니다.

(2) 후설의 현상학에 대한 하이데거와 저의 오해를 지적해주셨는데 사실 하이데거가 후설을 얼마나 읽었는지에 대해서는 의문이 있습니다. 하이데거가 후설에게 진 학문적 빚을 회상하는「나의 현상학에의 길」(Heidegger 1963a)에서조차 정작 하이데거가 인용하는 후설의 작품은 많지 않습니다.『논리연구』,『이념들 1』, 그리고 하이데거가 편집했다는(그러나 이마저도 자세히 탐독한 것 같지는 않습니다)『내적 시간의식의 현상학』정도가 하이데거가 읽은 후설의 저작이 아닌가 싶습니다. 평생에 걸쳐 일신우일신日新又日新했던 사유가인 후설에 대한 하이데거의 이해는 자신이 읽은 후설 텍스트들의 좁은 범위에 국한되어 있다는 한

계를 지니고 있습니다.

(3) 현상학적 해석학과 분석적 해석학은 크게 다르지 않습니다. 하이데거의 현상학적 해석학을 분석철학과 크로스오버시킨 것이 분석적 해석학이기 때문입니다.

박승억 : 프랑스 혁명을 이끌었던 사상가들이 유물론자였다는 점에 주목할 필요가 있습니다. 과학이 지난 300년 동안 철학을 이겨온 이유는 철학이 세계를 바라보는 우리의 눈을 변화시키는데 반해 과학은 세계 자체를 변화시켰기 때문입니다. 철학자가 아니라 과학자들만이 세계를 변화시킵니다. 계몽주의 철학과 과학이 기존의 도덕과 가치가 누렸던 권위에 도전했고 그 점에서 민주주의적이었다면, 이승종 교수님은 권위와 신성함을 회복하고, 민주주의를 전복시켜 거대한 힘이 지배하는 시대를 꿈꾸고 계신 것 같습니다. 도덕, 가치, 질서, 권위 등이 이교수님이 지향하는 키워드인 것 같습니다.

신인섭 : 저도 이승종 교수님의 하이데거 해석에서 신학적, 본질주의적 노스텔지어, 멜랑콜리를 발견합니다. 아울러 탈구조주의자들은 이교수님의 해석과는 달리 과학주의적 물질주의가 아니라 생명성 있는 선험적 물질주의를 지향한다는 점을 지적하고 싶습니다.

이승종 : 비트겐슈타인은 『철학적 탐구』에서 형이상학이 일반성에 대한 갈망에서 비롯된 학문이라고 규정합니다. 저는 한 걸음 더 나아가 근대의 모든 학문이 바로 이 갈망에서 비롯되었다고 봅니다. 근대의 자연과학이 그 대표적인 예가 되겠지요. 힘이 질량과 가속도의 곱과 같다

는 뉴턴의 명제는 실제의 힘, 질량, 가속도에 대해 말하고 있는 것처럼 보이지만 사실은 아주 일반적인 과학 명제일 뿐입니다. 요컨대 우리가 이 세계에서 느끼는 생생하고도 절실한 힘에 대한 명제가 아닙니다. 이 명제는 구체성과 보편성을 결여하고 있습니다. 이처럼 세계에 대한 일반적인 그림을 보여주는 것이 근대 학문의 이념입니다.

　일반적 학문의 도래로 말미암아 사람들은 절실한 존재 체험이 이끄는 보편적 지평을 망각하게 됩니다. 존재망각은 절실성과 보편성의 망각입니다. 이를 대체하는 것이 학문이나 이론이 제공하는 일반성입니다. 비트겐슈타인은 이러한 패러다임 전환이 철학을 병들게 한다고 보았습니다. 저는 하이데거도 이 점에서 비트겐슈타인에 동의할 것으로 생각합니다. 하이데거가 말한 존재 망각과 비트겐슈타인이 말한 일반성에 대한 갈망은 근대성이라는 이름으로 잘못 놓인 행보에 경종을 울린다는 점에서 일맥상통합니다. 이러한 진단을 노스탤지어, 멜랑콜리, 보수주의 등으로 폄하하는 것은 이 시대가 얼마나 병들었는지를 스스로 보여주고 있다고 생각합니다. 하이데거와 비트겐슈타인은 근대성의 이념에 함몰된 이 시대에 반시대적 사유를 펼쳤던 사유가들입니다.

반성택 : 들길의 사유가인 하이데거가 과학문명을 비판하는 것은 매우 우스꽝스러운 모습으로 비칩니다. 빌딩을 올리는 과학문명에 대해 빌딩을 허물라는 경고처럼 들립니다. 사람들은 과학문명의 혜택을 누리면서도 농촌에서 자연을 향유하며 존재의 의미를 헤아릴 수 있기를 원합니다. 그러나 과학문명에 대한 하이데거의 비판은 그들이 설 수 있는 여지를 없애고 있습니다. 하이데거의 비판에는 동의할 수 있지만 그 비판이 서 있는 초점, 그가 가는 길은 수용하기 어렵지 않나 싶습니다.

피터 하 : 2차 대전으로 폐허가 되어 도시를 빌딩숲으로 재건한 다름슈타트시의 초대로 한 강연 「건축함 거주함 사유함」에서 하이데거는 그 도시에는 거주함이 없다고 말한 바 있습니다. 하버마스는 이를 비판하며 그렇다면 하이데거는 모든 사람이 들길에서 살아야 한다는 것이냐고 반문한 바 있습니다.

이승종 : 하이데거의 사유를 희화화한 비판이라고 생각합니다. 우리는 그가 과학기술문명이 초래하는 사유의 불임 사태를 걱정했다는 점을 명심해야 합니다. 반성택 교수님의 제안처럼 과학기술문명을 누리면서 사유도 할 수 있다면 좋겠지만, 하이데거는 과학기술문명의 도래로 사유가 썰물처럼 빠져나가는 현실을 걱정한 것입니다. 들길을 걷는 사유가라는 하이데거의 널리 알려진 이미지는 사유가조차 연예인 취급하는 현대 매스미디어의 상징 조작에 불과하다고 봅니다. 본래성과 비본래성을 장난처럼 쉽게 환치시켜 모든 것을 희화화하는, 그래서 어떠한 진지함도 남겨두지 않는 이 시대는 하이데거가 보기에 병든 시대입니다.

홍성하 : 분석적 해석학의 장점, 기존의 분석철학이나 해석학과의 차별성은 무엇입니까? 『크로스오버 하이데거』는 하이데거의 사유에 대한 분석철학적 재구성에 불과하지 않습니까? 그것이 허무주의나 물질주의의 대안이 될 수 있습니까?

이승종 : 어떤 사태가 새로이 드러나는 계기는 그 사태를 그것이 놓여 있는 원래의 장소에서 다른 장소로 옮겨놓거나, 혹은 그것이 놓여 있는

주변이나 앵글을 바꿀 때 마련됩니다. 제가 사용하는 크로스오버는 이러한 의미에서 이해될 수 있습니다. 하이데거를 해석할 때 통상적으로 동원되는 유럽철학적인 문맥, 틀, 원근법을 해체하고 그와는 이질적인 것으로 여겨져 온 분석철학적 문맥, 틀, 원근법을 하이데거에 접맥시켜 그의 사유를 새로운 방식으로 확충시키는 것이 저의 목표였습니다.

이러한 크로스오버는 한 사유가의 이해에 국한되는 것이 아니라 사유 일반에 적용될 수 있다고 봅니다. 배운 것을 그대로 답습하는 데서는 창의적인 사유가 나올 수 없습니다. 텍스트를 읽고 학습한 철학은 자신의 삶의 궤적과 크로스오버될 때 비로소 자신의 것으로 고유화되며ereignen 그 과정에서 창의적인 길이 열립니다. 크로스오버는 개인 대 개인의 지평을 넘어서 서양 전통과 우리 전통의 만남에 대해서도 적용될 수 있습니다. 크로스오버가 이끄는 해체, 초월, 이행을 통해 우리는 우리 사유 지평의 전통 귀속성, 역사성의 토대에 대해 보다 입체적이고 균형 잡힌 시각을 가질 수 있으리라 기대합니다.

이경민 : 이승종 교수님은 이 시대의 문제에 대한 원인을 잘못 짚고 있는 것 같습니다. 과연 그것이 철학적 사유의 부족에서 생기는 것인지에 대해 저는 이의를 제기하려 합니다. 이승종 교수님은 다음과 같이 말하고 있습니다.

사유는 그에게 영향을 미친 과거의 전통에 연결되어 있고 그가 사유하는 현재의 사태를 지향하고 있으며 그가 예견한 미래의 비전에 맞닿아 있다.(20쪽)

제가 보기에 현재 사라져 가고 있는 것으로 이 교수님이 안타까워하는 철학적 사유는 주로 과거의 전통에 연결되어 있는데 비해 미래의 비전에 맞닿아 있는 사유의 몫은 주로 과학입니다. 이처럼 현대에 와서 사유는 분업화되고 있다는 것이 저의 진단입니다. 생산성을 추구하는 자본주의적 사회제도가 이러한 분업화의 촉진제 역할을 했습니다. 이 교수님은 과학주의와 과학자들의 실천을 너무 단순화하여 동치 시키고 있습니다. 예컨대 이 교수님은 과학을 관찰 → 가설 설정 → 확증 → 법칙 정립의 과정으로 도식적으로 이해하고 있는데 가설 설정이 엄청난 사유를 요하는 작업임을 간과하고 있습니다. 이로 말미암아 이 교수님은 과학이 인간 사유의 성취임을 간과하고 과학의 생성을 자본주의의 상품 생산과 동치 시키고 있습니다. 자본주의의 프로퍼갠더를 그대로 답습하고 있는 것입니다.

결론적으로 허무주의 세태에 대한 이승종 교수님의 진단에는 동의하지만 자살률을 높이는 게 과연 과학주의인가에 대해서는 강한 의문을 제기합니다. 자살률을 높이는 것은 오히려 신자유주의가 아니겠습니까? 이처럼 진단이 잘못되었기 때문에 사유가들이 무엇을 해야 하는지에 대한 올바른 처방이 나오지 않는 것입니다.

이승종 : 「세계상의 시대」에서 하이데거는 우리 시대의 과학을 경영, 즉 비즈니스로 규정합니다. 사회 시스템과 효율성의 이념이 이미 과학 안에 들어와 있다는 점에서 그렇습니다. 과학의 본질이 문제풀이라는 점에서도 그것은 경영과 유사합니다. (토마스 쿤도 정상과학의 주된 활동을 문제풀이로 간주하였습니다.) 그러나 하이데거가 보기에 사유는 문제풀이와 동치가 아닙니다. 존재사건에 육박해 들어가는 사유와 문제

풀이는 서로 전혀 다른 지평에 놓여 있습니다. 사유의 진정성과는 아무 상관이 없는 거대한 경영 메커니즘이 과학과 기술을 포함한 모든 영역에서 전 세계적으로 작동하고 있습니다. 공학이나 경영학이 이 시대가 사유라고 생각하는 것의 실체입니다. 도덕을 다루는 윤리학조차도 현대에 와서는 공학이나 경영학을 닮아가고 있습니다. 하지만 이것이 대세라고 여기기 때문에 그 누구도 이를 문제 삼고 있지 않은 실정입니다. 이처럼 그 기저에서부터 점진적으로 그러나 확실한 방식으로 패러다임 전환이 일어나고 있습니다. 철학이 공학이나 경영학으로, 사유가 계산으로 변모하여 장렬히 산화하는 이 가공할 흐름에 대해 하이데거는 경종을 울리려 했습니다.

이경민 : 이승종 교수님이 걱정한 도덕성의 파국이 과연 소크라테스 시대에는 없었을까요. 철학자의 전범인 소크라테스도 어떤 의미에서는 도구적 지성으로 사회적 윤리를 보고자 했던 윤리공학자로 볼 수 있습니다. 과학자들의 활동을 문제해결로 국한해 이해하는 것은 지나치게 편협한 처사입니다. 그들에게 있어서 문제해결 못지않게 중요한 것은 문제설정이기 때문입니다. 과학자들이 모두 과학주의자인 것은 아닙니다. 과학자들로 하여금 존재 사유를 가로막는 것은 과학이 아니라 자본주의적 시스템입니다.

한정선 : 과학자들도 철학자들이 자신들만의 특권처럼 간주해온 철학적 사유에 동참할 수 있다는 사실을 인정해야 합니다. 그때에 비로소 철학과 과학의 의미 있는 대화가 가능할 것입니다.

이승종 : 하이데거와 비트겐슈타인은 과학과 철학이 서로 길이 다르다고 보았습니다. 양자간에 필요한 것은 서로간의 다름을 인정하고 존중해주는 것입니다. 그러나 우리 시대의 균형추는 과학 한쪽으로만 기울어져 있습니다. 철학자들의 사유보다는 리처드 도킨스Richard Dawkins가 이야기하는 생명의 의미에, 로저 펜로즈Roger Penrose나 스티븐 호킹Stephen Hawking이 이야기하는 시간과 공간 그리고 우주의 구조에 사람들은 더 귀를 기울입니다. 그들은 철학자들의 이야기는 이미 유통기한이 지났다고 봅니다.

이경민 : 하이데거나 비트겐슈타인의 시대만 해도 과학과 철학은 탐구의 대상이 서로 달랐기 때문에 서로 만나기 어려웠을 겁니다. 그러나 현대의 과학은 지금 인간의 문제로 돌아오고 있습니다. 인지과학의 영역에서 과학과 철학이 서로 만나 머리를 맞대고 숙의하고 진검승부를 할 때가 다가오고 있습니다.

부록 : 서평과 답론

정대현

윤동민

김재철

정은해

정대현[1]

보내주신 교정본『크로스오버 하이데거』를 오늘 받았습니다. 철학에 대한 교수님의 학문 탐구의 헌신과 열정이 보였습니다.

우선 저의 관심사인 "1부 하이데거와 비트겐슈타인"을 읽었습니다. 두 철학자의 연결 지점과 분리 지점이 선명하게 부각되어 있었습니다. 제가 교수님으로부터 받았던 두 철학자의 관계에 대한 저의 인상이 크게 벗어나지 않았다는 것을 확인할 수 있었습니다. 그래서 지난 6월 13일 한국철학회에서 교수님의 발표를 듣고 이메일로 드리고자 했던 질문을 조금 더 구체적으로 구성할 수 있을 것 같습니다.

> 그렇다면 우리 시대의 어둠과 논리학의 형식화, 수학화는 구체적으로 어떠한 연관이 있는 것일까? 그에 대한 대답은 양자가 공유하는 과학주의의 이념, 보편화와 일반화에의 욕구, 그리고 이론적 설명에 대한 맹신에서 찾을 수 있다. 그러나 비트겐슈타인의 작품에서 이러한 문명 비평적 사유는 충분히 전개되지는 않고 있다. 그의 통찰 뒤에 남겨진 이 근본적인 "사유되지 않은 것Ungedachte"—혹은 씌어지지 않은 것—에 대한 사유는 하이데거에 의해 이루어진다.(132쪽)

이 인용문은 이승종 교수님이 이 책의 제II부에서 자세하게 논의하신 내용의 요약처럼 보입니다. '수리논리'를 집합개념에 기초한 형식논리라고 한다면, 보다 일반화된 단어로 '형식논리'를 사용할 수 있을 것

---

1 이화여자대학교 철학과 교수, 2009년 6월 23일자 이메일.

입니다. 그렇다면 교수님이 지적하신대로 두 철학자는 형식논리가 모든 인간 경험을 규정하거나 지배하는 논리일 수 없다고 할 때, 우리는 모두 그 생각에 동의할 수 있을 것입니다.

그러나 두 철학자는 문명 비평을 하는가의 여부에서 갈리는 것으로 보셨습니다. 한 사람은 일관된 철학적 성찰을 지속하는 반면에, 다른 한 사람은 도중하차한 것처럼 말입니다. 그러나 저는 둘 다 자신의 철학을 수행한 것으로 생각합니다.

하이데거는 자연언어는 많지만 인간언어는 하나라고 믿은 것이 아닐까요? 그는 프레게-러셀이 수학의 논리적 환원을 추구한 논리주의나 논리실증주의의 이상언어론의 형태로 형식논리, 수리논리를 이해한 것이 아닐까요? 이러한 관점에 선다면 인간의 모든 경험을 규정하는 구조로서의 그 형식논리에 대한 우려는 이해할만합니다. 자연과학이나 기술의 성공이 이러한 논리에 기반한 것이라고 믿을 때 그 뿌리에 대한 불신은 자연스러운 것으로 보일 수 있습니다.

그러나 비트겐슈타인은 인간언어들이 공유하는 것도 있지만 다원적이라고 믿었다고 생각합니다. 언어는 게임이고 게임의 목적에 따라 다른 사용을 할 수 있는 것이 아니겠습니까? 일상언어가 그 자체로 '논리적'이라고 믿었던 그는 또 하나의 언어게임으로서 형식논리를 인정했다고 믿습니다. 형식논리의 언어가 필요한 게임의 자리가 인간 사회에 존재하는 한 그렇다는 것입니다.

그래서 저의 질문은 이것입니다. 교수님은 하이데거의 빛으로 비트겐슈타인을 해석하고 계십니다. 그러나 두 철학자가 과거 철학에서 등한시된 일상언어의 복원을 추구하였을 때 비트겐슈타인은 언어사용의 매듭 풀기로, 하이데거는 시적詩的 복원으로 달리 기여하였다고 믿습니다. 저는 언어 일원론적 하이데거가 철학적으로 기여하였지만, 그에 못지않게 다원론적 비트겐슈타인도 철학적으로 의미 있다고 믿습니다. 동어반복적 존재의 비은폐성도 존재의 여운을 갖지만, 언어 매듭을 푸는 데서 오는 세계 다시 보기가 구체적으로 다가오기 때문입니다.

교정본의 다른 부분도 관심이 있습니다. 읽는 대로 생각해보고 편지 드리겠습니다.

한국 철학계의 동료들과 더불어 교수님의 이 책이 많이 그리고 깊게 논의될 수 있기를 소망합니다.

답론

1. 교수님께서는 저의 책에서 하이데거와 비트겐슈타인이 문명 비평을 하는가의 여부에서 갈리는 것으로 보았다고 말씀하셨습니다. 한 사람은 일관된 철학적 성찰을 지속하는 반면에, 다른 한 사람은 도중하차한 것처럼 말입니다. 그리고 교수님께서는 둘 다 자신의 철학을 수행한 것으로 생각한다고 말씀하셨습니다.

교수님의 이러한 생각에 동의합니다. 사유가의 철학적 성찰의 일관성과 지속성은 어떤 관점에서 어떤 주제에 관한 일관성과 지속성인가라는 문제의식하에 검토되고 평가되어야 할 것입니다. 하이데거와 비트겐슈타인은 둘 다 나름의 일관성과 지속성을 유지하면서 자신의 길을 간 사상가들입니다. 저는 이러한 그들을 어떤 특정한 관점에서 어떤 특정한 주제에 대해 서로 만나게 해보았을 뿐입니다.

2. 교수님께서는 언어 일원론적 하이데거가 철학적으로 기여하였지만, 그에 못지않게 다원론적 비트겐슈타인도 철학적으로 의미 있다고 말씀하셨습니다. 동어반복적 존재의 비은폐성도 존재의 여운을 갖지만, 언어 매듭을 푸는 데서 오는 세계 다시 보기가 구체적으로 다가오기 때문이라는 것입니다.

전체적으로 그렇게 볼 수 있다고는 생각되지만, 하이데거를 언어 일원론에, 그리고 비트겐슈타인을 언어 다원론에 바로 연결시키기는 어려울 것 같습니다. 형식언어의 일방적 대두에 반대하는 하이데거는 일본인 학자와의 대화체로 쓰인 「언어에 관한 대화로부터」(Heidegger 1953~1954)에서 서로 다른 문화권에 속해 있는 독일어와 일본어라는 두 자연언어가 지니는 탈은폐의 상이한 방식에 귀를 기울이고 있습니다. 언어게임의 다양성에 주목하는 비트겐슈타인은 다른 한편으로는 이 다양성을 가능케 하는 "인류 공통의 행위 방식"(Wittgenstein 1953, § 206)에 주목하고 있습니다. 따라서 어떤 관점에서 어떤 측면에 주목하는가에 따라 하이데거와 비트겐슈타인은 각각 언어 다원론자일 수도 있고 언어 일원론자일 수도 있다고 생각합니다. 이처럼 다원론과 일원론은 언어에 대한 사유의 서로 다른 층위를 지칭하는 용어라고 보는 것이 더 나을 것 같습니다.

윤동민 [2]

현재 국내의 하이데거에 관한 연구는 대형 서점 철학 코너에 그의 이름

---

2 서강대학교 생명문화연구소 상임연구원. 『철학논집』 23집, 서강대 철학연구소, 2010.

으로 책장 한 칸을 장식할 정도로 다른 철학자에 비해 활발하다. 올해
만 해도 하이데거의 저작의 번역서를 제외하고 5권 이상의 입문서, 연
구서들이 또한 독자들에게 선을 보였을 정도니, 그의 철학에 관한 연구
가 얼마나 활발하고 생산적인지 가늠해볼 수 있을 것이다. 그러나 이러
한 활발하고 생산적인 연구만큼이나 하이데거 철학의 내용이, 또한 그
의 사유가 우리에게 사유되고 있는가? 그렇지 않다. 왜 그렇지 않은가?
그것은 하이데거의 글이 당혹감을 안겨줄 정도로 이해하기 어렵고, 그
의 철학에 관한 연구서들도 그의 글과 마찬가지로 다가가기에 쉽지 않
기 때문이다. 하이데거는 '존재'나 '현존재' 등의 말을 통해 뜻 모를 소리
를 해대는 사람처럼 보이며, 그의 철학에 관한 입문서와 연구서의 대부
분도 이 뜻 모를 말 자체를 다시 반복하고 있는 듯한 착각을 불러일으
키는 것처럼 보인다. 그래서 하이데거의 철학은 일반 독자뿐만 아니라
전문 연구자들도 사유는커녕, 글을 이해하려 하는 데 급급해 보인다.

　이런 점에서, 영미 분석철학 전공자의 『크로스오버 하이데거』는 하
나의 돌파구를 마련한다. 언뜻 보면, 저자인 영미 분석철학 전공자가
대륙철학 중에서도 가장 난해한 하이데거의 철학을 분석적으로 사유
해본다는 것이 무모한 행동처럼 보일지 모르지만, 저자는 우리의 이러
한 편견을 없애고, 아주 훌륭하게 하이데거의 철학을 사유한다. 이것
은 책의 부제에서도 볼 수 있듯이, 새로운 접근방식을 통하는데, 그것
이 곧 '크로스오버'이다. 저자가 "창의적 반복"(19쪽)으로 소개하는 이 접
근방식은 교차, 융합으로서, 곧 "영미의 분석철학과 유럽의 해석학을
크로스오버시킨다는 점에서 분석적 해석학이라 이를 만한 새로운 독
법"(21쪽)이다. 저자는 이를 통해 "하이데거의 텍스트들에 대한 보다 선
명하고 일관된 해석을 도출"(같은 곳)하는 것을 책의 목표로 삼고 있다.

즉 분석철학의 강점인 문제에 대한 명료한 분석과 정밀한 텍스트 분석을 통해 하이데거의 철학을 재구성하여, 하이데거의 사유를 자기화하고, 그 지점에서 더 나아가 스스로 사유하는 창의적인 반복을 하는 것이다.

이러한 면모는 특별히 5장에서 아주 잘 드러난다. 이미 Ⅲ부의 서문에서 보이듯이, 저자는 여기서 분석적 접근을 통해 "하이데거 사유의 정합적 내구성을 그 극한으로까지 끌고 가 시험"(140쪽)한다. 저자는 『존재와 시간』을 중심으로 '눈앞에 있음', '손안에 있음', '실존', '피지스' 등의 상관관계를 명료하게 분석하고, 이를 토대로 기존의 하이데거의 언급에 대한 오독들을 바로잡고 있다. 특별히 기존의 해석에서 '손안에 있음'은 무조건적으로 '눈앞에 있음'보다 우선적 또는 우위적으로 해석되어져 왔으나 이 또한 일상적 실천과 불안의 측면에서 각각 다르며, 그래서 어느 하나가 절대적 우위를 점하거나 뚜렷이 구별되는 것이 아니라 상보적인 것으로 해석되어야 한다는 저자의 분석은 아주 탁월하며 분석적 접근의 강점이 아주 잘 드러나는 부분이라고 생각한다.

물론 우리는 저자의 방법론을 단순한 분석적 접근만으로 특징지을 수는 없다. 저자의 방법론은 분석임과 동시에 '해석학'이기 때문이다. 해석학에서 기본이 되는 것은 꼼꼼한 텍스트적 독해와 총체적인 독해이다. 후자인 총체적인 독해라는 것은 하나의 책 전체를 가리키기도 하며, 한 철학자의 철학적 작업의 전체를 가리키기도 한다. 이 때문에 분석적 해석학이 추구하는 것은 곧 각각의 텍스트에 대한 꼼꼼한 독해와 부분과 전체의 해석학적 순환 속에서 명료한 의미를 드러내는 것이라고 생각한다.

우리는 이러한 분석적 해석학을 특별히 Ⅳ부에서 발견할 수 있다. 하이데거의 글에 관한 꼼꼼한 독해와 이를 통한 명제적 정식화, 다양한 하이데거의 저서들을 통한 문제에 대한 명료한 의미도출은 감탄할만하다. 더욱이「기술에 대한 물음」의 독해와 기술에서 인문학 전반으로 확장되는 논의는 이러한 해석학적 면모를 보여주는 좋은 예라고 생각된다.

그러나 본서가 이러한 방법론적인 크로스오버에서만 창의적이고 성공적인 것은 아니다. 전체 5부 14장으로 구성되어 있는 본서는 하이데거의 철학의 중심적인 문제의식에서부터 다양한 철학적 함의들을 하나의 이야기로 보여주되, 이야기의 흐름에 따라 그 철학적 함의와 관련되어 있는 문제의 지형도를 그려나간다. 각각 지향성, 언어철학, 도구와 진리, 기술철학 등에 관한 논의에서 하나의 문제의식을 중심으로 다양한 철학자들이 이 지형도에서 위치된다. 바로 여기서 또 하나의 소름끼치게 놀라운 크로스오버가 드러나는데, 이것은 곧 '영미 분석철학과 유럽철학의 크로스오버', 또는 '내용적인 크로스오버'이다. 브렌타노, 러셀, 마이농, 프레게와 함께 후설과 하이데거가 같이 문제의 지형도를 구성하며, 다시 하이데거와 함께 비트겐슈타인이 문제의식을 공유한다. 비트겐슈타인을 통해 하이데거가 이해되며, 반대로 다시 하이데거를 통해 비트겐슈타인을 이해한다. 영미 분석철학의 중심적인 문제들 안에 하이데거의 철학이 자리하며 비트겐슈타인과 함께 하이데거가 그 논의에 참여하게 되는 것, 그리고 그 안에서 하이데거의 철학의 독특한 철학사적 함축을 제시하는 것, 즉 내용적인 크로스오버가 바로 또 하나의 크로스오버라고 할 수 있다. 저자가 "서구지성사에서 하이데거의 문제의식이 놓여 있는 자리의 통시적 선후관계와 공시적 지형도의 윤곽을 잡았다"(140쪽)고 말하는 것처럼, 본서의 Ⅰ부와 Ⅱ부 그리고 8장이 특별히 이러한 내용적인 크로스오버를 아주 잘 드러내 보여주고 있다. 더욱이 Ⅱ부에서의 비트겐슈타인을 통해 이해하기 어려운 하이데거의 동어반복적인 표현을 풀어내고 그 의미에 다가가는 것은 아주 흥미롭고 주목할 만한 점이다.

물론 필자가 생각하기에, 본서의 백미는 '크로스오버'라는 시도가 목적으로 하는 '사유'에 있다고 생각한다. 본서의 목적은 새로운 방법론을 제시하는 데 있거나, 단순히 영미 분석철학과 유럽철학을 문제 중심적으로 하나의 그림을 그리는 데 있다기보다는, 이러한 작업을 통해 하이데거의 사유를 이해하고 그의 사유를 창의적으로 반복해보자는 데 있다. 이것은 곧 저자가 서문에서 말하고 있듯이, 하이데거가 주목한 문제가 되는 사태의 근원으로 소급하여 그 시원에서부터 하이데거와 함께 사유하고 또한 그보다 더 나아가 사유해보는 두 가지 과제를 말한다. 필자에게는 저자가 이러한 과제를 본서에서 아주 훌륭하게 수행하고 있다고 생각된다. 지향성에 대한 논의에서부터 출발하여, 하이데거의 문제의식을 구체화하고, 그의 존재 사유에서 기술의 문제를 중심으로 현대사회의 문제점들을 반성하며 사유하는 것이 정말 하나의 흐름으로 이어지고 있다. 이런 점에서 저자의 논의의 흐름을 따라가면서 자연스럽게 사유해나가게 되는 것, 이것이 본서의 진정한 장점이라 해도 과언은 아닐 것이다.

좋은 시도와 훌륭한 연구이다. 그러나 서평자에게 강요되는 일종의 업으로서 몇 가지 의문점과 아쉬운 점을 지적하지 않을 수 없다. 첫 번째로 Ⅰ부 지향성과 관련한 부분에서, 저자의 후설 해석이 지나치게 하이데거의 입장에서 서술되고 있거나 후설을 데카르트적으로 해석하고 있는 것 같다. 저자의 소개에 의하면, 후설에게서 지향성과 환원은 서로 양립하기 어려운 개념이다(51쪽). 지향성은 그 자체로 의식 주체와 대상이 맺는 관계인데 반해, 환원은 대상 세계를 괄호쳐 "의미를 적용하는 대상과 쓰임의 문맥을 제거"(같은 곳)하는 것이다. 이러한 이유로 환원에서 대상, 또는 대상의 의미는 철저하게 의식의 내적 사실로 귀속시키게 되고, 이러한 점에서 의식과 대상 또는 세계는 분리된다. 그래서 후설의 순수의식은 세계가 없는 것이 되고(53쪽), 생각하는 자아로서 보인다(65쪽).

그러나 비록 후설이 이론적 의식과 표상적 사유에 우위성을 두었다 하더라도, 일단 순수의식은 지향성 그 자체로 규정된다. 여기서 지향성이란 저자도 주목하는 것처럼, "의식주체가 일정한 관점에서 대상을 지향함으로써 형성되는 관계 개념이다."(51쪽) 더 정확히 말하면, 지향성은 관계 자체를 의미한다. 이것은 곧 의식주체가 대상과 구분되고 이후 지향작용을 통해서 관계 맺는 것이 아니라 그 본질이 지향성, 곧 관계 맺음이기에 늘 항상 대상과 이미 관계 맺고 있는 상태라는 말이다. 이런 점에서 이미 후설 현상학의 의식주체는 데카르트의 코기토와 맥락을 달리한다. 이미 후설 현상학의 의식주체는 하이데거의 현존재와 마찬가지로 세계와 마주하고 함께 관계 맺는 상태로 존재한다. 현상학적 환원도 사실 사정이 이와 비슷하다. 순수의식의 차원으로의 환원이라는 점에서, 데카르트적 코기토로의 복귀로 보일 수 있지만, 이미 언급했다시피 후설에게서 의식은 그것이 경험적 의식이 되었든, 순수의식이 되었든, 그 본질은 지향성, 곧 이미 대상과 관계 맺고 있는 상태이다. 그래서 사실 현상학적 환원은 대상에 대한 지향함에서 자기로의 방향 전환이나 복귀를 의미하기보다는 자연주의적 태도, 또는 자연과학적 대상 이해에서 현상학적 태도, 현상학적 이해로의 환원을 의미한다. 자연과학적 인식에 앞서 보다 생생한 대상체험으로의 환원이 곧 현상학적 환원인 것이다.

물론 후설의 주체와 하이데거의 현존재가 다른 것은 사실이다. 앞서 언급했다시피, 후설의 순수의식은 지향성의 구조에서 이론적 의식과 표상적 사유의 우위성을 가지고 있다. 그러나 이에 반해 하이데거의 현존재는 본서에서도 언급되는 것처럼, 지향성의 구조에서 이론적 의식이나 표상적 사유가 아닌 '실천', '실천적 행동관계'에 주목하고 있다. 하이데거에게 지향성의 구조가 이론적 의식에서 실천적 행동관계로 확장되고 있는 것이다. 이런 점에서 하이데거의 현존재는 이론적 의식과 표상적 사유를 나타내는 지향성보다 실천 또는 실천적 행동관계를 나타내는 초월성으로 특징지어진다고 볼 수 있다.

이런 점에서 현상학에 대한 저자의 이해, 또는 저자의 후설 해석이 본서에서 지나치게 데카르트적으로 해석되었다고 생각된다.

두 번째로 Ⅴ부, 토론 부분이 본서에 수록된 점이 필자에겐 아쉬운 점으로 보인다. 물론 본서를 읽어가다 보면 생기는 물음들이 토론에 수록된 물음들과 겹쳐 저자의 생생한 답변을 듣기도 하며, 또한 미처 생각지 못한 물음들을 토론자의 입을 통해 들을 수 있다는 것은 토론 수록의 장점이기도 하다. 그러나 이 토론에 본서의 대략 100쪽을 할애하고 있는 점, 그리고 전문가들 사이의 토론을 수록하고 있다는 점, 논평과 답변이라고 보기에는 글의 요지가 잘 드러나지 않아 일반 독자들이 이해하기 어려울 수 있다는 점에서 '과연 Ⅴ부의 토론장이 본서에 꼭 포함되어야만 하는가'라는 아쉬움을 느낀다.

오히려 기술의 논의와 더불어, 하이데거 철학의 다른 철학적 함의를 다루는 것이 본서를 더욱 풍성하게 만들어주었을 것이라는 생각이 든다. 아니면 4부로만 구성하여, 책의 두께를 조금 줄이는 것도 나쁘지 않았을 것이라는 생각이 든다.

세 번째로, 기술적인 측면에서 본문에 인용된 인용문의 표기가 제목의 약호나 전집표기가 아니라 '연도약호'였던 점이 아쉽다. 대부분 학자 간의 표기법이 달라, 꼭 통례를 따를 필요는 없지만, 해당 인용에 대한 원전을 찾기가 쉽지 않은 것은 사실이다.

물론 이런 점들이 본서의 탁월함을 가리지는 않으며, 저자의 16년간의 노력의 가치를 떨어뜨리지도 않는다.

『크로스오버 하이데거』는 난해한 하이데거 철학을 철학사적 맥락과 문제 중심적 지형도에서 풀어낸다는 점에서 입문서로 충분하며, 분석적 해석학의 방식으로 하이데거의 철학을 선명하게 논의한다는 점에서 연구서로도 훌륭하게 그 몫을 감당하고 있다. 그래서 일독은 물론이거니와 반복해서 꼼꼼히 읽을 만한 책이다. 아울러 사유하기 원하는 사람들에게도 권할만한 책이다. 저자의 오랜 노력에 철학을 공부하는 사람으로서 박수를 보낸다.

답론

윤동민 선생은 크로스오버의 의미를 선명히 부각시키면서 『크로스오버 하이데거』의 면면들을 정확하게 정리해주고 있다. 그러면서도 이 책에서의 후설에 대한 이해와 평가가 데카르트주의라는 해석의 틀에 편향되어 있음을 우려하고 있다. 그의 이러한 지적에 대해 공감한다. 그럼에도 괄호침과 환원에 의해 확보되는 후설 현상학의 순수성은 인간 사회와 역사가 지니는 태생적 잡종성과 이종성異種性, 차이 및 다양성과 양립하기 어렵다고 생각한다. 이러한 정교한 절차를 통해 정제된 관점으로는 후설의 주장과는 달리 오히려 사태 자체를 있는 그대로 직관하는 데 한계가 있다고 본다.

하이데거에게서 의미의 연원은 후설이 강조하는 선험적 의식이나 초월적 자아가 아니라 존재 지평의 구체적 사용사태이다. 이 지평으로부터의 초월을 담보로 성취되는 후설의 현상학은 그 자신도 인정하듯이 데카르트적 성찰의 귀결이고 그 순수성은 초역사적인 수학의 그것을 닮았다. 데카르트와 후설이 수학자였음은 우연이 아니며 그들이 자신들의 철학에 도입하는 방법론적 장치와 프로그램들은 수학에서 동원되는 방법론적 장치와 프로그램들을 닮았다. 하이데거는 이로부터 비롯되는 과학적 사유의 모더니티 하에서는 현상학이 지향하는 바와는 달리 현상이 온전히 드러날 수 없음을 간파했다. 하이데거에게 후설과의 대결은 모더니티와의 대결이었다. 하이데거는 현상학의 창시자로부터 역설적으로 현상학을 구원하려는 데서부터 자신만의 철학을 개척해나간 것이다.

김재철[3]

최근 한 출판사에서 나온 '하이데거'를 다룬 두 권의 책이 눈길을 끈다.

---

3 경북대학교 철학과 교수, 『교수신문』, 2010년 9월 13일.

그 두께에서 짐작할 수 있듯 이 책들은 저자들이 오랜 세월에 걸쳐 발표한 논문들을 모은 것이다. 그중에『크로스오버 하이데거 - 분석적 해석학을 향하여』(이하 '크로스오버')라는 특이한 제목을 가진 책이 눈에 띈다. 여기에서 "크로스오버 하이데거"는 "이질적인 것들의 교차와 융합"을 통해 새롭게 전유된 하이데거를 의미한다. 역사적 지평의 융합, 독자와 텍스트와의 대화와 함께 크로스오버는 특히 영미의 분석철학과 유럽의 해석학의 교차·융합을 뜻한다.

이를 위해 저자는 언뜻 보기에 나무로 된 철과 같은 부조리한 조합의 "분석적 해석학"이라는 독특한 독법을 제안한다. 텍스트로 하여금 말하게 하는 해석학적 대화방식과 개념과 논제를 정의하고 논리적 관계를 명료하게 재구성하는 분석적 방법을 교차시키는 이 독법은 사유의 고유함을 훼손할 수도 있지만, 하이데거에만 국한해 이른바 악보중심적 연주에만 몰두해온 국내 연구를 진척시킬 새로운 대안으로 제시된다. 저자의 글쓰기 또한 색다르다. 이질적 사유를 가로지르는 분방함, 압축적으로 주조된 개념들과 알고리듬 및 기호에 의한 명쾌한 정식화, 과학이론, 탈구조주의의 개념들, 영화제목을 차용한 파격적인 제목들. 그야말로 다채로운 글쓰기이다. 처음에는 거부감으로 다가오는 낯선 형식의 글을 따라 읽다 보면 한편의 완성도 높은 영화를 보듯 주제하나하나가 산뜻하게 넘어간다. […]

이 같은 대조적인 차이에도 불구하고 두 책은 모두 사유의 사태에 도달하기 위한 "창의적 반복"(크로스오버)과 "모험적 시도"(『하이데거-그의 물음들을 묻는다』, 이하 '물음들')를 통해 "하이데거의 텍스트들에 대한 보다 선명하고 일관된 해석을 도출"(크로스오버)하고, 하이데거 철학 자체에 포함된 "다른 어떤 종류의 철학보다도 더 명확한 구조와 성격"(물음들)을 드러내려는 노력을 하고 있으며 "현대 서양철학을 양분하는 유럽철학과 영미철학의 어느 한편에 서야 하는 양자택일적 강요"(크로스오버)와 "현대철학의 분열상황, 즉 영미의 분석철학, 과학철학과 독·불의 현상학, 존재론 사이의 대립, 기피, 혐오, 무시, 멸시, 적대"(물음들) 속에서 하이데거의 철학을 수용해야 하는 국내적 상황에 대한 이해를 공유하고 있다.

구성에 있어서 두 책은 통시적-공시적 서술 방법을 취하고 있다. 『크로스오버 하이데거』의 독특함은 "하이데거와 비트겐슈타인"(Ⅱ부)의 크로스오버에 있다. 분석철학자인 저자는 자연언어의 입장에서 형식언어를 비판하는 하이데거를 비트겐슈타인과 스트로슨과 연계시키면서도 하이데거를 우위에 놓는다. '언어는 우리에게 전승된 역사의 총체'라는 의미에서 하이데거의 언어이해를 "고고학적 언어관"으로 규정하고, 세계와 언어의 관계는 대응(청년 비트겐슈타인, 카르납), 인과관계(퍼트남, 크립키), 지시가 아니라 "문장을 구성하는 낱말 하나하나가 세계의 어떤 측면과 관점을 불러내어 펼치는 호격코드"라는 저자의 주장은 섬뜩할 정도로 강력하다. 그리고 "말해질 수 없는 것의 무의미"를 "존재와 불안의 의미"에서 공감하고, 존재경험이 논리에 앞선다는 입장에서 수리논리학을 비판하는 비트겐슈타인은 결국 하이데거와 융합된다. 두 사람이 삶의 원초적 현상을 전체적으로 보지 않는 현대의 모든 사상과 투쟁하는 "반시대적 사유가"로 불릴 때 독자는 크로스오버의 절정을 맛보게 될 것이다. 나아가 대응론-정합론-합의론(타르스키, 콰인, 데이빗슨, 퍼스, 퍼트남, 로티, 하버마스 등)의 진리론이 존재론적 지평을 고려하지 않는한 제한적이고 부분적일 수밖에 없다는 비판에서 저자는 마치 지형지물이 잘 파악된 적진에서 적의 칼을 가지고 적을 무찌르는 노련한 명장

처럼 보인다. […]

주제의 다양성과 사유의 변화를 놓치지 않고 하이데거의 철학을 더욱 명확하게 창의적으로 다시-가져오기를 시도하는 두 책은 논문 모음집의 어색함보다는 긴 시간에 걸쳐 정성을 담아 만든 먹기 좋은 다양한 음식처럼 독자를 끌어당긴다. 또한 독일이 아니라 미국과 일본의 토양에서 공부한 저자들은 기존에 많이 접하지 못한 영미권의 비판적 접근과 해석, 일본의 세심한 개념연구와 번역어들, 생경한 참고문헌들을 제공해 색다른 양념으로 만든 요리를 대하듯 신선하며 이색적인 풍미를 더해준다. 무엇보다도 두 책의 강독은 악보중심적 연주의 고답성과 이질적 재구성의 파괴적 변형이라는 상호비판에서 드러나는 약점의 보완과 대체적 효과를 줄 것이다.

답론

김재철 교수는 『크로스오버 하이데거』에 대한 우호적인 서평을 전개하면서도 우리가 제안하는 색다른 분석적 해석학이 언뜻 보기에 나무로 된 철과 같은 부조리한 조합이라고 꼬집는다. 영미의 분석철학과 유럽의 해석학이 한데 엮이기 어려운 각기 다른 지적 전통과 분위기를 지니고 있음을 염두에 둔 재치 있는 표현이다. 그러나 우리는 현대 유럽철학과 영미 분석철학의 차이와 대립은 실제보다 과장되어 있다고 생각한다. 통시적인 관점에서 보자면 양자는 모두 서양의 현대철학이며 따라서 현대 서구의 시대정신을 각기 다른 방식으로 공유하고 있다. 니체와 하이데거에 의하면 그 시대정신의 근원적 뿌리는 데카르트의 근대성보다 오랜 소크라테스의 합리주의로까지 소급된다. 혹은 인간을 만물의 척도로 본 프로타고라스로 대변되는 소피스트의 인간중심주의로 그 연원과 본질을 요약할 수도 있을 것이다. 이는 세계사적으로 동양과 서양에서 동시에 관철되어온 세속화 과정의 일환이기도 하며 동아시아의 경우 이 과정은 특히 유교의 탄생과 지배를 줄거리로 한다. 이러한 맥락에서 동양철학과 서양철학 사이의 학제적 단절 역시 재고되어야 한다.

그동안 우리는 근대성이 촉진한 학문의 분과화와 지역화에 휩쓸려 철학이 당연히 견지했어야 하는 세계사의 과정에 대한 총관總觀적 안목을 잃어버렸다. 그리스 비극시대에 대한 니체의 연구와 소크라테스 이전 철학에 대한 하이데거의 사유는 서양인의 입장에서 이를 극복하고자 하는 계보학적 시도이다. 동아시아에서도 유교 이전의 시원적 사유에 대한 재조명이 전 지구적 세속화에 대한 대안의 실마리를 줄 수 있을 것이다. 아울러 니체와 하이데거의 사유가 과연 인간중심주의를 극복했는지를 물을 필요가 있다. 데리다의 해체는 이러한 문제의식의 연장선상에 있다.

정은해[4]

이승종 교수가 『크로스오버 하이데거』라는 제목의 책을 출간하였다. 부제는 "분석적 해석학을 향하여"라는 것이다. 부제와 제목이 이미 저

---

4 『철학』 107집, 2011년.

자가 하이데거에 접근하는 방식을 알려 준다. 저자는 분석철학 전공자이지만, 하이데거의 역사성 개념에 대해서도 잘 알고 있음을 보여주었다. '크로스오버'는 바로 역사성에 관련된 용어이다. 저자 자신이 이를 다음과 같이 설명한다: "하이데거의 사유에 대한 우리의 사유는 이 모든 의미에서 크로스오버를 지향한다"(19쪽): "요컨대 우리에게 크로스오버는 이질적인 사유들의 가로지르기나 섞음을 넘어 해체, 초월, 그리고 이행을 통해 서구 사유에 대한 무반성적 추종과 모방을 극복하고 이를 바탕으로 우리 자신의 본래적 귀속성을 재발견하거나 미래 지향적으로 재정초함을 의미해야 한다. 사유에서 역사성은 그 토대이자 뿌리이기 때문이다."(23쪽) 저자는 하이데거에게 "사유가 역사적 전승과 그것에 대한 비판적 재창조의 과정에서 전개"(26쪽)되었듯이, 하이데거 철학을 해석하려 하는 저자의 사유도 그와 같은 것이어야 한다고 밝히고 있다.

이 책은 전체적으로 5부로 구성되어 있다: 제Ⅰ부: 후설에서 하이데거로, 제Ⅱ부: 하이데거와 비트겐슈타인, 제Ⅲ부: 도구, 진리, 과학, 제Ⅳ부: 기술철학, 제Ⅴ부: 토론. 이 책을 읽으면서 느낀 바는 크게 두 가지이다. 하나는 하이데거 사상이 하이데거 학회에서만 논의되고 있지 않다는 것이고, 다른 하나는 하이데거 학회 안에서보다 오히려 밖에서 더 진지하고 흥미롭게 하이데거가 논의된다는 것이었다. 이 책은 하이데거 사상의 핵심들을 충실하게 잘 밝혀주고 있다. 다만 소제목들이 다소 걸리기는 한다. 소제목들 중에는 은유적 표현들이 많은데, 전개된 내용에 대한 회고적 요약들로서는 훌륭할 수도 있겠지만, 전개될 내용에 대한 전망적 표지들로서는 부족할 수 있기 때문이다. 물론 이 점은 저자의 스타일style의 문제일 수 있으므로 크게 개의할 일은 아닐 듯싶다. 하이데거 전공학자들이라면 후학들의 계속적 연구를 위해 몇 가지 사유 과제를 추가로 제시해볼 수도 있을 것이다. 그러기 위해 먼저 이 책의 대강을 살펴볼 필요가 있다.

이 책의 "제Ⅰ부: 후설에서 하이데거로"에서는 인간과 세계에 대한 두 가지 접근법이 소개되면서 그것들 사이에 있었던 갈림의 과정이 추적된다. 갈림의 내용을 저자는 다음과 같이 밝힌다: "하이데거는 지향성에 관한 담론을, 인식하는 인간을 모델로 하는 인식론에서 행위하는 인간, 세계와 더불어 존재하는 인간을 모델로 하는 존재론으로 바꾸어 놓았다는 점에서 지향성의 새로운 지평을 열어젖혔다고 평가된다."(54쪽) 갈림의 단초가 된 것은 후설이 발견한 범주적 직관의 사실이다. 이것에 대해 저자는 다음과 같이 요약한다: "[흰 종이의 지각을 예를 삼을 때] 첫째, 흰 종이에 대한 나의 지각에는 여러 종류의 의미 지향 행위가 연관되어 있다. […] 둘째, 색깔을 나타내는 낱말 '흰'의 지향성은 문제되는 대상의 한 측면, 즉 그 색깔과만 부분적으로 대응될 뿐이다. 언어의 의미는 보편자이다. […] 종이가 희다는 것은 지각하지만 보편적 흰색은 지각하지 못한다. 셋째, "이 종이가 희다"에서 우리는 주어와 보어를 연결하는 계사 '이다'의 지시체를 지각하지 못한다."(58쪽) 저자가 지적하듯이, 후설은 지각 내용에 대한 문장 의미의 차이는 감성적 직관과는 다른 범주적 직관에 의해 주어진다고 보았다. 하이데거는 여기서 한 걸음 더 나아가 범주적 직관에 주어지는 존재를 "현상 중의 현상으로 단정"하고, 이것이 감성적인 것을 넘어선 초월적인 것인 한, "지향성이 초월성으로 재해석되어야 함을 깨닫게 된다."(60쪽) 여기서 언급된 바대로, 지향성 대신 초월성 개념에 세계가 토대를 둘 때, 후설의 인식론적 지평이나 세계는 하이데거의 초월적 세계와 차이를 갖게 된다:

"물론 [하이데거에 있어서] 우리는 [세계를] 투사하고 결단하는 존재이다. 그러나 우리의 투사와 결단은 궁극적으로는 던져진 투사요 현사실성이 드러내는 타자성으로 열린 결단이다. 그 던져짐과 열림의 구조로 말미암아 우리의 실존은 우연성을 극복할 수 없다. 반면 후설의 선험적 관념론은 타자성에의 이러한 열림이 마련되어 있지 않은 닫힌 철학이다."(80쪽) 저자는 후설의 세계가 가능한 인식의 문맥이고, 선험적 지평이고, 한계이고, 타자성에의 열림이 마련되어 있지 않은 것인 반면에, 하이데거의 세계는 던져진 현사실적인 것이고, 타자적인 것이고, 한계이고, 투사에 의해 새로운 한계를 그리는 방식으로 열림이 있는 것이라고 지적하여 그 차이를 부각시킨다. 물론 지금의 후설 연구의 수준에 있어서 후설 전공학자들은 이런 차이성의 부각에 맞서 많은 가능한 일치점들을 부각시킬 수도 있을 것이다. 그렇기는 하지만, 하이데거가 말하는 세계의 상이한 투사에 따른 상이한 존재 이해의 가능성은 후설이 말하는 누적적 세계의 다원론적 접근에 따른 상이한 인식의 가능성과는 여전히 차이를 갖는 것일 것이다. 전자는 여전히 상대적인 존재 이해이고, 후자는 여전히 보편적 인식일 것이기 때문이다. 여하튼 이런 차이는 학문적 우열의 문제라기보다 철학적 관심의 문제로 봄이 좋을 것이다.

이 책의 "제Ⅱ부: 하이데거와 비트겐슈타인"에서 저자는 언어와 세계에 대한 같고도 다른 두 가지 접근법을 소개하겠다고 밝힌다: "우리는 하이데거를 비트겐슈타인과 접속시킴으로써 그 동안 단절되었던 만남과 대화를 재개해보려 한다."(83쪽) 그들의 같은 점을 저자는 다음의 문장들을 통해 나타낸다: "언어가 무엇인지에 대해 다음과 같은 두 가지 입장이 있다고 하자. 첫째 입장은 언어를 적형식well-formed formula의 집합으로 본다. 둘째 입장은 언어를 인간의 삶의 한 현상으로 본다."(83쪽) "둘째 입장은 언어에 대한 탐구가 언어의 역사성과 문맥 연관성을 문제 삼아야 한다고 본다."(85쪽) "거짓인 명제에 대응하는 세계의 실체는 세계의 존재 가능성을 말하며, 그 가능성 중의 일부가 실현된 것이 세계이다. 이 실현이 곧 하이데거가 말하는 탈은폐이다. 결국 비트겐슈타인이 말하는 세계의 실체는 하이데거의 표현을 빌자면 은폐되고, 존재하는 이 세계는 탈은폐된다. 하이데거의 사유에서 탈은폐와 은폐가 한 짝을 이루듯이, 비트겐슈타인의 사유에서 진리인 명제에 대응하는 세계와 거짓인 명제에 대응하는 세계의 실체는 한 짝을 이룬다."(103쪽) 이렇게 저자는 하이데거와 비트겐슈타인이 언어를 삶의 한 현상으로 보고 언어의 역사성과 문맥연관성을 중시한다는 점에서 같다고 보며, 또한 비트겐슈타인이 세계의 은폐된 실체(가능자들의 집합)와 탈은폐된 세계(현실적인 것들의 집합)를 구별하는 것과 하이데거가 은폐된 세계와 탈은폐된 세계를 구분하는 것에서 그들의 유사성을 본다. 저자는 그러나 동시에 그들 사이에 놓여 있는 다른 점도 함께 본다: "하이데거가 언어의 역사성과 그 철학사적 뿌리를 추적할 때 비트겐슈타인과 스트로슨은 더 이상 그의 대화 상대자가 되지 못한다."(86쪽) 하이데거는 "비트겐슈타인의 무지와 무관심으로 말미암아 도달할 수 없었던 소크라테스 이전 철학으로 자신의 해체적, 고고학적 관심을 소급시킨다."(106쪽)

이와 같은 동이성同異性의 지적을 넘어 저자는 다시 한번 그들의 일치점을 그들의 반시대적 성향에서 확인하고자 한다: "지금까지 우리는 비트겐슈타인을 좇아 논리학을 이해하기 위해 필요로 하는 '경험'으로서의 **존재**가 논리학에 앞섬을 보았다. 그리고 이 존재가 말해질 수 없는

것이며 오직 스스로를 보일 뿐임을 보았다."(117쪽) "그리고 세계의 한
계가 곧 언어의 한계이므로 한계지어진 전체로서의 언어도 말할 수 없
는 것이다. 마찬가지로 하이데거에게도 우리는 전체로서의 언어에 대
해 말할 수 없다."(118~119쪽) "하이데거에 의하면 존재와 존재자의 존재
론적 차이를 간과한 존재망각의 역사가 서양형이상학의 역사였다. 비
트겐슈타인이 보았을 때 그 역사는 말할 수 없는 것을 말하려 했던 무
의미의 역사였다. […] 형이상학의 극복은 […] 잘못된 언어사용의 바로
잡음이다."(119쪽) "비트겐슈타인과 하이데거의 비판은 수리논리학 내
부의 기술적 문제에 관한 것이 아니다. 그들이 우려하는 것은 수리논리
학을 인간의 사유와 그것의 표현으로서의 자연언어에 깊이 관여하는
것으로 간주하는 작금의 경향이다."(130쪽) "투쟁의 핵심은 우리의 삶의
'원초적 현상'을 전체적으로 보려 하지 않고 이론에 의해 설명하려는 경
향을 저지하는 것이다. 언어현상을 형식언어체계에 의해 설명하려는
수리논리학이 비트겐슈타인의 비판의 표적이 되는 것도 이러한 연유
에서이다."(130~131쪽) "하이데거가 볼 때 수리논리학과 기술은 동일한
하나의 형이상학의 다른 표현이다."(135쪽) "그들이 말하는 '신의 구원'과
'신의 영광'은 두 사람이 하이데거가 말하는 역운의 전향을 준비하는 미
래 지향적 사유가임을 암시한다."(137쪽) 이 같은 인용문들 속에서 확인
되는 것은 하이데거와 비트겐슈타인의 반시대적 성향이란 형이상학의
역사적 귀결로서의 수리논리학(넓은 의미로 논리실증주의)을 비판한다는
것을 말하며, 그들이 형이상학적 극복을 위해 현대에 이미 잊혀버린 신
의 구원 내지 신의 영광을 요청한다는 점이다. 독자들은 이 같은 저자
의 분석에 동의하면서도, 비트겐슈타인과 하이데거가 말하는 신의 구
원이나 신의 영광이란 말이 구체적으로 어떤 의미를 가질지 궁금해할

수 있을 것이다.

이 책의 "제Ⅲ부: 도구, 진리, 과학"에서 저자는 하이데거의 관점에서 학문 일반의 성립과정을 추적한다: "학문의 '이론적' 태도에 이르기 위해서는 눈앞의 것으로서의[현전하는 것 속으로의] 선행적 진입, 그리고 이를 수반하는 새로운 앞선 구조의 형성과 기획투사[선취]가 이루어져야 하기 때문이다."(150쪽) "독자적인 이론적 행동관계는 비이론적 행동관계에 종속되어 있기는커녕, 거꾸로 필요 여하에 따라 얼마든지 손안에 있는 도구들을 사용하고 이를 매개로 여러 이론적 실천을 행할 수 있는 것이다."(157쪽) 이렇게 저자는 도구적 존재자를 현전적 존재자로 바꾸는 시선의 변화 및 이를 뒤잇는 존재자의 구조의 선취가 이론적 인식 내지 학문을 성립시킨다고 보는 한편, 이론적 활동이 도구 사용을 배제하는 것이 아님을 지적한다.

한 걸음 더 나아가 저자는 언어차원에서 이뤄진 (도구들의 쓸모연관과 특정한 도구의 쓸모 사이의 관계에 대한) 비트겐슈타인의 통찰도 소개한다: "드러남으로서의 발견을 중요시한 또 한 사람의 철학자로 비트겐슈타인이 있다. 그는 하이데거와는 다른 경로로 도구의 사용을 통한 드러남의 주제를 논의한다. 비트겐슈타인은 언어를 도구로, 그 의미를 사용으로 볼 것을 제안한다."(164쪽) "비트겐슈타인의 전체적인 봄은 도구를 사용하며 다루는 왕래[교섭]에 맞추어진 시야를 의미하는 하이데거의 둘러봄을 닮았다. 둘 다 사용연관[쓸모연관]을 전체적으로 명료하게 둘러보는 데서 성립하는 이해를 낳으며, 너무 일반적이고 평범해서 주의를 끌지 못하고 뒤로 물러서는 사용사태[쓸모]를 앞으로 끌어내어 전체적으로 보려 한다."(169쪽) 이어서 저자는 존재자를 본래적으로 사용하는 것과 단지 이용하는 것 사이의 구별이 하이데거의 후기저작에서 비로소 나타난다는 점을 지적한다: "결국『존재와 시간』에서의 사용은 본래적 사용과 이용의 경계선을 넘나든다고 평가할 수 있다. 이는 앞으로 논의할 기술의 문제와『존재와 시간』의 관계에도 영향을 준다. 기술은 하이데거가 '사용의 변질과 타락'이라 말한 이용을 넘어선 '이용할 만큼 다 이용함'에 대응하기 때문이다."(172쪽) 저자의 이 같은 지적은 학문이 이제 기술에 종속되고 그 결과 학문과 기술은 존재자의 남용과 오용을 위한 수단이 되고 있다는 함축을 가질 수 있으리라고 본다. 여하튼 이 대목에서 독자들은 학자의 존재방식이 본래적인 실존일 수 있는 것인지, 학문의 의의는 대체 무엇인지 의문시해 볼 수 있을 것이다.

학문은 진리를 탐구한다고들 말한다. 그런데 이때 진리란 무엇을 말하는 것일까? 저자는 학문영역에서 진리 개념이 축소된 사태를 진리대응설에 대한 하이데거의 비판과 연결시킨다: "대응은 언제나 어떤 관점에서의 대응이냐를 전제로 한다."(184쪽) "대응의 또 하나의 계기인 존재현상에 대해서 주의를 게을리 한다는 점이다. […] 이것[가리킴]이 분석적 언어철학과 현상학적 언어철학에서 각각 화두로 삼아온 지칭과 지향의 우리말 풀이이기도 하다. 우리는 언어가 가리키는 바를 좀 더 좇아감으로써 진리대응론의 한계를 넘어서고자 한다."(185~186쪽) "어떤 문장을 통해 우리는 그 문장이 가리키는 존재사건을 봄으로써 문장, 혹은 거기에 표현된 관점의 진위를 확인한다."(187쪽) "어떤 문장이 참인지를 알기 위해서는 마찬가지로 그 문장이 이끄는 바를 우리의 눈으로 보고 확인해야 한다."(187쪽) "하이데거는 진리를 통해 드러나는 것을 존재자로, 그 드러남을 가능케 하면서 뒤로 물러나는 것을 존재로 구분 짓는다."(192쪽) "우리는 존재가 망각 속으로 물러난 자리를 대체한 (수학적) 가설을 자연에 투사함으로써 얻어지는 것이 근대과학의 정체임을 보았다."(200쪽) "[…] [하이데거는] 기술문명의 세 항목들, 즉 수학, 과학, 기술을 기존의 존재자적 관점에서가 아니라 존재론적 관점에서 이해하려 했다."(206쪽) "하이데거는 이러한 협소한 [기호로서의] 언어관의 [축소주의적] 한계를 비판하면서 고대의 신전, 중세의 성당, 고흐의 그림 같은 예술작품에서도 진리가 드러나고 있음을 역설한 바 있다."(207쪽) 저자와 함께 우리가, 문장 속의 진리를 넘어선 근원적-그리스적 의미의 진리(알레테이아)를 재수용해야 한다는 하이데거의 주장에 동의할 경우, 우리는 인문학의 의의와 그 범위에 대해 숙고할 필요가 있을 것이다. 그 같은 숙고는 사실 가다머가 『진리와 방법』을 통해 우리에게 모범적으로 보여준 일이기도 하다.

이 책의 "제Ⅳ부: 기술철학"에서 저자는 현대의 특징인 기술문명의 문제에 접근한다. 그는 먼저 기술의 본질에 대한 하이데거의 사유내용을 소개한다: "그는 기술에 대한 두 가지 상식적 견해를 소개한다. 하나는 기술이 목적을 위한 수단이라는 견해이고, 다른 하나는 기술이 인간 행동의 하나라는 견해이다."(219쪽) "기술에 대한 도구주의적 해석은 옳지만 참된 해석은 아니다. 기술의 본질이 도구라는 명제만으로는 미흡하다."(221~222쪽) "[라틴적 의미와는 달리] 그리스적 의미는 [기술에 관련된 용어인] 원인 $aitiov$ 을 존재자의 형성에 책임을 지고 이바지하는 도우미로 간주한다."(224쪽) "[책임에 관련된 또 다른 그리스적 용어인] 앞으로 드러내놓음으로서의 포이에시스는 은폐된 것이 탈은폐되는 사건이다."(229쪽) "결국 기술에 대한 물음의 답변은 기술이 탈은폐의 한 방식이라는 것이다."(229쪽) "테크네가 앞으로 드러내놓음을 의미하는 포이에시스에 속하는 까닭도 여기에 있다."(230쪽) "현대의 기술도 탈은폐의 한 방식이지만 그것은 더 이상 포이에시스라는 의미의 앞으로 드러내놓음의 방식으로 전개되지는 않는다. […] 하이데거는 현대의 기술의 탈은폐를 '도발적 요청'이라 규정한다."(231~232쪽) "하이데거는 인간을 주문요청으로 집약시키는 도발적 요청을 '몰아세움'[Ge-stell: 틀 속에 짜넣기]이라 부른다."(234쪽) 기술은 존재자를 탈은폐하는 한 방식, 곧 포이에시스의 한 방식인데, 그 기술의 현대적 본질은 존재자를 부품이나 비품으로 여기면서 전체의 틀 속에 짜넣기에 다름 아니라는 것이다.

저자는 하이데거가 기술의 본질을 사유하는 이유는 기술과의 새로운 관계맺음을 강조하기위한 것이라고 본다: "하이데거는 기술 철폐론자가 아니라 기술과의 자유로운 관계를 추구하며 기술이 보다 높은 단계의 이념에 봉사하게 될 기술문명의 긍정적 전향을 지향하는 사상가이다."(243쪽) "하이데거는 기술의 본질과 자유로운 관계를 맺음으로써 기술의 존재론적 변형을 추구한다."(245쪽) "학문이 정보체계로 주문 요청되는 시대가 바로 하이데거가 본 현대의 본질이다."(249쪽) "그러나 [티브이나 핸드폰 사용을 통해] 성급하게 [사람들 사이의] 모든 거리를 제거한다고 해서 친밀성이 생겨나는 것은 아니다. 왜냐하면 친밀성이란 거리가 축소된다 해서 생겨나는 것은 아니기 때문이다."(258쪽) 이 대목에서 독자들은 기술의 존재론적 변형을 위한 또는 그 변형에 의한 삶의 방식이 어떤 것인지를 물어볼 수 있을 것이다. 저자는 다만 다른 기술철학자들의 견해에 대비시켜 하이데거에게서 존재론적 전향이 갖는 중요성을 지적한다: "인간과 기술을 자유로운 관계로 설정하고, 양자를 안과 밖으로 내외시키는 하이데거의 구도는 엘륄의 다음과 같은 사유와 뚜렷이 구별된다: "[…] 기술은 더 이상 인간과 직접적으로 마주하지 않고 인간에 통합되며 점차 인간을 흡수한다." 하이데거도 엘륄의 이러한 진단에 동조할 것이다. 그러나 하이데거는 엘륄이 진단한 사태의 추이가 인간이 기술에 대해 자유로운 관계를 맺는 방식으로 전향될 수 있을 것으로 본다. 즉 엘륄은 현재의 상황에 대해, 하이데거는 전향이 이루어진 상황에 대해 서술한다고 보아야 할 것이다."(273쪽)

저자는 이어서 기술문명이 우리의 삶방식을 재생산하면서 우리의 의식을 지배하고 있음을 지적한다: "이처럼 인문, 사회, 자연과학 등 제반 학문에서 관찰되는 기술의 이념은 교육이라는 또 하나의 기술을 통해 기술문명의 성원에게 전수된다. [···] 기술적 인간은 이러한 경로로 탄생한다."(277~278쪽) "기술이 제공하는 물질적 만족과 행복이 인생의 궁극목표가 되어버렸다. 여기서 우리는 모든 정신적 가치와 의미의 부정된 허무주의와 물질주의를 보게 된다."(280쪽) "허무주의와 기술은 동전의 양면이나 일심동체에 비유할 수 있다. 허무주의가 기술의 세계관이라면 기술은 허무주의의 구현물이다."(282쪽) "사유의 부재는 인문학이 직면한 최고의 위기상황이다. 이 궁핍한 시대의 과거와 현재를 온몸으로 사유한 하이데거에게서 우리는 더 많이 배우고 더 많은 것을 물어야 한다."(289쪽) "우리의 사유가 인문학이라는 종을 더욱 강한 힘으로 때려 사방에 큰 울림으로 메아리치게 할 때 인문학은 부활할 수 있을 것이다."(290쪽) 이렇게 저자는 재생산되는 기술의 존재론적 전향을 위해 인문학의 중요성을 강조한다. 한마디로 인문학적 삶이 기술의 존재론적 전향을 위해 긴요하다는 것이다. 맥락상 인문학적 삶은 포이에스적인 삶을 의미하지 않을 수 없다.

이 책은 "제Ⅴ부: 토론"에서 이 책의 토대가 된 논문들에 대해 실제로 진행되었던 토론의 내용을 실어 본문의 논의를 생생하게 되살리고 있다. 이 점도 또한 이 책의 미덕에 속하리라고 본다. 제Ⅴ부에 실린 문답과 토론의 내용을 통해 독자들은 저자의 의도에 좀 더 흥미롭게 접근할 수 있을 것이다.

이승종 교수의 이 책은 그 내용이 충실하면서도 문학적으로도 유려하게 매우 잘 쓰인 책이다. 후학들은 이 책을 토대로 하이데거의 사유를 공부하면서 하이데거의 시대반성에 공감하며 이에 동참할 수 있을 것이다. 그 같은 후학들을 위해 몇 가지 사유 과제를 추가적으로 제시해보고자 한다. 1) 지향성과 초월성 사이의 긴장은 결국 보편성과 역사성 사이의 긴장으로 볼 수 있다. 그러기에 초월성이 갖는 역사적 함축(역사성의 문제와 역사의 문제)이 더 물어질 수 있을 것이다. 2) 하이데거와 비트겐슈타인의 언어비판은 결국 언어의 본래적 기능을 재수용하고 회복하기 위한 것이다. 이 같은 회복은 시인적 사유와 시인적 발언을 통해 실현되는 것이다. 그러기에 무엇이 시인적인 삶인가 하는 것이 더 물어질 수 있을 것이다. 3) 학문의 수행은 그 자체로 인간의 한 가지 존재방식이다. 문제는 그 같은 학문의 수행이 진정한 실존에 해당하기 위한 조건이 무엇인가 하는 것이다. 그러기에 본래적 실존과 진정한 실존 사이의 관계는 어떤 것인지가 더 물어질 수 있을 것이다. 4) 기술의 근원은 포이에시스이다. 그렇기에 현대기술의 문제를 극복하는 일도 역시 그 근원으로 복귀하여 그 근원을 재수용하고 회복함에 달려 있을 것이다. 누구나가 예술가일 수는 없지만 누구나 예술적일 수는 있고, 누구나 종교인일 수는 없지만 누구나 종교적일 수는 있고, 누구나 도덕가일 수는 없지만 누구나 도덕적일 수는 있다. 하이데거에게 있어서는 예술적 삶과 종교적 삶과 도덕적 삶이 서로 다른 것이 아니고, 그런 삶과 "신의 구원"도 다른 것이 아닐 것이다. 그러기에 신의 구원의 예술적(종교적, 도덕적) 의미가 무엇인지 더 물어질 수 있을 것이다.

답론

정은해 교수는 총 다섯 부로 구성된『크로스오버 하이데거』를 한 부 한 부 꼼꼼히 읽어내면서 각 부에 대해서 의미 있는 사유 과제들을 제시하고 있다. 그러나 그는 이 과제들이 하이데거 전공학자로서 후학들의 계속적 연구를 위해 추가한 것이라고 말한다. 그는 자신이 던진 과제들이 우리보다는 후학들의 몫이 되기를 바라고 있는 것이다. 과제 하나하나에 대한 답론을 준비할까도 생각했지만 결국 우리는 그의 이러한 뜻을 존중하기로 했다. 대신 학자들이 처한 작금의 척박한 상황에 대한 하이데거적 고찰을 첨언하고자 한다. 이는 기술 시대에 학자의 존재방식과 학문의 의의에 대해 정은해 교수가 물은 사유 과제의 연속선상에 있기도 하다.

이 시대에 철학은 대학이 거의 독점하고 있다. 그러다보니 철학도 대학에 몸담은 교수와 강사들이 가르치고 지도하는 과목이요 논문 주제로 변모하였으며 철학자로서의 삶도 그가 속한 대학에 의해 규정되기에 이르렀다. 대학은 현대 사회를 이루는 여타의 기관과 분야처럼 기술의 충실한 구현자이자 수행자이며 대학에서 가르쳐지는 학문들도 바로 그 기술에 의해 관리 감독 평가되고 있다. 기술이 대학을 매개로 철학과 철학자마저 몰아세우고 있는 것이다. 설령 그가 대학이 아닌 연구소나 다른 기관에 속해 있는 경우에도 심지어 독립연구자라 해도 사회에서 철학으로 생계를 유지하려면 사정은 마찬가지이다. 이제는 더 이상 그 누구도 사회를 이루는 각종 시스템으로부터 자유로울 수 없기 때문이다. 기술에 의해 주조되는 직업인으로서의 철학자들이 시스템이라는 마켓을 통해 양산하는 철학의 성과물들은 외형적으로는 전문화되어 있으면서도 내용과 방향에서는 차별성이 별로 없는 연구업적으로 평준화되고 있다. 이를 극복하기 위해서는 철학자 자신의 실존론적 거듭남과 뼈를 깎는 실천이 무엇보다도 요청된다. 하이데거와 비트겐슈타인의 사유는 이러한 구도자적 용맹정진을 원동력으로 시대의 존재론적 전향 혹은 개벽을 예비하고 있다. 이들이 자의 및 타의로 대학과 사회를 떠나면서 자신들의 사유를 더욱 심화시켰음도 우연이 아니다.

참고문헌

저자명 다음의 연도는 본문에서 인용된 논문이나 저서가 처음 발표되거나 간행된 해를 말한다. 이들 논문이나 저서가 (재)수록된 논문집이나 번역/개정판을 준거로 인용되었을 경우에는 뒤에 이에 해당하는 연도를 덧붙였다. 본문에서 인용된 쪽수도 이를 준거로 하였다. 그리고 본문에서 인용한 하이데거의 국역본은 필요에 따라 그 내용을 다소 손질하였다.

1. 하이데거

(1927), *Sein und Zeit*(Tübingen: Niemeyer, 1957)/마르틴 하이데거, 『존재와 시간』, 이기상 옮김(서울: 까치, 1998).

(1929a), "Vom Wesen des Grundes," Heidegger 1967에 재수록.

(1929b), "Was ist Metaphysik?" Heidegger 1967에 재수록.

(1935~1936), "Der Ursprung des Kunstwerkes," Heidegger 1950b에 재수록.

(1936~1946), "Überwindung der Metaphysik," Heidegger 1954a에 재수록.

(1938), "Die Zeit des Weltbildes," Heidegger 1950b에 재수록.

(1943), "Vom Wesen der Wahrheit," Heidegger 1967에 재수록.

(1946a), "Briefe über den Humanismus," Heidegger 1967에 재수록.

(1946b), "Der Spruch des Anaximander," Heidegger 1950b에 재수록.

(1946c), "Wozu Dichter?" Heidegger 1950b에 재수록.

(1950a), "Das Ding," Heidegger 1954a에 재수록.

(1950b), *Holzwege*, Ed. F.-W. von Hermann(Frankfurt: Klostermann, 1977); M. Heidegger, *Off the Beaten Track*, Trans. J. Young and K. Haynes(Cambridge: Cambridge University Press, 2002)/마르틴 하이데거, 『숲길』, 신상희 옮김(서울: 나남, 2008).

(1950c), "Die Sprache," Heidegger 1959b에 재수록.

(1951a), "Bauen Wohnen Denken," Heidegger 1954a에 재수록.

(1951b), "》··· dichterisch wohnet der Mensch···《," Heidegger 1954a에 재수록.

(1953a), *Einführung in die Metaphysik*, Ed. P. Jaeger(Frankfurt: Klostermann, 1983)/마르틴 하이데거, 『형이상학 입문』, 박휘근 옮김(서울: 문예출판사, 1994).

(1953b), "Die Frage nach der Technik," Heidegger 1954a에 재수록.

(1953c), "Wissenschaft und Besinnung," Heidegger 1954a에 재수록.

(1953~1954), "Aus einem Gespräch von der Sprache," Heidegger 1959b에 재수록.

(1954a), *Vorträge und Aufsätze*(Pfullingen: Neske, 1978)/마르틴 하이데거, 『강연과 논문』, 이기상·신상희·박찬국 옮김(서울: 이학사, 2008).

(1954b), *Was heißt Denken?*(Tübingen: Niemeyer, 1971)/마르틴 하이데거, 『사유란 무엇인가』, 권순홍 옮김(서울: 길, 2005).

(1956), *Zur Seinsfrage*(Frankfurt: Klostermann).

(1957), *Hebel-der Hausfreund*(Pfullingen: Neske).

(1957~1958), "Das Wesen der Sprache," Heidegger 1959b에 재수록.

(1959a), *Gelassenheit*(Pfullingen: Neske, 2000)/마르틴 하이데거, 『동일성과 차이』, 신상희 옮김(서울: 민음사, 2000).

(1959b), *Unterwegs zur Sprache*, Ed. F.-W. von Hermann(Frankfurt: Klostermann, 1985).

(1961), *Nietzsche* 2 vols(Pfullingen: Neske)/마르틴 하이데거,『니체』I, 박찬국 옮김(서울: 길, 2010).

(1962a), *Die Frage nach dem Ding*, Ed. P. Jaeger(Frankfurt: Klostermann, 1984).

(1962b), "Die Kehre," Heidegger 1962d에 수록.

(1962c), "Sachliche Schwierkeiten," Husserl 1962에 수록.

(1962d), *Die Technik und die Kehre*(Pfullingen: Neske)/마르틴 하이데거,『기술 과 전향』, 이기상 옮김(서울: 서광사, 1993).

(1963a), "Mein Weg in die Phänomenologie," Heidegger 1969에 재수록.

(1963b), "Preface," Richardson 1963에 수록.

(1964), "Das Ende der Philosophie und die Aufgabe des Denkens," Heidegger 1969에 재수록.

(1967), *Wegmarken*, Ed. F.-W. von Hermann(Frankfurt: Klostermann)/마르틴 하이데거,『이정표』전 2권, 신상희·이선일 옮김(서울: 한길사, 2005).

(1969), *Zur Sache des Denkens*(Tübingen: Niemeyer)/마르틴 하이데거,『사유의 사태로』, 문동규·신상희 옮김(서울: 길, 2008).

(1975), *Die Grundprobleme der Phänomenologie*, Ed. F.-W. von Hermann (Frankfurt: Klostermann)/마르틴 하이데거,『현상학의 근본문제들』, 이기상 옮김(서울: 문예출판사, 1994).

(1976), "Nur noch ein Gott kann uns retten," *Der Spiegel*, vol.23.

(1977), "Seminar in Zähringen 1973," Heidegger 1986에 재수록.

(1979), *Prolegomena zur Geschichte des Zeitbegriffs*, Ed. P. Jaeger(Frankfurt: Klostermann).

(1982), *Parmenides*, Ed. M. Frings(Frankfurt: Klostermann).

(1983), *Die Grundbegriffe der Metaphysik*, Ed. F.-W. von Hermann(Frankfurt: Klostermann)/마르틴 하이데거,『형이상학의 근본개념들』, 이기상·강 태성 옮김(서울: 까치, 2001).

(1986), *Seminare*, Ed. C. Ochwadt(Frankfurt: Klostermann).

(1987a), "Die Idee der Philosophie und das Weltanschauungsproblem," Heidegger 1987b에 수록.

(1987b), *Zur Bestimmung der Philosophie*, Ed. B. Heimbüchel(Frankfurt: Klostermann).

(1989), *Überlieferte Sprache und technische Sprache*(St. Gallen: Erker).

Heidegger, M., and E. Fink (1970) *Heraklit*(Frankfurt: Klostermann).

2. 일반

『大學』.

『莊子』.

고현범 (2007),『휴대전화, 철학과 통화하다』(서울: 책세상).

고유섭 (1937),「고대미술연구에서 우리는 무엇을 얻을 것인가」, 고유섭 2013 에 재수록.

_____(2013),『우현 고유섭 전집 8: 미학과 미술평론』(서울: 열화당).

김상환 외 (1998),『매체의 철학』(서울: 나남).

김태길·김재권·이한구 (2008),「현대 문명 비판: 창간 20주년 기념 대담」,《철 학과 현실》78호.

김훈 (2000),『자전거 여행』(서울: 생각의나무).

뒤랑, 질베르 (1960),『상상계의 인문학적 구조들』, 진형준 옮김(서울: 문학동 네, 2007).

_____(1964),『상징적 상상력』, 진형준 옮김(서울: 문학과지성사, 1998).

문동규 (2004),「정보기술에 대한 철학적 숙고」,《범한철학》34집.

박병철 (1998),「뉴턴 가버·이승종,『데리다와 비트겐슈타인』에 관한 서평」, 《철학》57집.

볼츠, 노르베르트 (1995),『컨트롤된 카오스』, 윤종석 옮김(서울: 문예출판사, 2000).

얀센, 파울 (1976),『에드문드 훗설의 현상학』, 신귀현·배의용 옮김(대구: 이문출판사, 1986).

오영환 외 (1993),『과학과 형이상학』(서울: 자유사상사).

이승종 (1993a),「양자역학과 EPR 논쟁」, 오영환 1993에 수록.

_____(1993b),「언어철학의 두 양상」,《철학과 현실》겨울호.

_____(1993c),「의미와 해석에 관한 콰인/데이빗슨 논쟁」,《철학》39집.

_____(1993d),「플라톤과 아리스토텔레스의 수리철학」, 조우현 1993에 수록.

_____(1994),「자연언어와 인공지능」,《철학연구》34집(철학연구회).

_____(1995),「인간의 얼굴을 한 자연주의」,《철학연구》36집(철학연구회).

_____(1998),「동일자의 생애: 매체적 언어관에 관한 기록」, 김상환 1998에 수록.

_____(1999),「대칭적 전체론을 위하여」, 한국분석철학회 1999에 수록.

_____(2002),『비트겐슈타인이 살아 있다면: 논리철학적 탐구』(서울: 문학과지성사).

_____(2004),「환원론과 결정론을 넘어서: 하이데거 이후의 기술철학」,《해석학연구》14집.

_____(2007a),「다시 찾은 비트겐슈타인」,《철학사상》24호(서울대 철학사상 연구소).

_____(2007b),「비트겐슈타인, 종교, 언어」,《철학적 분석》15호.

_____(2007c),「여성, 진리, 사회」,《철학연구》33집(고려대 철학연구소).

이종관 (1993),「근대와의 불화」,《철학논고》4호(성균관대 철학과).

조우현 외 (1993),『희랍 철학의 문제들』(서울: 현암사).

피천득 (1976a),「비원」, 피천득 1976b에 수록.

_____(1976b),『수필』(서울: 범우사, 1988).

한국분석철학회(편)(1999),『언어·표상·세계』(서울: 철학과현실사).

Achterhius, H. (ed.)(1997), *American Philosophy of Technology: The Empirical Turn*, Trans. R. Crease(Bloomington: Indiana University Press, 2001).

Adams, P. (1993), "In TV: On 'Nearness,' on Heidegger and on Television," Fry 1993에 수록.

Apel, K.-O. (1965), *Analytic Philosophy of Language and the Geisteswissenschaften*, Trans. H. Holstelilie(Dordrecht: Reidel, 1967).

Aristotle, *Metaphysics*, Trans. W. D. Ross, Barnes 1984에 재수록.

_____ *Physics*, Trans. R. P. Hardie and R. K. Gaye, Barnes 1984에 재수록.

Barnes, J. (ed.)(1984), *The Complete Works of Aristotle*, Revised Oxford Translation(Princeton: Princeton University Press).

Baudrillard, J. (1981a), "On Nihilism," Baudrillard 1981c에 수록.

_____(1981b), "*The Precession of Simulacra*," Baudrillard 1981c에 수록.

_____(1981c), *Simulacra and Simulation*, Trans. S. Glaser(Ann Arbor: University of Michigan Press, 1994).

Benacerraf, P., and H. Putnam (eds.)(1964), *Philosophy of Mathematics* (Englewood Cliffs, N. J.: Prentice-Hall).

Biemel, W. (1950), "Husserls Encyclopaedia Britannica Artikel und Heideggers Anmerkungen dazu," *Tijdschrift voor Filosofie*, vol.12.

Borgmann, A. (1984), *Technology and the Character of Everyday Life*(Chicago: University of Chicago Press).

Brandom, R. (2002), *Tales of the Mighty Dead*(Cambridge, Mass.: Harvard University Press).

Brentano, F. (1874), *Psychology from an Empirical Standpoint*, Ed. L. McAlister, Trans. A. Rancurello, D. Terrell, and L. McAlister(New York: Humanities Press, 1973).

_____(1930), *The True and the Evident*, Ed. R. Chisholm, Trans. R. Chisholm, I. Politzer and K. Fischer(New York: Humanities Press, 1966).

_____(1933), *Kategorienlehre*, Ed. A. Kastil(Leipzig: Felix Meiner).

Buckley, P. (1992), *Husserl, Heidegger and the Crisis of Philosophical Responsibility*(Dordrecht: Kluwer).

Butler, J. (1993), "Endangered/Endangering," Gooding-Williams 1993에 수록.

Camus, A. (1942) *The Myth of Sisyphus and Other Essays*, Trans. J. O'Brien(New York: Knopf, 1955).

Caputo, J. (1977), "The Question of Being and Transcendental Phenomenology," Macann 1992, vol.2에 재수록.

Carnap, R. (1963), "Intellectual Autobiography," Schilpp 1963에 수록.

Cartwright, N. (1992), "Aristotelian Natures and the Modern Experimental Method," Earman 1992에 수록.

Castells, M. (2000), *The Rise of the Network Society*, 2nd edition(Oxford: Blackwell).

Chesher, C. (1997), "The Ontology of Digital Domains," Holmes 1997에 수록.

Chisholm, R. (1967), "Brentano on Descriptive Psychology and the Intentional," Lee and Mandelbaum 1967에 수록.

Chisholm, R. (ed.)(1960), *Realism and the Background of Phenomenology*(New York: Free Press).

Church, A. (1956), *Introduction to Mathematical Logic*(Princeton: Princeton University Press).

Cohen, R. (ed.)(1986), *Face to Face With Levinas*(Albany: State University of New York Press).

Cohen, R., and M. Wartofski (eds.)(1967), *Boston Studies in the Philosophy of Science*(Dordrecht: Reidel).

Crowell, S. (1990), "Husserl, Heidegger, and Transcendental Philosophy," *Philosophy and Phenomenological Research*, vol.50.

_____(2001), *Husserl, Heidegger, and the Space of Meaning*(Evanston: Northwestern University Press).

Davidson, D. (1974), "On the Very Idea of a Conceptual Scheme," Davidson

1984에 재수록.

_____(1982), "Empirical Content," LePore 1986에 재수록.

_____(1984), *Inquiries into Truth and Interpretation*(Oxford: Clarendon Press).

Derrida, J. (1968), "Différance," Derrida 1972에 재수록.

_____(1972), *Margins of Philosophy*, Trans. Alan Bass(Chicago: University of Chicago Press, 1982).

_____(1993), "The Deconstruction of Actuality," Derrida 2002에 재수록.

_____(2002), *Negotiations*, Ed. and Trans. E. Rottenberg (Stanford: Stanford University Press).

Derrida, J., and B. Stiegler (1996), *Echographies of Television*, Trans. J. Bajorek(Cambridge: Polity, 2002)/자크 데리다·베르나르 스티글러, 『에코그라피』, 김재희·진태원 옮김(서울: 민음사, 2002).

Dreyfus, H. (1982a), "Introduction," Dreyfus 1982b에 수록.

_____(1983), "Heidegger's History of the Being of Equipment," Dreyfus and Hall 1992에 재수록.

_____(1991), *Being-in-the-World*(Cambridge, Mass.: MIT Press).

_____(1993), "Heidegger on the Connection between Nihilism, Art, Technology, and Politics," Guignon 1993b에 수록.

_____(2001), *On the Internet*(London: Routledge).

Dreyfus, H. (ed.)(1982b), *Husserl, Intentionality, and Cognitive Science*(Cambridge, Mass.: MIT Press).

Dreyfus, H., and H. Hall (eds.)(1992), *Heidegger: A Critical Reader*(Oxford: Blackwell).

Dreyfus, H., and J. Haugeland (1978), "Husserl and Heidegger," Murray 1978에 수록.

Dreyfus, H., and C. Spinosa (1997), "Highway Bridges and Feasts," Scharff and Dusek 2003에 재수록.

Earman, J. (ed.)(1992), *Inference, Explanation, and Other Frustrations*(Berkeley: University of California Press).

Ellul, J. (1954), *The Technological Society*, Trans. J. Wilkinson(New York: Knopf, 1964).

_____(1963), "Note to the Reader," Ellul 1954에 수록.

Fandozzi, F. (1982), *Nihilism and Technology*(Washington: University Press of America).

Fay, T. (1991), "The Ontological Difference in Early Heidegger and Wittgenstein," *Kant Studien*, vol.82.

Feenberg, A. (1999), *Questioning Technology*(London: Routledge).

Feigl, H. (1969), "Wiener Kreis in America," Fleming and Bailyn 1969에 수록.

Fell, J. (1992), "The Familiar and the Strange," Dreyfus and Hall 1992에 수록.

Fleming, D., and B. Bailyn (eds.)(1969), *The Intellectual Migration*(Cambridge, Mass.: Harvard University Press).

Flusser, V. (1987), *Die Schrift*(Göttingen: European Photography, 1992).

Fodor, J. (1980), "Methodological Solipsism Considered as a Research Strategy in Cognitive Science," Fodor 1981에 재수록.

_____(1981), *Representations*(Cambridge, Mass.: MIT Press).

Frege, G. (1879), *Begriffsschrift*, van Heijenoort 1967에 재수록.

_____(1891), "Function and Concept," Geach and Black 1952에 재수록.

_____(1892), "Sense and Reference," Geach and Black 1952에 재수록.

_____(1918), "The Thought: A Logical Inquiry," Strawson 1967에 재수록.

French, P., T. Uehling, Jr., and H. Wettstein (eds.)(1981), *Midwest Studies in Philosophy* Vol.6(Minneapolis: University of Minnesota Press).

Fry, T. (ed.)(1993), *RUA/TV?*(Sydney: Power Publications).

Fukuyama, F. (1992), *The End of History and the Last Man*(New York: Free Press).

Gadamer, H.-G. (1960), *Wahrheit und Methode*(Tübingen: J. C. B. Mohr).

Garver, N., and Seung-Chong Lee (1994), *Derrida and Wittgenstein*(Philadelphia: Temple University Press)/뉴턴 가버·이승종,『데리다와 비트겐슈타인』(서울: 민음사, 1998).

Geach, P., and M. Black (eds.)(1952), *Translations from the Philosophical Writings of Gottlob Frege*(Oxford: Basil Blackwell).

Glazebrook. T. (2000), *Heidegger's Philosophy of Science*(New York: Fordham University Press).

Gooding-Williams, R. (ed.)(1993), *Reading Rodney King*(New York: Routledge).

Guattari, F. (1992), *Chaosmosis*, Trans. P. Bains and J. Pefanis(Bloomington: Indiana University Press, 1995)/펠릭스 가타리,『카오스모제』, 윤수종 옮김(서울: 동문선, 2003).

Guignon, C. (1983), *Heidegger and the Problem of Knowledge*(Indianapolis: Hackett).

_____(1993a), "Introduction," Guignon 1993b에 수록.

Guignon, C. (ed.)(1993b), *The Cambridge Companion to Heidegger*(Cambridge: Cambridge University Press).

Guttenplan, S., and M. Tamny (1971), *Logic: A Comprehensive Introduction* (New York: Basic Books).

Haar, M. (1987), *The Song of the Earth*, Trans. R. Lilly(Bloomington: Indiana University Press, 1993).

Habermas, J. (1981), *Theorie des kommunikativen Handelns* 2 vols(Frankfurt: Suhrkamp).

_____(1999), *Wahrheit und Rechtfertigung*(Frankfurt: Suhrkamp).

Hanna, R. (1986), "On the Sublimity of Logic," *Monist*, vol.69.

Harman, G. (2002), *Tool-Being*(La Salle, Ill.: Open Court).

Hartmann, F. (2000), *Medienphilosophie*(Wien: WUV).

Hintikka, M., and J. Hintikka (1986), *Investigating Wittgenstein*(Oxford: Basil Blackwell).

Holmes, D. (ed.)(1997), *Virtual Politics*(London: Sage).

Husserl, E. (1901), *Logische Untersuchungen* Vol.2, 2nd edition(Tübingen: Niemeyer, 1968).

_____(1911), "Philosophie als strenge Wissenschaft," Husserl 1987에 재수록.

_____(1913), *Ideen zu einer reinen Phänomenologie und phänomenologischen Philosophie* Vol.1, Revised edition by K. Schuhmann(The Hague: Nijhoff, 1976).

_____(1930), "Nachwort," Husserl 1952에 재수록.

_____(1952), *Ideen zu einer reinen Phänomenologie und phänomenologischen Philosophie* Vol.3, Ed. M. Biemel(The Hague: Nijhoff).

_____(1962), *Phänomenologische Psychologie*, Ed. W. Biemel(The Hague: Nijhoff).

_____(1968), *Briefe an Roman Ingarden*(The Hague: Nijhoff).

_____(1978), "This is Against Heidegger," Dreyfus and Haugeland 1978에 수록.

_____(1987), *Aufsätze und Vorträge(1911~1921)*, Ed. T. Nenon and H. Sepp(The Hague: Nijhoff).

_____(1997), *Psychological and Transcendental Phenomenology and the Confrontation with Heidegger(1927~1931)*, Ed. and Trans. T. Sheehan and R. Palmer(Dordrecht: Kluwer).

Ihde, D. (1979a), "Heidegger's Philosophy of Technology," Ihde 1979b에 수록.

_____(1979b), *Technics and Praxis*(Dordrecht: Reidel).

Kahn, C. (1973), *The Verb "Be" in Ancient Greek*(Dordrecht: Reidel).

_____(1976), "Why Existence Does Not Emerge as a Distinct Concept in Greek Philosophy?" *Archiv für Geschichte der Philosophie*, vol.58.

_____(1986), "Retrospect on the Verb 'To Be' and the Concept of Being," Knuuttila and Hintikka 1986에 수록.

Knuuttila, S., and J. Hintikka (eds.)(1986), *The Logic of Being: Historical*

Studies(Dordrecht: Reidel).

Kraut, R., M. Patterson, V. Lundmark, S. Kiesler, T. Mukophadhyay, and W. Scherlis (1998), "Internet Paradox: A Social Technology that Reduces Involvement and Psychological Well-being?" *American Psychologist*, vol.53.

Kreisel, G. (1958), "Wittgenstein's *Remarks on the Foundations of Mathematics*," *British Journal for the Philosophy of Science*, vol.9.

Kroes, P., and A. Meijers (eds.)(2000), *The Empirical Turn in the Philosophy of Technology*(Greenwich, Conn.: JAI Press).

Kuhn, T. (1962), *The Structure of Scientific Revolutions*, 2nd edition(Chicago: University of Chicago Press, 1970).

Lackey, D. (1981), "Russell's 1913 Map of the Mind," French, Uehling, and Wettstein 1981에 수록.

Lee, E., and M. Mandelbaum (eds.)(1967), *Phenomenology and Existentialism* (Baltimore: Johns Hopkins University Press).

Leibniz, G. (1969a), "On the Radical Origination of Things," Leibniz 1969b에 재수록.

＿＿＿＿＿(1969b), *Philosophical Papers and Letters*, 2nd edition, Ed. L. Loemker(Dordrecht: Reidel).

LePore, E. (ed.)(1986), *Truth and Interpretation: Perspectives on the Philosophy of Donald Davidson*(Oxford: Basil Blackwell).

Levinas, E. (1984), "Dialogue With Emmanuel Levinas," Cohen 1986에 재수록.

Linsky, L. (ed.)(1952), *Semantics and the Philosophy of Language*(Urbana: University of Illinois Press).

Luckhardt, C. (ed.)(1979), *Wittgenstein: Sources and Perspectives* (Ithaca, N. Y.: Cornell University Press).

Macann, C. (ed.)(1992), *Martin Heidegger: Critical Assessments* 4 vols(London: Routledge).

Marcuse, H. (1964), *One Dimensional Man*(London: Routledge and Kegan Paul).

McGuinness, B. (ed.)(1982), *Wittgenstein and his Times*(Chicago: University of Chicago Press).

McIntyre, R. (1986), "Husserl and the Representational Theory of Mind," Otto and Tuedio 1988에 재수록.

McLuhan, M. (1964), *Understanding Media*(Corte Madera, CA: Gingko Press, 2003).

Meinong, A. (1904), "The Theory of Object," Chisholm 1960에 재수록.

Merleau-Ponty, M. (1945), *Phenomenology of Perception*, Trans. C. Smith(New York: Humanities Press, 1962).

Monk, R. (1990), *Ludwig Wittgenstein: The Duty of Genius*(London: Vintage).

Morison, E. (1966), *Men, Machines and Modern Times*(Cambridge, Mass.: MIT Press).

Murray, M. (ed.)(1978), *Heidegger and Modern Philosophy*(New Haven: Yale University Press).

Nagel, E. (1944), "Logic without Ontology," Benacerraf and Putnam 1964에 재수록.

Nietzsche, F. (1975), *Briefwechsel: Kritische Gesamtausgabe* Vol. 3, Ed. G. Colli and M. Montinari(Berlin: Walter de Gruyter).

Okrent, M. (1988), *Heidegger's Pragmatism*(Ithaca: Cornell University Press).

Otto, H., and J. Tuedio (eds.)(1988), *Perspectives on Mind*(Dordrecht: Reidel).

Pietersma, H. (1979), "Husserl and Heidegger," *Philosophy and Phenomenological Research*, vol.40.

Popper, K. (1963), *Conjectures and Refutations*(London: Routledge and Kegan Paul).

Poster, M. (1990), *The Mode of Information*(Chicago: University of Chicago Press).

_____(2001), *What's the Matter with the Internet?*(Minneapolis: University of Minnesota Press).

Prauss, G. (1977), *Erkennen und Handeln in Heideggers "Sein und Zeit"*(Freiburg: Alber).

Putnam, H. (1980), "Models and Reality," Putnam 1983에 재수록.

_____(1983), *Realism and Reason*(Cambridge: Cambridge University Press).

Quine, W. (1951), "Two Dogmas of Empiricism," Quine 1953a에 재수록.

_____(1953a), *From a Logical Point of View*, 2nd edition(New York: Harper and Row, 1961).

_____(1953b), "Reference and Modality," Quine 1953a에 수록.

_____(1960), *Word and Object*(Cambridge, Mass.: MIT Press).

_____(1970), *Philosophy of Logic*(Englewood Cliffs, N. J.: Prentice-Hall).

_____(1976), *The Ways of Paradox and Other Essays*, Revised and enlarged edition(Cambridge, Mass.: Harvard University Press).

Richardson, W. (1963), *Heidegger: Through Phenomenology to Thought*(New York: Fordham University Press, 2003).

Rorty, R. (1979), *Philosophy and the Mirror of Nature*(Princeton: Princeton University Press).

_____(1991a), *Essays on Heidegger and Others*(Cambridge: Cambridge University Press).

_____(1991b), "Wittgenstein, Heidegger, and the Reification of Langauage," Rorty 1991a에 수록.

Russell, B. (1905), "On Denoting," Russell 1973에 재수록.

_____(1918), "The Philosophy of Logical Atomism," Russell 1956에 재수록.

_____(1956), *Logic and Knowledge*, Ed. R. Marsh(London: George Allen and Unwin).

_____(1973), *Essays in Analysis*, Ed. D. Lackey(London: George Allen and Unwin).

_____(1983), *Theory of Knowledge: The 1913 Manuscript*, Ed. E. Eames (London: George Allen and Unwin).

Sallis, J. (1986), *Delimitations*(Bloomington: Indiana University Press).

Scharff, R., and V. Dusek (eds.)(2003), *Philosophy of Technology*(Oxford: Blackwell).

Schilpp, P. (ed.)(1963), *The Philosophy of Rudolf Carnap*(La Salle, Ill.: Open Court).

Schuhmann, K. (1978), "Zu Heideggers Spiegel-Gespräch über Husserl," *Zeitschrift für philosophische Forschung*, vol.32.

Sheehan, T. (1993), "Reading a Life: Heidegger and Hard Times," Guignon 1993b에 수록.

Smith, D., and R. McIntyre (1982), *Husserl and Intentionality*(Dordrecht: Reidel).

Spiegelberg, H. (1982) *The Phenomenological Movement*, 3rd revised and enlarged edition(The Hague: Nijhoff).

Spiller, N. (1998), *Digital Dreams*(London: Ellipsis).

Stapleton, T. (1983), *Husserl and Heidegger*(Albany: State University of New York Press).

Strawson, P. (ed.)(1967), *Philosophical Logic*(Oxford: Oxford University Press).

Tarski, A. (1944), "The Semantic Conception of Truth," Linsky 1952에 재수록.

Thomson, I. (2005), *Heidegger on Ontotheology*(Cambridge: Cambridge University Press).

Tugendhat, E. (1976), *Traditional and Analytical Philosophy*, Trans. P. Gorner (Cambridge: Cambridge University Press, 1982).

van Heijenoort, J. (1967), "Logic as Calculus and Logic as Language," Cohen and Wartofski 1967에 수록.

van Heijenoort, J. (ed.)(1967), *From Frege to Gödel: A Source Book in Mathematical Logic*, 1879~1931(Cambridge, Mass.: Harvard University Press).

Versényi, L. (1965), *Heidegger, Being, and Truth*(New Haven: Yale University Press).

von Wright, G. H. (1978), "Wittgenstein in Relation to his Times," McGuinness 1982에 재수록.

_____(1982), *Wittgenstein*(Oxford: Basil Blackwell).

Wang, H. (1974), *From Mathematics to Philosophy*(London: Routledge and Kegan Paul).

Winner, L. (1977), *Autonomous Technology*(Cambridge, Mass.: MIT Press).

Wittgenstein, L. (1921), *Tractatus Logico-Philosophicus*, Trans. D. Pears and B. McGuinness(London: Routledge and Kegan Paul, 1961)/루드비히 비트겐슈타인, 『논리철학논고』, 박영식·최세만 옮김(서울: 정음사, 1985). 『논고』로 약칭.

_____(1953), *Philosophical Investigations*, 4th edition, Ed. and Trans. G. E. M. Anscombe, P. M. S. Hacker and J. Schulte(Oxford: Blackwell, 2009).

_____(1958), *The Blue and Brown Books*(Oxford: Basil Blackwell).

_____(1961), *Notebooks 1914~1916*, Ed. G. H. von Wright and G. E. M. Anscombe, Trans. G. E. M. Anscombe(Oxford: Basil Blackwell).

_____(1964), *Philosophical Remarks*, Ed. R. Rhees, Trans. R. Hargreaves and R. White(Oxford: Basil Blackwell, 1975).

_____(1965), "A Lecture on Ethics," Wittgenstein 1993에 재수록.

_____(1966), *Lectures and Conversations on Aesthetics, Psychology and Religious Belief*, Ed. C. Barrett(Berkeley: University of California Press).

_____(1969), *On Certainty*, Ed. G. E. M. Anscombe and G. H. von Wright, Trans. D. Paul and G. E. M. Anscombe (Oxford: Basil Blackwell).

_____(1976), *Wittgenstein's Lectures on the Foundations of Mathematics, Cambridge 1939*, Ed. C. Diamond(Ithaca: Cornell University Press).

_____(1978), *Remarks on the Foundations of Mathematics*, Revised edition, Ed. G. H. von Wright, R. Rhees, and G. E. M. Anscombe, Trans. G. E. M.

Anscombe(Cambridge, Mass.: MIT Press).

_____(1979a), "Letters to Ludwig von Ficker," Luckhardt 1979에 재수록.

_____(1979b), *Wittgenstein and the Vienna Circle*, Conversations Recorded by F. Waismann, Ed. B. McGuinness, Trans. J. Schulte and B. McGuinness(Oxford: Basil Blackwell).

_____(1980), *Culture and Value*, 2nd edition, Ed. G. H. von Wright, Trans. P. Winch(Oxford: Basil Blackwell).

_____(1993), *Philosophical Occasions, 1912-1951*, Ed. J. Klagge and A. Nordmann(Indianapolis: Hackett).

_____(MS), *Unpublished Manuscripts*. von Wright 1982에서 부여된 번호에 준하여 인용.

주제 색인

차

하

해석학 5, 9, 21, 87, 292, 315, 386~388,
   390, 400~402, 406, 408, 410~411
해석학적 순환 123, 145~146, 148~ 149,
   155, 158, 160, 307, 401
해체deconstruction 23, 52, 56, 71, 80,
   106, 146~148, 152~153, 158, 160,
   193~194, 197, 202, 257, 268, 270,
   283, 285, 305, 379, 383, 386, 391,
   411~412, 415
행동관계Verhalten 53, 143, 147, 150, 152,
   157~158, 405, 417
허무주의 15, 22, 210, 275, 280, 282~285,
   290, 334, 377, 390, 392, 421
현대 21~22, 27~28, 51, 96, 108, 202~203,
   207, 210, 220, 222, 231~241, 249,
   264~265, 276~277, 279, 285, 327,
   332, 349, 358~359, 380, 384, 390,
   392~394, 403, 409~410, 416,
   419~420
현대기술 163, 192, 219, 231~241, 249,
   252, 265~266, 269, 275, 286, 303,
   352, 419~420, 422
현대물리학 239~240, 249
현대철학 21~22, 27, 51, 364, 386,
   409~410
현사실성Faktizität 79~80, 414
현상학 16, 21~22, 28, 43~45, 48~50, 56,
   59~60, 62~65, 67, 70~75, 77~79,
86, 140, 151, 185, 265~266, 292,
   309, 312, 317, 373~374, 376, 382,
   385~388, 404~405, 407, 409
현존재Dasein 53, 62, 66, 68~70, 72~75,
   77, 80, 99, 122, 150~151, 153,
   161~162, 192~193, 215, 254, 256,
   263, 271, 299, 302~304, 369, 372,
   400, 404~405
형상적 환원 44, 46
형식과학 14, 83, 179, 304
형식언어 14~15, 22, 84~86, 94, 108~109,
   120~122, 133, 292~295, 297~301,
   310~311, 315, 399, 409, 416
형식체계 84~85, 102, 121, 128~129, 294
화용론 203~204, 335
환원 13, 35, 42~46, 50~52, 54, 59, 62~69,
   71, 73~75, 86, 95, 153, 157, 160,
   210, 269, 302, 305, 343, 360~361,
   372, 386, 397, 403~405, 407
횡적橫的 상대성 182~183
휴대전화(기) 15, 247, 257, 261~263

인명 색인